KB042358

제2판

CONSUMER BEHAVIOR

소비자 행동론

김형재 · 이준관

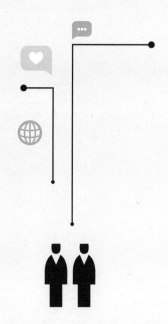

박영사

소 · 비 · 자
행 · 동 · 론

CONSUMER
BEHAVIOR

제2판 머리말

최근 몇 년간 거시경제 지표는 회복되는 기미가 없는 가운데 소비자들이 느끼는 체감 경기 역시 매우 부정적인 것으로 나타나고 있다. 이러한 어려운 여건 속에서도 기업들은 시장에서 살아남기 위해 무한 경쟁을 벌이고 있다. 이처럼 치열한 경쟁 속에서 빠르게 변화하는 소비자의 니즈를 읽어내기는 결코 쉬운 일이 아니다. 하지만 소매유통시장 데이터를 손금 보듯 들여다 볼 수 있는 빅데이터 시대에서는 시시각각 변화하는 소비자들의 소비 트렌드 파악이 가능하게 되었다. 기업이 소비자의 트렌드 변화에 상응하는 마케팅 전략을 수립하기 위해서는 먼저 소비자행동에 대한 철저한 연구가 선행되어야 한다.

소비자행동 연구는 개인의 다름을 인정하는데서 출발한다. 소비자들이 서로 다른 행동을 하는 데에는 기필코 다른 생각을 하기 때문일 것이다. 소비자 행동론은 소비자들이 각기 다른 생각을 하고, 다른 결정을 하며, 다른 행동(구매)을 하는 원인(심리)을 구체적으로 살펴보는 학문이다. 소비자행동을 연구하는 것은 마케팅의 기반이며 핵심이라고 할 수 있다.

소비자행동에 대한 연구는 20세기 후반에 본격적으로 시작되었다. 산업혁명 이후 과학기술의 발달로 대량생산은 공급과잉으로 이어졌고, 시장은 무한경쟁의 치열한 각축장이 되었다. 소비자의 만족을 실현하지 못하는 기업은 존재할 수 없게 되었다. 따라서 마케팅의 기본철학인 고객만족을 통한 기업이익의 창출은 소비자행동의 분석을 통해 실현된다고 할 수 있다.

본서는 마케팅을 연구하는 학생들 및 실무자들에게 소비자 지향적 마케팅의 핵심인 소비자의 행동을 이해함으로써, 고객지향적이며 통합적인 마케팅 전략을 수립하는데 도움을 주고자 한다. 소비자행동을 이해하기 위해서 가장 선행되어야 하는 것은 소비자 또는 고객에 대한 올바른 이해와 소비자의 구매의사결정과정 및 그 영향요인들에 대한 이해가 필수적이다.

본서는 4부로 구성되어 있다.

제1부에서는 소비자행동의 본질을 파악할 수 있도록 하였다. 제1장은 소비자행동의 개관으로 소비자행동의 전통적 모델들과 체계 등을 다루었고, 제2장은 소비자 구매의사결정과정의 5단계를 단계별로 살펴보았다.

제2부에서는 소비자 구매의사결정에 영향을 미치는 개인적 영향요인에 대해 개념과 이론 및 마케팅에의 적용에 대해 살펴보았다. 제3장은 개성과 자기개념, 제4장은 지각, 제5장은 모티베이션, 제6장은 학습과 지식, 제7장은 태도, 제8장은 라이프스타일 등 소비자 구매의사결정과정에 영향을 주는 개인적 영향요인들을 살펴보았다.

제3부에서는 소비자 구매의사결정에 영향을 미치는 환경적 영향요인으로, 제9장은 가족, 제10장은 사회적 영향력, 제11장은 문화, 제12장은 상황적 영향력과 정보확산에 대해 살펴보았다.

아직도 내용이 많이 부족함을 느끼면서 향후 부족한 부분에 대해서는 심도 있는 연구를 통해 수정·보완할 것이다. 좀 더 좋은 교재가 되도록 많은 교수님들과 독자들의 아낌없는 조언을 부탁드린다.

본서가 나오기까지 물심양면 도와주신 박영사 대표님과 박선진, 손준호, 김효선 님, 그리고 이하 출판관계자 여러분의 노고에 감사의 말씀을 전한다.

2017년 7월

공 저 자

차 례

Part 2   개인적 영향요인

Part 3 환경적 영향요인

제10장 사회적 영향력

제11장 문화

제12장 상황적 영향력과 정보확산

PART 01

소비자 의사결정의 이해

CONSUMER
BEHAVIOR

CHAPTER **1**

소비자 의사결정의 의의

PART
01

CHAPTER **2**

소비자 구매의사결정과정의 이해

CHAPTER 01

소비자 의사결정의 의의

소비자행동이란 무엇인가? 1 SECTION

1. 의사결정 주체인 소비자의 속성

우리는 보통 영화를 볼 때 결말을 미리 예측할 수 있다. 크게 나누면 해피엔딩 또는 새드엔딩으로 나눌 수 있고, 영화의 플롯 또한 기승전결로 이어지기 때문에 클라이맥스를 예고할 수 있다. 장르에 따라서도 로맨스, 코미디, 액션, 그리고 다큐멘터리 등 제한적인 틀 안에서 영화를 소비한다. 비슷한 내용의 영화들이 계속해서 출시되고, 우리는 계속해서 소비한다. 그 이유는 무엇일까? 배우가 다르거나, 영화의 배경을 채우는 환경이 다르기 때문일 것이다. 시대적으로 우리에게 친밀하게 다가오는 배우가 있을 것이고, 영화의 배경이 구시대, 동서양, 또는 컴퓨터그래픽의 발전에 따라 비슷한 스토리에 같은 플롯이라도, 우리는 이를 새롭게 받아들이고 구매를 하게 된다. 영화의 스토리, 장르, 출연진 또는 플롯 등이 각각의 변수라고 했을 때, 한 개의 변수만 바뀌어도 이를 소비할 구매자는 반드시 존재한다. 이것이 왜 가능할까?

구매·사용·평가 등 소비문제와 관련된 일상활동을 수행하기 위해서는 여러 단계의 복잡한 의사결정이 이루어져야 한다. 예를 들어 영화를 한편 보기 위해서도 무엇을, 언제, 어디서, 어떤 방법으로 구매할 것인가 하는 기본적 과제에 대한 의사결정은 반드시 필요하다. 영화를 구매하기까지, 해당 영화에 대한 정보를 습득한 원천이 스마트폰 광고인지 지하철역에서 본 홍보포스터인지에 따라 소비자 의사결정의 처리방법과 과정이 달라질 수 있다. 이뿐만이 아니다. 소비자가 갖고 있는 지식, 또는 처한 상황에 따라서도 의사결정은 달라진다. 누군가는 영화 홍보자극물을 무시할 수 있고, 누군가는 바로 탐색을 하고 표를 예매할 수도 있으며, 또 다른 사람은 곧장 영화관에 갈 수 도 있다. 표를 예매할 수도 있는 사람 중에는 어떤 상황이 가장 어울릴까? 표를 판매하는 사람 입장에서는 커플들을 타깃으로 하는 것이 좋을 것이다. 기혼보다는 미혼인 사람들, 50대보다는 20대에게 홍보를 적극적으로 하는 것이 구매로 이어질 확률이 높다. 우리가 소비자행동을 공부하는 것은 결국 우리 자신을 연구하는 것과 같다. 먼저 그러기 위해서 대전제는 인간의 이질성을 인정하는데서 비롯한다. 지구에서 나와 똑같은 사람은 없다. 비슷하게 생긴 사람은 있을 수 있어도, 100% 일치하는 환경적 경험은 있을 수 없기 때문에 인간의 생각은 인구만큼 다양하다. 1인 1색이다. 소비자행동론은 이를 인정하는데서 출발한다. 모든 사람들이 같지 않기 때문에 소비자행동이 존재하며 마케팅이 탄생할 수 있었다. 각기 다른 욕구들을 어떻게 잘 포착하고 채워주는가에 따라 영화의 흥행이 결정되며, 반대로 흥행은 못하더라도, 소비자들의 이질성 때문에 틈새시장은 언제나 존재한다.

SECTION 2 전통적 소비자행동모델

소비자행동의 전통적 모델들은 인간의 소비행위를 특정한 관점에서 설명하려고 하고 있다. 초기에는 인간행동에 대한 합리적·전체적 설명을 위해 개발된 것이었으나 소비자행동이론이 발전함에 따라 그 한계가 인식되어 소비자행동의 일부를 설명하는 수준에서 의미를 찾을 수 있다. 이들은 오늘날 소비자행동을 설명하는 종합적 모델과 비교하여 전통적 모델로 구분되고 있다.

1. 자극과 반응모델(S-R모델)

인간의 행동을 자극(stimulus)과 반응(response)의 관계로 설명하고 있다. 인간의 반사적이고 무의식적인 행동에는 어느 정도 설명이 되나, 인간이 서로 다른 자극이 가해져도 동일한 반응이 나타날 때도 있지만 동일한 자극에 대해 서로 다른 반응이 나오기 때문에 복잡한 인간행동을 설명하기에는 부족하다.

2. 블랙박스 모델(Black Box Model)

〈그림 1-1〉에서 자극변수는 먼저 소비자의 외부환경에 존재하는 것으로 광고·제품과 같은 기업의 마케팅활동에 의한 것과 친구나 친지와 같은 타인에 의한 자극 등이 있다. 한편 반응변수는 자극변수에 의해 유발되는 결과변수로서 특정한 몸짓이나 제품의 구매처럼 관찰 가능한 행위뿐만 아니라 제품에 대한 지식의 증가, 태도의 변화, 제품구매의도의 증감 등 개인의 내부적 반응활동에 속하면서 명백히 외부로 드러나지 않는 것들도 있다. 그런데 이런 자극(투입)변수와 반응(산출)변수 가운데는 인간의 심리장(psychological field)이라고 할 수 있는 그 무엇이 존재하는데 그 구조를 명백하게 관찰할 수 없어 단지 가설적 추론에 의해서만 설명하고 있다. 이것은 소비자행동을 설명하는 블랙박스 또는 매개변수라고 간주한다. 이 모델은 자극이 직접적으로 반응을 유도하는 것이 아니라 인간내부의 블랙박스를 거쳐 매개변수에 의해 조절됨을 의미한다. 이들 변수는 개인의 심리적 측면을 반영하며 동기(motives), 대상에 대한 태도(attitudes), 외부세계에 대한 지각(perception) 등이 포함된다. 이러한 매개변수는 개인마다 차이가 있어 동일한 자극에 대해서도 반응이 상이하게 나타나게 된다. 이는 매개변수의 규명보다는 자극과 반응의 관계를 주로 설명한 모델이다. 따라서 가장 간단한 S-R모델을 구체화한 것이다.

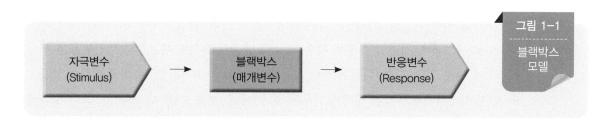

자극변수
(Stimulus) → 블랙박스
(매개변수) → 반응변수
(Response)

그림 1-1
블랙박스
모델

3. 마샬의 경제모델(Marshallian Economic Model)

개인의 소비행위에 대한 관심은 처음 경제학자들에 의해 고조되었는데 이들은 재화(goods)의 가격결정을 연구하는 과정에서 파생된 효용이론(utility theory)을 기준으로 소비자의 행동을 설명하고자 하였다. 즉 재화의 구매자들은 제한된 소득으로 자신의 관심과 상대가치에 따라 최대효용을 가능하게 하는 의사결정을 한다는 가정이 경제모델의 핵심이다. 소비자는 지극히 '합리적인 인간'이라는 가정에서 모든 소비자행동을 설명하였다. 마샬(A.Marshall)의 모델에 의하면 재화나 서비스에 대한 인간의 심리적 욕망의 강도를 표시하는 지표는 화폐로 표시된 가격이라고 할 수 있으며 소비자행동은 다음과 같은 조건에 의해 결정된다고 하였다.

① 제품의 가격이 낮을수록 수요는 증가한다.
② 대체품의 가격이 낮을수록 제품의 수요는 감소한다.
③ 보완재의 가격이 낮을수록 제품의 수요는 증가한다.
④ 열등재(Inferior goods, Giffen's goods)가 아닌 경우, 소득이 증가함에 따라 수요가 증가한다.
⑤ 촉진활동에 대한 지출이 증가할수록 수요는 증가한다.

그러나 소비자행동을 경제적 요인만으로서 설명하는 것은 불가능하다. 소비자에 따라서 제품의 가격인하를 품질저하로 간주한다면 수요를 증가시키지 못한다. 또 동일한 제품군이나 유사한 제품 간에서도 특정 상표를 선호하는 것과 같은 경우는 경제적 요인으로 설명할 수 없다는 점에서 경제모델은 한계를 가지고 있다.

4. 파블로프의 학습모델(Pavlovian Learning Model)

러시아의 생리학자 파블로프(Ivan Pavlov)가 조건반사(conditioned response)를 발견한 이래 인간을 포함한 수많은 동물실험의 결과, 인간도 다른 유기체와 마찬가지로 무엇을 인지하고 배우는 것은 일종의 연상과정이며, 대부분의 인간반응은 연상에 의해 조건 지어진다는 주장이 제기되었다. 실험심리학자들에 의해 인간의 학습 · 망각 · 판별력과 같은 현상이 연구된 결과, 자극−반응모델(SR Model: Stimulus-Response Model)을 기초로 오늘날 인간행동의 통합모델이 제시되었다. 파블로프의 초기학습모델은 다시 오랜 기간 동안 수정 · 보완되어 충동(drives), 단서(cues), 반응(response),

강화(reinforcement)의 4가지 개념을 중심으로 하는 모델로 발전하였다.

이 모델은 자극과 반응이라는 관점에서 마케팅활동의 효율성을 증대시킬 수 있는 전략대안을 수립하는 데 기여하였으나 소비자의 구매행동은 개인의 심리적 변화에 의해서만 유발되는 것이 아니라 타인과 같은 외부의 영향에 의해 발생되는 경우도 있기 때문에 소비자행동의 사회적 · 상황적 영향력을 고려하지 않았다는 비판을 면하기 어렵다. 결국 이 모델은 개인과 개인 간의 상호 작용에 의한 영향요인을 명확히 설명하지 못하는 한계가 있다고 할 수 있다.

5. 프로이드의 정신분석모델(Freudian Psychoanalytic Model)

오스트리아의 정신의학자 프로이드(Sigmund Freud)가 인간행동을 설명하기 위해서 제시한 모델로 인간의 복잡한 심리를 이해하고, 또한 마케팅활동에 필요한 인간의 구매동기를 분석하는 데 유용하게 활용되고 있다.

프로이드는 인간의 심리를 본능적 충동(id), 자아(ego), 초자아(superego)로 구분하였다. 먼저 어린아이와 같이 인지능력이 아주 낮은 경우에는 자신의 본능적 욕구를 충족시키기 위해 매우 원시적인 행동을 한다. 그러나 성장하면서 본능적 충동(id)은 영혼의 일부분으로서 내재하고, 자신의 욕구를 실현하기 위해서는 이해관계를 따지며 분석하는 자아(ego)의 역할이 점차 증가하게 된다. 그러나 인간의 사회적 동기에 의해 사회생활을 수행하면서 사회의 관습 · 법률 · 예의를 인식하게 되고, 자신의 욕망을 충족시키지만 사회적으로 죄책감 · 수치심을 피하기 위하여 자신의 참된 욕구를 위장하려 하거나 억제하도록 하는 초자아(superego)가 강하게 작용한다는 것이다.

그러나 초자아가 인간의 본능적 충동을 완전히 제어하지는 못하기 때문에 무의식 · 꿈 · 정신착란(mental breakdown) 등과 같은 경우에 본능적 충동이 노출된다는 것이다. 이에 따라 인간행동의 기본동기(motivational well spring)는 행동주체인 자신도 완전히 인식하지 못하는 경우가 많으며, 제3자의 경우에는 이를 이해하는 것이 더욱 힘들다는 것이다.

이러한 프로이드의 정신분석모델은 그 후 많은 심리학자들에 의하여 수정 · 보완되어 왔다. 프로이드모델로부터 유추할 수 있는 것은 소비자들이 제품을 구매할 때, 그 제품의 경제적 · 기능적인 측면뿐만 아니라 심리적 충동에 의해 영향받는 상징적인 측면이 더 강하게 작용할 수 있다는 사실이다. 이처럼 인간의 표면적 행동보다 심층에 내재하는 동기를 정확하게 파악하고자 하는 경우에는 프로이드의 정신분석이론을 이용하는 것이 효과적이라고 할 수 있다.

6. 베블렌의 사회심리모델(Veblenian Social-Psychological Model)

대부분의 경제학자들은 인간을 합리적 존재로 가정하였으나 베블렌(Thorstein Veblen)은 인간을 사회적 관점에서 인식하고자 하였다. 따라서 인간의 행동은 자신이 속한 문화권의 관습, 행위규범에 준하여 나타나며, 또한 생활과 직접 관련이 있는 대면집단(face-to-face group)이나 준거집단(reference group)의 영향에 의해 외부로 표출된다고 가정하였다.

베블렌은 그의 저서 「유한계급론」(The Theory of the Leisure Class)에서 유한계급에 속하는 사람들의 소비습관을 상세히 분석하고, 그들의 구매행위가 내적 욕구나 만족을 위해서가 아니라 자신의 위신(prestige)을 과시하기 위한 것이었으며, 타 계층의 사람들도 이러한 과시소비를 모방한다고 주장하였다.

7. 코틀러의 행위선택모델(Kotler's Behavioral Choice Model)

코틀러(Philip Kotler)는 베블렌의 이론과 다른 심리학·사회학의 견해를 결합하여 경제적·사회적 욕구를 강조하는 〈그림 1-2〉와 같은 단순한 소비자선택모델을 고안하였다. 소비자의 특정 제품에 대한 구매영향력은 기업 및 환경적 요소로 구성된 경로를 통해 개인(처리자)에게 전달되어 제품·상표·상점 등의 선택을 하게 된다.

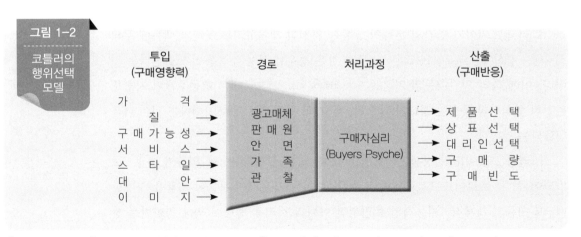

그림 1-2 코틀러의 행위선택모델

자료: Phillip Kotler, "Behavioral Models for Analyzing Buyers", *Journal of Marketing*, Vol. 29, October 1965, pp. 37-45.

이 모델에서는 구매자의 구매심리를 블랙박스로 간주하여 구체적인 구조를 설명하지 않았다. 코틀러모델의 의의는 매우 단순한 구조를 지니고 있으면서도 이전의 경제모델에 사회·문화적 영향력을 추가하였다는 데 있다고 할 수 있다. 그러나 이 모델은 구매자의 심리과정을 설명하지 못했을 뿐만 아니라 다양한 커뮤니케이션이 작용하는 과정도 표현하지 못했다는 한계를 지니고 있다.

소비자행동의 통합모델  3 SECTION

소비자가 내적·외적자극에 의해 특정한 구매행동을 유발하기까지에는 수많은 요인이 개입되는 일련의 의사결정과정을 거친다. 이렇게 자극에서 출발하여 의사결정과정을 거치고 특정한 구매행위가 이루어지기까지의 과정을 체계적으로 기술하는 모델을 통합모델(integrated model)이라고 한다.

이러한 모델들은 소비자행동의 여러 측면, 즉 심리학·사회학·경제학·사회심리학에서의 제 요인들을 체계적으로 통합하여 각 요인들 간의 관계를 정립하여 소비자행동을 이해·설명·통제 그리고 예측하는 데 큰 공헌을 하였다.

통합적 모델이 갖는 공통점은 대체로 다음과 같다.

① 이들 통합모델들은 소비자행동을 하나의 흐름(flow)으로 표시하고 있다.

② 이들은 개인 소비자를 모델의 중심요소로 파악하고 있으며 소비자는 문제의 의사결정자로 간주한다. 또 환경요소는 의사결정에 영향을 미치는 제약요인으로 인식한다.

③ 이들 모델에서는 태도변화(attitude change)를 행동변화(behavior change)의 선행과정으로 가정한다.

④ 이들 통합모델들을 실증분석(empirical analysis)으로 검증하는 것은 매우 곤란하다.

⑤ 이들 모델은 마케팅 실무자들에게 수용되어 실무에 널리 적용되고 있지 못하다. 이들은 대개 가설의 제기나 가설의 검증 및 소비자행동이론의 발전을 위해서 구성된 분석도구로서의 역할을 담당하고 있다.

1. 엥겔-콜라트-블랙웰모델(EKB Model: Engel-Kollat-Blackwell Model)

1968년 엥겔-콜라트-블랙웰은 오늘날 가장 자주 인용되는 소비자행동의 통합모델을 제시하였다. 최초의 모델 이후 이들은 모델의 설명력을 높이고 기본적 구성요소와 하위 구성요소 간의 관계를 보다 정교화 하여 〈그림 1-3〉과 같은 구조로 발전시켰다. EKB모델은 소비자의 학습과정을 기초로 하는 모델로서 특히 구매의사결정과정을 분명하게 설명하고 있을 뿐만 아니라 소비자행동의 목표를 기준으로 정보가 탐색평가되고 사전경험에 의해 미래의 구매행위가 영향받는 일련의 의사결정과정을 일반화하고 있다는 특성이 있다. 이 모델은 여러 차례 수정·보완되어 EBM모델(Engel-Blackwell-Miniard Model)로 발전되었다. EBM모델은 다음과 같은 4가지 기본영역으로 구분된다.

그림 1-3

EBM 모델

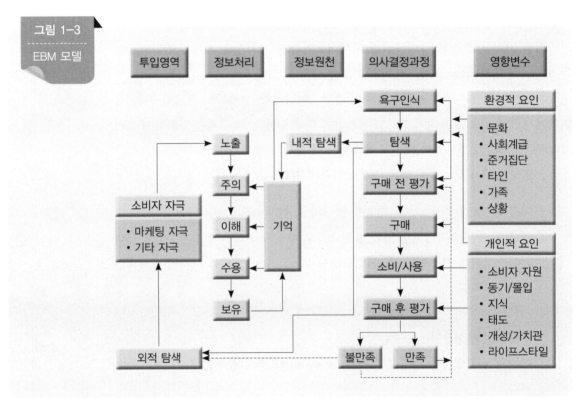

자료: James F. Engel, Roger D. Blackwell, Paul W. Miniard, *Consumer Behavior*(8th ed.), Dryden, 1995, p. 237.

1) 투입영역(Input)

소비자가 소비생활을 영위하는 중에 접하게 되는 자극은 크게 기업의 마케팅활동으로부터 발생되는 것과 기타 기업 외적 요인에 의해 발생되는 것으로 구분될 수 있다. 전자의 경우에는 광고와 같은 기업의 촉진활동이나 판매원과의 접촉 등이 해당되며 후자는 타인과의 사회생활 속에서 우연히 얻게 되는 정보나 타인의 생활양식 등에 노출되는 경우를 들 수 있다. 이런 자극들은 소비자의 선택적 노출을 통한 일련의 정보처리과정에 따라 소비자가 유용하게 적용할 수 있는 지식의 형태로 기억장치에 보관되거나 발생되는 욕구를 충족하기 위한 기초 자료로서 이용된다.

2) 정보처리(Information Processing)

외부자극이 여과과정을 통해 소비자의 의사결정 영역으로 진입하기 위한 준비단계라고 할 수 있다. 정보처리는 대체로 5가지 단계를 거쳐 이루어지는데 먼저 외적 자극에 대한 노출이 이루어지면 노출된 정보를 처리하기 위한 인지적 역량을 할당하는 주의를 거치고 제시된 정보의 내용과 소비자의 의사결정상황과의 관련성을 모색하는 이해(comprehension)단계를 통해 새로운 지식의 형태로 가공한다. 이렇게 가공된 지식이 소비자의 의사결정상황이나 욕구충족에 적합한 것으로 인식되면 이를 수용(acceptance)하고 미래의 구매의사결정에 활용하기 위해 보유(retention)단계를 거쳐 기억장치(memory)에 저장한다.

3) 의사결정과정(Decision Process)

자극에 노출되거나 특정한 상황에 직면한 소비자는 인지된 문제나 욕구를 해결하기 위해 구체적인 의사결정과정을 거치게 된다. 특정 자극에 대한 반응으로서 어떤 행동을 취할 것인가를 결정하는 의사결정과정은 크게 5단계로 구분할 수 있다.

(1) 욕구인식(Need Recognition)

욕구인식 또는 욕구유발(need arousal)은 대개 대중매체·개인적 접촉·기업의 마케팅자극 등 여러 가지 외적 원천으로부터 제공되는 자극에 의해 촉발된다. 그러나 경우에 따라서는 외적 자극 없이 단순히 개인의 동기나 시간의 경과에 의해서도 활성화 될 수 있는데, 예를 들면 식사 후 오랜 시간이 경과하여 시장기를 느끼는 것은 특정한 외적 자극이 없이도 발생되는 소비자 욕구라고 할 수 있다. 여기서 소비자 욕구라 함은 소비자가 기대하는 바람직한 상태(expected desirable status)와 현재의 상태(current actual status) 사이의 차이라고 할 수 있으며 이는 소비자가 의사결정과정을 통하여 해결해야 할 문제와 동일한 의미로 해석할 수 있다.

(2) 정보탐색(Information Search)

욕구인식에 의해 소비자문제를 해결하기 위해서는 이용 가능한 대안을 평가하기 위한 정보를 탐색해야 한다. 이러한 탐색은 소비자 자신의 기억을 더듬는 내적 탐색(internal search)과 타인 또는 외부의 정보원천을 검색하는 외적 탐색(external search)으로 구분된다. 소비자의 탐색 정도는 기억 속에 내재하는 소비자지식의 크기, 기억정보의 회상능력, 인지된 위험(perceived risk)의 크기 및 의사결정의 자신감(confidence) 등 4가지 요인에 의해 결정된다. 이렇게 탐색된 정보가 활성화되면 소비자는 이를 숙지하게 되는 것이다.

(3) 구매 전 대안평가(Prepurchase Alternative Evaluation)

내적·외적 탐색과정과 정보처리과정을 거쳐 기억에 저장된 소비자지식은 특정 구매대안을 평가하는 데 활용되게 된다. 구매 전 대안평가의 과정에서는 평가기준(evaluation criteria)의 결정과 이들 간의 상호 작용을 고려한 결정규칙이 확정된다. 소비자가 욕구를 충족하기 위해 여러 가지 대안들을 평가하는 데 영향을 미치는 변수로는 신념(belief)·태도(attitude) 및 의도(intention) 등이 포함된다. 또한 대안을 평가하는 경우에는 동기적 영향력(motivating influence)과 환경적 영향력(environmental influences)이 동시에 작용하는데, 동기적 영향력으로는 동기(motivation)·개성(personality) 및 라이프스타일(lifestyle)이 있으며 환경적 영향력에는 문화(culture)·준거집단(reference group) 및 가족(family)이 포함된다.

(4) 구매·선택(Purchase and Choice)

가능한 대안에 대한 평가기준과 결정규칙이 확정되면 소비자는 특정 대안을 구매하게 되는데 여기에는 특정 상표나 구매점포의 선택행위가 포함된다.

(5) 구매 후 평가(Postpurchase Evaluation)

이는 특정 점포에서 특정 상표를 구매한 후의 과정으로 이미 제품을 사용 또는 소비한 결과를 경험하여 후속적 행동방향을 결정하는 것을 의미한다. 소비자가 제품의 구매와 사용 또는 소비행위를 통해 획득하게 되는 개인적 느낌은 만족(satisfaction)과 불만족(dissatisfaction), 즉 구매 후 부조화(postdecision dissonance)의 두 가지 형태로 표출된다. 만족은 제품의 구매·사용에 대해 호의적인 감정이나 태도를 형성시켜 재구매 또는 습관적 구매 가능성을 증대시키는 효과를 가져오지만, 구매 후에 부조화, 즉 후회의 감정을 느끼게 되면 구매의 단절 또는 부정적 구전의 가능성이 증대하게 된다.

또한 소비자의 구매·사용경험은 다시 새로운 소비자의 지식으로서 후속적으로 이루어지는 구매의사결정에 강력한 영향요인으로 작용하게 된다.

4) 영향변수영역(Influencing Variables)

소비자의 구매의사결정과정에 영향력을 행사하는 변수들은 크게 소비자 개인적 특성(personal attributes)에 기인하는 것과 환경영향변수(environmental influences)들로 구분할 수 있다. 먼저 개인적 특성 차이로 인한 영향요인에는 소득이나 시간과 같은 소비자 자원(consumer resources), 동기(motivation)나 몰입(involvement)의 정도, 지식(knowledge), 태도(attitude), 개성(personality), 가치관(value) 및 라이프스타일(lifestyle) 등이 있다. 한편, 환경적 영향변수에는 문화(culture)·가족(family)·사회계급(social class), 타인의 영향(personal influence) 및 상황(situation) 등이 포함된다.

소비자행동연구의 체계

소비자행동론의 일반적 연구체계는 학자와 접근방법에 따라 다르지만 〈그림 1-4〉와 같은 구조를 바탕으로 이루어지고 있다.

이 연구체계는 적어도 다음과 같은 점을 가정하여 구성된 것이다. 즉 소비자의 행동은 구체적으로 소비자 개인에게 있어서는 매우 중요하다고 생각되는 목적을 달성하기 위해 나타나는 것이며 이런 행동은 모두 의도적이고 계획적으로 이루어지는 활동이라는 점이다. 소비자의 행동연구를 위해서는 소비자의 구매행위와 소비행위가 즉흥적 무작위적으로 나타나는 것이라고 가정하는 것보다는 계획적·합리적 사고를 바탕으로 자신이 직면한 소비문제를 해결하기 위해 나타난다고 하는 것이 타당하다고 할 수 있다. 한편, 소비자행동의 이런 표출과정에는 표면적으로 나타나는 행동의 원인이 되는 변수뿐만 아니라 소비자 내부의 심리적·정신적 변수가 개입되어

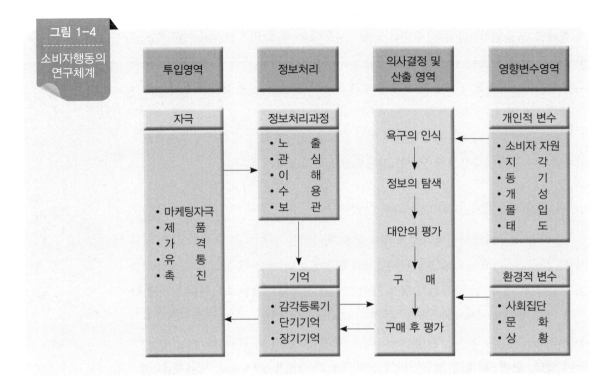

그림 1-4
소비자행동의
연구체계

있다.

　〈그림 1-4〉를 살펴보면 소비자행동은 소비자가 다양한 내적·외적 자극에 노출되는 것으로부터 시작된다. 자극에 노출된 소비자는 자극 속에 포함되어 있는 정보를 처리하여 자신의 기억 속에 저장한다. 저장된 정보는 소비자가 특정한 욕구를 인식하면서 인출되어 의사결정을 위한 자료로 활용된다. 소비자가 욕구를 인식하면 일정한 순서에 따라 의사결정을 하게 되고 이런 결과, 자신의 욕구를 충족시킬 수 있는 행동대안을 선택함으로써 특정한 반응을 나타낸다. 이것이 의사결정의 산출물이라고 할 수 있다. 이런 반응은 행동이 표출됨으로써 종결되는 것이 아니라 그 결과에 대한 평가과정을 통해 다시 피드백되어 새로운 의사결정상황에 이용되게 된다. 이렇게 소비자행동은 일정한 의사결정과정을 거쳐 나타나는 순환적 반응시스템이라는 특성을 지니고 있다.

　이때 이런 모든 의사결정과정에 직접·간접으로 영향을 미치는 요인들이 바로 영향변수영역으로서 이들은 특정한 자극에 대한 소비자의 반응이 다양하게 표출되도록 조절하는 역할을 수행한다.

1. 영향변수영역

소비자의 내부·외부에서 투입되는 특정 자극에 대한 소비자의 반응형태를 결정짓는 데 영향을 미치는 영향변수(influencers)들은 크게 개인적 요인과 환경적 요인으로 구분할 수 있다. 여기서 개인적 영향요인이란 소비자 개인의 정신세계 속에서 이루어지는 정보처리 및 의사결정과정에 개입하여 그 반응행동의 형태나 방향을 결정짓는 심리적·감정적 요소들을 말한다. 한편, 환경적 요인이란 소비자 개인의 심리적·신체적 특성과는 무관하게 소비자의 행동반응에 영향을 미치는 요인으로 소비자의 측면에서 보면 이는 통제불가능한 변수들이라고 할 수 있다.

1) 개인적 영향요인

소비자행동에 영향을 미치는 중요한 개인적 요인들로는 지각(perception), 동기(motivation), 개성(personality), 몰입(involvement), 지식(knowledge), 라이프스타일(lifestyle), 그리고 태도(attitude) 등이 있다. 이들은 소비자가 특정한 자극에 대하여 반응하는 이유나 형태를 결정하는 것으로서 이런 요인들이 모여 소비자개인의 행동특성을 결정짓는다.

한편, 소비자의 인지능력(cognitivity), 시간(time), 그리고 구매력(purchasability)과 같은 소비자 자원(consumer resources) 등도 소비자행동을 결정짓는 중요한 요인에 해당된다.

2) 환경적 영향요인

마케팅자극에 노출되어 나타나는 소비자의 행동반응은 소비자가 처한 환경에 따라 크게 달라진다. 이런 환경적 요인들은 소비자행동에 간접적인 영향력을 행사하지만 마케팅자극과는 별도로 존재하면서 영향을 미친다. 환경요인은 크게 물리적(physical), 경제적(economical) 그리고 사회적(social) 변수로 구분할 수 있다. 물리적 변수에는 구매장소까지의 거리(geographical distance), 기후(weather), 이동성(movability) 등이 해당된다. 한편, 경제적 변수로는 소득수준(level of income), 경제상황(economic situation), 성장률(growth rate) 등이 있을 수 있다. 이 밖에도 개인이 속하고 있는 사회나 집단, 준거집단(reference group), 문화(culture) 등도 사회적 변수에 해당된다고 할 수 있다.

2. 투입영역

소비자행동은 특정한 자극에 의해 촉발된다. 이런 자극은 기업이 마케팅활동을 통해 의도적으로 소비자에게 제공되는 경우가 많다. 기업은 활용 가능한 마케팅 수단으로서 4P, 즉 제품(product)·가격(price)·유통(place)·촉진(promotion)을 이용해 기업의 목표를 달성하는 데 필요한 메시지를 표적 소비자층에 전달함으로써 긍정적인 행동반응을 나타내도록 유도한다. 이런 과정에서 소비자는 수많은 자극에 노출됨으로써 숨어 있던 욕구를 인식하게 된다. 이에 따라 욕구와 관련된 소비자문제를 해결하기 위해 다양한 반응을 나타내게 된다.

한편, 소비자는 기업으로부터 제공되는 외적 자극뿐만 아니라 소비자 자신의 기억이나 시간의 경과에 따라 자연적으로 발생되는 새로운 자극과도 접촉하게 된다. 예를 들어, 식사를 한 후 오랜 시간이 흐르면 외적 자극이 주어지지 않더라도 저절로 다시 시장기를 느끼게 되고 이는 배고픔을 채우기 위한 특정한 반응행동을 나타내도록 하는 것이다.

3. 정보처리과정

소비자는 자극에 대하여 반응하면서 이들 자극 중 일부를 선택하여 자신에게 유용한 정보로 가공하여 저장한다. 이에 따라 현재 직면하고 있는 문제뿐만 아니라 앞으로 발생될지도 모르는 새로운 의사결정상황에 이들 정보를 활용할 수 있게 된다. 소비자의 정보처리과정은 기억이라는 인지적 저장창고에 정보를 저장하기 위해 정보를 가공하고 수용하는 절차를 의미한다. 소비자는 특정 자극을 선택·이해·수용할 뿐만 아니라 적당한 수단을 이용해 이를 저장한다.

정보처리과정은 소비자행동연구에서 하나의 독립적인 영역으로 취급되는 것보다는 자극이 유입되어 새로운 의미로 통합·저장되고 구매의사결정에 이용하기 위해 인출되는 연속된 과정에서 작용하는 정신활동을 설명하는 수단으로 이해하여야 한다. 정보처리과정을 통해 소비자는 새로운 역할이나 행동을 습득하게 되는데 이를 학습(learning)이라고 한다.

일반적으로 정보처리과정은 노출(exposure) → 주의(attention) → 이해(comprehension) → 수용(acceptance) → 보존(retention)이라는 5단계를 거치는 것으로 가정한다.

1) 노출(Exposure)

노출은 소비자가 마케팅자극을 감지하는 단계를 말한다. 이는 물리적 자극이 소비자의 감각기관과 접촉하여 감각등록기(sensory register)가 환기(aroused) 또는 활성화(activated)되는 정보처리의 첫 단계라고 할 수 있다.

2) 주의(Attention)

주의는 유입된 자극 중에서 일부만을 선별하여 소비자의 정보처리용량 중 일부를 할당하는 단계이다. 소비자가 주의라는 단계를 거치는 것은 소비자의 정보처리 능력에는 한계가 있기 때문이다. 따라서 정보처리용량이 할당되지 않은 나머지 자극들은 소비자의 인지과정에서 무시되어 더 이상 정보처리과정이 진행되지 않는다.

3) 이해(Comprehension)

이 단계에서는 선별된 자극에 대해 자신만의 의미를 부여하게 된다. 주의와 이해단계는 현실적으로 명확하게 구분하기 어려운 경우가 많기 때문에 이를 지각(perception)이라는 하나의 개념으로 사용하기도 한다.

4) 수용(Acceptance)

자극이 소비자 개인에게 의미 있는 유용한 정보로 해석되어 그 내용과 의미가 이해되면 소비자는 해석된 정보에 대해 앞으로의 의사결정상황에서 이를 활용할 수 있는 가능성을 결정하는 단계이다. 자극정보의 내용이 수용되었다는 사실은 해당 정보의 내용이 진실하다거나 아니면 소비자 자신에게 매우 유용한 것이라고 확신하였다는 것을 의미한다. 따라서 수용된 정보는 향후 소비자의 구매행동에 영향을 미칠 확률이 매우 높으며, 특정 시점에 이들 정보가 기억으로부터 인출되어 구매의사결정에 직접 이용될 수 있음을 의미한다. 따라서 수용정보는 자극이 실제로 활용 가능한 형태까지 발전된 것이라고 할 수 있다.

5) 보존(Retention)

마지막으로, 수용되어진 정보는 실제 구매의사결정에 활용되는 시점까지 기억장치에 저장된다. 이 단계가 바로 보존(retention)단계이다. 이렇게 장기기억장치에 저장된 정보는 필요한 시점에 다시 인출되어 구매의사결정의 기초 자료로서 활용된다.

SECTION 5 몰입(Involvement)과 의사결정

1. 몰입의 이해

1) 몰입의 개념

소비자의 구매의사결정과 관련된 전통적 모델들은 소비자가 구매제품이나 구매상황에 대해 몰입하고 있다고 가정하고 있다. 그러나 최근의 연구에서는 소비자들이 제품이나 상황에 대하여 몰입되지 않고서도 의사결정과정을 수행하는 경우도 많다는 사실이 밝혀지고 있다. 따라서 몰입은 소비자의 의사결정형태나 문제해결방식에 영향을 미치는 중요한 조절변수(moderator)라고 할 수 있다.

몰입에 관한 연구는 사회심리학(social psychology)에서 출발하였으나 마케팅에서도 매우 중요한 개념이라는 사실을 인식하고 이를 받아들임으로써 마케팅전략의 개발에 적용시키려는 노력이 활발하게 진행되어 왔다.

사회심리학의 관점에서, 프리드만(J.L. Freedman)은 몰입을 "특정한 반응이나 입장에 대한 관심(interest) 또는 개입(commitment)의 크기"라고 정의하고 있다. 한편 인지부조화이론(cognitive dissonance theory)의 선구자라고 할 수 있는 페스팅거(L. Festinger)는 "주제 그 자체(issue itself)에 대한 관심으로서, 관심의 대상이 되는 주제는 일반적 논점과 과정, 제품계층에까지 확장될 수 있다"고 주장하고 있다. 사회심리학의 몰입에 대한 정의는 본질적으로 몰입이 정태적이며 행동에 대한 태도와의 관계를 고려하고 있지 않다. 따라서 이를 마케팅에 적용하는 데는 한계가 있다.

이에 따라 사회심리학적 정의의 한계를 극복하고 몰입의 개념을 마케팅에 적용시키기 위한 노력이 여러 방면에서 시도되었다. '수동적 학습이론(passive learning theory)'을 주장한 크루그만(H.E. Krugman)은 몰입을 "개인이 자신의 생활내용과 자극 내용 간에 경험을 연결시키거나, 의식적으로 개인적 참조(self-reference)를 수행하는 횟수를 나타내는 연속체(continuum)"라고 정의하였다. 따라서 몰입을 개인 자신의 지식, 가치관, 일상행위 등과 자극의 내용을 연결하는 역할을 수행한다고 가정함으로써 주의(attention), 관심(interest), 환기(arousal)와는 다른 개념이라고 인식하였다.

한편 로버트슨(T.S. Robertson)은 몰입 대신 개입(commitment)이라는 용어를 사용해 "제품이나 상표에 대한 개인의 신념체계(belief system)"라고 정의하였다.

이처럼 몰입을 제품과 개인 간에 형성되는 개인적 관련성(personal relevance)을 나타내는 정도라고 정의한다든가 환기수준(arousal levels)의 변화, 마케팅커뮤니케이션과 소비자의 정보처리과정 간의 관계를 강조하여 정의되기도 하지만 이들은 모두 다음과 같은 공통점을 지니고 있다.

① 제품에 할당된 개인적 중요성의 크기를 결정하는 소비자의 가치관이나 자아 개념(self-concept)과의 관련성
② 개인과 상황에 따라 변화되는 속성
③ 특정 형태의 환기(arousal)와의 관계

소비자 구매의사결정의 최종목표는 구매결과로 인한 위험을 극소화하면서 동시에 최대의 혜택을 제공하는 대안을 선택하는 것이다. 소비자의 이런 행동전략을 연구하기 위해서는 소비자라는 인간(person), 대상(object), 그리고 상황(situation)이라는 3가지 요소를 동시에 고려하여야만 한다. 이때 인간적 요소는 소비자의 욕구나 가치관에 따른 동기(motivation)에 대한 이해를 의미한다. 또 대상은 제품, 서비스, 기업의 메시지 등으로서 이들은 소비자의 개인적 욕구나 가치, 그리고 목표를 실현시키는 수단이라고 할 수 있다. 그러나 이들이 소비자의 욕구를 충족시킬 수 있는 정도는 상황에 따라 달라질 수 있다는 사실도 간과해서는 안 된다.

결국 몰입이란 특정한 상황에 처한 소비자가 제품 또는 서비스라는 대상에 대하여 얼마나 깊은 관심을 기울이는가를 결정짓는 척도로서 "특정한 상황에서 제공되는 외부자극에 의해 유발된 소비자의 관심이나 개인적 중요성의 크기"라고 정의할 수 있다.

2) 몰입의 결정요인

소비자의 몰입수준을 결정하는 요인은 크게 3가지로 구분할 수 있다. 이들은 각각 소비자 개인의 특성 요인, 제품특성 요인, 그리고 상황특성 요인으로서 이런 3가지 요인들은 특정한 구매의사결정에 있어서 소비자의 몰입수준을 결정함으로써 의사결정과정과 행동반응상의 변화를 유발시킨다.

(1) 개인적 요인(Personal Factors)

소비자의 욕구(need)나 충동(drive)이 활성화되지 않는다면 몰입이란 나타나지

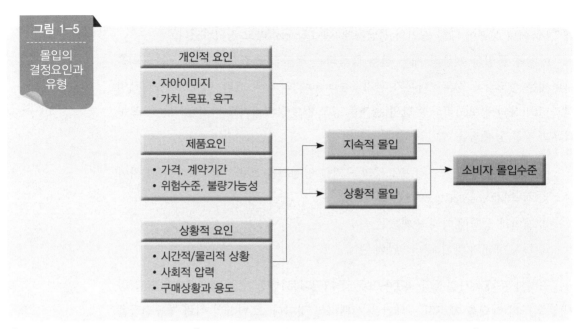

자료: Peter H. Bloch and Richins L. Marsha, "A Theoritical Model for the Study Product Importance Perception", *Journal of Marketing*,
Vol. 47, Summer 1983, pp. 69-81.

않는다. 특히 제품이나 서비스가 소비자의 자아이미지(self-image)를 반영하는 경우
에 소비자는 높은 몰입수준을 나타낸다고 한다. 또 제품이나 서비스가 소비자의 자
아이미지를 반영할 때 몰입수준은 비교적 오래 지속되며 안정적인 성향을 지닌다고
한다.

(2) 제품요인(Product Factors)

소비자가 구매 또는 소비시점에서 인지하는 위험의 크기가 증가할수록 제품이
나 브랜드에 대한 몰입수준도 증가한다. 1960년에 바우어(R.A. Bauer)는 이미 다음과
같은 가설을 제기하고 있었다. "소비자의 행동 중 어느 한 부분에 있어서라도 자신이
확신을 가지고 그 결과를 예측할 수 없는 동시에 이런 결과가 불유쾌한(unpleasant) 것
이라고 생각되는 경우, 소비자는 그런 위험에 대해 상당히 몰입된다."

소비자가 인식하는 위험은 신체적(physical), 심리적(psychological) 그리고 재무적
(financial) 위험으로 분류할 수 있다. 소비자가 인식하는 위험수준이 높아질수록 몰입
수준도 증가하게 된다. 특히 소비자가 상당한 정도의 위험을 예상하는 경우에는 구
매나 소비 자체를 포기하거나 아니면 확장형문제해결(EPS)방식을 적용해 정보탐색
과 평가단계를 강화함으로써 위험을 최소화시키고자 한다.

미국과 인도의 중산층 소비자들을 대상으로 한 연구를 보면, 이들은 모두 동일

한 제품범주에 대해서 동일한 정도의 위험을 인지하고 있다는 사실이 밝혀졌다. 이런 결과는 소비자의 개인적 특성보다는 제품특성이 소비자의 몰입수준을 결정하는데 더 큰 영향력을 행사한다는 점을 증명하는 것이라고 할 수 있다.

(3) 상황적 요인(Situational Factors)

소비자 개인의 특성이나 제품특성과 관련하여 나타나는 몰입형태를 지속적 몰입(enduring involvement)이라고 하며, 상황적 배경이나 소비환경과 관련된 몰입형태는 상황적 몰입(situational involvement)이라고 한다. 상황적 몰입은 소비자가 처한 현재상황의 성격과 깊은 관계를 지니고 있다. 상황은 시간의 차원에서 볼 때, 구매행위가 종료됨으로써 약해진다는 특성을 지닌다. 따라서 개인적 요인이나 제품요인에 비해 단기적이라고 할 수 있다. 특히 계절이나 유행에 민감한 상품들의 경우에는 이런 현상이 더욱 뚜렷하게 나타난다. 예를 들어 패션의류의 경우, 시장출시 초기에는 소비자의 몰입수준이 매우 높게 형성되지만 유행이 변하거나 계절이 바뀌게 되면 몰입수준은 급격하게 낮아진다.

상황요인 중에서 시간적 흐름에 따른 몰입수준의 변화만큼이나 뚜렷하게 나타나는 현상이 제품의 소비 또는 사용상황에 따른 몰입수준의 차이라고 할 수 있다. 단적으로, 세수비누를 어떤 소비자가 가정에서 사용하기 위해 구매하는 경우와 이를 누군가에게 선물하기 위해 구매하는 경우에 브랜드에 대한 소비자의 몰입수준은 커다란 차이를 나타낸다. 또 사회적 압력(social pressure)도 중요한 상황요인의 하나라고 할 수 있다. 한 연구에 의하면 포도주를 구매할 때, 소비자가 일상적 생활 가운데 마시고자 하는 경우와 저녁식사에서 손님을 접대하기 위한 경우 사이에 소비자의 몰입수준과 반응행동은 엄청난 차이를 보인다고 한다.

2. 몰입수준과 소비자 의사결정

몰입을 소비자행동변수로 연구할 때 고려해야 할 문제 중 하나는 가격과 몰입수준과의 관계이며 다른 하나는 제품을 실제로 고몰입제품과 저몰입제품으로 구분할 수 있는가 하는 것이다. 이런 문제에 대한 해결의 실마리는 앞에서 설명한 몰입의 결정요인이다. 소비자의 몰입수준은 여러 가지 요인에 의해 결정되는데, 최근의 연구에 의하면 고몰입(high involvement)상황과 저몰입(low involvement)상황 하에서 이루어지는 의사결정형태와 과정 간에는 상당한 차이가 있다는 사실이 밝혀지고 있다.

1) 몰입과 의사결정

(1) FCB격자도(Foote, Cone & Belding Grid)

세계적 광고대행사인 'Foote, Cone&Belding'사는 제품에 대한 소비자의 몰입수준과 제품의 선택특성을 기준으로 제품군을 분류하고 이들에게 적합한 마케팅전략을 제시하였다. 〈표 1-1〉은 이런 관계를 나타내고 있다. 여기에서는 제품을 구분하는 기준을 소비자가 제품을 선택할 때 영향을 미치는 심리적 특성과 제품에 대한 몰입수준으로 삼아 전체 제품군을 4개의 영역으로 구분하고 있다. 또 이들 영역에 적당한 마케팅전략과 의사결정모형도 동시에 보여 주고 있다.

몰입의 크기는 제품과 관련된 가치기준의 수나 가치기준 간의 중심화 정도, 가치와 제품 간의 적합도 등에 의해 결정된다. 대체로 고몰입 하에서 소비자는 제품과 구매결과에 대해 보다 깊이 생각하고 비교하는 데 반해 저몰입 하에서는 인지적 사고나 합리적 선택을 그다지 중요하게 생각하지 않는다. 이런 소비자의 몰입특성을 이용하면 4개의 영역으로 구분된 각각의 제품군에 대한 적절한 마케팅전략을 도출할 수 있다. 먼저 정보제공전략이란 제품의 경제성과 실용성을 강조하는 촉진전략을 의미한다. 감정환기전략은 소비자의 자아이미지를 분명하게 식별할 수 있도록 하거나 자긍심을 유발시키는 전략이다. 한편, 습관형성전략은 의사결정시점에서 소비자가 자사브랜드를 쉽게 환기할 수 있도록 하는 것이며 자아만족전략은 소비자의 감각적 쾌락이나 사회적 동기 등을 자극하는 촉진전략이라고 할 수 있다.

(2) 제품·브랜드를 대상으로 한 소비자 몰입유형

소비자의 몰입대상은 자극의 원천(제품, 브랜드, 점포, 광고 등)이 될 수도 있으나 구매상황이나 구매행위 그 자체가 대상이 되는 경우도 있다. 그러나 기본적으로 소

표 1-1   FCB Grid

구분		인지적(Think Products)	감정적(Feel Products)
몰입수준	고몰입	〈정보제공전략〉 • 의사결정모형: 인지 → 감정 → 행동 • 제품군: 자동차, 가구, 주택, 신제품	〈감정환기전략〉 • 의사결정모형: 감정 → 인지 → 행동 • 제품군: 보석류, 화장품, 패션의류
	저몰입	〈습관형성전략〉 • 의사결정모형: 행동 → 인지 → 감정 • 제품군: 식료품, 생활용품	〈자아만족전략〉 • 의사결정모형: 행동 → 감정 → 인지 • 제품군: 담배, 주류, 과자류

자료: Vaughn Richard, "How Advertising Works: A Planning Model", *Journal of Advertising Research*, Vol. 20, May 1980, p. 30.

| 표 1-2 | 몰입대상을 기준으로 한 소비자 유형 |

구분		제품군(Product Class)에 대한 몰입수준	
		고몰입	저몰입
상표에 대한 몰입수준	고몰입	〈상표애호형〉 • 상표에 집착 • 최고의 제품에 관심 • 선호하는 상표가 존재 • 경쟁상표에 대한 거부감	〈일반적 상표구매형〉 • 제품범주에 관심이 없음 • 최고를 추구하지 않음 • 선호하는 상표가 있음 • 경쟁상표 사용하지 않음
	저몰입	〈정보추구형〉 • 제품범주에 관심 • 최고를 추구함 • 다양한 상표의 사용 • 정보탐색의 선호	〈상표전환형〉 • 제품범주/상표에 무관심 • 최고를 추구하지 않음 • 다양한 상표의 사용 • 가격에 매우 민감

자료: Cushing, Peter, Melody Douglas-Tate and Leo Burnett, "The Effect of People/Product Relationships on Advertising Processing", in Linda F. Alwitt and Andrew A. Mitchell(ed.), *Psychological Processs and Adverting Effects*, Lawrence Erlbaum, Hillsdale, New Jersey, 1985, pp. 241-259.

비자의 구매욕구나 충동심리를 충족시켜 주는 주체는 제품이라고 할 수 있으므로 소비자의 몰입수준은 제품군(product class)과 브랜드로 나누어 살펴보는 것이 타당하다고 할 것이다. 이렇게 구분하게 되면 소비자들 서로 다른 특성을 지닌 몇 개의 집단으로 세분화하는 것이 가능하게 된다.

〈표 1-2〉는 소비자의 몰입대상이 제품 자체인가 아니면 특정 브랜드인가에 따라 소비자의 유형을 구분한 것이다. 이를 이용하면 기업의 브랜드전략이나 제품전략을 바탕으로 효과적인 소비자촉진전략을 개발할 수 있게 된다.

2) 몰입이론

몰입의 개념과 몰입에 따른 의사결정과정상의 차이를 바탕으로 소비자 의사결정모델을 분류하면 〈표 1-3〉과 같이 나타낼 수 있다. 이때 관련 모델과 이를 지지하는 이론과의 관계는 몰입수준과 소비자의 브랜드차이에 대한 인식 정도를 기준으로 구분된다. 이는 의사결정과정상 소비자가 선택대안 간의 차이를 인식하고 있는가에 따라 정보탐색이나 노력의 정도가 달라지게 되어 결국 의사결정형태의 차이를 유발시키기 때문이다.

(1) 능동적 학습모델(active learning model)

능동적 학습모델은 전통적인 인지학습이론(cognitive learning theory)을 기초로 개

| 표 1-3 | 몰입수준과 의사결정의 특성을 기준으로 한 소비자 행동유형 |

구분		몰입수준(Involvement)	
		고몰입	저몰입
소비자의 상표차이 지각정도	높음	〈능동적 학습모델〉 • 인식/신념 → 태도 → 행동 • 인지학습이론	〈저몰입모델〉 • 인식 → 행동 → 태도 • 수동적 학습이론/사회판단이론
	낮음	〈부조화-귀인모델〉 • 행동 → 태도 → 신념	〈수정된 저몰입모델〉 • 인식 → 행동

자료: Stewart F. DeBruicker, "An Appraisal of Low-Involvement Consumer Informations Processing", in Malaney C. John and Berbard Silvermen(eds.), *op. cit.*, 1979, p. 24.

발되었다. 여기서 소비자는 능동적 학습자 또는 문제해결자로 간주된다. 소비자는 구매상황에 상당히 몰입되어 있으며 최적구매안을 선택하기 위해서 주어진 자원의 범위 내에서 제품의 혜택을 기준으로 각 대체안 간의 차이를 발견하려고 노력한다.

인지적 관점에서는 소비자의 행동이 어떤 목적과 의도를 지니고 이루어진다고 가정한다. 따라서 학습과정이란 목적의 인식 → 목적달성을 위한 행동 → 문제해결 방법에 대한 통찰 → 목적달성의 순서로 구성된다. 소비자가 어떤 문제에 직면하게 되면 인지적 불균형(cognitive disequilibrium)상태에 빠지는데 이는 일종의 긴장감을 야기시킨다. 이런 긴장감은 균형상태로 회귀하기 위한 다양한 행동대안을 추구하도록 한다. 이때 소비자의 행동은 소비자 개인의 특성과 상황에 따라 달라지게 된다. 특히 소비자행동은 대상의 실체적 특성을 기준으로 하지 않고 소비자 자신의 지각특성(perceived attributes)을 기준으로 결정되므로 소비자의 지각이나 정보처리의 형태가 중요한 변수라고 할 수 있다.

(2) 부조화-귀인모델

브랜드 간의 차이를 느끼지 못하거나 소비자의 몰입수준이 높은 경우에 이루어지는 의사결정은 부조화-귀인이론(dissonance-attribution)에 의해 설명될 수 있다. 이 경우 소비자의 행동은 태도에 앞서 나타나게 된다. 또 태도도 소비자의 지식이나 신념보다 앞서 형성되게 된다. 따라서 이런 경우에는 인지부조화론(cognitive dissonance theory)이나 귀인이론(attribution theory)에서 주장하는 것처럼 태도 이전에 나타나는 행동과 깊은 관계가 있다.

(3) 기본적 저몰입 모델

몰입수준이 낮으면서 브랜드 간의 차이를 소비자가 크게 지각하고 있는 경우로서 저몰입 의사결정의 가장 일반적 유형이라고 할 수 있다. 이 모델은 전통적 계층효과이론과는 달리 제품에 대한 소비자의 지식이나 신념에서 출발해 행동이 뒤따르며 가장 마지막으로 태도가 형성된다는 점이 특징이라고 할 수 있다. 따라서 소비자는 대안들을 인식하는 것만으로도 구매를 집행할 수 있으며 태도는 구매 이후에 가장 커다란 만족을 제공하는 브랜드에 대해 형성된다. 이런 소비자행동의 특징은 수동적 학습이론(passive learning theory)이나 사회판단이론(social judgement theory)에 의해 설명될 수 있다.

(가) 수동적 학습이론(passive learning theory)

1965년 크루그만(H. Krugman)이 TV를 저몰입 매체로 정의하면서 처음 소개된 이론으로, TV광고가 높은 수준의 브랜드회상(brand recall)을 가능하게 하지만 소비자의 브랜드태도를 변화시키지는 못하는 이유를 매체에 대한 소비자의 낮은 몰입 때문이라고 주장하였다. 수동적 학습이론에 따르면 소비자가 자극에 수동적이며 정보에 관심이 없는 경우에는 브랜드의 평가행위가 발생되지 않으므로 제품의 특징이나 혜택을 강조하는 정보강조형 광고보다는 감정적이고 정서적인 표현기법을 강조하는 감성적 광고형태가 더 큰 효과를 발휘한다고 할 수 있다.

(나) 사회판단이론(social judgement theory)

1961년 쉐리프(S. Sherif)는 특정 사안에 대한 개인의 입장은 몰입의 수준에 따라 해당 자극정보가 수용영역(acceptance latitude), 거부영역(rejection latitude), 중립영역(noncommitment latitude)의 3가지 영역 중 어느 하나에 속함으로써 결정된다는 사회판단이론(social judgement theory)을 제시하였다. 여기에서는 소비자가 어떤 사안에 대해 판단을 해야 하는 경우, 자신이 과거부터 지니고 있던 태도를 판단의 준거틀(frame of reference)로서 활용하여 메시지의 수용 여부를 결정한다고 가정한다. 소비자의 경험이 최초로 태도를 형성시키고 이것을 현재의 사안과 비교하여 그 수용 여부를 결정한다는 것이다.

사회판단이론이 저몰입 상태에 있는 소비자의 행동양식을 설명할 수 있는 이유는 수동적 학습이론에서와 유사하다. 왜냐하면 저몰입 소비자는 사전에 어떤 특정 브랜드에 대해 집착하고 있지 않기 때문에 여러 가지 브랜드를 고려할 수 있으나 이런 브랜드대안을 적극적으로 찾으려고는 하지 않으므로 가장 친숙한 브랜드를 선택하거나 같은 브랜드를 습관적으로 구매함으로써 가장 경제적인 의사결정을 내리려고 한다는 점이다. 따라서 고몰입 소비자에 비하여 저몰입 소비자는 보다 적은 수의 속성(attributes)만을 기준으로 삼을 것이라고 예상할 수 있다.

(다) 정교화가능성모델(ELM: Elaboration Likelihood Model)

정교화(elaboration)란 특정 사안과 관련해 소비자가 기울이는 사고의 정도라고 할 수 있다. 보다 엄밀하게 표현하자면 소비자의 기억 속에 존재하고 있는 지식과 새로 접촉한 정보 사이의 통합화의 정도, 또는 자극과 소비자의 경험 및 목표를 연결하는 연결고리의 수라고 표현할 수 있다. 정교화가능성모델이 소비자 몰입수준에 따른 의사결정과정을 설명하는 논리 중에서 앞에서의 수동적 학습이론이나 사회적 판단이론과 근본적으로 다른 점은 앞의 두 이론들이 저몰입 상태의 소비자 의사결정이 고몰입에 비하여 적극성과 정보처리과정 상 뒤떨어진다는 점을 가정하고 있다는 점이다. 이에 비해 정교화가능성모델은 고몰입이냐 저몰입이냐에 따라 소비자가 정보를 처리하는 경로 자체가 달라지며 이로 인해 태도의 성격이 달라진다고 주장한다.

소비자는 메시지가 전달하고자 하는 여러 가지 정보, 즉 중심단서를 대상으로 이를 해석하고 기존의 태도와 통합하려는 의식적이고 적극적인 인지활동을 수행하

그림 1-6

정교화 가능성 모델에서의 두 가지 경로

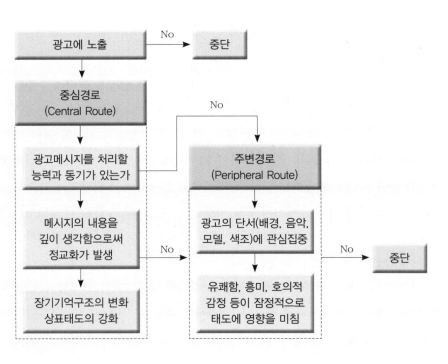

자료: William L. Wilkie, *Consumer Behavior*(3rd ed.), Wiley, 1994, p. 456.

게 되는데 이때 소비자가 정보를 처리하는 경로를 중심경로라고 한다.

이에 비해 제시된 논점과는 별로 상관이 없는 메시지 전달자라든가, 시각효과나 배경음악, 색조 등 주변단서(peripheral cues)에 의해 태도를 형성하게 되는 경우에는 이런 단서가 소비자에게 동일한 영향력을 행사하는 동안만 소비자로 하여금 이에 대한 태도를 유지하도록 한다. 이는 소비자가 정교화를 통해 정보의 통합이나 구조화를 구축하지 않고 단지 대상과 관련된 몇 가지 단서에 의해서만 태도를 형성시켰기 때문이다.

따라서 이들 단서가 더 이상 소비자에게 중요한 것으로 생각되지 않거나 특정 제품 또는 브랜드와 분명하게 연결되지 못하면 더 이상 소비자 태도를 형성하는 데 기여하지 못한다. 이때 정교화를 결정짓는 두 가지 요인은 소비자의 동기와 정보처리능력이다. 일단 소비자에게 메시지를 처리할 수 있는 능력과 처리하고자 하는 동기가 부여되는 경우, 소비자는 이들 메시지에 대해 정교화과정을 진행하며 이때 정보처리는 중심경로를 통해 태도에 영향을 미친다.

(4) 수정된 저몰입모델

〈표 1-3〉에서의 마지막 영역은 낮은 몰입수준 하에서 브랜드 간의 차이를 느끼지 못하는 경우에 나타나게 된다. 이 경우의 소비자 정보처리는 상표의 인식과 행동이라는 두 단계만 거치게 된다. 소비자는 모든 브랜드를 매우 유사하게 인식하고 있기 때문에 전체 제품군에 대해 이미 형성된 태도만으로도 행동이 가능하다고 생각한다. 따라서 추가적으로 브랜드태도를 형성할 필요성을 느끼지 못하기 때문에 브랜드에 대한 학습과정이 발생되지 않는 일종의 수동적 학습형태가 나타나게 된다.

3) 몰입의 측정(Measurement of Involvement)

어떤 제품이 고몰입의 범주에 속하는가 아니면 저몰입의 범주에 속하는가를 판단하기 위해서는 먼저 이들 제품범주에 대해 소비자가 어떤 행동특성을 보이는가를 이해할 필요가 있다. 이를 위해서는 다음과 같은 두 가지 접근방법이 이용되고 있다. 그 하나는 2단계접근법(two-step approach)으로 먼저 제품을 고몰입과 저몰입의 제품범주로 분류하고 다음으로 이들 각각의 제품군에 대해 소비자행동의 특성을 조사하는 방법이다. 다른 한 가지는 단일단계접근법(one-step approach)으로 제품 자체를 여러 가지 속성에 따라 분류하고 이들 분류된 각각의 제품군에 대해 소비자가 어떤 특성을 보이는가를 측정하여 고몰입 또는 저몰입 제품으로 구분하는 방법이다.

(1) 라이프스타일(Lifestyle)의 변수를 이용한 측정

서머스(J. O. Sommers)와 티거트(D. J. Tigert)는 여성의 패션상품에 대한 몰입수준을 측정하기 위해 이들 상품과 관련된 여러 가지 라이프스타일 변수들을 리커트척도(Likert-type scale)를 이용해 측정하였다. 서머스가 몰입측정을 위해 사용한 변수들은 패션상품에 대한 관심, 표현의 대담성, 지식, 패션과 관련된 타인의 의견 수용 정도 등 4가지였다. 그 후 티거트는 표현의 혁신성, 관련 정보의 교환 정도, 관심, 지식, 패션변화의 인식 정도 등 5가지 변수를 이용해 소비자의 몰입수준을 측정하였다. 이들이 사용한 변수는 라이프스타일을 측정할 때 사용되는 변수와 유사하다.

(2) 브랜드 간의 차이인식과 제품속성의 수를 이용한 측정

제이코비(J. Jacoby)는 소비자가 브랜드 간의 차이를 인식하는 정도를 몰입의 대용 개념으로 보아 조사대상자에게 동일한 제품속성을 가진 브랜드들에 대해 품질차이를 얼마나 인식하고 있는가를 측정하였다. 제이코비의 측정항목은 다양한 제품들에 적용될 수 있도록 개발된 것으로 측정이 용이하다는 장점이 있으나 소비자의 몰입은 동일제품군에 속하는 브랜드들 사이에서도 차이가 나타날 뿐만 아니라 제품에서 기대되는 혜택의 차이 때문에 발생되는 경우도 있어 소비자의 몰입수준을 정확하게 측정하지 못한다는 비판을 받고 있다.

로스차일드(M. L. Rothschild)와 휴스턴(M. J. Houston)은 브랜드 간의 차이를 식별하기 위해서는 많은 수의 제품속성을 고려해야만 하기 때문에 구매의사결정에 포함되는 속성의 수(크기)를 이용해 몰입을 측정하였다. 이들은 아주 낮은 몰입상태에 있어서는 단 하나만의 제품속성을 이용해 브랜드를 선택하게 되지만 몰입수준이 높아질수록 평가기준에 포함되는 제품속성의 수가 증가하며, 또 몰입수준이 높아질수록 소비자들이 특정 브랜드가 특정한 속성을 지니고 있다는 사실을 받아들이는 수용영역(latitude of acceptance)이 좁아질 것이라고 가정하였다. 이에 따라 제품의 속성수와 수용영역을 기준으로 몰입수준을 〈표 1-4〉에서와 같이 구분하였다.

표 1-4   몰입수준과 상표평가

구분	고몰입(High Involvement)	저몰입(Low Involvement)
상표평가에 사용된 속성의 수	많음	적음
수용영역	좁음(적은 수의 상표만 고려)	넓음(많은 수의 상표만 고려)

자료: Henry Assael, *Consumer Behavior and Marketing Action*(3rd ed.), PWS-KENT & NELSON, 1988, p. 107.

따라서 고몰입의 경우에는 고려되는 제품속성의 수가 증가하고 제품속성에 대
한 수용영역은 상대적으로 작아지며 반대로 저몰입의 경우, 고려되는 제품속성의 수
는 줄어드는 반면 제품속성에 대한 수용영역의 폭은 증가하게 된다. 이런 관계를 식
으로 표시하면 다음과 같다.

$$I = \dfrac{A}{\dfrac{B}{C}}$$

단, I: 몰입의 크기
    A: 조사대상자가 제품의 평가에 사용하였다고 응답한 제품속성의 수
    B: 조사대상자가 제품평가에서 제품속성이 포함되었다고 응답한 브랜드의 수
    C: 조사대상자가 제품평가에서 제품속성이 포함되지 않았다고 응답한 브랜드
      의 수

(3) 쟈이코프스키(Zaichkowsky)의 몰입목록(PII: Personal Involvement Inventory)

쟈이코프스키(Judith L. Zaichkowsky)에 의해 개발된 이 측정방법은 먼저 〈표
1-5〉에 나타난 것처럼 15개 범주의 제품을 측정하는 20개 항목의 몰입측정목록
(involvement inventory)을 작성하는 것에서부터 출발한다. 이 방법은 다양한 제품들에
대한 소비자의 행동특성을 측정할 수 있을 뿐만 아니라 측정점수에 따라 몰입의 크
기를 판단할 수도 있다. 이때 제품당 최고점수는 140점을 초과하지 못하도록 하였

표 1-5　쟈이코프스키의 수정된 몰입목록(PII)

(해당되는 제품명을 기입)

1. (important) 중요함 __:__:__:__:__:__ 중요하지 않음 (unimportant)*
2. (boring) 따분함 __:__:__:__:__:__ 흥미로움 (interesting)
3. (relevent) 관련있음 __:__:__:__:__:__ 관련없음 (irrelevent)*
4. (exciting) 자극적임 __:__:__:__:__:__ 무덤덤함 (unexciting)*
5. (means nothing) 무의미함 __:__:__:__:__:__ 의미깊음 (means a lot to me)
6. (appealing) 소구력 있음 __:__:__:__:__:__ 소구력 없음 (unappealing)*
7. (fascinating) 환상적인 __:__:__:__:__:__ 일상적임 (mundane)*
8. (worthless) 가치없음 __:__:__:__:__:__ 귀중함 (valuable)
9. (involved) 몰입 __:__:__:__:__:__ 몰입되지 않음 (uninvolved)*
10. (not needed) 필요없음 __:__:__:__:__:__ 필요함 (needed)

(1) * 표시는 점수가 역산되어져야 함.
(2) 각 문항은 왼쪽의 저몰입(1)부터 오른쪽 고몰입(7)까지로 구성되며 10개 문항의 총합계는 최저 10점부터 최고 70점
까지 가능함.

자료: Judith Lynne Zeichkosky, "The Personal Involvement Inventory: Reduction, Revision, and Application to Advertising", *Journal of Advertising*, Vol. 23, No. 4, December 1994, p. 70.

다. 그는 자동차나 계산기처럼 일반적으로 고몰입 제품이라고 여겨지는 제품들과 커피, 목욕세제, 아침식사용 시리얼과 같은 저몰입 제품이라고 여겨지는 제품들을 대상으로 몰입수준을 검증하였다.

(4) 로렌과 카퍼러(Laurent & Kapferer)의 몰입프로필(Involvement Profiles)

앞의 측정법들이 소비자의 몰입을 단일 개념으로 정의하고 단 한 번의 측정으로 크기를 결정짓는 데 반하여 로렌(G. Laurent)과 카퍼러(J. N. Kapferer)는 몰입을 복합적 개념으로 간주하고 이를 측정하기 위한 몰입프로필(Involvement Profiles)을 개발하였다.

이때 몰입측정을 위한 프로필은 리커트방식척도(Likert-type scale)에 의해 4가지 차원에서 측정된다. 이렇게 측정된 결과를 합산한 점수가 몰입수준을 판단하게 하는 결정인자가 되는 것이다. 몰입프로필을 유도하기 위해 고려되는 4가지 차원은 다음과 같다.

① 소비자에 대한 제품의 중요성(product importance)
② 위험(risk), 구매결과로부터 나타나는 위험을 지각하는 정도
③ 감정적 · 쾌락적 가치(emotional · pleasure value)
④ 제품의 상징적 가치(sign value)

3. 몰입과 마케팅전략

1) 시장세분화(Market Segmentation)

특정 제품의 표적시장에 속하는 소비자들에게 있어 제품에 대한 몰입수준이 달라지면 이들의 정보탐색유형과 크기도 달라지게 된다. 이는 결국 의사결정과정의 변화를 초래해 소비자의 행동에 영향을 미친다. 이렇게 소비자의 몰입에 따라 소비자행동의 반응이 달라지므로 마케터는 이를 이용해서 효과적인 시장세분화를 할 수 있게 된다. 왜냐하면 세분시장 간 소비자 특성의 차이를 식별할 수 있다면 이에 맞는 적절한 마케팅전략의 개발도 가능하기 때문이다.

예를 들면, 어떤 소비자에게 고몰입 제품으로 간주되는 것들이 다른 소비자에게는 저몰입 제품으로 인식될 수도 있다. 세제류의 경우, 가정일에 충실하게 봉사하는 것을 자아개념으로 인식하고 있는 주부에게는 세제란 이런 자아개념을 실현시키게 하는 중요한 수단이라고 할 수 있으므로 고몰입 제품이 될 수 있다. 그러나 직장을 다니는 주부에게 있어서는 오히려 저몰입 제품으로 간주될 가능성이 더 높다.

그림 1-7

몰입수준에
따른
세분시장

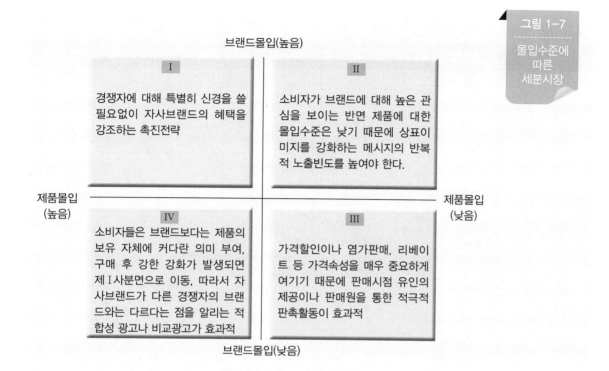

트레일러(M.B. Traylor)는 콜라, 인스턴트커피, 비타민제, 강낭콩통조림, 카메라
필름, 화장비누, 오렌지쥬스, TV, 가구, 식기세척기, 냉장고, 자동차 등 12개의 제품
에 대해 조사한 결과 거의 모든 소비자들이 〈그림 1-7〉에서와 같이 브랜드와 제품
의 몰입수준을 기준으로 세분한 4개의 시장영역 안에 위치하고 있음을 발견하였다.

이 그림을 이용하면, 효과적인 마케팅전략의 수립이 가능하게 된다. 예를 들
어 마케터들은 이들 4개 시장 중에서 어느 한 시장만을 대상으로 마케팅자원과 노
력을 집중하는 단일시장집중전략(single market concentration strategy)을 취할 수도 있
으며 또 각 세분시장에 대해 각각 다른 마케팅전략을 구사하는 차별적 마케팅전략
(differentiated marketing strategy)를 적용할 수도 있기 때문에 기업상황과 자원의 범위에
합당한 적절한 시장전략을 추진할 수 있다.

〈그림 1-7〉은 세분시장별 마케팅전략을 제시하고 있다.

2) 광고전략

고몰입 제품의 경우, 소비자는 적극적이고 능동적으로 정보를 탐색한다. 따라서
고몰입 제품은 소비자의 정보욕구를 충족시킬 수 있도록 다양하고 유용한 정보를 포
함하는 광고전략을 이용하는 것이 바람직하다. 또 메시지의 내용이나 광고가 노출

표 1-6	몰입과 마케팅믹스전략	
구분	**마케팅믹스**	**전략**
고몰입	촉진전략 (Promotion Strategy)	• 숙련된 판매사원들을 통한 판매강화 • 메시지의 전달에 있어서 강력한 소구요소 이용
	유통전략 (Distribution Strategy)	• 제한적 유통조직(limited distribution system) • 중간상들이 우수한 유통서비스를 제공할 수 있도록 이들에 대한 교육강화
	가격전략 (Price Strategy)	• 프리미엄가격(premium price)의 책정 • 빈번한 바겐세일 금지 • 고객과 가격협상(price bargaining)정책 실시
저몰입	촉진전략 (Promotion Strategy)	• 영업사실을 소비자가 인지가능하도록 대규모 광고전개 • 메시지의 반복 강조 • 호감이 가고 주의를 끌만한 모델의 활용 • 광고의 소구점은 가능한 간단하게
	유통전략 (Distribution Strategy)	• 확대유통조직(extensive distribution system)
	가격전략 (Price Strategy)	• 최저생산원가의 달성을 위해 노력 • 가격민감집단의 주의 유도를 위한 쿠폰, 가격, 유인

자료: John C. Mowen, *Consumer Behavior*(2nd ed.), Maxwell MacMillan, 1990, p. 288.

되는 시간도 긴 것이 유리하기 때문에 방송광고보다는 인쇄매체를 통한 광고전략이 필요하다. 이런 소비자들은 광고내용에 대한 정교화(elaboration)가 깊이 이루어지기 때문에 노출빈도나 반복횟수가 많을 필요는 없다.

한편, 저몰입 제품의 경우 소비자는 주의단계에서 태도변화 없이 직접 행동을 나타낸다. 따라서 마케터는 주의를 유도하면서 동시에 망각을 방지하기 위해 노출을 반복하는 전략을 사용하는 것이 효과적이다. 또한 저몰입 상태에서 소비자들은 제품특성이나 기능 등에 관해서는 별로 흥미를 느끼지 못하기 때문에 많은 정보를 제공하는 것보다는 몇 개의 핵심적 단서만을 제시함으로써 손쉽게 선택할 수 있도록 하는 것이 효과적이다.

인간의 정보처리능력에는 한계가 있으며 특히 흥미를 느끼지 못해 동기화되지 않은 경우, 기존의 정보처리능력조차도 다 이용되지 않을 수 있기 때문에 지나친 정보의 제공은 소비자의 정보과부하현상을 발생시킨다. 정보과부하가 발생되면 소비자의 정보처리능력이 오히려 감소되며 이때 소비자는 극히 일부의 정보만을 기억하게 된다. 따라서 저몰입 제품에 대한 광고는 메시지의 길이를 짧게 하고 광고시간도 짧게 하는 것이 효과적이다.

몰입수준과 매체유형의 관계를 연구한 프레스톤(I.L.Preston)은, 고몰입 제품은 인쇄매체가 효과적이며 저몰입 제품은 방송매체가 효과적이라는 사실을 증명하였다.

인쇄매체의 경우, 소비자는 자신이 중요하다고 인식하는 제품의 광고를 천천히 반복하여 읽을 수 있으므로 많은 정보를 확실하게 저장할 수 있다. 따라서 마케터는 많은 정보를 내포한 광고물을 제작함으로써 비교적 저렴하게 노출시킬 수 있어 고몰입 제품을 홍보하는 데 매우 유용하다. 또한 인쇄매체는 소비자 자신이 정보노출을 통제할 수 있는 능동적 학습(active learning)을 가능하게 하므로 정보의 획득이 요구되지 않거나 상표차이를 크게 인식하지 못하는 저몰입 제품의 광고는 무시하고 지나치기 때문에 이들 제품에 대해서는 비효율적 매체라고 할 수 있다.

반면, TV나 라디오와 같은 방송매체는, 시청자들이 매체의 다양한 광고자극에 대해 지각적 방어(perceptual defense)를 하지 않는 수동적 학습(passive learning)만을 수행하므로 메시지의 내용은 인지구조(cognitive structure)에 영향을 주지 않고 태도를 변화시킬 필요도 없이 매우 단순한 정보형태로 기억 속에 저장된다. 이런 정보는 구매시점에 쉽게 인출되어 구매행동에 반영된다. 따라서 저몰입 제품은 방송매체의 이런 특성을 이용하는 것이 효과적이라고 할 수 있다.

CHAPTER 02

소비자 구매의사결정과정의 이해

문제인식(Problem Recognition)

SECTION 1

1. 문제인식의 의의

소비자 의사결정과정은 문제의 인식(problem recognition)에서 출발한다. 이는 소비자가 구매의 필요성을 느끼고 구매의사결정에 대한 동기가 부여되는 단계이다. 소비자의 욕구는 특정 시점에서 소비자가 느끼는 실제상태(actual state)와 이상(理想)상태(desired state) 간의 차이를 인식함으로써 나타난다. 이는 어떤 대상에 대해 소비자가 기대하는 정도와 현실 사이에 일정수준 이상의 차이가 발생될 때만 가능하다. 따라서 이런 차이가 커질수록 욕구는 강해진다고 할 수 있다. 문제인식의 단계는 소비자 내면의 심리작용과 관계가 있는데, 특히 정보처리과정과 모티베이션에 의해 많은 영향을 받게 된다. 소비자는 내적·외적 원천(源泉)으로부터의 자극을 처리함으로써 문제 또는 욕구를 인식하게 되고 이에 따라 욕구충족을 위한 활동을 진행하도록 동기가 부여된다.

이때 욕구충족에 필요한 행동을 촉발시키는 동기와 이에 따른 의사결정, 그리고 그 결과로서 나타나는 구매행위가 이루어질 확률은 실제상태와 이상상태 사이의 차

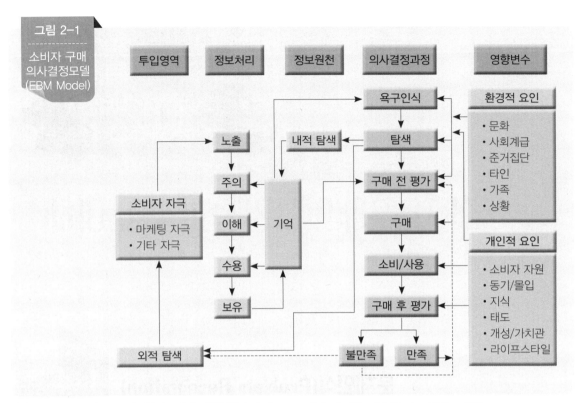

그림 2-1
소비자 구매
의사결정모델
(EBM Model)

자료: James F. Engel, Roger D. Blackwell, Paul W. Miniard, *Consumer Behavior*(8th ed.), Dryden, 1995, p. 237.

이의 크기와 이런 차이가 소비자에게 얼마만큼 중요한 것인가에 달려있다. 이런 욕구가 소비자에게 매우 중요하고, 실제상태와 이상상태 간의 차이가 크게 발생되었다고 하더라도 현실적으로 이를 충족할 수 있는 여건이 구비될 수 없다면 더 이상 의사결정과정이 진행되지 않는다. 예를 들어 소비자에게 의사결정에 필요한 시간이 전혀 주어지지 않는다거나 구매에 필요한 재무적 자원(돈)이 전혀 없는 경우에는 아무리 욕구를 강하게 느끼더라도 일반적인 의사결정절차를 진행하지 않는다.

　이때 주의해야 할 점은 실제상태와 이상상태 사이에 차이가 존재한다고 반드시욕구가 발생되지는 않는다는 사실이다. 인간의 지각능력은 한계가 있기 때문에 이런 차이가 적어도 일정한 수준 이상이 되어야 인식할 수 있다. 따라서 소비자가 문제를 인식하여 본격적인 의사결정과정을 수행하기 위해서는 최소 수준 이상의 차이를 느낄 수 있어야 하는데 인간이 이런 차이를 인식하는 능력은 학습에 의해 개발되며 소비자가 처한 상황에 따라서 달라지게 된다. 이런 관점에서 소비자의 욕구인식은 독립적으로 발생되는 현상이라기보다는 〈그림 2-3〉에서와 같이 시간의 경과에 따라 그 차이 폭이 확대되어 일정수준에 도달하는 순간부터 발생되는, 하나의 연속

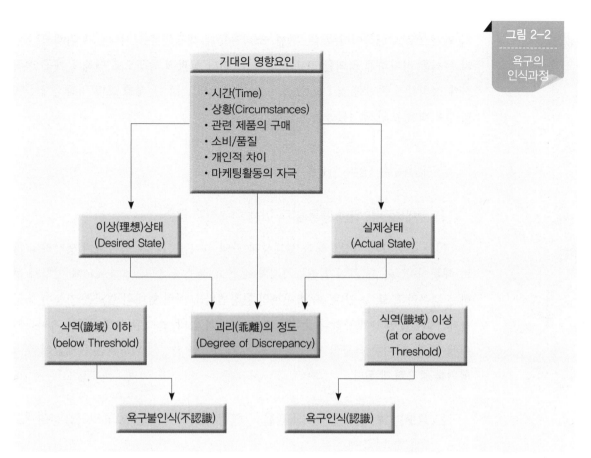

그림 2-2

욕구의
인식과정

* 욕구의 요건: ① 중요성(importance)과 관련성(relevance), ② 충족가능성(solution within means)

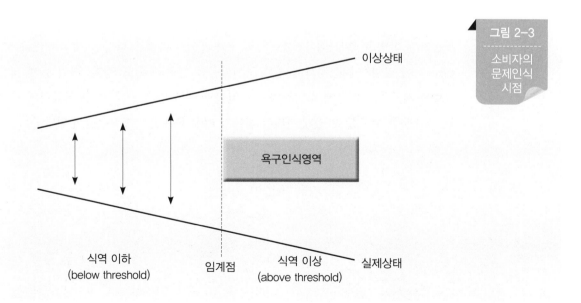

그림 2-3

소비자의
문제인식
시점

적 과정으로 이해하여야 한다. 한편, 소비자문제 해결행동을 이해하기 위해서는 먼저 문제를 정확하게 정의할 필요가 있다. 그러나 상황적 특성으로 인해 문제를 정확하게 정의하기 곤란한 경우도 있다. 이런 경우, 소비자는 문제를 보다 명확하게 식별하기 위해 정보의 탐색활동을 수행하기도 한다.

2. 문제인식의 결과

1) 문제해결을 위한 행동을 더 이상 진행하지 않는 경우

이는 소비자가 이상상태와 실제상태 간의 차이를 그다지 심각하게 생각하지 않기 때문이다. 즉 그 차이가 최소가치차이(JND: Just Noticeable Difference)에 미치지 못하는 경우라고 할 수 있다. 또 소비자의 환경변화도 이런 형태의 결과를 가능하게 하는데, 예를 들면 경제사정의 급격한 변화, 시간적 압박, 소속된 사회계급의 가치관의 위배, 가족 중 다른 욕구를 지닌 경우 등에 직면하면 자신의 의도와는 관계없이 후속행위를 중단하게 된다.

2) 정보탐색 및 대안평가과정을 수행함으로써 후속단계의 의사결정단계로 진행해 나가는 경우

소비자의 문제인식 여부는 실제로 측정이 가능하기 때문에 마케팅에 있어서 매우 유용하게 활용된다. 문제인식의 측정은 소비자의 구매의도(purchasing intention)를 측정하는 방법을 주로 이용한다. 특히 구매의도의 측정은 다양한 세분시장(market segment)에 있어서 시간경과에 따른 구매확률의 변화와 속도, 방향, 크기 등에 대한 정보를 제공하기 때문에 소비자의 문제인식과 매출 간의 관계 및 그 영향력의 크기와 시기 등을 예측할 수 있게 한다는 점에서 매우 유용한 마케팅수단이 된다.

정보탐색(Information Search) 2 SECTION

1. 정보탐색의 의의

　　일단 문제를 인식하고 후속적 행동에 방해요인이 없는 경우, 소비자는 의사결정을 위해 다음 단계인 정보탐색을 수행하게 된다. 정보탐색이란 "소비자의 기억 속에 저장되어 있는 지식이나, 환경으로부터의 정보획득을 촉구하는 동기부여된 행위(motivated activation of knowledge stored in memory or acquisition of information from environment)"라고 정의할 수 있다. 탐색활동의 목적은 인식된 욕구를 해결하기 위한 행동대안을 평가하고 선택하는 데 필요한 정보를 수집하는 데 있다. 다시 말해 소비자의 의사결정과 관련된 불확실성을 감소시키는 것이라고 할 수 있다. 탐색대상이 되는 정보는 제품에 관한 것, 점포선택에 관한 것, 그리고 구매의사결정의 기준과 우선순위를 확정하기 위해 필요한 것들로 나눌 수 있다. 또한 이런 정보는 제품과 서비스의 대체안이 존재하는가의 여부, 제품속성에 관한 것, 대체브랜드(alternative brands)의 장·단점, 가격, 판매조건, 품질에 관한 것으로도 구분할 수 있다.

2. 정보탐색의 유형(Types of Search)

　　소비자 문제해결을 위한 정보의 탐색활동은 정보원천(information source)을 기준으로 〈그림 2-4〉에서처럼 둘로 구분할 수 있다. 하나는 소비자의 장기기억장치(LTM: long-term memory)에 저장되어 있는 지식을 검색해 필요한 정보를 인출하는 내적 탐색(internal search)이며 다른 하나는 외부환경에 존재하는 다양한 정보원천으로부터 필요한 정보를 획득하는 외적 탐색(external search)이다.

1) 내적 탐색(Internal Search)

　　내적 탐색은 소비자가 경험에 의해 축적하였거나 수동적으로 학습된 사전정보를 기억으로부터 회상해 내는 정신적 활동을 말한다. 이는 시간이나 비용, 노력의 측면에서 매우 효과적이고 경제적인 탐색방법이라고 할 수 있다. 소비자가 문제를 인

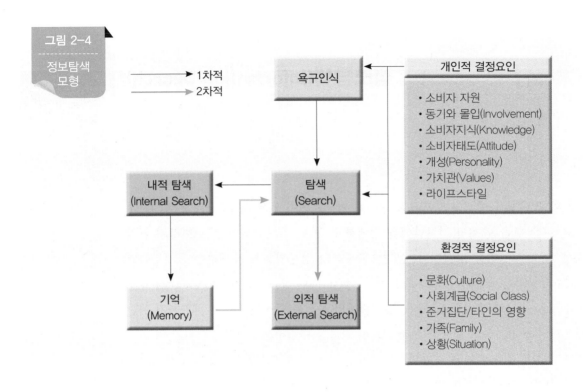

그림 2-4
정보탐색
모형

→ 1차적
→ 2차적

욕구인식

개인적 결정요인

• 소비자 자원
• 동기와 몰입(Involvement)
• 소비자지식(Knowledge)
• 소비자태도(Attitude)
• 개성(Personality)
• 가치관(Values)
• 라이프스타일

내적 탐색
(Internal Search)

탐색
(Search)

환경적 결정요인

• 문화(Culture)
• 사회계급(Social Class)
• 준거집단/타인의 영향
• 가족(Family)
• 상황(Situation)

기억
(Memory)

외적 탐색
(External Search)

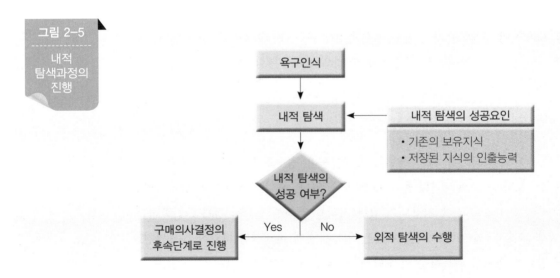

그림 2-5
내적
탐색과정의
진행

욕구인식

내적 탐색

내적 탐색의 성공요인

• 기존의 보유지식
• 저장된 지식의 인출능력

내적 탐색의
성공 여부?

구매의사결정의
후속단계로 진행   Yes   No   외적 탐색의 수행

식하고 계속해 정보탐색을 수행하는 경우, 먼저 내적 탐색을 통해 필요한 정보를 획
득하려고 한다. 만일 내적 탐색으로부터 만족할 만한 정보를 인출하지 못하게 되면
〈그림 2-5〉에서와 같이 외적 탐색과정으로 이전하게 된다.

내적 탐색의 성공 여부를 결정짓는 것은 기억 속에 보유하고 있는 지식의 크기와 지식의 인출능력이라고 할 수 있다. 한편 정보단서를 기준으로 내적 탐색을 분류하면 충성도에 의한 것과 충동에 의한 것으로 나눌 수 있다. 충성도에 의한 내적 탐색은 장기기억장치에 특정 브랜드를 선호하는 이유와 경험이 확실하게 저장되어 있는 경우로서 이때 탐색절차는 상당한 정도의 일관성을 지니며 소비자의 적극적 의지가 반영되게 된다. 이와는 대조적으로 충동에 의한 내적 탐색은 장기기억장치로부터의 영향을 거의 받지 않으면서도 적극적이고 의도적으로 외적 탐색을 수행하지 않는다는 특징을 지닌다. 따라서 이런 형태의 정보탐색은 매우 단순한 내적 탐색만을 수행한 후 구매행동으로 이어지기 때문에 노출과 자극이 구매행동에 중요한 영향요소가 된다. 소비자의 충동적 구매행동을 보다 효과적으로 이용하기 위해 슈퍼마켓이나 대형소매점 등의 계산대 옆에는 즉흥적인 자극을 제공하는 단순한 형태의 제품류를 진열하고 있다. 내적 탐색에 의한 정보는 마케터에게 다음과 같은 점을 시사해 준다.

첫째, 소비자가 문제해결을 위한 여러 가지 대안에 대해 모든 정보를 이미 확보하고 있는 경우, 추가적 정보탐색을 위한 동기가 부여되지 않는다.

둘째, 내적 탐색에 의한 정보는 구매대상으로 고려되는 브랜드의 품질에 대한 소비자 지각에 영향을 미친다. 왜냐하면 내적 탐색을 통해 인출된 정보가 각 대체안 간에 큰 차이가 없다고 해석되면 적극적 정보수집활동을 수행할 가능성이 낮기 때문이다. 그러나 각 대체안 간의 상당한 차이가 있으며, 추가탐색으로 소비되는 시간이나 비용이 새로 얻을 수 있는 가치와 비교해 그다지 큰 것이 아니라고 판단되는 경우에는 적극적이고 강력한 정보탐색활동이 이어질 가능성이 높다고 할 수 있다.

2) 외적 탐색(External Search)

외적 탐색은 소비자의 기억 속에 저장된 정보가 아니라 친구나 친지, 이웃, 광고, 구매시점전시(POP display), 전문잡지 및 기술보고서 등 새로운 정보원천으로부터 추가적인 정보를 획득하는 행위를 뜻한다. 소비자가 외적 탐색활동을 수행하는 동안 구매의사결정에 필요한 브랜드 대안 간의 식별이 가능해진다. 이는 구매대상이 되는 브랜드가 시장의 모든 브랜드를 포함하지는 않는다는 것을 의미한다. 다시 말해 이미 식별 가능한 브랜드 중에서도 구매대상으로 고려되지 않는 것들이 존재한다는 뜻이다. 소비자의 외적 탐색의 기초가 되는 것은 비용과 혜택(cost-honest)의 관계라고 할 수 있다. 즉 추가적 탐색활동을 위해 소요되는 자원(시간, 노력, 비용 등)의 가치에 비해 탐색으로부터 기대되는 추가적 혜택의 크기가 상대적으로 더 크다고 판

| 표 2-1 | 외적 탐색의 결정요인 |

구분	요인상황	
	낮은 탐색수준	높은 탐색수준
전반적 요인	• 높은 탐색비용과 낮은 기대혜택의 인식	• 낮은 탐색비용과 높은 기대혜택의 인식
심리적 요인	• 저몰입(low involvement) • 풍부한 경험의 축적 • 현재상황에 대한 만족 • 쇼핑행위에 대한 거부감 • 상표충성도(brand loyalty)	• 고몰입(high involvement) • 연관성 있는 경험의 부족 • 쇼핑행위의 선호 • 호기심 • 상표/점포의 비교행위 선호태도
상황적 요인	• 특정안 선택을 종용하는 사회적 압력 • 시간적 압박 • 신체적 제약조건 • 가격할인 등의 촉진활동 • 반품의 용이성과 강력한 보증 • 낮은 가격과 낮은 구매 위험 • 효과적인 판매기법의 적용	• 탐색에 대한 사회적 압력 • 쇼핑의 용이성 • 다양하고 풍부한 소비자 지원 • 시간적 여유 • 높은 가격과 높은 구매위험 • 제품의 높은 내구연한 • 가격과 품질에 있어서 상표 간의 커다란 차이 존재 • 제품의 기술적 개량/개선
정보처리요인	• 정보의 이해능력 부족 • 판매원에 대한 신뢰감 결여	• 학습에 대한 열의 • 정보활용에 대한 자신감 • 다양한 평가기준(속성)의 존재

자료: Willian L. Wilkie, *Consumer Behavior*(3rd ed.), John Wiley & Sons Inc., 1994, p. 489.

단되는 경우에만 소비자가 적극적으로 외적 탐색에 나선다는 것을 의미한다. 따라서 외적 탐색의 결정요인은 바로 소비자의 지각된 비용(perceived cost)과 지각혜택(perceived benefit)을 결정짓는 요인이라고 할 수 있다. 〈표 2-1〉, 〈표 2-2〉는 이런 요인들을 요약한 것이다.

3. 정보탐색의 순서

소비자의 정보탐색이 어떤 순서에 의해 이루어지는가를 정보게시판(information display board)을 이용해 연구한 결과에 의하면 소비자의 정보탐색유형은 브랜드별 탐색과 속성별 탐색으로 구분된다.

① 브랜드별 탐색(processing by brand): 소비자의 고려브랜드군에 포함된 각 상표에 대해 제품속성을 기준으로 평가하는 탐색유형을 말한다.

② 속성별 탐색(processing by attribute): 각각의 속성을 기준으로 브랜드들을 비

표 2-2	소비자의 구매 전 탐색활동을 증가시키는 요인	
제품요인 (Product Factors)	• 구매시점 간의 시간적 격차(긴 제품수명, 낮은 구매빈도) • 제품가격의 잦은 변경 • 제품스타일의 잦은 변경 • 대량구매가 이루어지는 제품 • 유사한 내용의 경쟁상표가 많을 때 • 고가품의 경우 • 제품속성의 변화가 자주 발생하는 경우	
상황요인 (Situational Factors)	경험 (Experience)	• 해당 제품을 처음으로 구매하는 경우 • 신제품(구매경험이 불가능) • 해당 제품류에 대한 불만족스런 경험
	사회적 수용도 (Social Acceptability)	• 선물용 제품을 구매하는 경우 • 사회적 가시성(visibility)이 높은 경우
	가치요인 (Value Considerations)	• 필수품이 아닌 선택적(discretionary) 구매품 • 모든 대안이 바람직한 속성과 바람직하지 않은 속성을 동시에 지니고 있는 경우 • 가족 중 반대하는 사람이 있는 경우 • 제품사용이 중요한 준거집단의 규범에 어긋나는 경우 • 생태적(ecological) 고려요인이 포함된 구매 • 정보원천 간의 충돌이 발생되는 경우
개인요인 (Individual Factors)	인구통계적 특성 (Demographics)	• 교육수준이 높은 경우 • 소득수준이 높은 경우 • 사무관리직(white-collar)에 종사하는 경우 • 35세 미만의 연령층
	개성 (Personality)	• 독단적(dogmatic)이지 않은 경우 • 높은 위험지각자(광범위한 제품류 탐색) • 기타: 높은 제품몰입, 쇼핑을 즐김

자료: Leon G. Schiffiman and Leslie Lazar Kanuk, *Consumer Behavior*(6th ed.), Prentice-Hall, 1997, p. 572.

교・평가하는 탐색유형을 말한다.

탐색순서에 따른 차이는 소비자들이 브랜드평가나 속성의 선호순위를 결정짓는 방법에 대해 많은 정보를 제공하기 때문에 마케터로 하여금 효과적인 마케팅전략을 수립할 수 있도록 해 준다.

4. 소비자 정보탐색의 측정

소비자의 정보탐색활동에 대한 측정은 소비자에게 정보탐색의 정도를 직접적으로 질문하는 방법과 실제 상황을 관찰하는 방법이 주로 사용된다.

1) 회고적 질문법(Retrospective Question)

이 방법은 소비자로 하여금 의사결정과정에서 수행한 정보탐색활동의 내용을 기억해 내도록 하는 것을 말한다. 주로 설문지(questionnaire)를 이용하거나 매장에서 나오는 소비자를 대상으로 하는 출구면접(exit interview)이 이용된다. 또한 포장 속에 들어 있는 제품보증서나 소비자 의견엽서를 회수하는 방법도 자주 이용된다.

회고적 질문법은 측정이 용이하고 시간과 비용의 측면에서 경제적이기 때문에 널리 사용되고 있다. 그러나 소비자의 기억은 한계가 있기 때문에 구매가 이루어지고 상당한 기간이 흐른 경우에는 정확한 측정이 곤란하게 된다.

2) 관찰법(Observation)

관찰법은 점포 안에서 소비자들의 정보탐색행위를 직접 관찰함으로써 탐색정도를 측정하는 방법이다. 이는 객관적이고 현실적인 자료의 입수가 가능하지만 관찰되는 공간 내에서의 행위에 국한되기 때문에 점포 밖에서 이루어지는 정보탐색활동을 측정할 수 없다는 한계를 지닌다.

SECTION 3 구매 전 평가(Pre-purchase Alternative Evaluation)

1. 구매 전 평가의 의의

소비자가 탐색활동에 의해 복수의 대체안(alternatives)에 관한 정보를 입수하게 되면 이들 정보를 평가해야 한다. 이때 소비자 스스로 의사결정에서 중요하다고 생각하는 평가기준(evaluative criteria)이나 제품속성을 바탕으로 각 대체안들을 비교하는 과정을 구매 전 평가라고 한다. 결국 구매 전 평가행위는 소비자 욕구를 충족시키기 위해 복수의 대체안을 평가하고 그 중에서 하나를 선택하도록 하는 과정이라고 할 수 있다. 따라서 이 단계에서는 탐색과정에서 얻은 정보를 자신의 신념과 가치관에 비추어 선별하는 작업을 수행하게 된다. 이때 소비자는 해당 정보에 대해 통합, 왜곡, 또는 무시 중 하나의 반응을 나타낸다. 일단 평가과정이 완료되면, 평가행위가 얼마나 충실하고 정교하게 수행되었는가와는 무관하게 이들 자료는 다음 단계인 구

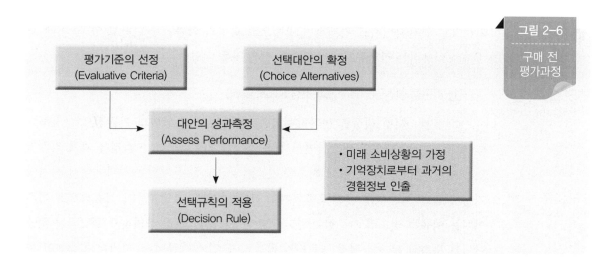

그림 2-6

구매 전
평가과정

매를 위한 기초자료로 활용된다.

　　정보평가는 정보탐색과 별개로 이루어진다기보다는 동시에 이루어진다고 할 수 있다. 따라서 평가에 영향을 미치는 요인들 역시 정보탐색을 결정하는 요인과 유사하다고 할 수 있다. 소비자가 정보탐색활동을 활발하게 수행해 경험을 풍부하게 쌓을수록 평가는 용이해진다. 또 구매의 중요성과 위험을 크게 지각할수록 평가과정이 정교하고 복잡하게 된다.

　　소비자의 구매 전 평가활동은 〈그림 2-6〉에서 보는 바와 같이 여러 대체안들 중에서 비교·평가의 대상을 확정하는 것과, 이들 대체안들을 평가하는 데 사용될 평가기준을 확정하는 일이 선행되어야 한다. 이런 기준과 대상을 바탕으로 각 선택대안들의 성과를 측정하여야 하는데 이때 소비자는 미래의 구매상황을 가정하여 기억장치에서 인출한 경험정보를 활용한다. 이렇게 각 대체안의 성과를 측정한 후에는 적절한 선택규칙을 적용하여 최종적으로 최적안을 결정한다.

2. 평가의 차원

　　구매의사결정을 위해 수행되는 평가과정은 소비자의 판단을 필요로 한다. 소비자가 구매 전 평가를 위해 수행해야 하는 판단의 차원은 다음과 같이 구분할 수 있다.

1) 속성의 발생확률에 대한 판단(Judgement of Likelihood)

　　소비자가 특정 제품이나 브랜드가 특정한 속성을 지닐 것이라고 예상하는 확률은 소비자의 신념, 태도, 감정 등에 따라 달라진다. 소비자들은 대개 이런 요소들을 기준으로 간단하면서도 경제적인 방법으로 속성의 확률을 판단하고 있다. 이때 소비자가 이용하는 판단규칙에는 다음과 같은 것들이 있다.

(1) 기준점 설정(anchoring)과 조정(adjustment)

소비자가 어떤 대상을 평가하려고 할 때에는 먼저 임의의 기준점으로 정하고 (anchoring) 이를 대상과 비교하면서 계속 조정해 가는(adjusting) 과정을 거쳐 최종적인 판단을 내리게 된다. 이때 최초의 기준점(anchor)은 문제의 인식단계에서 설정되거나 간단한 계산식에 의해 도출되기도 한다. 이렇게 조정활동이 계속적으로 이루어지는 이유는 최초의 기준점이 판단을 위한 출발점으로서 자의적으로 결정될 뿐만 아니라 특정한 문제와 직접 대응되지 않을 수도 있기 때문이다. 따라서 최종적인 선택을 위해서는 문제와 직접적으로 대응될 수 있도록 계속적으로 비교·조정하는 과정이 필요하다.

기준점 설정의 효과를 알아보기 위한 한 소비자 조사의 결과에 의하면, 전기자동차와 절전형 에어컨 등 20개의 제품 컨셉트를 이용하여 배우자의 선호도를 판단하도록 했을 때 소비자들은 먼저 자신의 선호도를 기준점으로 삼고 계속 배우자와의 차이점에 대한 정보를 이용해 기준점을 조정함으로써 최종적인 판단을 하는 것으로 나타났다.

(2) 가용성 휴리스틱(Availability Heuristic)

휴리스틱(heuristic)이란 소비자가 대안의 선택과정에서 필요한 여러 요인들을 동시에 고려하지 않고 경험, 직관, 논리적 사고 등을 통해 문제를 가장 간단하게 해결할 수 있도록 하는 규칙을 말한다. 이는 소비자가 당면문제에 대한 가장 완벽한 결정을 내리는 대신 만족할 만한 수준에서 대안을 선택하려고 한다는 단순한 논리를 가정하고 있다. 따라서 휴리스틱은 간단하면서도 상황에 탄력적으로 대응해야 하는 의사결정상황에 쉽게 적용할 수 있다. 이때 가용성(availability)이란 회상(recall)의 용이성을 의미하는 것으로 이렇게 대상에 대해 쉽게 회상될 수 있는 속성만을 기준으로 판단하는 것을 가용성 휴리스틱이라고 한다. 이는 기억구조상 인지(awareness)와 감정(affect)의 저장단위인 마디(node) 사이의 연결은 반복에 의해 강화된다는 기억원리를 이용한 것이다. 즉 판단을 내리기 위해 연결강도를 활용하게 되면, 자주 접촉함으로써 친숙해진 대상일수록 이런 연결강도가 높게 형성되기 때문에 보다 쉽고 정확하게 기억할 수 있게 된다. 따라서 소비자는 보다 신속하고 용이하게 판단할 수 있게 된다. 이런 가용성 휴리스틱을 이용한 실험의 예를 들면, 동일한 실험집단에 속한 사람들에게 남녀의 이름이 같은 비율로 적힌 목록을 보여 주었을 때, 목록에 포함된 사람들 중에서 남자들만이 사회적으로 유명한 인사인 경우에는 목록의 남자비율이 높다고 평가했으나 반대로 유명한 여성들의 이름만을 포함시킨 경우에는 여성의 비율이 높은 것으로 평가했다는 결과를 얻을 수 있었다. 이런 결과는 가용성 휴리스틱에 의해 평가하려는 속성을 입증하는 것이라고 할 수 있다.

한편, 가용성 휴리스틱과 유사한 개념으로 가늠자편기(hindsight bias)라는 것이 있다. 이는 사람들이 항상 사전(事前)에 예측했던 것보다 사후에 이를 더욱 과장하여 인식하려는 현상을 말한다. 이런 이유는 과거에 발생된 사건에 대한 기억은 항상 활용가능하기 때문에 사건의 발생확률을 사후에 판단하게 되면 사전에 예측했던 수준보다 더 높게 인식하기 때문이다. 예를 들면, 국내 모 재벌기업의 도산확률을 예측하는 경우, 사람들은 이 기업이 도산하기 이전에 예측했던 수준보다 도산 이후에 이 기업에 대해 더 높은 확률로 도산의 위험성을 평가하였다.

정보의 가용성은 정보의 친숙도(familiarity), 현출성(salience) 그리고 선명성(vividness)에 의해 결정되는데, 이런 요인들은 소비자로 하여금 회상을 용이하도록 하고 있다.

(3) 대표성 휴리스틱(Representativeness Heuristic)

대표성이란 복수의 대상물 간의 관계가 얼마나 유사한가를 의미한다. 사람들은 어떤 대상 A가 B라는 집단에 속할 확률을 계산할 때, A가 B라는 집단과 얼마나 유사한가의 정도에 의해 판단하려고 한다. 일상생활에서 소비자의 이런 심리적 현상을 이용한 사례로는 후발기업들이 시장선도기업의 브랜드나 포장을 아주 유사하게 흉내 내는 경우가 있다.

대표성 휴리스틱은 통계학의 대표 값 개념에서 자주 발견된다. 표본추출(sampling)의 경우, 표본의 크기가 매우 작은 경우에도 표본의 대표 값이 모집단(population)의 모수(parameter)를 대표하는 것으로 간주하는 것은 바로 이런 경우에 해당된다. 마케터에게 있어서도 이런 현상이 자주 나타나는데 표적집단면접법(FGI: Focus Group Interview)에 의해 얻은 정보나 구전(word-of-mouth)을 통해 획득한 정보를 표적시장 내의 전체 소비자 의견이라고 생각하는 것은 바로 대표성 휴리스틱에 의한 현상이다.

2) 속성의 적합성 판단(Judgement of Goodness or Badness)

소비자는 대상과 관련된 속성의 발생확률뿐만 아니라 이들의 유용성도 판단해야 한다. 소비자가 특정 속성의 유용성을 평가하는 방식은 준거이론(prospect theory)으로 설명할 수 있다.

준거이론에 따르면 소비자는 평가대상의 유용성을 판단할 때 의사결정의 결과를 이득(gain)으로 지각하는가 아니면 손실(loss)로 지각하는가에 따라 이를 다르게 해석한다고 한다. 즉 소비자가 문제의 결과를 예상하는 방향에 따라 적합성을 다르게 인식한다는 것으로 〈그림 2-7〉의 가설적 가치함수(hypothetical value function)에 의해 설명될 수 있다.

소비자는 일반적으로 위험회피적 성향(risk averter)을 띠고 있으나 이미 위험에 노출되어 있거나 손해를 보고 있는 경우에는 위험추구적 성향(risk taker)을 나타내게 된다. 이런 성향은 소비자가 문제를 인식하는 방향에 따라서 실제가치(actual value)와 심리가치(psychological value)의 크기에 있어 차이가 발생된다는 가정으로부터 나온다.

〈그림 2-7〉에서 이득분면의 함수형태는 추가적인 실제가치의 증가에 비해 심리가치는 체감적으로 증가함을 알 수 있다. 따라서 이득분면에서는 소비자가 추가적인 가치 증가만큼 심리가치의 증가로 인한 만족을 느낄 수 없게 된다. 그러나 반대로 손실분면을 보면, 추가적인 손해만큼 심리적 가치의 감소가 느껴지지 않기 때문에 손실의 증가로 인한 위험을 그다지 심각하게 생각하지 않게 된다. 결과적으로 이득분면에서 소비자는 위험회피적(risk aversive) 성향을 나타내게 되고 손실분면에서는 위험추구적 성향을 보이게 된다. 이런 현상은 경제학에서 주장하는 한계효용체감의 법칙(law of decreasing marginal utility)과 유사하다고 할 수 있다.

준거이론에 의한 소비자 가치함수의 변화는 우리 주변에서 도박을 하는 사람에게서 쉽게 발견된다. 도박판에서 이미 상당한 이득을 보고 있는 사람은 추가적인 이득의 실현을 추구하는 대신 현재까지 확보한 이득을 지키기 위해 가능한 보수적으로 게임을 운영하고자 한다. 반면에 이미 손해를 보고 있는 사람은 추가적인 손해에 대해 심리적으로 심각한 타격을 입지 않으므로 계속 판돈을 올리려는 경향을 나타낸다.

준거이론에 기초하여 가설적 가치함수를 설명할 때 사용되는 중요한 개념으로 판단틀(judgemental frame)이라는 것이 있다. 이는 특정한 판단상황과 관련된 행동, 결과, 그리고 상황에 대해 판단주체가 인식하는 생각을 말한다. 이때 소비자가 지각하는 준거점(reference point)의 위치에 따라 동일한 의사결정 내용이 이득분면으로 귀속

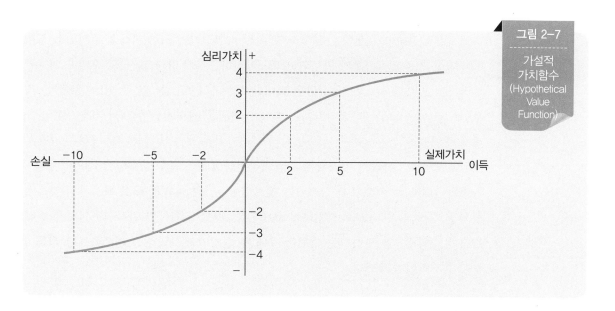

그림 2-7

가설적
가치함수
(Hypothetical
Value
Function)

될 것인가 아니면 손실분면으로 귀속될 것인가가 결정된다. 의사결정의 문제가 이 득분면으로 해석되는 경우, 소비자는 위험 회피적 성향을 보이게 될 것이나 반대로 손실분면으로 해석된다면 위험 추구적 성향을 나타내게 될 것이다. 소비자의 준거 점이 지각되는 위치에 따라 의사결정의 방향이 달라질 수 있음을 보여 주는 연구결 과들도 있다.

　이들 중 한 연구에서는 기업의 공급업자 선정과정을 대상으로 조사대상기업의 담당자들에게 납품조건이 다른 두 업체 중에서 한 곳과 납품계약을 체결하도록 요 구하였다. 납품업자 중 하나는 보증서를 기준으로 한 납품조건(A)을 제시하도록 하 였고 다른 한 곳은 보증서를 기준으로 한 계약보다 손실과 이익의 확률이 각각 50% 씩 더 내포된 조건(B)을 제시하도록 하였다. 따라서 후자는 원래의 납품계약보다 위 험이 더 큰 계약이라고 할 수 있다. 이와 동시에 조사대상자들의 선택에 영향을 미칠 것으로 예상되는 몇 개의 준거틀(frame of reference)을 제시하였다. 그 결과 이들의 결 정은 서로 차이를 나타냈다. 즉 준거틀이 손실을 가져온다고 판단한 담당자들은 보 다 위험한 대안(B)을 선택하였으나 이를 이득의 측면으로 해석한 집단은 보수적 대 안(A)을 선택하였다.

　이런 현상은 기업의 촉진전략을 수립하는 경우에 대해 많은 시사점을 제공한다. 즉 기업이 촉진활동을 통해 소비자에게 전달하려는 메시지가 소비자에게 어떻게 받 아들여지는가에 따라 소비자 반응이 다르게 나타날 것임을 예상할 수 있기 때문이 다. 〈그림 2-7〉을 이용하여 이를 설명해 보자. 먼저 기업이 이득국면상에서 가격을

10에서 5로 인하하는 전략을 실시하면, 이런 가격인하에 의한 이득의 준거점을 소비자들이 10으로 인식하는가 아니면 0으로 인식하는가에 따라 5만큼의 소비자 이득은 심리가치를 기준으로 할 때 상당한 차이를 보이게 된다. 즉 0을 준거점으로 삼는 경우(zero point), 소비자의 심리가치는 3(=3-0)만큼 증가하지만 현재의 기준가격인 10으로 준거점을 삼는 경우에는 소비자의 심리가치는 1(=4-3)만큼만 증가하는 것으로 지각될 것이다. 따라서 마케터는 가격인하전략이 소비자로 하여금 현재가격에서 5만큼만 인하되는 것으로 인식시키는 것보다 5만큼의 이득을 새로 확보하는 것으로 인식할 수 있도록 하는 촉진전략이 요구된다. 실험에 의하면 가격인하전략은 현재가격에서 일정액을 인하하는 것보다 구매 후 일정액을 돌려주는 리베이트나 경품이 보다 효과적이라고 한다.

3. 평가기준(Evaluative Criteria)

소비자가 정보를 평가할 때는 나름대로의 기준을 정하여 대체안들을 정해진 기준에 비추어 서로 비교한다. 소비자의 평가기준이란 복수의 대체안을 비교하는 데 사용할 수 있도록 구체적 형태로 표현되어 대체안의 우열이나 순위를 결정짓게 해주는 표준이나 명세를 의미한다. 이는 객관적 또는 주관적 제품속성이나 브랜드특성을 뜻하지만 보다 정확하게 표현한다면 소비자가 대체안의 장·단점 및 서열을 확인하는 데 이용되는 속성들이라고 할 수 있다.

이런 평가기준들은 가격이나 제품의 수명 등과 같이 구체적이고 계량화된 객관적 특성일 수도 있으나 제품에 대한 선호도, 상징가치나 혜택처럼 심리적이고 주관적 특성을 지닌 것들도 있다. 특히 주관적 평가기준들은 제품의 사용결과에 의한 만족이나 신념, 사회적 수용(social acceptability) 등에 대한 관심도 포함된다. 따라서 평가기준은 절대적인 것이 아니며 새로운 정보나 소비자경험에 의해 변할 수 있다.

평가기준에서 중요한 두 가지 차원은 의사결정에 필요한 평가기준의 수와 각 평가기준의 현출성(salience)이다. 소비자가 의사결정에서 이용하는 평가기준은 대개 그 수가 6개 이내라고 알려져 있다. 또 그 수는 소비자의 몰입수준이 증가할수록 증가한다고 한다.

평가기준들 중에는 소비자에게 보다 중요한 것으로 생각되는 것과 그다지 중요하지 않은 것으로 생각되는 기준이 있다. 이들은 소비자의 개인적 특성, 제품특성, 브랜드특성, 그리고 상황에 따라 중요도나 구성방법이 달라진다.

따라서 소비자의 평기기준을 기업에 유리하도록 변화시키기 위해서는 제품과 관련된 속성단서(attribute cues)를 바꾸도록 하거나 소비자가 느끼는 정보가치의 상대적 중요도를 변화시킬 수 있어야 한다.

1) 평가기준의 종류

소비자의 평가기준은 가격 · 설치비용 · 유지비용 등과 같이 금전적인 것과 내구성이나 기능처럼 제품성과와 관련된 것들이 있다. 또 이들 중에는 브랜드 · 이미지 · 스타일 · 색상 등과 같이 심리적 적합성과 관련된 것들도 포함된다.

(1) 가격(Price)

소비자의 평가기준으로 가장 중요한 것이 가격이다. 소비자 평가기준으로서 가격의 중요성은 소비자의 가격민감성과 '가격－품질 연상기능'에 따라 달라진다. 그러나 실제에 있어서 가격이 소비자의 평가기준으로 작용한다는 사실은 다소 과장된 것이라고 할 수 있다. 왜냐하면 실제 제품을 구매하는 소비자를 대상으로 실시한 그 동안의 연구결과에 의하면 조사대상자들의 절반 이상이 구매한 제품의 정확한 가격을 제대로 기억하고 있지 못한 것으로 나타났기 때문이다.

(2) 브랜드(Brand Name)

브랜드는 흔히 제품의 품질을 상정하는 도구로 이용되고 있다. 소비자들은 이미 잘 알려진 브랜드나 친숙한 브랜드를 선택함으로써 구매로 인한 위험을 감소시키는 구매전략을 수행한다. 브랜드와 관련된 개념으로 원산지효과(country-of-origin effect)를 들 수 있다. 시장의 범위가 국경을 넘어 세계화되면서 소비자의 선택범위도 계속 확대되고 있다. 따라서 제품이나 브랜드를 선택하는 문제는 더욱 복잡해졌다. 이때 소비자가 보다 간단하게 의사결정을 하는 데 결정적 역할을 하는 것이 바로 제품의 생산국가에 대한 이미지라고 할 수 있다. 이는 일종의 소비자 선입견으로서 이런 현상은 마케터에게 새로운 기회가 되고 있다.

브랜드를 판단기준으로 삼는 소비자의 선택행위는 의류나 신발, 비조제약품류에 있어서 자주 발견된다. 그러나 식품류나 청량음료의 경우에는 가격이 브랜드보다 소비자 선택에 더 중요한 요소로 작용한다고 한다. 이런 현상은 소비자들이 브랜드를 제품의 품질을 나타내는 대체지표(surrogate indicator)라고 생각하기 때문이다. 즉 제품성분이나 배합 등에 대한 전문적 지식이 부족한 소비자들은 과거의 명성이나 소비층의 사회적 신분 등을 제품과 연결 지음으로써 구매위험을 회피할 수 있다고 생각하기 때문이다.

(3) 포장(Packaging)

포장은 기본적으로 제품의 보호와 저장기능을 수행한다. 그러나 정보제공과 촉진수단으로서의 기능도 결코 무시할 수 없는 중요한 기능이라고 할 수 있다. 마케터는 포장을 통해 브랜드 선택 이전에 잠재구매자(potential buyer)들을 설득할 수 있다. 특히 내용물의 품질이나 효능에 대한 차별화가 어려운 제품의 경우에는 포장이 평가의 중요한 기준이 되고 있기 때문에 대부분의 제품이 성숙기에 접어든 오늘날, 이는 매우 중요한 마케팅수단이 되고 있다.

(4) 기타

앞서 설명한 평가기준들 이외에도 이웃의 권유, 서비스나 제품의 혜택, 광고의 양(量)과 질(質) 등도 중요한 기준이 된다. 또 제품이나 브랜드의 상징성, 브랜드이미지, 사회적 수용 여부 등도 중요한 소비자 평가기준이라고 할 수 있을 것이다.

2) 평가기준의 결정요인(Determinants of Evaluative Criteria)

평가기준의 현출성(salience)과 결정력(determinance)에 영향을 미치는 요소에는 다음과 같은 것들이 있다.

(1) 상황적 영향요인(Situational Influence)

소비자가 처한 상황은 평가기준의 상대적 중요성을 결정하는 데 매우 강력한 영향력을 행사한다. 예를 들어, 편리한 구매장소라는 평가기준은 구매상황이 시간적 압박을 받는 경우, 가장 강력한 요인으로 작용하게 된다. 반면, 시간적으로 충분한 여유가 있는 경우에는 이런 기준은 그다지 중요하게 생각되지 않는다. 마찬가지로 소비가 이루어지는 장소나 시간도 평가기준의 중요성을 결정하는 데 커다란 역할을 한다. 우리의 평범한 일상생활에서 사용하는 경우가 아니라 파티나 선물의 경우, 브랜드의 명성은 매우 중요한 평가기준으로 작용한다. 이때 가격은 상대적으로 중요성이 떨어지게 된다. 이처럼 상황요인은 현출속성(salient attribute)을 결정하거나 기준 간의 순위를 결정짓는 데 상당한 영향력을 행사한다.

(2) 선택대안 간의 유사성(Similarity of Choice Alternatives)

선택대안 간의 비교가능성이나 유사성도 의사결정과정에서의 평가기준을 변화시키는 중요한 상황변수이다.

서로 비교하기 곤란한 대안들을 평가하는 경우에는 대체안 간의 비교가 용이한 경우보다 더 추상적인 평가기준을 사용할 수밖에 없다. 예를 들면 냉장고, TV, 가구처럼 전혀 다른 제품군 사이에서 평가해야 하는 경우에는 이들 간의 분명한 공통속성이 존재하지 않기 때문에 동일한 제품범주 내에서 브랜드 간의 특성만을 비교하는 경우에 비해 더 추상적인 평가기준을 사용하게 된다. 이때에는 제품의 필수성 여부, 사회적 지위(social status)나 신분의 상징성, 즐거움(entertainment) 등이 중요한 기준으로 작용하게 된다.

한편 대체안 간의 유사성이 높은 경우에는 가격이 가장 유력한 평가기준으로 작용하게 된다. 따라서 고가격정책을 고려하고 있는 경우에는 소비자로 하여금 자사브랜드가 경쟁브랜드에 비해 더 큰 혜택을 제공할 수 있다고 믿게 하는 마케팅전략의 개발이 필요하다.

(3) 동기(Motivation)

동기는 욕구에 기초하면서 제품속성이나 혜택에 대한 소비자 지각을 형성하도록 한다. 동기는 행위의 직접적 유발인자이며 소비자의 목표설정에도 기여한다. 뿐만 아니라 목표의 달성을 위한 힘과 방향을 제시해 주기도 한다.

동기는 개인의 자아개념으로부터도 발생되기 때문에 대체안을 평가할 때 자신의 자아개념과 부합되는 제품을 선택하도록 만든다. 따라서 동기에 따라 특정 속성의 상대적 중요도와 영향력이 달라지게 된다.

한편, 의사결정의 출발이 실용적 소비(utilitarian consumption)를 목표로 한 것인가 아니면 쾌락적 소비(hedonic consumption)를 위한 것인가에 따라 동기의 작용이 다르게 된다. 만일 실용적 소비를 위해 평가가 이루어지는 경우에는 제품가격이나 기능, 구조 등에 중점을 두게 된다. 하지만 쾌락의 목적에서 이루어지는 평가행위에는 제품의 구매나 사용으로 인해 얻게 되는 심리적 만족감 등이 보다 중요한 평가기준이 된다.

(4) 몰입(Involvement)

의사결정에 대한 소비자의 몰입수준은 평가기준의 수를 결정짓는 중요한 요인이 된다. 몰입수준이 높아질수록 더 많은 평가기준들이 의사결정과정에 포함될 뿐만 아니라 각 평가기준의 상대적 현출성(relative salience)도 달라지게 된다. 한 연구결과에 따르면 농장주(農場主)가 판매점을 선정할 때, 의사결정상황에 대한 몰입수준이 높게 되면 서비스특성을 중요한 선택기준으로 삼는 데 반해 몰입수준이 낮은 경우에는 소매점의 규모와 평판을 보다 중요한 선정기준으로 삼는다고 한다.

(5) 지식(Knowledge)

지식이 소비자 평가기준에 미치는 영향은 몇 가지로 구분할 수 있다. 먼저 제품이나 구매상황에 대한 지식이 풍부한 소비자는 선택대안을 비교하는 데 필요한 정보가 장기기억장치에 충분히 저장되어 있기 때문에 자율적이고 독자적인 기준을 주저하지 않고 적용하는 데 반해 경험이 적은 소비자는 기억 속에 저장된 정보량이 부족하여 외부적 영향요인에 보다 더 의존하려는 경향을 보인다고 한다. 따라서 경험이 부족한 사람들은 상대적으로 제품광고에 더 의존할 것이라고 예상할 수 있다.

한편 소비자의 지식수준은 평가기준의 선택에도 영향을 미친다. 즉 제품의 품질을 평가할 수 있는 지식이 부족한 경우, 소비자는 브랜드나 타인의 추천에 더 의존하려고 할 것이다.

3) 평가기준의 측정(Measuring Evaluative Criteria)

평가기준을 측정한다는 것은 소비자가 대체안의 평가 시 사용하는 기준의 종류와 수를 측정하는 것뿐만이 아니라 이들 평가기준 간의 상대적 중요성도 동시에 측정하는 것을 말한다. 이렇게 측정된 평가기준들은 신제품개발이나 촉진전략의 수립에 활용된다.

(1) 설문조사(Survey)

소비자의 평가기준을 측정할 때 가장 널리 사용되는 방법이 설문조사이다. 소비자가 대안의 평가과정에 실제 이용하고 있는 제품속성의 종류와 상대적 중요성을 설문지나 면접을 이용해 측정한다. 이 방법을 사용할 때는 소비자 스스로가 실제 이용하는 평가기준을 제시할 수 있도록 하는 것이 바람직하다. 다만 소비자가 자신의 평가기준에 대해 잘 모른다거나 이를 직접 이용하지 않는 경우에는 제3자법(third-person technique)과 같은 투사법(projective method)을 이용할 수도 있다.

(2) 척도법(Scaling Method)

이 방법은 사전에 평가기준의 종류와 유형을 결정하여 이를 응답자들에게 제시하고 이들로 하여금 각각의 기준에 대한 활용정도를 체크하거나 그 상대적 중요성을 순서대로 나열하게 한다. 대체로 서열척도(ordinal scale)나 리커트식 등간척도

(likert-style interval scale)를 사용한다. 그러나 평가기준 간의 상대적 중요성을 측정하기 위해서는 고정총합법(constant-sum method)을 이용하는 것이 보다 효과적이라고 할 수 있다. 한편 응답의 방향을 파악하기 위해서는 어의차이척도법(semantic differential method)을 이용한다.

(3) 다차원 척도법(Multidimensional Scaling)과 컨조인트 분석(Conjoint Analysis)

소비자가 직접 자신의 평가기준을 제시할 수 있는 경우에는 앞의 방법들이 유용하게 적용된다. 그러나 현실에 있어서는 소비자가 자신이 이용하는 평가기준의 특성이나 상대적 중요성을 명확하게 구분하지 못하는 것이 일반적이라고 할 수 있다. 따라서 이런 경우에는 고려브랜드군에 속해 있는 브랜드 간의 상대적 유사성의 크기에 따라 평가기준의 종류와 중요성을 측정하는 다차원 척도법이나 평가기준과 제품 선택 간의 관계를 측정하는 컨조인트 분석법을 이용하면 보다 정확하고 객관적인 측정결과를 얻을 수 있다.

4. 선택대안의 확정(Determining Choice Alternatives)

소비자는 필요한 평가기준을 확정함과 동시에 어떤 대안들을 평가대상에 포함시킬 것인가를 결정한다. 이렇게 평가기준을 적용해 최종적 선택가능성을 지니고 있는 브랜드들을 고려브랜드군이라고 한다. 고려상품군의 크기는 소비자에 따라 달라지게 되는데 특히 특정 브랜드에 대해 강한 브랜드충성도(brand loyalty)를 가지고 있는 소비자는 단 하나의 브랜드만으로 이루어진 고려브랜드군을 가질 수도 있다.

소비자가 최종적으로 자사브랜드를 선택하도록 유도하기 위해서는 먼저 자사브랜드가 소비자의 고려브랜드군 속에 포함되는 것이 필요하다. 소비자의 고려브랜드군에 자사브랜드를 포함시키기 위해 마케터는 위협적 소구를 통해 소비자의 주목을 높이거나 충분한 인센티브를 제공하는 촉진전략을 구사하기도 한다.

한편 소비자가 고려브랜드군을 결정하는 방법은 두 가지로 구분될 수 있다. 그 하나는 외적 탐색을 통한 대체안의 발견이며 다른 하나는 소비자 자신의 기억으로부터의 정보를 검색하는 내적 탐색에 의한 방법이다. 전자는 노출된 대체안에 대하여 소비자의 직관이나 감정을 기준으로 선택하는 경향을 높게 나타내는 반면 후자는 기억으로부터 회상할 수 있는 범위 내에서 대체안의 수가 결정된다. 이때 소비자의 기억장치로부터 회상되어지는 브랜드들을 인출브랜드군(retrieval set)이라고 한다. 물론 사전에 충분한 경험이나 지식이 없는 경우에는 기억장치에 저장된 정보가 없기 때문에 회상이 불가능하고 이는 결국 내적 탐색을 통한 고려상표군의 구축도 불가능하다는 것을 의미한다. 이런 경우 소비자들은 타인에게 자문을 구하거나 관련 서적 등의 자료를 검색하여 필요한 만큼의 정보를 얻는 방법을 사용할 수 있다. 이 밖에도 소매점에 진열된 모든 브랜드를 고려대상으로 삼는 방법 등도 소비자가 자주 이용하는 방법이다.

경험과 정보가 부족한 소비자를 대상으로 하는 마케팅활동에서는 구매시점에 고려브랜드군이 형성되기 때문에 구매시점광고(POP ad.: Point of Purchase Advertising)가 효과적 수단이 된다. 또한 고려브랜드군이 구성되는 방식에 따라서도 마케팅전략이 달라질 수 있다. 예를 들어 소비자가 내적 탐색을 통한 회상을 기준으로 고려브랜드군을 결정하는 경우, 소비자의 기억능력 또는 인출능력을 높여 준다거나 경쟁브랜드가 회상되지 않도록 하는 전략이 효과적이라고 할 수 있다. 만일 소비자가 회상을 통하지 않고 구매현장에서 전시된 상품들과 접촉함으로써 발생되는 재인(recognition)을 기준으로 고려대상이 결정되는 경우에는 자사제품을 쉽게 식별할 수 있도록 포장이나 표식을 장식하는 전략과 동시에 소비자의 눈에 가장 잘 띌 수 있는 장소에 자사브랜드가 전시될 수 있도록 하는 판매점관리전략이 필요하다.

한편 대체안의 결정방식과는 다른 차원에서 고려브랜드군에 포함되는 브랜드 유형이 소비자의 평가방법과 선택규칙에 영향을 미친다는 연구결과가 제기되고 있다. 이는 매력효과(attraction effect)를 이용해 설명할 수 있다. 즉 기존의 고려브랜드군에 새로 포함되는 브랜드가 상대적으로 열등한 경우 기존브랜드에 대한 매력도가 향상되어 선택가능성이 높아지지만 반대로 새로 포함되는 브랜드가 기존브랜드보다 우수한 것으로 인식되는 경우에는 기존브랜드에 대한 소비자의 매력도가 낮아지게 되어 선택가능성이 희박해진다는 것이다.

5. 선택대안의 평가(Assessing Choice Alternatives)

대체안과 평가기준의 서열이 결정되면 각 대체안의 성과를 비교하는 것이 필요하게 된다. 이때 적용되는 평가원리는 주어진 소비자 자원의 제약 하에서 최적안을 선택하는 방법과 동일하다. 한편 소비자 기억 속에는 일반적으로 브랜드성과와 관련된 정보가 상당히 많이 저장되어 있기 때문에 기억으로부터 정보를 인출하는 방식도 대체안의 선택과 상당한 관련이 있다.

1) 절사원칙(Cutoffs)

절사(cutoff)란 특정 속성의 성과가 기대를 충족시킬 수 있을 것으로 판단되어 소비자가 이를 수용할 수 있게 하는 최소기준점이라고 할 수 있다. 예를 들어 가격이 소비자의 대체안 선택에서 중요한 속성으로 간주되는 경우, 일정한 가격범위 내에 해당되는 대체 안들에 대해서만 평가과정을 진행하게 된다.

가격 이외에 절사원칙이 적용되는 경우도 있는데, 예를 들면, 특정 상표의 부착 여부, 특정 성분의 포함 여부, 적정한 칼로리 수준 등도 소비자가 대체안의 성과를 평가할 때 자주 이용하는 절사기준이라고 할 수 있다. 절사원리는 대체안의 최종선택에 있어 특히 많은 영향을 미치기 때문에 마케터는 소비자의 수용범위나 특성을 잘 이해하는 것이 필요하다.

2) 신호의 활용(Use of Signals)

소비자가 특정한 단서나 신호를 이용해 대체안을 판단하는 경우를 쉽게 발견할 수 있다. 예를 들면 제품의 품질을 판단하기 위해 가격-품질의 연상효과(price-quality association)를 이용한다거나 보증조건을 품질단서로 이용하는 경우이다. 이때 품질에 대한 확신이나 사전지식이 부족할수록 소비자는 높은 가격이나 보다 강력한 보증조건을 표방한 브랜드를 선호하게 된다. 특히 소비자의 이미지를 상징하는 제품이나 사회계급을 표상하는 제품은 가격이 낮은 경우, 오히려 고려대상에서 제외될 확률이 높아질 수 있다. 따라서 이런 제품들은 품위가격(prestige price)정책을 이용하는 것이 더 효과적이라고 할 수 있다.

6. 결정규칙(Decision Rule)의 적용

소비자가 평가단계 중에서 마지막으로 거쳐야 하는 것이 결정규칙을 선택하고 이를 적용하는 일이라고 할 수 있다. 여기서 결정규칙(decision rule)이란 선택대안들로부터 최종적으로 특정안을 선택하도록 하는 선택전략을 말한다. 결정규칙은 아주 단순한 형태에서부터 매우 복잡한 형태까지 다양하게 존재한다. 이때 결정규칙의 기준이 되는 것이 소요시간과 노력의 크기라고 할 수 있다. 예를 들어 습관적 구매(habitual buying)가 이루어지는 경우, 결정규칙은 매우 단순한 형태를 띠지만 습관적 구매가 아닌 경우에도 소비자는 '최저가의 제품'이라든가 '배우자가 좋아하는 브랜드'처럼 매우 간단한 기준을 적용하려는 경우도 있다. 일반적으로 소비자들은 대안들 중에서 최적안(the optimal decision)을 선택하는 방식 대신 적정안(satisfactory choice)을 선택하는 결정규칙을 더 많이 이용한다.

한편, 보다 정교하고 복잡한 결정규칙은 몰입(involvement)수준이 높거나 의사결정의 결과로 인한 소비자 위험(risk)이 높다고 지각되는 경우에 적용된다. 이 경우 결정규칙은 평가기준에 포함되는 제품속성 중 어느 하나의 높은 성과가 다른 속성의 낮은 성과를 보상할 수 있느냐에 따라 보상적 결정규칙(compensatory decision rule)과 비보상적 결정규칙(noncompensatory decision rule)으로 구분된다.

1) 보상적 결정규칙(Compensatory Decision Rule)

이 방법에서는 어느 한 평가기준의 낮은 성과가 다른 평가기준의 높은 점수에 의해 보상받기 때문에 각 평가기준의 성과를 합산한 값이 가장 높은 대안으로 선택된다.

여기에는 단순합산법(simple additive)과 가중합산법(weighted additive)의 두 가지 방식이 활용된다. 전자는 평가기준으로 포함된 각 속성에 대해 양호한 성과를 지닌 것으로 평가되는 속성의 수가 가장 많은 대안을 선택한다. 따라서 소비자의 정보처리동기나 정보처리능력이 제한되어 있는 경우에 적용된다. 반면, 후자는 각 대안의 평가점수와 평가기준 간의 비중을 동시에 고려하게 된다. 이런 방식이 적용되는 대표적인 경우가 다속성모델(multi attribute model)이라고 할 수 있다.

가중합산법을 적용하는 경우에는, 먼저 평가기준으로 이용되는 속성에 따라 대안의 평가점수를 계산하고 이들 각각의 결과치를 각 속성의 비중에 따라 가중 값을 산정하여 대체안들을 비교한다. 그 결과 가장 높은 합산점수를 얻은 대안이 선택되게 된다. 이런 과정을 간단하게 수식으로 표시하면 다음과 같이 나타낼 수 있다.

$$E_j = \sum_{i=1}^{n} W_{ij} V_{ij}$$

단, E_j = j번째 대체안의 종합성과 점수
V_{ij} = j번째 대체안의 i번째 평가기준의 성과
W_{ij} = j번째 대체안의 i번째 평가기준의 중요도

〈표 2-3〉의 예에서 본다면, 다른 상표에 비해 가격측면에서 비교적 열세라고 할 수 있는 '브랜드 4'가 총평가점수에서 가장 높은 점수를 얻게 되어 최종적으로 선택되게 된다.

| 표 2-3 | 결정규칙의 계산을 위한 예 |

속성	중요도	상표성과표			
		상표 1	상표 2	상표 3	상표 4
맛	1	최상	최상	매우 양호	최상
가격	2	매우 양호	양호	최상	보통
영양소	3	양호	양호	불량	최상
편리성	4	보통	양호	양호	최상

• 성과서열: 최상 > 매우양호 > 양호 > 보통 > 불량.

2) 비보상적 결정규칙(Noncompensatory Decision Rule)

이 방식은 앞의 보상적 방식에 비해 평가측면과 선택방식에 있어 차이를 보인다. 즉 어느 한 속성의 성과가 수용기준(절사점)에 미치지 못하면 아무리 다른 속성이 우수한 평가를 받더라도 선택대상에서 제외되게 된다.

(1) 결합규칙(Conjunctive Rule)

여러 가지 대안 중에서 부적절한 것을 가장 신속하고 편리하게 제외시키고자 할 때 사용하는 규칙이다. 이는 각 기준별 절사수준(cutoff)을 사전에 정하고 어떤 기준에 있어서도 그 성과가 절사수준에 미달되는 경우에는 선택대상에서 제외되는 방법이다. 따라서 이용되는 모든 평가기준 각각에 대해 최소한의 성과를 기대할 수 있는 대안만을 선별하는 방법이라고 할 수 있다. 그러나 이 방법을 이용하는 경우, 최종적으로 2개 이상의 대안이 남을 수도 있으며, 또 해당되는 브랜드가 하나도 없는 경우도 발생될 수 있다.

이때 복수의 대안이 남는다면, 결합규칙 이외의 다른 규칙을 적용하는 단계적 결정전략을 적용하여 최종안을 결정해야 한다. 또 해당되는 브랜드가 하나도 없는 경우에는 절사수준을 조정함으로써 특정안을 선택할 수 있다. 〈표 2-3〉에서 각 속성의 절사수준을 최소한 '양호' 이상으로 하는 경우, 최종적으로 '브랜드 2'가 선택될 것이다.

(2) 분리규칙(Disjunctive Rule)

이는 결합규칙과는 달리 사전에 각각의 속성에 대해 절사수준(cutoff)을 정하고 이를 충족시키는 대안은 일단 선택대상집단에 포함시키는 방법이다. 〈표 2-3〉에서 맛과 가격이라는 속성의 절사수준을 '매우 양호'로 삼게 되면 먼저 '브랜드 1'과 '브랜드 3'이 선택대상으로 선정된다. 1차 선별과정에서 복수의 대안이 남거나, 해당되는 대안이 전혀 없는 경우에는 결합규칙과 동일하게 조정하는 방식을 이용할 수 있다.

(3) 사전식 규칙(Lexicographic Rule)

이 방법은 사전을 찾는 방식을 준용한 것으로 평가기준의 중요성에 따라 서열을 매기고 가장 중요한 기준부터 차례로 적용함으로써 선택안의 범위를 축소하는 과정을 거친다. 따라서 1단계에서 복수의 대안이 남게 되면 그 다음으로 중요한 기준을 적용해 평가하고 다시 복수의 대안이 남게 되면 그 다음의 기준을 적용하는 절차를 거치게 된다. 이런 맥락에서 이 방법을 사용하는 소비자를 목표로 마케팅전략을 수립하는 경우에는 중요성에 따른 평가기준의 서열을 예측할 수 있어야 한다.

〈표 2-3〉에서 보면 맛이 가장 중요한 평가기준에 해당된다. 이를 충족하는 브랜드는 '브랜드 1', '브랜드 2', '브랜드 4'의 3개가 되는데, 2단계 기준인 가격을 적용하게 되면 이들 3개 대안 중에서 '브랜드 1'이 선택된다.

(4) 부문별 제거규칙(Elimination by Aspects Rule)

이 방식은 사전식 규칙과 결합규칙을 혼용한 것이라고 할 수 있다. 우선 각 평가기준에서 수용 가능한 수준(cutoffs)을 결정한 뒤 중요성에 따라 평가기준별로 각 대안을 평가하고 절사수준을 충족시키지 못하는 대안을 탈락시키는 과정을 거친다.

〈표 2-3〉에서 각 속성별 수용수준을 '양호'라고 한다면 1단계인 맛에서는 4개 브랜드가 모두 해당된다. 그러나 2단계인 가격에서는 '브랜드 4'가 탈락하고 다시 3단계인 영양소에서 '브랜드 3'이 탈락된다. 마지막으로 편리성에서 '브랜드 1'이 탈락함으로써 결국 '브랜드 2'가 최종안으로 선택되게 된다.

SECTION 4 구매(Purchase)

1. 구매행위의 조건

소비자가 특정 대안을 최종적으로 선택하게 되면 이를 구매하여야 한다. 소비자의 구매행위와 관련해 필요한 사항들은 다음과 같다.

첫째, 구매의 집행 여부에 대한 결정을 해야 한다. 최적안이 결정되었다고 반드시 구매로 이어지는 것은 아니다. 이는 구매동기를 이용해 설명할 수 있다. 즉 욕구가 구매 이외의 다른 방법으로 이미 충족되어졌을 수도 있으나 경제적 상황이 변해서 갑자기 구매력을 상실하였을 수도 있다. 또 의사결정과정에서 새로운 정보를 획득함으로써 기존의 최종안이 더 이상 최적안으로 판단되지 않는 경우도 있을 수 있다. 뿐만 아니라 최종적으로 선택된 대안을 구매하는 것 자체가 현실적으로 불가능한 경우도 있을 수 있는데 예를 들면, 재고소진이나 해당 제품이 단종된 경우라고 할수 있다.

둘째, 구매시점을 결정해야 한다. 즉 계절적 구매를 할 것인가 아니면 현재의 재고가 소진된 후에 보충구매를 할 것인가를 결정해야 한다.

셋째, 구매대상을 선택해야 한다. 구매 전 평가과정을 통해 결정된 최종안이 구매대상과 정확하게 일치하지 않는 경우로 최종안에 대한 소비자의 신뢰성이나 확신에 따라 달라질 수 있다. 이런 경우는 평가과정에서는 반영되지 않은 정보가 추가적으로 발견된 경우에 나타날 수 있다. 따라서 소비자가 구매를 위해 점포를 방문하면 다시 점포 내에서 새로운 정보나 추가적인 정보를 탐색하기도 한다. 이렇게 쇼핑 도중에 구매대상이 변경되기도 한다. 특히 구매시점에서 소비자에게 노출되는 촉진수단은 소비자의 이런 경향을 증대시킬 수 있다.

넷째, 구매장소를 결정해야 한다. 최근에는 컴퓨터와 통신의 발달로 홈쇼핑의 방법과 종류가 다양하게 개발되어 구매장소를 결정하는 문제는 과거보다 복잡해지게 되었다. 또한 데이터베이스마케팅이나 직접마케팅의 발달로 구매장소에 관한 소비자 정보의 범위가 확대되고 있다.

마지막으로, 대금의 지불방법에 관한 것으로 신용카드의 발달과 보급은 대금의 지불방법에 따른 소비자 선택의 폭을 확대시키고 있다.

2. 구매행위의 유형(Types of Purchasing Behavior)

1) 완전 계획구매(Fully Planned Purchase)

이는 사전에 구매대상이 되는 제품군과 브랜드를 확정한 후에 구매하는 형태를 말한다. 대개 고몰입 상황 하에서 적용되는 확장형 문제해결(EPS: Extended Problem Solving)이 적용되는 경우에 이루어지는 구매형태라고 할 수 있다. 이 경우 소비자는 구매할 제품과 구매장소에 대해 정확한 사전정보를 확보한 후에 구매하게 된다. 한편 저몰입 상황 하에서도 완전 계획구매가 이루어질 수 있다. 이 경우에는 소비자가 사전에 구매목록을 작성하기 때문에 구매장소에서는 일상적인 탐색활동만 이루어진다.

완전 계획구매를 수행하는 데 미치는 영향요소에는 점포배열과 디자인에 대한 소비자의 지식, 구매에 관련된 시간적 압력 등이 있다.

2) 부분적 계획구매(Partially Planned Purchase)

이 경우는 구매대상의 제품범주는 사전에 확정되어 있으나 브랜드는 구매시점까지 결정이 유보되어 있는 상태이다. 이때 소비자는 점포 내에서 추가적인 정보를 탐색함으로써 구매행위를 완성시킨다. 소비자의 점포 내 정보탐색양은 소비자의 몰입수준에 따라 달라진다. 저몰입 상황에서는 소비자가 고려브랜드군(consideration set)에 속해 있는 하나의 브랜드를 시험적으로 구매하려고 한다. 따라서 이런 경우에는 가격할인이나 특별전시 등의 촉진기법이 소비자의 시험구매를 유발하게 하는 중요한 수단이 된다.

3) 비계획적 구매(Unplanned Purchase)

비계획적 구매의 대표적인 예는 충동구매(impulse buying)라고 할 수 있다. 이는 구매시점까지 제품이나 브랜드에 관한 최종안이 확정되어 있지 않은 구매행위이다. 소비자가 제품을 실제로 구매하는 장소에서 이루어진 조사에 따르면 전체 구매행위의 약 50%가 비계획적 구매에 해당되는 것으로 나타나고 있다.

한편 소비자의 구매의도(purchase intention)가 구체적으로 나타나지 않았다고 해서 이를 반드시 비계획적 구매라고 단정지을 수는 없다. 왜냐하면 소비자가 점포에 전시된 상품들을 살펴보는 행위 자체가 쇼핑목록을 대신할 수 있기 때문이다. 또 점포 내에서 이루어지는 소비자의 쇼핑행위 자체도 소비자 욕구를 자극하거나 구매를 촉진시키는 역할을 수행하므로 이런 정보탐색행위의 결과에 따라 특정안이 선택될 수도 있기 때문이다.

비계획적 구매는 자극의 인식과 충동의 방향에 따라 다음과 같이 4가지로 구분된다.

① 순수 충동구매(pure impulse buying): 정상적인 구매형태를 취하지 않고 비정상

적 또는 현실 도피적 구매행위를 나타내는 경우이다.

② 상기적 충동구매(reminder impulse buying): 점포 내에서 제품과 접촉함으로써 구매의 필요성이나 욕구를 인식하는 경우로, 예를 들면 캔 통조림을 본 순간 집에 통조림이 떨어졌다는 사실을 깨닫게 됨으로써 구매하게 되는 경우라고 할 수 있다.

③ 제안적 충동구매(suggestion impulse buying): 신제품이나 신모델처럼 이제까지 해당 제품에 관한 지식이 전혀 없었으나 구매장소에서 이들 제품을 처음 보고 그 혜택이나 기능을 이해하게 됨으로써 해당 제품을 구매하는 경우라고 할 수 있다.

④ 계획적 충동구매(planned impulse buying): 바겐세일을 실시하는 백화점에서 구매품목을 사전에 결정하지 않은 채 유인(incentive)에 크게 영향 받아 제품을 구매하는 경우이다.

루크(D. Rook)는 충동구매가 즉흥적(spontaneous)이고 자극적(exciting)이며 강한 충동(compulsion)에 의해 발생되므로 구매결과에 대해서는 관심을 두지 않는다는 특징을 지닌다고 주장하였다.

3. 상황적 영향요인(Situational Factors)

소비자의 구매행위는 구매상황에 따라서도 달라질 수 있다. 이는 소비자의 개인적 특성이나 제품속성과는 관계없이 소비자의 구매행위에 영향을 미친다. 상황적 요인은 물리적 환경(physical surroundings), 사회적 환경(social surroundings), 구매시점(time), 과업(task definition), 그리고 선행상황(antecedent state)으로 구분할 수 있다. 그러나 마케팅의 관점에서 본다면 상황적 요인을 커뮤니케이션상황(communication situations), 구매상황(purchase situations), 소비상황(usage situations)에서의 영향요인으로 나누어 설명하는 것이 더 적절하다.

1) 커뮤니케이션상황(Communication Situations)

커뮤니케이션상황은 소비자가 인적 또는 비인적 커뮤니케이션경로와 접촉함으로써 발생되는 소비자환경으로 타인과의 대화로부터 기업의 광고나 판촉활동까지가 모두 포함된다. 광고에 노출된 소비자는 의사결정과정이나 정보처리과정에 영향을 받는다. 특히 이런 영향은 광고에 노출되는 시점이나 노출방법 등에 따라 다르게 나타난다. 광고가 노출되는 시점에 소비자의 주의를 분산시키는 대상이 존재하는가 의 여부, 광고가 제시되는 순서나 위치, 광고물에 대한 소비자의 몰입수준과 신뢰도, 광고의 반복횟수나 내용 등은 모두 소비자의사결정에 커다란 영향을 미치는 요인이 라고 할 수 있다.

2) 구매상황(Purchase Situations)

구매상황이란 소비자가 제품이나 서비스를 획득하는 소비자환경을 의미한 다. 이는 소비자가 구매정보에 노출되는 정보환경, 구매장소로서의 점포환경(retail environment), 그리고 구매가 이루어지는 시간환경(time environment)으로 구분된다.

(1) 정보환경(Information Environment)

정보환경은 소비자의 제품선택과 관련된 정보의 구성체계를 의미한다. 여기에 는 정보의 가득성(availability), 정보의 부하량(amount of information load), 그리고 정보 가 제시되고 통합되는 방식(modes of presentation and organization) 등이 포함된다.

① 정보의 가득성(information availability): 정보의 가득성이란 대내적으로 소비자 의 기억으로부터, 대외적으로는 시장환경으로부터 정보를 실제로 얻을 수 있 고 또 이를 활용할 수 있는가를 나타낸다. 이는 소비자로 하여금 분명하고 객 관적인 선택행위를 할 수 있도록 한다.

② 정보의 부하량(information load): 소비자의 구매행동에 영향을 미치는 정보부 하량은 선택대안(choice alternatives)의 크기와 각 대안별 속성의 수로 구성된 다. 선택대안의 크기에 따라 적용되는 결정규칙도 달라지는데 특히 일정수준 이상의 정보가 주어지게 되면 소비자의 정보처리능력과 의사결정의 정확성 이 감소하는 정보과부하(information overload)현상이 나타나게 되어 구매행위 의 변화를 초래할 수 있다.

③ 정보의 구조(information format): 정보구조란 정보가 조직화되는 방식을 의미한 다. 단위정보인 가격을 예로 들면, 소비자가 이런 가격정보를 얻는 방식과 경 로 등에 따라 정보의 이용방식도 달라질 수 있다는 뜻이다. 한 연구결과에 따 르면 단위정보인 가격이 모든 제품에 대해 가격표찰의 형태로 제시되는 것보 다 제품계열 전체의 가격목록의 형태로 제시되는 경우에 소비자는 가격정보 를 더 효과적으로 이용할 수 있고 따라서 구매행위도 달라진다고 한다.

④ 정보의 형태(information form): 정보형태는 정보가 표시되는 방식을 의미한다. 예를 들어 가격이라는 속성을 '100, 200' 등의 숫자로 표시하는 것과 '비싸다, 싸다'처럼 서술적으로 표시하는 것은 각각 소비자가 정보를 처리하고 이해하는 데 미치는 영향이 다르기 때문에 구매행위 자체도 달라지게 된다.

(2) 점포환경(Retail Environment)

구매가 이루어지는 실체적 장소의 물리적 특성을 점포환경이라고 한다. 이들은 대개 마케터가 통제할 수 있는 요소일 뿐만 아니라 소비자의 구매시점에 바로 그 구매장소에서 영향을 미치기 때문에 매우 중요한 마케팅전략요소라고 할 수 있다. 점포환경은 주로 소비자의 주의의 방향과 지속성을 높임으로써 구매확률을 높이는 역할을 수행한다. 또 소비자의 지위나 사회적 신분 등을 상징하기도 하고 소비자의 감정을 자극하기도 함으로써 쇼핑시간이나 구매량을 증대시키는 역할을 수행한다.

① 음악(music): 음악소리의 크기나 속도는 소비자가 구매에 할당하는 시간이나 구매량에 영향을 미치는 것으로 나타나고 있다.

② 점포입지와 배열(location and layout): 점포의 위치와 배열은 소비자가 점포를 방문할 확률과 제품의 접촉가능성에 영향을 미친다. 백화점의 경우 점포배열은 고객이 백화점을 방문하는 입구나 출구 근처에 제과코너를 배치함으로써 향기를 통한 소비자의 유인을 도모한다. 또 고객흐름이 많은 곳(high-traffic area)에 가능한 많은 제품을 전시함으로써 소비자에 대한 제품노출을 높이려고 하는 전략은 이를 반영한 것이라고 할 수 있다.

③ 색조(colors): 점포분위기를 나타내는 색조는 소비자의 지각과 행동에 영향을 미친다. 따뜻한 색(warm color)과 찬색(cool color)의 조화라든가 내부 장식의 색조를 통일시키는 것 등은 점포환경을 구성하는 중요한 요인으로 소비자에 대한 직접 간접의 효과를 발휘하게 된다.

④ 구매시점 광고(POP advertising): 구매장소에 설치하는 POP광고물은 소비자의 주의를 유도해 구매를 자극하는 데 매우 효과적이다. 이는 매우 경제적인 광고매체이면서도 직접적으로 매출을 증대시키는 효과가 있다. 또 구매시점에 소비자에게 제공되는 광고물은 기업의 측면에서 판매 인력을 대체시킬 수 있는 대안으로 활용될 수 있다.

⑤ 판매원(sales people): 점포에 배치된 판매원의 태도나 행동도 점포환경을 구성하는 중요한 요소가 된다. 특히 이들은 소비자의 점포충성도(store loyalty)나

점포이미지(store image)를 형성시키는 데 커다란 역할을 수행한다.

⑥ 점포혼잡도(store crowding): 점포 내의 고객밀도(density of shoppers) 또한 점포
환경의 하나로서 소비자의 구매행위에 영향을 미친다. 점포의 혼잡도가 높아
지게 되면 소비자는 구매에 할당하는 시간을 줄이고 불요불급한 제품의 구매
를 유보하려고 한다.

(3) 시간환경(Time Environment)

구매시점이 소비자행동에 미치는 영향력은 구매시기나 구매시점이 의사결정에
중요한 요소로 작용하는 경우에 더욱 증대된다. 특히 계절상품(seasonal products)이나
비수기할인이 적용되는 경우에는 구매시기가 매우 중요한 구매의 결정요인이 된다.
또 기업이 촉진활동의 하나로서 가격을 인하한다거나 새로운 모델을 출시하는 것은
소비자가 구매시점을 결정하는 데 커다란 영향을 미친다.

소비자가 구매활동에 할당할 수 있는 시간의 크기도 소비자의 구매행위에 영향
을 미친다. 시간적 압력(time pressure)을 느끼는 경우 소비자는 가능한 과거의 경험이
나 지식을 이용하는 구매전략을 사용하고자 하며 비계획적 구매(unplanned purchase)
나 당장 필요하지 않은 제품의 구매를 줄임으로써 구매시간을 최소화하려고 한다.

3) 소비상황(Usage Situations)

소비상황은 제품이나 서비스를 실제 사용하거나 소비할 때의 소비자환경을 의
미한다. 제품과 서비스의 종류에 따라 구매시점과 사용시점이 일치하지 않는 경우
도 있다. 소비상황에 의한 영향력은 사회여건(social surroundings)과 밀접한 관계를 맺
고 있다. 예를 들어 금연이 일반화되고 있는 오늘날에는 비흡연자가 자리를 같이 한
경우 흡연자의 흡연행위는 제약을 받을 수밖에 없다.

4. 점포선택(Choice of Stores)

소비자가 특정 점포를 선택하는 행위는 구매행위를 종결시키는 데 중요한 역할
을 수행한다. 소비자의 점포선택은 상권의 개념을 이용해 설명할 수 있다. 이때 상권
을 형성시키는 기본개념은 인력(gravity)이라고 할 수 있으며 그 이론적 바탕은 소매
인력의 법칙(Law of Retail Gravitation)에서 파생되었다.

1) 소매 인력의 법칙(Law of Retail Gravitation)

소매점포가 주변의 소비자를 흡인하는 능력을 이용해 소매점의 상권을 측정할 때 이용되는 것이 소매 인력의 법칙(law of retail gravitation)이다. 이에 따르면 경쟁관계에 있는 두 도시의 중간에 위치하고 있는 소비자를 끌어당기는 힘은 두 도시 간의 상호 작용에 의해 결정된다고 한다. 다시 말해 두 도시의 중간에 거주하는 소비자를 유인하는 힘은 각 도시의 인구에 비례하고 두 도시의 중간지점까지의 거리의 제곱에 반비례한다는 것이다. 이를 이용하면 두 도시 사이의 상권은 두 도시의 상업매력도가 같은 지점에서 경계가 나누어진다.

2) 선택공준(Choice Axiom)과 허프모형

선택공준은 허프(D.L. Huff)가 특정 도시 안에서의 쇼핑을 위한 이동행위를 설명하기 위해 인력모형(gravitation model)과 함께 이용한 개념으로 대안 간에 서로 관계가 없다는 독립성(independence)을 전제로 개발되었다.

허프는 앞의 인력모형에서 인구의 규모를 점포크기로, 거리를 거주지로부터 점포까지의 소요시간으로 대체하여 특정 소비자가 특정 점포를 선택할 확률을 계산하는 공식을 도출하였다.

구매 후 평가(Post-purchase Evaluation)  5 SECTION

구매가 이루어지면 해당 제품을 사용하거나 소비하게 된다. 이는 소비자에게 새로운 경험정보로서 기억장치에 저장된다. 소비자는 이런 과정에서 자신의 의사결정이 현명하였는가에 대한 심리적 확인과정을 거치게 된다.

소비자의 소비행위가 다르게 나타나는 이유는 구매 후에 느끼는 소비자의 후회심리(consumer's regret) 때문이다. 이런 소비자의 후회심리는 구매가 종료된 이후에 소비자가 경험하게 되는 인지부조화(cognitive dissonance)의 문제를 야기시킨다. 소비자가 구매 후에 경험하게 되는 인지부조화는 선택대안에 대한 소비자의 만족 또는 불만족을 결정짓는 중요한 원인이 되기 때문에 기업은 이에 대한 적절한 대응이 필요하게 된다. 이렇게 소비자의 인지부조화에 효과적으로 대처하게 되면 소비자는 해당 브랜드에 대해 긍정적 태도를 갖게 되어 반복적 재구매를 하게 되며 동시에 브랜드충성도(brand loyalty)도 높아지게 된다.

1. 인지부조화(Cognitive Dissonance)

소비자의 의사결정은 구매결과가 초래할 수 있는 위험을 최소화하는 선택안을 결정하는 과정이다. 소비자가 구매의사결정을 내린 후에 경험하는 심리적 갈등을 인지부조화(cognitive dissonance)라고 한다. 소비자가 구매와 관련하여 갈등을 갖는 부분은 제품성과가 기대와 일치할 것인가에 대한 확신, 최종적으로 선택한 대안보다 더 바람직한 다른 대안이 존재하였을지도 모른다는 의문, 구매과정에서 소비자의 기호나 태도가 변화함으로써 선택대안에 대한 평가기준이 달라질 수도 있다는 점 등이다.

1) 인지부조화이론(Cognitive Dissonance Theory)

1957년, 미국 스탠퍼드대학의 교수인 페스팅거(L. Festinger)가 주장한 인지부조화이론에 의하면 인간이 비일관적 인지(inconsistent cognition)라고 정의되는 부조화(dissonance)를 느끼면 심리적 불안감(psychological discomfort)이 조성되는데 이것이 일관성(consistency)을 다시 회복하도록 촉구하는 동기가 된다는 것이다. 소비자는 자신의 결정과 타인의 결정에 대해 여러 가지 신념이나 의견, 감정을 지니고 있다. 이를 인지(cognition)라고 하는데 이런 인지요소들 간에는 조화관계, 부조화관계, 그리고 무관한 관계 중 하나가 형성된다.

부조화의 크기(magnitude)는 해당 인지요소와 관련된 조화적 인지(consonant cognitions)의 수와 부조화적 인지(dissonant cognitions)의 수에 의해 결정된다. 이때 각 인지요소들은 중요성에 따라 가중치가 주어지게 된다. 일단 부조화가 발생되면 소비자는 부조화를 감소시킬 수 있는 정보를 적극적으로 수용하려는 경향을 보이며 반대로 부조화를 증가시킬 수 있는 상황이나 정보는 가능한 회피하려고 한다.

(1) 유도-순응패러다임(Induced-Compliance Paradigm)

인지부조화이론의 초기 연구로, 이들 연구에서는 조사대상자들로 하여금 기존에 지니고 있던 태도와 상반되는 행위를 하게 하였다. 그 후 이런 행동결과에 대해 외적 정당성(external justification)을 제공하지 않으면 이들은 인지부조화(cognitive dissonance)를 경험하게 되는데 이때 사람들은 자신의 행동에 대한 기존의 태도를 실험에서 유도한 상반행동과 조화를 이룰 수 있도록 변경함으로써 인지부조화를 감소시키려고 한다는 것을 증명하려고 하였다.

(2) 쿠퍼(J. Cooper)와 파지오(R.H. Fazio)

인지부조화의 발생은 인지요소(cognitions) 그 자체의 비일관성(inconsistency)과는 거의 상관이 없으며 오히려 원하지 않는 결과(기피성 결과)가 발생되는 것과 더 큰 관계가 있다고 주장하였다. 여기서 기피성 결과(aversive consequence)란 소비자 자신의 이익을 방해하거나, 소비자가 발생되지 않기를 원하는 결과를 말한다. 따라서 이들은, 페스팅거의 연구에서 낮은 정당성을 부여받은 피조사자들이 태도를 변경한 이유가 비일관적 인지관계(inconsistent cognitions)라기보다는 자신의 행동이 바람직하지 않은 결과를 초래하였기 때문이라고 해석한다. 즉 타인에게 매우 따분한 과업(boring task)을 매우 흥미 있는 일(interesting task)이라고 믿도록 한 자신의 행위가 인지부조화의 직접적 원인이라는 것이다.

최근에 이루어지고 있는 인지부조화에 대한 연구에서는 기피성결과가 반드시 인지부조화를 발생시키는 원인은 아니라는 주장이 제기되고 있다. 그 이유는 앞에서의 연구들이 실험설계상의 문제로 결론의 외적 타당성(external valid), 즉 일반화가 불가능하기 때문이다. 즉 기피성 결과를 주장한 연구에서도 기피성 결과가 발생될 가능성이 없는 상황에서는 인지부조화를 발견하지 못하였기 때문에 기피성 결과의 자체가 인지부조화를 유발시킨다는 결론은 지나친 비약이라고 할 수 있다는 것이다. 또 실험과정에서 피조사자에게 정당성(justification)을 제공하는 외생변수(피조사자의 자발적 협조 태도, 훌륭한 응답자가 되는 것이 바람직하다는 신념 등)가 존재하고 있다는 점, 그리고 피조사자의 개인적 특성차원에서 이들은 과거에 태도 위배적 주장을 한 경험이 없기 때문에 기피성 결과에 대한 확신이 결여되어 있을 수도 있었다는 점 등을 간과하였다는 점에서 비판받고 있다.

인지부조화에 대한 이론적 연구는 아직도 명확한 결론을 내고 있지는 못하다. 그러나 인지요소 간의 비일관성이나 기피성 결과의 발생이 인지부조화를 일으키는 중요한 원인들이라는 점은 부인할 수 없다.

2) 인지부조화의 발생조건

소비자의 인지부조화는 인지요소 간의 일관성이 깨지는 경우에 발생된다. 인지

요소 간의 일관성이 깨지는 상황으로는 다음과 같은 것들이 있다.

첫째, 소비자가 수용할 수 있는 수준을 넘는 부조화가 발생된 경우이다. 인지부조화가 이 수준에 도달할 때까지는 소비자의 태도변화가 나타나지 않기도 한다.

둘째, 행동을 취소하는 것이 불가능한 경우로서 선택행위 자체를 다시 원점으로 되돌릴 수 없는 상황을 말한다. 구매제품의 반품(rend)이 불가능한 경우가 여기에 해당된다고 할 수 있다.

셋째, 최종안으로 선택되지 않은 다른 대안이 더 바람직한 것으로 느껴지는 경우, 최종 선택이 이루어진 이후에도 여전히 유사한 다른 대체안들이 존재하고 있는 경우에도 인지의 일관성이 파괴된다.

넷째, 가능한 대체안의 속성들이 서로 독립적이라는 특성을 지니기 때문에 이들을 서로 객관적이고 동일한 기준에서 비교하는 것이 불가능한 경우이다.

다섯째, 의사결정이 소비자에게 매우 중요한 것이며 동시에 그 결과에 대해 소비자가 전적으로 책임을 져야만 하는 경우이다. 이는 외부로부터의 압력을 받지 않고 자유의지로 구매하는 경우라고 할 수 있다. 이때 만일 외부로부터 압력을 받게 되면 소비자는 외적 귀인(external attribution)을 할 수 있으므로 심리적 부담이 줄어들게 되고 인지부조화를 느낄 필요성도 감소하게 된다.

3) 인지부조화를 감소시키는 방법

소비자가 구매 후에 경험하는 인지부조화는 인지요소 간의 일관성을 회복시키려는 행동을 촉발시킨다. 이때 소비자는 다음과 같은 세 가지 방법을 통해 인지부조화의 크기를 줄일 수 있다.

(1) 제품 평가기준(Evaluation Criteria)의 변경

인지부조화를 줄이기 위해 제품의 평가기준을 변경한다는 것은 선택된 제품의 브랜드속성에 대해서는 매력도를 높이는 동시에 선택에서 제외된 브랜드에 대해서는 해당 속성의 중요성을 낮추는 것을 의미한다. 즉 각각의 대체안에 대한 재평가를 통해 대체안들의 좋은 것과 나쁜 것이라는 극단적인 2개의 범주로 분리시키는 행위라고 할 수 있다.

한편 대체안의 평가과정에서 이루어졌던 대체안 간의 차이를 무시하고 대체안이 본질적으로는 모두 동일하다고 생각하는 방법도 있을 수 있다. 이런 소비자 평가방식의 변경은 모든 대체안에 인지적 요소가 중복되어 존재하고 있다고 가정하는 행동전략을 말한다.

또 평가정보에 대해 선택적 보유전략을 사용해 최종적 선택대안의 긍정적 부분과 비선택안의 부정적 부분을 기억함과 동시에, 선택에서 제외된 대체안에 대한 긍정적인 부분과 선택안의 부정적인 부분은 망각하는 것도 인지부조화를 감소시키는 행동이라고 할 수 있다.

(2) 새로운 정보의 탐색

이는 소비자의 선택행위가 현명했었다는 사실을 강화시킬 수 있는 추가적인 정보를 적극적으로 탐색하는 행동전략을 말한다. 인지부조화이론에 의하면 부조화를 느끼는 소비자는 부조화상태를 강화시키는 정보는 회피하지만 자신의 결정을 지지하는 정보는 적극적으로 수용하려는 태도를 보인다고 한다. 따라서 소비자는 구매 이후에도 자신의 구매를 지지하는 광고에 대하여 관심을 기울이며 경쟁이나 대립관계에 있는 광고에 대해서는 적대감을 나타내게 된다.

한편 소비자가 구매행위 이전에 정보탐색활동을 통해 획득한 정보의 양과 질은 구매 이후 소비자가 추구하는 추가적인 탐색정보의 유형을 결정한다. 구매 이전에 정확한 정보를 충분히 확보한 경우에는 구매행위에 대한 확신을 가질 수 있기 때문에 구매 이후 인지부조화를 겪을 가능성이 현저하게 줄어든다. 따라서 이런 소비자들은 자신의 구매행위를 지지하는 정보에 대해 강한 관심을 기울이기보다는 구매행위 그 자체와 관련된 정보라는 사실만으로도 이를 수용하려는 태도를 높게 나타낼 것이다. 그러나 이런 소비자에 해당되지 않는 사람들은 지지정보만을 수용하고 배치되는 정보나 반박정보에 대해서는 거부하는 태도를 더 높게 나타낼 것이다.

(3) 태도의 변경

인지부조화를 느끼는 소비자는 행동의 비일관성 때문에 발생되는 심리적 갈등을 해소하기 위해 기존에 자신이 취했던 태도를 자신의 구매행동과 일치되도록 변경시키려고 한다. 이는 구매브랜드에 대해 과거에 가졌던 부정적 태도를 긍정적 태도로 변경하는 것을 말한다. 즉 소비자는 부조화를 제거하기 위해 반품이나 환불의 형식을 취할 수도 있으나 이런 방법보다는 자신의 태도를 구매행위를 정당화시키는 방향으로 변경시키는 것이 용이하기 때문에 태도와 구매행동을 일치시키는 방법을 즐겨 사용한다.

구매 후 부조화는 대개 일시적 현상으로서 정상적인 소비자의 심리적 반응이라고 할 수 있다. 그러나 기업의 측면에서 보면, 이에 대한 적절한 대응이 이루어지지 않게 되면 소비자의 불만족을 초래함으로써 자사제품의 재구매율이 낮아지는 바람직하지 않은 결과를 초래하게 된다. 따라서 기업은 자사제품을 구매한 소비자들을 대상으로 감사의 뜻을 전하는 광고를 게재하거나 안내문을 발송하는 전략을 실시할 필요가 있다.

2. 소비자 만족과 불만족(Consumer Satisfaction or Dissatisfaction)

구매의사결정과정에서 소비자 만족이나 불만족이 발생하는 시점은 제품을 사용하거나 소비한 이후라고 할 수 있다. 소비자 만족 또는 불만족은 구매 후에 호의적 태도나 긍정적 구전활동의 전개, 구매의도의 증가, 브랜드충성도의 형성 등에 직접적인 영향을 미친다. 소비자 만족은 소비자가 구매 이전에 예상하고 있던 기대수준과 실제 제품성과 간의 관계에 따라 결정된다. 이의 이론적 바탕은 올리버(R. L. Oliver)의 기대불일치모델(expectancy disconformation model)로부터 출발한다고 할 수 있다.

1) 기대불일치이론(Expectancy Disconformation Theory)

구매행동 이전에 수행되는 정보탐색과 대체안의 평가과정에서 각 대체안에 대한 소비자의 사전기대(pre-purchase expectations)가 형성된다. 그 후 소비자들은 해당 제품을 구매한 이후 이를 사용하거나 소비해 봄으로써 실제 제품성과(actual outcomes)를 사전 기대치와 비교하여 양자 간의 불일치(disconformation) 정도를 계산하고 이에 따라 만족 또는 불만족을 결정한다.

소비자가 지각하는 제품성과는 공정한 성과(equitable performance), 이상적 성과(ideal performance), 기대된 성과(expected performance)의 3가지 유형으로 구분할 수 있다. 이때 공정한 성과란 구매나 소비를 위해 투입되는 비용(costs)−노력(efforts)과 비교하여 소비자가 당연히 향유해야 할 것으로 기대하는 성과수준을 말한다. 한편, 이상적 성과란 가장 바람직한 성과나 소비자가 희구하는 수준의 성과를 의미한다. 또 기대된 성과란 소비자가 예상하는 성과수준을 의미하는 것으로 소비자가 기대수준과 비교할 때 가장 많이 이용되는 성과개념이다. 즉 기대된 성과란 구매의사결정과정 중 구매 전 평가(pre-purchase evaluation)단계에서 소비자가 예상하는 특정 제품의 기대수준이라고 할 수 있다.

소비자가 사전 기대를 제품성과와 비교하는 절차는 먼저 제품속성들을 기준으로 불일치(disconformation)의 정도를 판단하는 것에서 시작된다. 이에 따라 만족 불만족이 결정되는데 소비자의 속성경험은 제품의 특징에 대한 소비자의 지각을 형성하며 이런 지각이 제품의 품질을 결정하게 된다.

마케팅에서 품질이란 "소비자의 명시적·묵시적 욕구를 충족시킬 수 있는 제품 또는 서비스의 총체적 특성"이라고 정의된다. 이런 소비자 욕구의 충족방식은 제품의 기능을 중심으로 하는 실용적 방식과 즐거움이나 자기개념과 관련된 쾌락적(hedonic) 방식으로 구분할 수 있다.

소비자 만족과 불만족은 주로 소비자의 주관적 평가결과에 따라 결정되지만 평가기준은 객관적 또는 인지적인 것과 감정적인 것이 동시에 적용되고 있다. 따라서 소비자 만족이나 불만족을 측정하는 경우에는 이들 두 가지 요소를 동시에 측정해야한다.

사전 기대와 실제성과 사이의 불일치는 긍정적 불일치, 부정적 불일치, 그리고 일치의 3가지로 형태로 나타날 수 있다. 긍정적 불일치는 실제성과가 기대치보다 높은 경우로 소비자 만족을 가져온다. 반면, 부정적 불일치는 실제성과가 기대에 미치지 못하는 경우로 소비자의 불만족을 초래하게 된다. 동일한 맥락에서 일치는 중립적 결과를 가져온다고 할 수 있을 것이다. 이런 소비자 만족과 불만족의 크기는 제품에 대한 재구매 의도에 직접적인 영향을 미친다.

2) 귀인이론(Attribution Theory)

귀인이론은 제품이 기대된 만큼의 성과를 보이지 않는 경우 소비자는 제품의 실패원인을 찾으려고 한다는 사회심리학의 가정에 기초하고 있다. 소비자가 제품의 실패원인을 발견하기 위해 사용하는 3가지 개념은 제품실패라는 사건에 대한 안정성, 통제위치 및 통제가능성이다. 여기서 안정성은 이런 사건이 일시적 현상인가 아니면 지속적이고 반복적인 성질을 갖는 것인가를 구분 지어 주는 개념이다. 한편 통제위치는 문제의 발생원인이 소비자 개인에게 있는가 아니면 개인 외적인 요소가 존재하는가를 의미한다. 또 통제가능성이란 이런 문제가 누군가에 의해 통제되어질 수 있는 것인가를 뜻한다. 이런 3가지 개념을 이용해 소비자는 내재적 귀인(intrinsic attribution)과 외재적 귀인(extrinsic attribution)의 하나로 사건의 원인을 돌리게 된다. 이때 내재적 귀인과 외재적 귀인을 결정짓는 기준은 특이성(distinctiveness), 일관성(consistency), 그리고 합의성(consensus)이라고 할 수 있다. 특이성이란 사건의 원인 중에서 공동적 성격을 갖지 않는 차별성이 강한 정보가 포함되어 있는가의 여부라고 할 수 있다. 또 일관성은 원인과 결과가 항상 동일한 관계로 나타나고 있는가를 의미하는 것이며 합의성은 타인들도 이 사건의 원인을 동일한 것으로 보고 있는가를 뜻하는 개념이다. 한편 이런 기준을 적용하기 어려운 경우에는 축소원리와 확대원리를 이용하게 된다. 축소원리는 특정 행위에 대한 외부의 압력이 존재하는 경우, 이런 행위로 인해 나타나는 결과의 의미를 축소시키는 것을 말한다. 즉 구매행위에 상사의 지시나 권고가 개입되는 경우 구매자는 구매결과로 나타난 부정적 결과에 대해 상사라는 타인에게 귀인할 수 있기 때문에 구매결과로 나타나는 불일치의 심각성을 축소하여 인식한다. 이와는 대조적으로 확대원리는 환경적 압력에 따르지 않고 이에 대항하여 행동한 결과에 의해 소비자의 신념이 강화되는 것을 말한다. 예를 들어 판매사원이 소비자에게 자사제품의 약점이나 경쟁제품의 장점을 언급하는 경우에 소비자는 해당 판매사원을 더욱 신뢰하게 된다.

3. 소비자 불평행동

불만족한 경우, 소비자는 타인에게 부정적인 구전을 전하며 해당 브랜드의 재구매를 포기하는 등 구체적인 불평행동을 나타낸다. 특히 불평행동을 나타내는 사람들은 상대적으로 사회적 영향력이 큰 사람들이 많기 때문에 불평 정도와 이로 인해 나타날 수 있는 문제의 심각성은 비례한다고 할 수 있다. 현실적으로는 불평을 나타내는 소비자보다 불평을 밖으로 드러내지 않는 소비자가 더 많기 때문에 기업은 소비자 만족을 위해서 소비자로 하여금 적극적으로 불평을 표출할 수 있도록 유도하는 정책을 사용할 필요가 있다.

〈그림 2-8〉을 보게 되면 소비자 불만족으로 야기되는 소비자 불평행동은 다양하게 나타난다는 것을 알 수 있다. 즉 직접적으로 제품의 판매나 생산에 책임을 지고 있는 기업을 대상으로 시정 내지는 보상을 요구하기도 하고, 구전을 통해 타인에게 부정적 정보를 전파함으로써 간접적으로 기업의 마케팅활동을 방해하기도 한다. 이 밖에도 점포나 브랜드를 전환하는 구매행위를 통해 자신의 불만을 해결하기도 한다. 한편 소비자 권리가 증가하고 소비자에 대한 사회적 관심과 책임의식이 증가함에 따라 소비자관련 기관이나 법원에 제소하여 적극적으로 소비자의 이익을 확보하려는 대응방식을 취하기도 한다.

이때 마케터가 특히 주목해야 할 점은 소비자들로 하여금 구매행위와 관련된 불평불만을 적극적으로 표현할 수 있게 유도하는 것이 바람직하다는 사실이다. 기업이 소비자의 불만 정도를 측정할 때 주로 소비자 불평의 접수 건수나 고발행위가 접

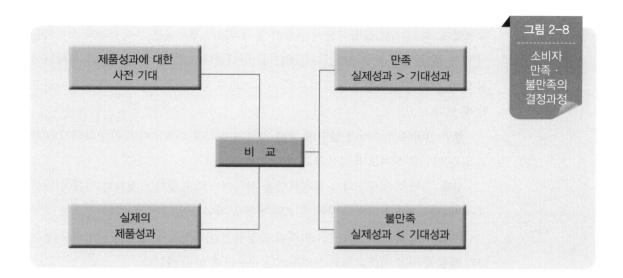

그림 2-8

소비자
만족 ·
불만족의
결정과정

수된 숫자에 의존하고 있으나 이에 관한 많은 연구에서 이런 관행의 문제점이 지적되고 있다. 즉 기업이 적극적으로 소비자의 불평과 불만을 수용·시정하려는 의지를 보이지 않으면 소비자들은 직접적으로 불평을 나타내지는 않지만 이때 이로 인한 부정적 영향력은 불평불만을 표출시킬 때보다 훨씬 심각하게 나타난다고 한다. 따라서 소비자의 불만이 접수되지 않는다고 해서 소비자들이 만족하고 있다고 결론짓는 것은 매우 위험한 생각이다. 소비자 불만이 접수되지 않는 것은 불만을 표출시킬 만한 적당한 경로가 마련되어 있지 않거나 기업이 이를 수용하려는 의지가 결여되었기 때문에 이런 행동이 무의미하다고 생각하기 때문일 수 있다.

　미국에서 한 연구에 의하면 불평을 나타내는 고객들 중 54%에서 70%는 불평사항이 해결되는 경우 다시 해당 제품을 구매하겠다는 의사를 나타내고 있는 것으로

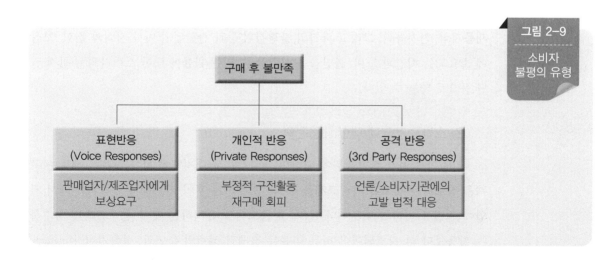

그림 2-9

소비자
불평의 유형

밝혀졌다. 특히 이런 불평사항이 신속하게 처리되는 경우에는 무려 95%의 소비자들이 다시 해당 제품을 구매하겠다는 의사를 나타냈다고 한다. 이런 사실은 마케터에게 있어 소비자의 불평행위가 새로운 시장기회가 될 수 있음을 시사하는 것이라고 할 수 있다.

한편 한국에서 소비자 불만에 대해 기업의 적극적 대처노력이 활성화되지 못하고 있는 이유를 살펴보면 다음과 같다.

첫째, 우리의 의식문화가 불평불만을 적극적으로 표출하는 것보다 이를 인내하고 억제하는 것을 미덕으로 삼는 유교의 전통을 지니고 있다는 점이다.

둘째, 기업의 임직원들이 소비자의 불평행위를 자신들에 대한 공격이라고 생각하기 때문에 이를 적극적으로 장려하거나 수용하려 하지 않는다.

마지막으로, 소비자들이 자신들의 불평불만을 기업이 수용하지 않을 것이라고 생각하기 때문에 이를 위해 시간이나 노력을 투자하는 것이 낭비라고 생각하기 때문이다.

1) 소비자 불평의 결정요인

소비자의 불평행위의 원인이 되는 요인은 크게 두 가지로 구분할 수 있다. 그 하나는 문화적 가치관이며 다른 하나는 소비자의 개인적 태도라고 할 수 있다. 특히 동양적 가치관에 의하면 불만을 외부로 표출하는 것이 사회적으로 바람직하지 않은 행동으로 인식되고 있으나 소비자가 불만족을 매우 강하게 느끼게 되면 이런 사회적 압력에도 불구하고 적극적으로 불만을 표출한다고 한다.

한편, 소비자 불평행위에 영향을 미치는 요인을 세부적으로 구분하면 가격, 사회적 가시성, 소요시간 및 제품특성 등 소비상황의 심각성과 관련된 것, 구매경험, 제품지식, 인지능력, 그리고 과거의 불평경험 등과 관련된 소비자 지식과 경험, 보상에 소요되는 시간과 노력, 불만을 보상받을 수 있는 확률에 대한 소비자의 주관적 판단 등으로 나눌 수 있다.

2) 소비자 불평에 대한 대응전략

기업이 소비자 불만행위에 대하여 적극적으로 대처해야 하는 이유는 새로운 고객을 창조하는 것보다 기존고객을 유지·보존하는 것이 비용과 수익의 측면에서 기업에 훨씬 유리하기 때문이다. 특히 기존고객을 유지하는 것이 신규고객을 창조하는 활동보다 더 강조되어야 하는 이유는 경제적 혜택의 측면과, 성숙기시장(matured market)에 있어서 고객 상실은 기업성과에 치명적 영향을 미친다고 하는 점이다. 따라서 고객 만족을 추구하거나 불만족한 고객을 다시 충성고객으로 전환시키는 마케팅활동은 기업의 가치를 증대시켜 장기적으로 기업의 성장과 발전을 위해 반드시 필요하다.

(1) 관계마케팅(Relationship Marketing)

소비자에 대한 마케팅전략은 최종적으로 소비자 개개인에 대한 우호적 관계를 구축하고 유지하는 방향으로 추진되어져야 한다. 소비자 욕구와 기대를 충족시키는 기업활동은 소비자 만족을 극대화할 수 있도록 설계되어야 한다는 의미이다. 컴퓨터와 정보통신기술의 발달에 따라 소비자에 대한 정보의 축적이 가능하게 되어 표적 소비자층을 대상으로 하는 데이터베이스마케팅이 보다 활발하게 추진되고 있다. 이렇게 소비자 개인에 대한 정보를 축적함으로써 불만을 사전에 예방할 수 있을 뿐만 아니라 기업과 제품에 대한 우호적인 이미지를 확립할 수 있는 것이다.

(2) 전사적 품질관리(Total Quality Management)

PIMS(Profit Impact of Marketing Strategy)의 자료에 의하면 기업의 재무적 성과는 제품과 서비스에 대한 소비자의 품질인식과 직접적인 관련이 있다고 한다. 전사적 품질관리는 제2차 세계대전에서 패망한 일본이 경제부흥을 이루기 위해 실시된 것으로 1970년대 이후 본격적으로 전개되었다. 일본에서 품질관리의 기법을 전수한 데밍(W. Edwards Deming)은 기업경영의 이념으로서, 또 경쟁우위의 원천으로서 품질을 강조하였다. 이에 따라 기업의 최일선에서부터 최고경영층에 이르기까지 품질을 가장 중요한 기업 가치로 인식하게 되었다. 이런 전사적 차원에서의 품질운동을 통해 현재 일본상품은 세계에서 가장 경쟁력이 높을 뿐만 아니라 소비자들이 가장 만족하는 상품으로 자리 잡게 된 것이다

(3) 조기경보체제(Early Warning System)의 구축

소비자가 구매철회를 요구하는 시점에 이르면 더 이상 고객유지를 위한 수단을 강구하는 것이 곤란해진다. 따라서 기업은 상당한 정도의 시간을 두고 소비자문제의 해결을 위한 사전 시정조치를 수행할 수 있어야만 한다. 바로 이런 활동을 가능하게 하는 것이 조기경보체제라고 할 수 있다. 이 시스템의 핵심은 소비자 만족에 관한 조사를 지속적으로 수행함으로써 제품성과와 소비자 반응의 관계를 사전에 발견하고, 예상되는 문제가 실제 발생되기 이전에 이를 해결함으로써 소비자 만족을 계속

유지할 수 있도록 만드는 데 있다.

(4) 소비자에게 현실적으로 가능한 기대(Realistic Expectations)의 제공

소비자 만족은 사전 기대와 사후 성과 간의 차이에 의해 결정된다. 따라서 소비자에게 지나친 약속이나 과장된 메시지를 전달함으로써 제품성과에 대해 지나친 기대를 갖는 것을 피할 수 있어야 한다.

(5) 약속된 품질의 이행

허위 · 과장광고에 익숙한 소비자는 품질 제시적 광고를 신뢰하지 않는 것이 보통이다. 따라서 기업은 약속한 품질을 확실하게 이행할 수 있도록 노력하여야 한다. 이를 위해 기업은 보증서를 발행하거나 소비자로 하여금 보증조건의 이행을 확인할 수 있는 방법을 제공하는 것이 바람직하다.

(6) 제품의 사용방법(Product Use)에 대한 정보제공

소비자 불만의 상당부분은 제품의 사용법을 모르거나 소비자가 제품을 잘못 사용함으로써 발생되고 있다. 따라서 마케터는 제품을 개발할 때 소비자의 실제 사용상황을 가정하여 신제품을 개발하도록 하여야 한다. 또 개발된 제품이 실제 생활에서 적절하게 사용될 수 있도록 제품의 사용법이나 용도 등과 관련된 정보를 계속 제공하여야 한다.

(7) 소비자 의견의 청취 및 반영

소비자 의견을 기업경영과 마케팅활동에 반영하는 피드백시스템을 구축하는 것 또한 소비자 만족을 위해 반드시 필요하다. 소비자 의견을 청취하기 위해서는 무엇보다도 소비자가 불만이나 제안을 손쉽게 할 수 있도록 상설경로를 설치하는 것이 좋다. 소비자 불만을 청취하고 그들의 의견을 마케팅활동에 반영할 수 있도록 하기 위해서는 최고경영층과 연결되는 직접경로를 개설하는 방법과, 고객접점에 있는 실무자들에게 소비자 불만을 현장에서 해결할 수 있도록 권한을 부여하는 방법, 그리고 소비자 불만의 가능성이 있는 사항을 모든 관련 부서가 같이 숙지할 수 있도록 효과적인 커뮤니케이션시스템을 구축하는 방법 등이 병행되어야 한다.

(8) 소비자의 충성도(Loyalty) 강화

학습이론을 준용한 소비자 강화(reinforcement)활동은 고객유지와 소비자 불만의 예방에 효과적이라고 할 수 있다. 기업이 소비자에 대하여 지속적인 관심을 가

지고 있다는 사실을 계속 주지시키게 되면 소비자는 보다 충성적인 경향을 보인다
고 한다.

PART 02

개인적 영향요인

CONSUMER
BEHAVIOR

CONSUMER BEHAVIOR

개성(Personality)과
자기개념(Self-Concept Theory)

개성(Personality)

1 SECTION

1. 개성(Personality)의 본질

1) 개성의 의의

개성을 간단하게 정의하면 "환경적 자극에 대한 일관된 반응"이라고 할 수 있다. 각 개인은 타고난 유전적 · 환경적 배경이 다를 뿐만 아니라 문제의 접근방법이나 사고에도 차이가 있다. 이러한 차이가 개인의 특성을 나타내는 개성을 형성한다. 그렇다면 우리가 개성을 연구하는 것이 소비자 행동에서 어떤 의미가 있을까? 필립 코틀러(Philip Kotler)는 "우리가 소비하는 제품이 곧 우리 자신을 반영한다"고 주장한다. 아주 틀린 말이 아닌 것이, 소비자는 자신의 성격이 무의식 중에 제품 선택에 영향을 미친다. 벤츠를 떠올리면 고품질, 클래식, 중후함 같은 느낌을 받는 반면, BMW는 재미, 젊음, 역동성 같은 느낌을 주기도 한다. 개성을 구체적으로 살펴보는 것이 중요한 이유는 각 브랜드 역시 앞의 예처럼 각각의 다른 개성을 띠고 있기 때문이다. 하지만 이들 브랜드 개성은 문화권에 따라 다르게 지각될 수 있다. 가령, 브랜드 개성은 브랜드에 대한 소비자의 충성도를 형성하는 데 있어서 결정적인 요인이지만 브랜드 개성을 설명하는 특정한 차원은 국가에 따라 달라질 수 있다. 이러한 차이는 기본적 가치에 있어서 문화적 차이에 기인한다. 예를 들어, 한국과 미국의 문화는 서로 다른 가치를 표방하며 이러한 가치의 차이는 두 국가의 소비자가 하나의 똑같은 브랜드를 어떻게 다르게 보는지를 설명할 수 있다. 서양 문화권에서 소비자는 정서적 독립성, 사생활, 자율성, 개인적 욕구를 강조한다. 서양의 소비자는 자립성, 쾌락주의, 경쟁에 초점을 맞추는 경향이 있다. 특히 미국인은 개인주의를 중요시한다. 이와 대조적으로 동아시아 문화권은 개인보다 정서적 의존성, 조화, 응집력, 집단을 중요시한다. 특히 한국인은 유교를 바탕으로 인간 사이의 조화를 무엇보다 중요하게 생각한다.

관련 연구는 한국과 미국의 소비자들이 BMW, 삼성, 나이키, 메르세데스 벤츠, 소니, 리바이스, 아디다스와 같은 글로벌 브랜드를 지각할 때 문화 특정적 브랜드 개성에 주목한다는 것을 보여주었다. 한국 소비자는 미국 소비자보다 이러한 브랜드들을 보다 우호적이고, 정교하며, 유능하고, 거대하게 지각한다. 반면, 미국 소비자는 같은 브랜드들을 한국 소비자보다 더욱 경쟁력 있고, 최신 유행을 따르며, 거칠고, 전통적이라고 지각한다. 이에 따른 시사점은 매우 명확하다. 하나의 글로벌 브랜드가 모든 나라와 문화에 걸쳐 두루 적용되는 개성을 갖는다고 가정해서는 안 된다. 기업은 브랜드 개성이 각 국가의 문화의 특성에 적용되는지 또는 수용되는지 면밀하게 확인해야 할 필요가 있다.

2) 개성의 특징

(1) 개성은 일관성(Consistency)과 지속성(Endurance)을 지닌다

개인의 개성은 일관적이고 지속적인 형태로 표출되며 이는 소비자의 행동을 설명하고 예측하는 데 필요한 정보가 된다. 사회·문화이론에 따르면 개성은 시간이 흐르고 시대가 변함에 따라서 변화한다고 하지만 그 변화는 장기적으로 나타나며 그 차이가 매우 미미하기 때문에 비교적 안정적인 특성을 지닌다고 볼 수 있다. 따라서 마케터는 소비자의 개성을 직접적으로 변화시키려는 시도보다는 그들의 개성을 잘 이해하여 그룹의 특성과 판매상품의 연결고리를 찾아 이들에게 소구할 수 있는 적절한 마케팅전략을 수립하는 것이 바람직하다.

(2) 개성은 변화한다

개성은 비록 일관적이고 지속적인 경향을 지니더라도 여러 가지 상황 속에서 변하기도 한다. 예를 들어 개성은 개인의 삶에 있어 중요한 사건들, 즉 자녀의 출산, 연인의 죽음, 이혼, 직위이동 등에 의해 달라질 수 있다. 삶에서 어떤 큰 계기로 인해서 변할 수도 있는 것이고, 인간의 성장에 따라서 변화할 수 있다.

2. 개성 이론

1) 정신분석 이론(Psychoanalytic Theory)

(1) 개요

인간의 개성구조를 심리적 차원에서 계량화하려고 했던 특성이론에 반해 인간의 행동을 지배하는 근본적인 동기는 무의식적 요소라는 주장은 정신분석학의 시조라고 할 수 있는 프로이드(S. Freud)에 의해 제기되었다. 프로이드가 그의 정신분석이론에서 가정한 것들은 다음과 같다.

첫째, 인간의 어떤 행동도 결코 우연히 일어나는 것이 아니며 반드시 원인이 있다.

둘째, 인간의 행동에는 본능적·잠재의식적 특성을 내포하고 있다. 본능은 인간이 태어나면서부터 지니고 있는 긴장체계이며, 본능적 행동의 목표는 긴장을 해소하는 데 있다.

셋째, 인간의 사고·정서 및 행동에는 무의식적 결정인자가 포함되어 있다. 대부분의 인간행동은 무의식에 의한 충동, 특히 성적·생리적 충동에 의해 발생된다.

넷째, 모든 행동은 나름대로의 목표를 지니고 있다.

프로이드는 이러한 기본가정 하에서 개성은 다음과 같은 3가지 시스템이 상호작용하는 구조로 되어 있다고 설명하였다.

(가) 원초아(Id)

원초아는 개성의 잠재의식적 부분으로 기본욕구들의 창고라고 할 수 있으며 외적·내적 자극에 의해 원초아의 에너지가 증가되면 긴장을 하게 된다. 이때 원초아는 즉각적인 긴장해소를 촉구하기 때문에 그 현실적 가능성이나 도덕성은 고려하지 않고 자기만족만을 추구한다. 원초아는 이런 쾌락원리에 따라 행동을 지배하는데, 프로이드는 원초아의 충동을 성적 본능과 공격적 본능으로 보았다.

(나) 자아(Ego)

자아는 바람직하지 않은 결과는 회피하면서 동시에 원초아의 충동을 만족시킬 수 있는 행동 대안을 선택하도록 하는 역할을 수행한다. 즉 현실적인 방법에 의해 원초아의 욕구를 충족시키도록 촉구한다. 자아는 원초아와 초자아의 모두를 부분적으로나마 충족시키려고 하는 현실원리(reality principle)에 의해서 작용한다. 현실원리란 적절한 대상이나 환경조건이 나타날 때까지 원초아에서 생긴 긴장의 발산을 지연시키는 것을 의미한다. 자아는 학습과 경험을 통해서 환경에 적절하게 대응할 수 있는 개인의 능력과 사고를 획득할 수 있도록 한다.

(다) 초자아(Super Ego)

초자아는 심리적 구조의 가장 마지막 요소로서 개인의 심리구조상 도덕적 영역을 나타내고 있다. 따라서 자아는 원초아의 욕구를 충족시킬 수 있는 대상을 알고 있더라도 욕구충족의 행동이 사회적·윤리적으로 타당한가를 먼저 판단하게 된다. 초자아는 처음에는 의식되는 개성의 한 부분이지만 점차 습관화되면서 무의식 속으로 흡수된다. 프로이드에 의하면 원초아는 언제나 끊임없는 갈등상태에 있으며, 자아는 이것을 조정한다고 한다.

프로이드는 개성구조들 간의 갈등에서의 불안을 신경적 불안과 도덕적 불안으로 구분하였다. 신경적 불안은 자신의 본능적 충동을 자신이 통제하지 못하여 외부로부터 처벌받을 수 있는 행동을 할까 두려워하는 것이고 도덕적 불안은 외부에 있으면서 현실적으로 느끼는 두려움이라고 한다. 정신분석학에서 개성이란 인간이 일정한 성장단계를 거치면서 개발되고 형성된다고 가정한다. 이런 과정은 아동기에 경험하는 성적 충동에 의해 5가지 단계로 구분된다.

① 구강단계(oral stage) : 입을 통해 외부세계와 최초로 접촉하는 시기로 수유나 이유식이 끝나는 시기에 아동은 심리적 갈등을 경험하게 된다. (~1세)
② 항문단계(anal stage): 배설에서 쾌락을 느끼는 시기이다. 부모로부터 화장실을 이용하는 법을 배우면서 제2의 갈등을 경험하게 된다. (1~3세)
③ 성적 의식단계(phallic stage): 성(性)에 대해 눈을 뜨면서 여성과 남성을 의식하고 성적 쾌락을 경험한다. 이때 부모(아들은 어머니에게, 딸은 아버지에게)에 대해 성적 감정을 느끼며 제3의 갈등을 경험하게 된다. (3~5세)
④ 잠복단계(latency stage): 만 5세부터 청소년기까지는 성적 충동이 잠복해 있기 때문에 개성의 뚜렷한 변화를 찾아보기 어렵다. (5세~사춘기)

⑤ 생식기단계(genital stage): 청소년기에는 이성에 대한 성적 욕망을 느끼게 되는데 이는 자위적 단계나 부모에 대한 성적 충동의 단계보다 발전된 경우이다.

(2) 마케팅에의 공헌

프로이드 이론의 가장 중요한 공헌은 인간의 소비행동에 내재하는 잠재적·무의식적 동기에 대한 관심을 제고시킨 것이다. 즉 사람들은 의식적 동기뿐만 아니라 무의식적 동기에 의해서도 행동이 유발될 수 있다는 사실이다. 즉 소비자들이 제품을 구매할 때 소비자의 내면적·잠재적 욕구에 의해서도 구매한다는 뜻이다. 예를 들어 여성의 속옷광고에는 남성모델이 나옴으로써 인간의 성적 본능을 연상시키기도 하고, 결혼한 부부나 자녀를 등장시킴으로써 초자아와의 조화를 유도하기도 한다. 이러한 마케팅 활동은 소비자의 무의식에 호소함으로써 소비자와 공감대를 형성하고 높은 판매로 이어질 수 있다.

2) 신프로이드 이론(New-Freudian Theory)

(1) 개요

신프로이드 이론은 융(C. Jung), 애들러(Alfred Adler), 에릭슨(E. Erikson), 프롬(E. Fromm)과 같은 학자들에 의해서 연구되어졌다. 이들은 프로이드의 본능과 성적 욕구에 대해서 문제점을 지적하였고 보다 폭넓은 사회적 관계가 인간의 개성에 더 많은 영향을 미친다고 주장하였다. 융(C. Jung)의 연구는 정신분석학을 바탕으로 인간의 사회적·문화적 환경이 과거에 대한 유사한 공통의 기억을 갖도록 한다고 생각하였다. 이러한 유사한 기억들을 '원형'이라고 하였고 무의식적 과정을 강조한 것이 프로이드와 비슷하지만 융은 원인론과 목적론을 동시에 결합하여 프로이드의 연구와는 차이를 두었다. 즉 융은 미래지향적인 입장에서 목표지향적인 인간의 입장을 이해하려고 하였다.

애들러는 사회지향성을 주장하였는데, 프로이드와 융의 연구에서 발전하여 사회 안에서 우월성을 추구하는 인간적 특성을 강조하였다. 에릭슨은 프로이드의 주장과는 달리 사회적인 측면을 강조한 개성이론을 전개하였다. 설리번(H. S. Sulivan)은 개인의 사회·문화적 환경의 중요성을 주장하였는데 사람은 타인과의 보상적 관계를 위해 끊임없는 노력과 불안감 해소를 위한 노력을 한다고 강조하였다. 호니(K. Horney)도 불안감을 극복해 가는 과정에서 개성이 형성된다고 주장하였다. 이런 관점에서 개인은 다음과 같은 3가지 개성집단 중의 하나로 분류될 수 있다고 주장하였다.

① 순응적 개인(compliant individuals): 타인지향적인 사람들로서 타인으로부터 사랑이나 인정받기를 원하는 집단이다.

② 공격적 개인(aggressive individuals): 타인에 대해서 반대적인 입장을 취하는 사람들로 남보다 뛰어나고자 하며 타인으로부터 존경을 받고 싶어 하는 집단이다.

③ 분리적 개인(detached individuals): 타인들과 일정한 거리를 두는 사람들로서 독립적이고 자기만족적이며 의무에서 자유로워지기를 원하는 집단이다.

(2) 마케팅에의 공헌

신프로이드 이론은 프로이드의 이론에 비해 결정력이 약하며 모델이 복잡하기 때문에 집중을 받지 못하였다. 그러나 마케터의 입장에서 이들의 이론을 살펴보면 소비자는 제품을 구입하고 관심을 가질 때는 과거의 경험이나 기억뿐만 아니라 미래에 대한 인지도도 포함이 된다는 점을 고려해야 한다. 그러므로 제품을 개발하고 마케팅을 할 때는 소비자들이 현재의 욕구와 개인적 성장발전에 기여할 수 있는 부분을 찾아내서 연구해야 한다. 소비자행동을 연구한 코헨(J. B. Cohen)은 개인의 대인관계를 강조하는 호니의 주장을 기초로 CAD(Compliant-Aggressive-Detached) 테스트를 개발하고, 개성과 제품 또는 상표사용 간에 상당한 관계가 있다는 사실을 발견하였는데 이에 순응적 개인집단은 바이엘 아스피린과 같은 유명상표를 선호하는 데 비해, 공격적 개인집단은 애프터쉐이브 로션을 선호하고, 분리적 개인집단은 차를 즐겨 마신다고 하였다.

3. 개성변수와 마케팅전략

마케터는 개성이 소비자의 구매행위에 어떤 영향을 미치는가에 많은 관심을 갖는다. 그 이유는 개성의 특성을 잘 이해하게 되면 이런 특성을 기준으로 시장을 세분화할 수 있을 뿐만 아니라 소비자들이 원하는 이미지를 제공할 수 있는 촉진전략을 개발할 수 있기 때문이다.

1) 브랜드 개성 전략

브랜드의 성격묘사는 두 가지의 전략이 있다. 브랜드 인격화(brand personification)는 인간이 아닌 대상에게 인간과 같은 특성을 부여하는 것이다. 반면 브랜드

의인화(brand anthropomorphism)는 인간이 아닌 대상에게 인간의 특성과 인간의 모습을 부여하는 것이다. 브랜드 인격화는 뽀로로를 생각해볼 수 있다. 동물에게 인간처럼 말하고 생각할 줄 아는 인간과 같은 특성을 부여하는 것은 브랜드 인격화에 해당되고, 브랜드 의인화는 M&M의 초콜릿 광고에서 볼 수 있듯이, 초콜릿에 얼굴과 팔, 다리를 붙여줌으로써 인간의 모습을 띠게 한다.

M&M's 캐릭터는 세계에서 개인 소유 기업 중 가장 큰 기업의 하나인 마스(Mars)의 광고에 명랑하게 등장한다. M&M's 캐릭터는 인간의 특성을 가지고 있지만 모습은 인간이 아니다. 실제 M&M's 제품에 얼굴이 그려져 있는 것이다. 다소 냉소적인 빨간색 캐릭터가 M&M's 밀크 초콜릿의 마스코트이며, 행복하고 잘 속아 넘어가는 노란색 캐릭터는 M&M's 땅콩을 대표한다. 최근 '야후'와 'USA 투데이'에서 실시한 온라인 여론 조사에서 M&M's의 캐릭터가 미국에서 가장 사랑받는 광고 아이콘으로 뽑혔다. 그들의 인기로 소비자들이 각자 자신들과 닮은 M&M's 캐릭터를 만들 수 있는 '플래닛(Planet) M&M's'라는 웹사이트가 만들어지기도 했다. 이외에도 에너자이저의 토끼, 켈로그 씨리얼의 사자, 치토스의 체스터 치타 등과 같이 많은 브랜드가 브랜드 인격화를 활용해 소비자에게 친근하게 다가가고자 한다.

2) 개성과 신제품수용

기업이 신제품 또는 신상표를 개발해 시장에 출시하는 경우에는 해당 제품의 주고객층에 대해 충분한 이해가 선행되어야 한다. 왜냐하면 이들 소비자, 특히 혁신적 수용자(innovators)들의 반응이 신제품성공에 많은 영향을 미치기 때문이다. 신제품수용과 관련해 소비자의 개성특징을 이해하기 위해서는 다음과 같은 점을 고려해야 한다.

(1) 독단주의(Dogmatism)

독단주의는 소비자가 특정 상표와 친숙하지 못하거나 현재 가지고 있는 신념에 위배되는 정보에 대해 표출하는 완고함(rigidity)의 정도라고 할 수 있다. 독단적인 사람은 친숙하지 못한 상표에는 방어적 입장을 취하며 불안과 회의를 갖는다. 반면 독단성이 낮은 사람은 친숙하지 못하거나 반대되는 신념을 쉽게 수용한다.

제이코비(J. Jacoby)는 조사를 통하여 독단성이 낮은 개방적인 소비자들은 기존 또는 전통적 제품보다 혁신적인 제품을 더욱 선호하지만, 독단성이 높은 폐쇄적인 소비자들은 혁신제품보다 기존제품을 더욱 선호한다는 사실을 발견하였다. 또 맥클

러그(J. M. McClurg)와 앤드류스(I. R. Andrews)는 주유소에서 소비자행태를 조사한 결과, 셀프서비스의 주유행태를 조기 수용한 사람들이 그렇지 않은 사람들보다 독단성이 낮다는 사실을 입증하였다.

(2) 사교성(Social Character)

사교성은 소비자의 내부지향적 특성과 타인지향적 특성으로 구분해 볼 수 있는데, 내부지향적 소비자는 신제품을 평가할 때 자신의 내부적 가치와 기준에 의존하는 경향을 지니기 때문에 혁신수용자(innovators)일 가능성이 높다. 반면 타인지향적 소비자는 대상을 평가할 때 다른 사람을 참조하는 경향을 지니기 때문에 혁신에 대한 수용의도가 비교적 낮다고 할 수 있다. 또 제품이 기존제품에 비해 더 새로운 것일수록 내부지향적인 소비자는 이를 더욱 구매하려고 하지만 타인지향적인 소비자는 구매경향이 낮게 나타난다. 내부지향적 소비자는 제품속성과 혜택을 강조하는 광고를 선호하는데, 이런 광고들이 제품평가에 이용할 수 있는 가치나 기준을 명확하게 제공하기 때문이다. 반면 타인지향적 소비자는 사회적 환경이나 사회적 수용 여부에 중점을 둔 광고를 더욱 선호한다고 한다.

(3) 자극의 최적수준(Optimum Stimulation Level)

사람에 따라 단순하고, 복합적이지 않으며, 조용한 것을 선호하기도 하고 신기하고 복잡하며 비범한 것을 선호하기도 한다. 소비자의 개성변수가 최적자극수준에 어떤 영향을 미치는가에 대하여는 일반적으로 최적자극수준이 높은 소비자가 낮은 소비자에 비해 보다 위험추구적(risk taking)이며, 신제품을 시험적으로 구매하고, 정보탐색의 정도가 높을 뿐만 아니라 더 혁신적이라고 알려져 있다.

3) 개성과 광고·매체전략

개성변수를 이용하면 효과적인 시장세분화가 가능하게 되어 이에 부합되는 광고전략과 매체전략을 수립할 수 있다. 영(Shirley Young)은 개성변수를 기초로, 〈표 3-1〉과 같이 화장품시장을 세분화하고, 각 세분시장별로 적절한 광고의 방향을 제시하였다. 예를 들어 존경을 추구하는 세분시장에 대해서는 권위 있는 전문가들로부터의 증언식 광고를 제시하는 것이 유리하다고 할 것이다. 자기도취적 세분시장에 대해서는 화려한 장식을 나타내는 광고를, 지배성을 추구하는 세분시장에 대해서는 우월성을 강조하는 한편 자기가치와 상향적 신분이동의 가능성을 강조하는 광고가 효과적이라고 할 수 있을 것이다.

표 3-1	개성변수를 이용한 화장품시장의 세분화

개성변수	특징
자기도취(Narcissism) 외모의식적(Appearance Conscious) 노출증(Exhibitionism) 충동적(Impulsive) 질서의식적(Order) 환상적 성취(Fantasied Achievement) 신분중심적(Capacity for Status) 지배적(Dominant) 사교적(Sociable) 적극적(Active) 쾌활한(Cheerful) 존경(Deference) 주관적(Subjective)	• 자신의 외모에 스스로 심취함 • 적당히 치장하는 것이 사회적으로 바람직하다고 생각함 • 자기과시적, 타인의 주의를 유도하고자 함 • 자유롭고 순간적 자극에 대해 별 생각 없이 대처함 • 단정하며 규칙과 계획에 따라 생활하려고 함 • 남들과 구별되고자 하며 개인적 인정을 열망함 • 신분을 상징하거나 표현하는 특성을 강조함 • 통제력이나 남보다 앞섬으로써 우월해지고자 함 • 타인과의 비공식적·친교적·우호적 관계를 선호함 • 특정한 일을 추진하거나 스스로를 표출하는 목표를 추구함 • 인생을 낙관하며 밝고 쾌활하게 생활하려고 함 • 타인이 우월하다고 생각하는 견해나 의견을 제시하고자 함 • 고지식, 미신추구, 사고가 전반적으로 미숙함

자료: Shirley Young, "The Dynamics of Measuring Unchange", R. I.(ed.), *Attitude Research in Transition*, Chicargo: American Marketing Association, 1972, p. 62.

한편, 빌라니(K. E. Billani)는 시청자의 개성과 매체 간의 관계에 대한 연구에서 소비자들의 TV시청행위를 유사성에 의해 구분하였다. 그는 소비자들이 자주 시청하는 프로그램의 유사성을 5가지 집단으로 분류하였다. 이들 집단은 TV를 자주 시청하지 않는 집단, TV를 상당히 많이 보는 집단, 가벼운 오락프로를 시청하는 집단, 액션프로나 드라마 등을 시청하는 활동지향적 집단, 그리고 다양한 프로그램을 선호하는 변화지향적 집단 등이었다. 그 결과 각 집단의 개성과 라이프스타일, 그리고 인구통계적 특성을 식별할 수 있었다. 먼저 TV를 많이 보는 집단은 자신들의 생활에 불만족하고 있었으며 사회로부터 고립되는 것을 선호하였다. 또 관습에 얽매여 있으며 안전에 대한 욕구가 강하게 나타났다. 이러한 특성을 살펴볼 때, 이들은 신제품 구매를 회피하며 상표충성도는 매우 높다고 예상할 수 있다. 가벼운 오락프로를 즐겨보는 시청집단은 개인 간 또는 사회집단 간의 교류에 있어 자신감이 덜하고 독립성이 낮았다. 반면, 활동지향적 시청자들은 자기만족적인 성향이 높게 나타났다. 이런 집단별 프로필은 표적시장에 도달하는 데 유리한 매체의 선택을 용이하게 해 준다. 예를 들면, 가벼운 오락프로를 즐겨보는 시청자집단이 상대적으로 타인의존성이 크다는 사실은, 이 집단에 대해 약품이나 화장품광고를 집행할 경우 전문가 의견을 활용하는 것이 효과적이라는 사실을 암시한다.

SECTION 2 자기개념

1. 자기개념(Self-Concept)의 의의

많은 사람들은 자신의 정체성을 규명하고자 힘쓴다. 사실상 우리는 평생 '나는 누구인가?'라는 질문을 생각하며 살아간다. 이 질문에 대한 우리의 특별한 대답이 바로 자아개념(self-concept)이며, 자아개념은 우리 자신에 대한 믿음과 태도에 대한 유용한 통찰력을 제공해 준다. 비록 소비자행동 영역에서 자아개념에 대한 정확한 정의는 없지만, 자아개념은 보통 개인을 대상으로 자신에 대한 생각과 감정의 총체로 설명된다.

자기개념은 개인이 인식대상으로서의 자신에 대해 가지고 있는 생각이나 느낌의 총체라고 할 수 있다. 즉 개인이 자신의 실체 일부 또는 특성이라고 인식하는 자아에 대한 여러 지각들을 의미하는 것으로 개인이 '나'라고 묘사하는 모든 지각을 포함한다. 심리학분야에서 처음으로 자기라는 개념을 제시한 제임스(W. James)에 따르면 '자기'란 자기 자신이 스스로를 평가하는 'I'와 타인의 평가에 의해 객관적으로 인지된 'Me'라는 두 가지 측면을 지니고 있다. 제임스는 자기에 대한 설명 중에서 객체로서의 나(Me)인 '자기'를 다음과 같이 4가지 유형으로 구분하고 있다.

① 정신적 자기(spiritual self): 사고와 느낌을 의미하는 가장 핵심적인 것으로, 관심·노력·의지 등의 원천이 되며 이로부터 도덕적·정신적 우월성, 열등의식 등이 발생된다.
② 물질적 자기(material self): 의복 등 우리가 우리 생활의 일부로 여기고 있는 물질적 소유물로 구성된 것을 말한다.
③ 사회적 자기(social self): 개인이 중요시하는 타인이나 사회집단들과 관계를 맺고 있는 자기로서 각각의 대상에 대해 하나씩 존재한다.
④ 육체적 자기(bodily self): 자신의 신체적 특성과 관련된 자기를 말한다.

제임스는 이 네 가지 형태의 자기는 각 개인이 자신에 대한 인식을 형성하는 독특한 방식으로 결합되어 있기 때문에 쉽게 변화되지 않는다고 주장한다. 한편 쿨리(C. H. Cooley)는 자신에 대한 정보의 원천으로서 타인으로부터 주관적으로 해석된 피

그림 3-1

두 가지
차원의
자아 개념

초점		
	실제적	이상적
사적	실제적 자아 개념 '내가 생각하는 나 자신'	이상적 자아 개념 '내가 되고자 하는 자신'
공적	실제적 공적 자아 개념 '나에 대한 다른 사람들의 지각'	이상적 공적 자아 개념 '다른 사람들이 지각해주었으면 하는 나'

(왼쪽 세로: 영역)

자료: Cline, T. W. (2012). "Saint Vincent College", *Working paper*, Latrobe, PA.

드백의 중요성을 강조하면서, 반사경적인 자기(looking glass self)라는 개념을 도입하였다. 반사경적 자기는 한 개인에 대하여 타인이 추측한 평가결과를 반영하므로 '남들은 나를 어떻게 보는가?'하는 의미를 함축하고 있는 자기개념이라고 할 수 있다.

클라인(T. Cline)은 소비자의 자아개념을 크게 두 가지 축으로 설명한다. (1) 초점(실제적 혹은 이상적), (2) 영역(공적 혹은 사적), 각 축은 두 부분으로 구성된다. 사적 영역에서, 실제적 자아개념(actual self-concept)은 소비자 자신의 실제적인 지각을 의미하는 반면, 이상적 자아개념(ideal self-concept)은 소비자 자신이 되고 싶어 하는 모습을 말한다. 이 두 부분의 격차를 자아 불일치라고 한다. 공적 영역에서, 실제적 공적 개념(actual public-concept)은 개인에 대한 다른 사람들의 실제적인 지각을 의미하는 반면, 이상적 공적 개념(ideal public-concept)은 다른 사람들이 자신을 지각하기를 원하는 모습을 의미한다. 실제적 공적 개념과 이상적 공적 개념의 격차는 공적 자아 불일치라고 한다. 이 네 가지의 자아개념은 〈그림 3-1〉로 나타낼 수 있다.

브랜드는 소비자가 자신이 누구인지 그리고 어떤 사람이 되고자 하는지를 표현하게 해주는 역할을 한다. 구매 상황에 따라 소비자는 상이한 자아개념을 강조하게 된다. 남에게 노출되지 않는 상황에서 사용하게 되는 제품의 구매 시에는 단순히 사적 개념에 의존할 것이다. 반대로 특정 제품의 사용이 남에게 노출되고 공개되는 상황인 경우에는 실제적 공적 자아개념이 적용되어 다른 사람들의 기대 수준에 부응하게 하거나 이상적 공적 자아개념을 사용하여 다른 사람들이 자신을 보는 시선을 바꿀 수 있다. 자아개념에 따라 소비자가 자기 자신을 어떻게 이해하고 정의하는지는 제품이나 특정 브랜드에 대한 태도, 그리고 차후의 구매 행동에까지 영향을 미치기 때문에 자아개념은 마케팅 활동을 수행하는 데 있어서 중요하다. 따라서 브랜드는 일부러 제품 자체의 기능적 성격 이상의 이미지를 전달하려 한다. 예를 들어, 할리 데이비슨은 혼다나 스즈키(Suzuki)와 확연히 다른 이미지를 떠올리게 한다. 관련 연구에 따르면, 일부 소비자들은 브랜드 선택을 통해 자신을 표현하고자 한다. 그러므로 이미지를 의식하는 소비자를 대상으로 한 촉진 활동은 제품이 지향하는 이미지가 소비자의 자아개념과 합치하는 경우에 더욱 효과적이다. 이때 기업은 소비자들을 잘 세분화하여 소비자의 자아개념에 타겟을 두고 홍보를 할지, 이상적 자아에 두고 홍보를 할지 깊이 고려해야 한다.

2. 자기개념의 측정

1) 자기개념의 측정방법

자기개념 이론은 소비자행동에 관한 다양한 주제에 유용하게 적용될 수 있다. 그러나 자기개념이 이러한 유용성을 제공하기 위해서는 관련변수들에 대한 적절한 측정방법이 반드시 필요하다. 사실 자기개념을 측정한다는 것은 그리 쉬운 일이 아니다. 그 이유는 자기개념 역시 소비자행동에 영향을 미치는 다른 변수와 마찬가지로 가설적 개념(hypothetical constructs)이라는 점 때문에 이를 외부적으로 식별하는 것이 곤란하고, 설사 식별이 가능하다 하더라도 이를 계량화시키는 것이 용이하지 않기 때문이다. 오늘날 자기개념의 측정방법에는 다음과 같은 것들이 이용되고 있다.

(1) 큐-소팅법(Q-Sorting Method)

큐-소팅법은 비교적 많은 자료를 신속하게 정리할 수 있는 방법이다. 서열을 이용하여 자료들을 평가기준상의 유사성(similarity)에 따라 나열(sorting)한다. 설문조사(survey)의 하나로서 주로 특정 자극에 대해 비슷한 태도를 지닌 사람을 분류한다든가 특정 집단의 사람들이 비슷한 태도를 보이는 자극이나 대상을 분류하는 기법으로서 활용된다. 실제로는 응답자들로 하여금 측정대상에 대한 태도나 의견을 기입할 수 있는 일련의 카드를 사전에 정해진 순서에 맞도록 몇 개의 묶음(pile)으로 나열하도록 하여 자료의 값을 결정한다. 예를 들어, 30개 상표에 대하여 소비자의 자기개념과 제품이미지 간 일치성을 측정하는 경우, 이들 상표를 자기개념과 일치하는 정도에 따라 〈그림 3-2〉에서와 같이 일직선상에서 자기개념과 가장 일치한다고 생각하는 것부터 가장 일치하지 않는다고 생각하는 것의 순서로 표시함으로써 각 상표에 대한 참가자들의 반응, 즉 제품이미지와 자기개념의 일치성 정도를 측정할 수 있다.

그림 3-2
큐-소트법의 예

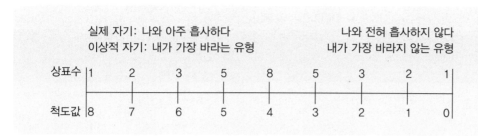

이때 일직선상의 양극단의 레이블(label)을 변화시킴으로써 실제 자기(actual self)뿐만 아니라 이상적 자기(ideal self)의 위치까지도 측정할 수 있다. 즉 실제 자기를 측정할 경우에는 일직선의 양극단 레이블을 '나와 아주 흡사하다'와 '나와 전혀 다르다'로 제시하고, 이상적 자기를 측정할 경우 '내가 가장 바라는 유형'과 '내가 가장 바라지 않는 유형'이라는 값을 양극에 위치시키면 된다.

〈그림 3-2〉에서 선 위의 숫자는 상표의 수를 말하는데, 맨 윗쪽의 1은 30개의 상표 중에서 가장 자기와 흡사하다고 생각되는 상표를 1개만 골라서 그 곳에 놓으라는 말이다. 그 다음 2, 3, 5, 8 등도 마찬가지다. 다음으로 선 아래의 8, 7, 6 … 등의 숫자는 척도값, 즉 각 상표의 자기개념 일치정도를 의미한다. 만약 X라는 상표가 맨 윗쪽에 놓였다면 그 상표의 자기개념의 일치정도는 8점이 된다.

큐-소트법은 간단하면서도 참가자들로 하여금 즐겁게 조사에 응할 수 있도록 하며 여러 분석방법에 이용할 수 있다는 장점을 지닌다. 그러나 문항수와 응답자수가 증가하게 되면 처리가 힘들어지며 이에 따라 비용도 증가한다는 단점을 지닌다. 또 각각의 집단에 강제로 일정한 수치를 지정했다는 점도 문제점으로 지적되고 있다.

(2) 어의차이 척도법(Semantic Differential Method)

어의차이법은 전형적으로 7점의 리커트척도를 사용하여, 양극단에 한 쌍의 대비되는 형용사를 위치함으로써 의미공간상에서 개인의 태도와 감정의 위치를 측정하는 방법이라고 할 수 있다. 이 방법을 이용하기 위해서는 조사자는 먼저 측정하려는 대상의 주요한 속성(attribute)이나 이미지의 특성을 구분할 수 있어야 한다. 이렇게 구분된 속성들의 의미공간상에서 소비자들로 하여금 자신과 가장 근사한 위치를 표시하게 함으로써 자기개념의 차원을 측정할 수 있다.

세 종류의 서로 다른 상표의 향수에 대해 여성들의 실제 자기개념의 일치성 정도를 측정하려는 경우를 예로 들면, 향수구매에 다섯 가지의 개성요소 또는 이미지 요소가 영향을 미친다고 가정하여 이들 각 영향요소들을 〈표 3-2〉와 같이 7점척도

표 3-2		3가지 상이한 향수의 속성차이와 자기이미지의 평가				
의미척도			**개념**			
			자기이미지	A상표	B상표	C상표
섹시하다 (sexy)	—	수수하다 (reserved)	2	7	1	3
꾸밈이 없다 (unadorned)	—	정교하게 치장하다 (sophisticated)	1	2	2	6
순진하다 (innocent)	—	추파를 던지다 (flirty)	6	1	7	4
민감하다 (sensitive)	—	둔감하다 (insensitive)	2	4	1	3
무모하다 (daring)	—	신중하다 (cautious)	2	6	1	4

자료: Loudon and Della Bitta, *Consumer Behavior*, 1984, p. 514.

를 사용하여 측정할 수 있다.

이 방법에서는 응답자들이 각각의 설문항목에 대하여 평가대상의 세 가지 상표를 기준으로 1부터 7까지의 숫자 중 적당한 수치를 부여하여 각 속성에 대한 자기이미지를 표시하게 된다. 〈표 3-2〉는 향수의 속성을 나타내는 형용사와, 여성들이 자신과 관련해 세 가지 상표의 향수에 대한 평가결과를 수치로 나타낸 예다.

조사대상인 여성들이 각 상표이미지가 자기이미지와 얼마나 일치하는가를 지각하는 방법은 입체기하학(solid geometry)에서의 일반적 거리공식을 이용하고 있다. 이에 따라 일반적 거리를 D로 표시하면 다음과 같은 공식이 성립된다.

$$D_{kj} = \sqrt{\sum_1^n (S_{ij} - B_{ij})^2}$$

단, D_{kj} : i번째 소비자의 자기이미지와 그의 k번째 상표이미지의 지각차이
i : 상표와 자기이미지를 평가하기 위해 도입된 이미지의 구성요소
S_{ij} : i번째 이미지구성요소에 대한 j번째 소비자의 자기지각
B_{ij} : i번째 이미지구성요소에 대한 j번째 소비자의 상표지각

위의 공식을 이용하여 여러 가지 D값을 계산하면 소비자의 자기이미지와 각 상표의 이미지 간 일치정도를 파악할 수 있다. 예를 들어 〈표 3-2〉를 이용하여 이 여성의 자기이미지와 B상표에 대한 이미지 간의 거리를 계산하면 다음과 같다.

$$D_{kj}=\sqrt{(2-1)^2+(1-2)^2+(6-7)^2+(2-1)^2+(2-1)^2}=2.2$$

한편 A상표와 C상표에 대한 D값을 각각 계산하면 8.4와 5.9가 되어 이 여성은 B 상표를 가장 선호할 것이라고 예상할 수 있다. 이는 B상표에 대해 그녀가 갖는 상표 이미지가 그녀의 자기이미지와 가장 가깝게 위치하고 있어 이미지 간의 일치성이 높기 때문이다. 많은 소비자들을 대상으로 이러한 D값을 계산하게 되면 일반적 소비자들의 소비패턴을 예측할 수 있게 된다.

자기개념을 측정함에 있어 어의차이 척도법이 지니고 있는 장점은 측정방법이 간단하여 쉽게 실행할 수 있다는 점과, 대규모 표본에 대하여 계량화가 가능하다는 점이라고 할 수 있다. 그러나 이미지를 표현하는 형용사의 선택에 대하여 그 의미의 해석이 사람마다 다를 수 있다는 점과 제품 또는 상표의 속성을 기술하는 형용사의 의미가 중복될 수 있고 현혹효과(halo effects)에 의해 응답결과가 편중될 가능성이 있다는 점이 약점으로 지적된다. 즉 앞에서 작성한 특정속성에 대한 응답내용이 뒤에 오는 문항의 속성에 대한 평가에 영향을 미칠 수 있으며 형용사가 지나치게 추상적일 수 있다는 점과 응답자의 자기노출에 대한 신뢰성에 대하여 증명할 수 있는 방법이 없다는 점이 한계로 지적된다.

2) 자기개념의 실증연구

(1) 자기개념과 상표사용자의 특성에 관한 연구

그루브(E. L. Grubb)와 후프(G. Hupp)는 실험을 통해 자기개념과 제품, 상표사용자 간의 일치성 여부에 대하여 조사하였다. 폭스바겐과 폰티악 GTO(스포츠카)라는 서로 다른 두 모델의 자동차 소유자를 대상으로 자기개념을 측정하였는데 〈표 3-3〉

| 표 3-3 | 폭스바겐과 폰티악에 대한 이미지 측정 |

폭스바켄 소유자(45명)	폰티악 GTO 소유자(35명)
절약(thrifty)	신분의식적(status conscious)
민감(sensible)	사치(flashy)
창조적(creative)	유행지향적(fashionable)
개인적(individualistic)	모험적(adventurous)
실제적(practical)	이성에 대한 관심(interested in the opposite sex)
보수적(conservative)	스포티한 면(sporty)
경제적(economical)	스타일 의식적(style-conscious)
품질의식적(quality conscious)	쾌락추구(pleasure seeking)

자료: E. L. Grubb and G. Hupp, "Perception of Self, Generalized Stereotypes and Brand Selection", *Journal of Marketing Research*, Vol. 5, February 1968, p. 60.

에서와 같은 형용사를 이용하는 방법을 사용하였다. 자동차 소유자를 대상으로 한 조사결과에 의하면 폭스바겐 소유자들은 자신의 신분의식, 유행에의 민감성, 모험심, 이성에 대한 관심, 스포티한 측면, 스타일의식, 쾌락추구성 등의 속성에 있어서 폰티악 GTO의 소유자들보다 스스로를 낮게 평가하고 있었다.

(2) 점포이미지의 지각과 자기개념의 연구

메이슨(J. B. Mason)과 메이어(M. L. Mayor)는 소비자의 점포지각과 자기개념과의 관계를 조사하였다. 이들은 '소비자가 점포이미지를 결정할 때 그 선호정도에 자기개념이 영향을 미친다'라는 가설을 설정하고, 특정 점포를 고집하는 소비자로 하여금 해당 점포의 여러 가지 속성에 대한 순위를 평가하도록 하였다. 이 조사는 소비자들이 자신의 자기개념을 유지하거나 고양시키기 위해 해당 점포와 관련된 속성을 실제보다 높게 평가할 것이라는 점을 검증하고자 시도되었다.

이들은 자료수집을 위해 대학생·대학원생들을 대상으로 325회의 개인면접을 실시하였다. 평가대상은 대학과 인접해 있는 7개의 여성의류점들이었는데 이들 7개 점포는 마케팅전략적 측면과 상품구색 등에 있어서 매우 유사한 속성을 지니는 점포들로 구성되었다. 또 조사대상자인 여성들은 자신들이 평가할 점포에 대해 잘 알고 있도록 사전에 통제되었다. 따라서 이 조사는 여대생들을 중심으로 자기개념이 7개 점포의 이미지에 대한 이들의 반응과의 관계를 측정할 수 있도록 설계되었다. 면담시점에서 피조사자들은 자신들이 선호하는 특정 점포를 포함해 7개 점포 모두에 대해 높은 등급, 중간 등급, 낮은 등급의 3가지 선호형태 중 하나를 선택하도록 하였다. 이들 7개 각각의 점포에 대하여 높은 등급평가를 나타낸 비율이 〈표 3-4〉에 표시되

표 3-4	선호하는 자신의 여성이미지						(단위: %)
가장 선호하는 점포 (조사시점)	점포구분						
	A	B	C	D	E	F	G
A	82.0	37.0	3.7	72.2	38.9	51.9	22.2
B	57.5	62.0	7.7	69.2	57.7	34.6	7.7
C	79.0	20.0	25.0	70.0	55.0	45.0	15.0
E	68.9	40.6	7.5	79.2	48.1	44.3	17.9
E	72.0	36.0	8.0	76.0	68.0	52.0	16.0
F	71.7	32.1	7.5	64.2	32.1	66.0	22.6
G	63.0	37.0	3.7	48.1	40.7	25.9	33.3

자료: J. B. Mason and M. L. Mayor, "The Problem of the Self-concept in Store Image Studies", *Journal of Marketing*, Vol. 34, April 1970, pp. 67-69.

어 있는데 이로부터 다음과 같은 사실을 발견할 수 있었다.

① 어떤 경우에 있어서도 여대생들은 해당 점포들의 마케팅전략, 취급상품, 점 포외관 및 입지 등을 유사하게 인식하고 있었으나 조사시점에서 자신이 선호 하는 점포는 나머지 6개 점포보다 더 높은 등급으로 분류하고 있었다.

② 자신이 선호하는 특정 점포를 제외한 나머지 6개 점포에 대한 평가결과는 조 사대상자들 간에 있어서 일치하는 것으로 나타났다. 이는 응답자들이 점포등 급의 평가에서 유사한 평가기준을 이용하였다는 사실을 시사한다.

③ 7개 점포 중 5개 점포에 대하여, 조사시점의 50% 이상 여대생들이 자신이 선 호하는 점포를 가장 높은 등급의 점포로 평가하였다.

④ 조사시점에 있어 자신이 선호하는 점포를 높은 등급으로 분류하지 않은 여 대생들의 대부분은 자신들이 선호하는 점포를 중간 정도의 등급으로 평가하 였다.

이상의 결과를 종합해 보면, 조사대상자들(여대생)이 점포를 평가할 때, 자신들 이 지니고 있는 자기개념을 보호하기 위해 노력한다는 가설이 입증되었다고 할 수 있다. 따라서 소매점들이 소비자조사를 실시할 때, 애호고객을 조사대상으로 하여 점포속성을 측정하기 위해 점포 내 면접을 실시하게 되면 조사대상자의 반응결과에 편향성(bias)이 개입될 가능성이 있기 때문에 사전에 적절한 통제가 이루어져야 함을 알 수 있다.

3. 자기개념의 적용과 한계점

1) 자기개념과 마케팅전략

(1) 시장세분화와 자기개념

기업은 전체 소비자집단을 자기개념을 기준으로 동질적 프로필(homo-geneous profiles)을 지닌 세분시장으로 구분할 수 있다. 이러한 구분방식은 마케터가 마케팅 프로그램을 개발하는 데 필요한 표적소비자층에 대한 청사진을 제공한다. 자기개 념에 의한 시장세분화를 추구하는 경우, 먼저 대상제품의 구매의사결정에서 자기개 념이 시장세분화의 가장 유용한 기준이 될 수 있을 만큼 중요한 역할을 하고 있는가 를 검토하여야 한다. 또한 구체적으로 자기개념의 어떤 요소들이 중심적인 역할을 하는가에 대한 분석도 이루어져야만 한다. 그러나 시장세분화에 있어 자기개념만을 활용하는 경우는 매우 드물며, 일반적으로 인구통계적 변수에 의한 시장세분화와 함께 보완적 기준으로서 이용되고 있다.

(2) 촉진전략과 자기개념

자기개념은 특히 촉진전략의 수립과 관련하여 연구되고 적용된다. 광고에서 모델이 입고 있는 의상을 살펴보면, 은행가나 사업가를 표상하는 경우에는, 점잖고 품위 있는 정장풍의 모델을 등장시키지만, 현대적이고 활동적인 젊은이들에게 소구하고자 하는 경우에는 간편한 캐주얼풍의 복장을 착용하고 있다. 판매원들은 고객들에게 특정 제품이 고객의 이미지와 일치 또는 불일치한다는 사실을 강조함으로써 고객이 지니고 있는 기존의 자기이미지를 강화 또는 변화시킬 수 있는 전략을 사용하는 것이 바람직하다.

(3) 신제품개발과 자기개념

소비자의 자기이미지와 상표이미지에 대한 분석은 신제품개발전략을 수립하는 데도 유용하게 적용될 수 있다. 새로운 상표를 도입하려는 경우, 소비자의 자기이미지상의 프로필과 일치하는 상표이미지를 지니는 기존제품이 없는 경우에는 그 성공가능성이 높다고 할 수 있다. 특히 가구 · 의복 · 자동차 등 자아몰입의 정도가 깊고 사회적 가시성이 큰 제품의 경우에는 그 중요성이 더욱 강조된다. 따라서 신제품개발의 전제조건으로서 기존제품에 대한 소비자의 만족도를 알아보기 위해 제품이미지에 대한 소비자지각을 측정하는 경우, 제품속성에 대한 가치지각뿐만 아니라 이미지와 같은 비물리적 구성요소에 대한 지각, 그리고 제품이미지와 자기이미지와의 일치성 정도에 대한 측정도 같이 이루어져야 한다.

(4) 소매점경영과 자기개념

이용하는 소매점포에 대한 이미지도 소비자의 구매행동을 결정하는 중요한 요인이라 할 수 있다. 앞서 소개한 메이슨(J. B. Mason)과 메이어(M. L. Mayor)의 연구에서도 알 수 있듯이 소비자들은 객관적으로 외부조건이 유사한 점포에 대하여도 각각 서로 다른 이미지를 지니고 있으며, 자신이 지각하고 있는 자기개념과 일치되는 점포에 대하여 특히 높은 선호현상을 나타낸다. 따라서 소매점의 경영주는 자기 점포에 대하여 소구력이 가장 강한 세분시장을 확인하고 이를 대상으로 마케팅 노력을 집중시키는 것이 바람직하며, 동시에 표적고객층의 자기이미지에 더욱 잘 부합되도록 점포이미지를 형성하는 것이 필요하다.

CHAPTER 04

지각(Perception)

지각의 본질 1 SECTION

1. 지각의 의의

지각(perception)은 우리가 "우리 주위의 세계를 바라보는 방법"으로서 "인간이 자극을 선택·조직화·해석함으로써 대상의 주변 세계를 의미 있고 일관성 있게 그리는 과정이라고 정의할 수 있다. 따라서 두 사람이 동일한 조건 하에서 동일한 자극에 노출되었더라도 주어진 자극을 받아들이는 과정에 따라 그 내용과 반응이 달라질 수 있다.

소비자의 연구를 어렵게 만들면서도 연구자의 호기심을 자극하는 것은 소비자가 인식하고 있는 사실과 현실에서의 존재사실이 반드시 일치하지 않는다는 것이다. 이러한 전제에서 보면 있는 그대로의 객관적 실체와 내가 바라보는 지각적 실체라는 두 개의 실체로 분리될 수 있다. 심리학에서는 인간심리의 대상인 두 실체 사이의 관계를 규명하기 위해 지각이라는 개념을 사용하고 있다.

마케터들은 오래 전부터 지각의 중요성을 알고 있었으며, 신체적 감각에 호소하는 것이 효과적이라는 것을 알았다. 아마도 우리의 오감 중 가장 중요한 감각은 시각일 것이다. 시각을 통해 우리는 색, 크기, 물체의 위치 등을 지각한다. 사실, 우리의 지각 과정 중 대부분은 시각이 차지한다. 그래서 마케터들은 소비자들의 주의를 높이기 위해 마케팅 메시지에 시각적 도구를 사용한다. 마케터들에게 시각과 관련된 중요한 도구는 색의 사용이다. 색 전문가들은 색이 매출과 연결된다고 말한다. 색은 주의를 높이고 의미를 부여하며 감정을 끌어낸다. 아래 나열한 주요 색들을 살펴보고, 이들이 어떻게 지각되는지 알아보자.

① 식욕, 성욕과 관련된 빨간색: 흥분을 나타내며 주의를 끌고 경고나 위험을 의미한다. 미국 적십자회나 소방차의 색을 떠올려 볼 수 있다.

② 고에너지를 연상시키는 주황색: 식욕, 힘과 어울리는 색이다. Tide 세탁 세제는 강한 세탁 능력을 보여주기 위해 주황색 포장지를 사용한다.

③ 진정시키는 힘이 있는 파란색: 하늘, 물, 신뢰, 미래와 관련된다. 크레용 제조사 Crayola에 의하면 파란색은 미국인들이 가장 좋아하는 색이다.

④ 건강, 상쾌함, 환경을 대표하는 초록색: 건강 관련 음식 브랜드의 포장지는 초록색을 사용하여 저지방이나 웰빙을 상징한다. 하지만 이와 동시에 초록색은 돈, 탐욕, 질투를 연상시키므로 신임을 얻고자 하는 자리에서 초록색 옷을 입는 것은 좋지 않다.

⑤ 긍정, 행복, 그리고 자연의 메시지를 전달하는 노란색: 노란색은 불빛을 상징하며 해와 깨끗함을 연상시킨다. 청소 제품들은 종종 노란색 포장지를 사용한다.

마케터들은 색이 사람들에게 무언의 메시지를 전달한다는 것을 알기 때문에, 마케팅 메시지를 작성할 때 색을 고르는 일을 중요한 일로 인식하고 있다.

2. 감각현상

지각이 소비자 개인의 특정 대상에 대한 이해의 과정이라고 하면 소비자의 지각 과정이 이루어지기 위해서는 먼저 자극의 노출이 있어야 한다. 노출된 자극이 지각 과정을 거쳐 하나의 의미 있는 실체로 수용되기 위해서는 자극(stimulus)과 이를 받아들이는 감지현상(sensation)을 먼저 살펴볼 필요가 있다.

1) 자극(Stimulus)

자극이란 인간의 감각 중 어느 하나에 무엇인가 입력되는 현상으로서, 예를 들어 보면 제품·포장·상표명·광고 등이 우리의 오감(시각, 청각, 후각, 촉각, 미각)과 접촉되는 현상이라고 할 수 있다. 이러한 자극은 인간내부에 존재하는 감각수용기에 수용되어 저장되게 된다.

2) 감지(Sensation)

감지현상은 인간의 감각기관이 제품의 광고, 포장, 상표명 등의 단순자극에 대하여 즉각적이고 직접적인 반응을 보이는 것을 말한다. 인간의 민감도는 감지현상에 의해 결정된다고 할 수 있으며 시각이나 청각과 같은 감각수용기의 개개인의 차이와 자극의 크기에 따라서 달라지기도 한다.

도심에 사는 사람들은 많은 소음을 감지하지 못하고 농촌이나 외곽에 거주하는 사람들은 민감하게 반응하는 것처럼 감각현상의 차이는 입력자극의 에너지가 변화되거나 차이가 발생될 때 일어나게 되므로 복잡한 자극이 동시에 들어오거나 또는 환경의 변화가 전혀 없다면 경험하지 못할 것이다. 감각자극의 크기가 줄어들게 되면 인간은 자극강도의 변화를 지각하는 능력이 높아져서 지각할 수 있으나, 일정 수준 이하의 자극은 생리적 한계로 인해 인식하지 못한다.

3. 지각과정

앞서 살펴본 바처럼 인간은 감각기관을 통하여 자극을 감지하는데 이렇게 감지된 자극이 소비자에게 의미 있고 체계적인 개념으로 수용되기 위해서는 일정한 과정을 거치게 된다. 소비자가 감지한 자극의 의미를 파악하고 이를 처리하는 과정은 정보처리적 관점에서 설명될 수 있는데 이때 소비자정보처리는 인간의 감각체계를 통하여 이루어지는 것과 의미체계를 통하여 이루어지는 것으로 구분할 수 있다. 전자는 감각기관을 통하여 외부세계와 접촉하는 상호 작용의 관계를 다루고 있으며 후자는 인간의 사고기능을 가능하게 하는 정신적·심리적 개념을 다루는 시스템을 말한다. 소비자지각을 정보처리적 관점에 의해 설명하는 경우, 자극은 정보와 동일한 의미를 지닌다. 이때 정보가 소비자에게 의미 있는 하나의 개념으로 수용되기 위해서는 인간의 인지시스템을 통하여 처리되어져야 한다는 가정이 필요하게 된다.

소비자의 정보처리과정에 대한 모델은 학자에 따라 다르지만 대체로 자극 → 노

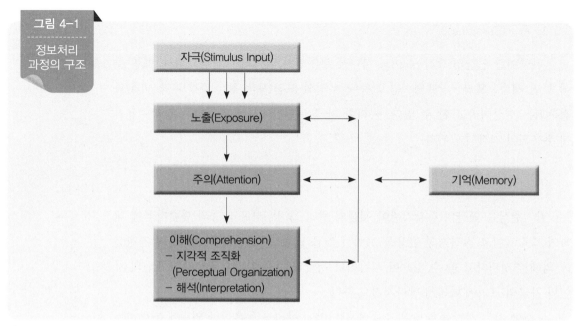

그림 4-1
정보처리
과정의 구조

자료: John C. Mowen, *Consumer Behavior*(2nd ed.), Maxwell Macmillan, 1990, p. 42.

출 → 주의 → 이해의 과정을 거친다고 한다.

1) 선택적 지각(Selective Perception)

(1) 선택적 지각의 의미

소비자는 주어지는 모든 자극에 대하여 반응하지는 않는다. 시시각각으로 변화하는 환경에 접하고 있는 소비자들로서는 모든 정보를 받아들일 수도 없으며 또한 이들 모두가 소비자 개인에게 의미 있게 다가오지 않는다. 개인은 저마다 욕구·태도·경험 및 개인적 특성상의 차이로 마케팅자극에 대하여 선택적으로 반응함으로써 지각과정에 이르고 있다. 선택적 지각이란 외부에서 주어지는 자극 중에서 특정한 자극에 대해서만 선택적으로 반응하는 것이다. 이를 통하여 소비자는 제한된 자원(시간·인지능력·노력 등)을 꼭 필요한 대상에게만 할당할 수 있게 되어 정보처리의 효과를 높일 수 있다. 특정 자극이 감각기관을 통하여 선택적으로 처리되어지기 위해서는 다음과 같은 요인들이 작용하게 된다.

① 자극의 크기(Intensity or Size of Stimuli): 일상적으로 감지할 수 있는 자극보다 그 강도가 크거나 혹은 현저하게 적은 경우에 지각현상이 잘 일어나게 된다.

② 자극의 신기성(Novelty or Newness): 자극이 지속되면 지각대상으로부터 일탈되

기 쉽기 때문에 새로운 자극에 의해 기존의 지각대상은 배제되기 쉽다. 따라서 새롭고 신기한 자극은 소비자의 지각과정을 보다 쉽게 유도할 수 있다.

③ 자극의 반복(Repetition): 반복된 자극은 강한 자극으로 인식되기 때문에 보다 많은 소비자의 주의를 유도할 수 있으며 지각과정이 진행될 수 있는 가능성을 높여 주게 된다. 라디오나 TV 등 방송매체의 광고는 이런 자극의 반복효과를 이용하고 있다.

④ 자극에 대한 동기나 의도(Motivation or Intention to Stimuli): 소비자가 자극물에 대하여 지니고 있는 동기나 태도의 영향에 따라 지각과정이 달라질 수 있다.

⑤ 자극의 역할(Role): 특정한 자극은 지각의 전체 구조 속에서 위치하고 있는 역할에 따라 지각에 미치는 영향이 달라질 수 있다. 선택적 지각현상은 소비자 행동에 많은 영향을 미친다. 대부분의 소비자들은 동종의 제품이라고 하더라도 상표명이 기재되어 있지 않으면 맛이나 향기 · 기능 · 품질 등을 구별하지 못하지만 상표가 부착되는 경우 상품에 대한 맛과 품질 등에 대하여 분명한 차이를 인식할 뿐만 아니라 선호도에 있어서도 상당한 차이를 보여 준다. 이때 소비자들은 상표 간의 물리적 속성을 실제 구별하지는 못하더라도 광고 또는 사회적 자극으로부터 유발된 상표명에 그들의 지각을 관련시킨다. 이러한 연관성은 소비자의 현재지식과 과거경험을 기준으로 이루어진다.

(2) 선택적 지각의 과정

(가) 선택적 노출(Selective Exposure)

자극이 소비자의 감각기관에 입력되면 감각등록기가 작동하여 그 자극을 감지하는데 이를 노출이라고 한다. 소비자들은 일반적으로 자신이 동의하는 정보에 대해서는 스스로 노출시키려고 하지만 자신의 생각과 일치되지 않는 자극이나 정보에 대하여는 이를 회피하려는 경향을 보이는데 이를 선택적 노출이라고 한다. 서린(S. H. Surlin)과 고든(T. F. Gordon)의 연구에 따르면 사람들은 자신이 지지하는 후보자의 정치적 메시지에 더 잘 노출된다고 한다. 또 엥겔(J. F. Engel)에 의한 신차 구매자의 연구결과에 의하면 사람들은 자신이 구매한 차종에 대한 광고에 대하여 보다 큰 관심과 회상 수준을 나타내는 것으로 밝혀졌다.

(나) 선택적 주의(Selective Attention)

선택적 주의는 소비자가 지지정보에 대하여는 보다 많은 주의를 기울이나, 자신의 생각과 반대되는 반박정보에 대해서는 이를 회피하려는 경향이다. 선택적 주의가 발생되는 이유는 소비자의 인지용량상의 제약으로 인해 노출되는 모든 정보를 처리하는 것이 불가능하기 때문이다. 따라서 소비자는 선택적 주의과정을 통하여 자신에게 중요한 것으로 인식되는 정보만을 선택할 수 있도록 정보처리의 우선순위를 결정한다. 선택적 주의를 소비자의 정보처리라는 관점에서 본다면 정보의 우선순위에 따른 선택적 행동뿐만 아니라 인지능력의 할당이라는 과정이 동시에 내포되어 있다고 할 수 있다. 주의를 입력된 자극에 인지적 자원을 할당하는 과정이라고 한다면, 이를 위해서는 새로운 정보를 처리하도록 하는 정신작용을 유도하는 생리적 활성화가 필요한데 이를 환기(arousal)라고 한다. 이때 환기의 의미는 특정 목적을 달성하는 데 이용되는 에너지의 수준을 높이는 것이라고 할 수 있다. 소비자가 주의를 기울이기 위해서는 일정한 수준의 환기, 즉 정신적 긴장감이 형성되어야 하는데 이런 환기수준은 의사결정의 중요성에 따라 변한다. 따라서 환기수준은 소비자의 정보처리능력과 밀접한 관계를 지니는데 환기수준과 정보처리성과의 효과는 역U자형태의 관계를 지니고 있는 것으로 조사되고 있다. 이를 요크스-다드슨(Yerkes-Dodson)의 법칙이라고 한다. 특정 과제를 수행하는 정보처리의 최적성과를 가져오는 환기수준은 너무 극단으로 치우치지 않는 중간정도의 수준이라고 한다. 그 이유는 환기수준이 너무 낮으면 주의가 산만해져서 불필요한 정보까지 처리하게 되어 정보처리의 질이 떨어지게 되며 반대로 환기수준이 너무 높으면 지나친 주의집중으로 꼭 필요한 정보의 처리마저 누락함으로써 정보처리의 성과가 낮아지게 되기 때문이라고 할 수 있다. 환기수준과 정보처리성과의 관계는 〈그림 4-2〉에 잘 나타나 있다.

소비자의 주의수준을 결정하는 요인은 크게 소비자 자신의 개인적 요인과 외부의 자극적 요인으로 구분할 수 있다. 전자에는 소비자의 생리적 욕구 또는 정보욕구, 자극에 대한 적응수준, 지각적 경계와 지각적 방어, 소비자의 주의범위 등이 포함된다. 한편, 후자에는 언어자극의 형태, 자극의 신기성, 유머, 정보전달자, 또는 모델, 광고와 같은 자극물의 크기나 색, 강도, 위치 및 대조 여부 등이 포함된다.

이때 자극수준과 자극에 대한 소비자선호 간의 관계를 적응수준을 이용하여 설명하는 나비날개곡선이론(Butterfly Curve Theory)에 의하면 소비자의 자극선호도는 적응수준의 근처에서 가장 크게 나타난다. 그 이유는 적응수준 근처에서는 소비자가 자극에 이미 익숙해져 있기 때문에 선호도가 급격하게 변화하지 않기 때문이다. 이런 현상은 유행에 대한 소비자수용도의 변화에서도 발견할 수 있다. 즉 유행이 계속하여 변화되는 이유는 일단 소비자가 특정한 형태의 자극에 익숙하게 되면 선호도가 하락하는데, 유행상품을 제공하는 기업의 입장에서는 이때 기존제품에 약간의 변형

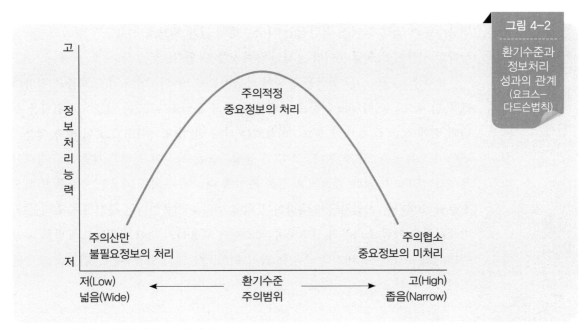

자료: 홍성태, 「소비자심리의 이해」, 나남출판사, 1992, p. 35.

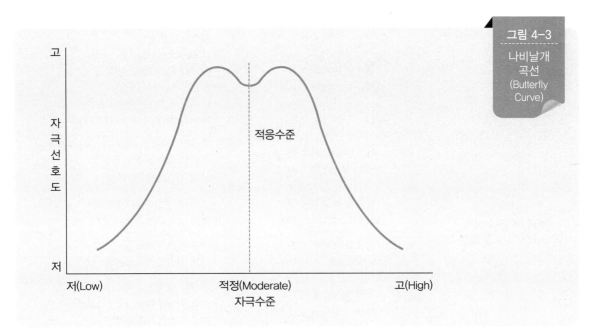

자료: John C. Mowen, *Consumer Behavior*(2nd ed.), Maxwell Macmillan, 1990, p. 55.

을 가함으로써 다시 소비자에게 적정한 정도의 자극수준을 유지할 수 있다. 특히 매우 특이한 형태의 유행상품이 출시되는 경우, 소비자의 선호도는 비교적 서서히 형성된다. 이때에도 나비날개곡선의 원리를 이용하면, 소비자는 이들 제품에 대하여 적응수준과 멀리 떨어진 극단적인 자극수준에 있게 되므로 선호도가 형성되기까지 상당한 시간이 소요될 것이라는 사실을 예상할 수 있다.

브램(J. E. Brehm)은 실험을 통하여 응답자들로 하여금 여러 가지 제품을 평가하도록 한 후, 그 중 하나를 선물로 선택할 수 있도록 하였다. 또한 이들이 실험실을 떠나기 전에 각 제품에 대한 선호 · 비선호를 다시 한 번 평가하도록 하여 해당 제품에 대한 정보특성을 조사하였다. 그 결과 응답자들은 자신이 선택한 제품의 긍정적인 특성과 선택하지 않은 제품의 부정적 특성에 대하여 주의를 기울인 것으로 밝혀짐으로써 소비자는 몰입자극에 대하여 선택적 주의를 기울인다는 사실이 증명되었다. 마케터들은 이런 소비자의 선택적 주의 경향에 대응하기 위한 방법들을 개발하고 있는데, 〈표 4-1〉은 소비자의 주의를 끌기 위해 광고에서 사용되는 기법들을 요약한 것이다.

표 4-1   소비자주의를 끌기 위한 광고기법

기본목표	광고전략	기법
최초의 주의유도 (Initial Attention)	우세한 단서의 이용 (Use Prominant Cues)	• 음악소리를 높임 • 그림(Picture)의 이용 • 광고의 크기(Size) 증대 • 색상(Colour)의 활용 • 움직임 또는 동작(Motion)의 이용 • 유명인사(Celebrity Endorsor)
	특이한 자극의 이용 (Use Novel Stimuli)	• 특이한 사진(Unusual Photography) • 다양한 장면의 삽입 • 음성/침묵/동작의 변화
주의유도/주의유지 (Attract & Maintain)	쾌락적 욕구에 소구 (Appeal to Hodonic Needs)	• 성적 주제(Sexual Themes) • 물적 욕망(Appetite)의 자극
	광고의 복잡성 증진 (Enhance Ad. Complexity)	• 복잡한 그림의 이용 • 많은 시설(Edits)과 삽화(Cuts)
주의유지 (Maintain Attention)	자아관련성의 증진 (Enhance Relevance to Self)	• 친근한 모델의 이용 • 수사적 질문(Rhetorical Questions) • 광고에 스토리를 삽입
	상표에 대한 호기심 증대 (Enhance Curiosity about Brand)	• 긴장과 충격을 이용한 전개 • 상표에 유머 적용 • 특정 정보의 억제(Withhold)

자료: Wiliam L. Wilkie, *Consumer Behavior*(3rd ed.), Wiley, 1994, p. 222.

(다) 선택적 이해(Selective Comprehension)

이해는 감지된 자극정보의 해석과정으로서 이 단계에서 소비자는 자극의 특성을 분석하고 해석할 뿐만 아니라 이를 조직화함으로써 기억구조에 저장하기 쉬운 형태로 정보를 처리한다. 이때 주의과정을 통해 이전된 정보는 소비자의 기억 속에 저장되어 있는 기존의 지식과의 관계 속에서 해석되고 통합되어진다는 사실을 주목해야 한다. 소비자의 선택적 이해는 자신의 신념 또는 태도와 일치하도록 정보를 자의적으로 해석하는 것을 말한다. 카사르지안(H. H. Kassarjian)과 코헨(J. B. Cohen)의 연구에 의하면 담배를 피우지 않는 사람의 80%가 흡연은 폐암과 관계가 있다고 믿고 있는 반면, 담배를 피우는 사람들은 단지 52%만이 이러한 관계를 수용한다고 한다. 이는 소비자의 선택적 이해 경향을 잘 반영하는 것이라고 할 수 있다. 소비자가 주어진 자극을 해석할 때에는 자극의 특징과 기존의 소비자지식 간의 관계에 기초하여 정보처리가 이루어지는데 여기에는 자료주도적 방법(data-driven approach)과 사고주도적 방법(theory-driven approach)의 두 가지 방식이 있다. 이때 자료주도적 방법은 자극의 특성을 중심으로 정보가 해석되는 것은 말하며 사고주도적 방법이란 소비자의 특성을 중심으로 정보가 해석되는 방식을 말한다. 따라서 전자는 자극의 특성을 발견하고 이를 보다 세밀하게 분석하여 그 의미를 발견함으로써 하나의 개념으로 해석하는 과정을 거친다. 반면, 후자는 소비자의 기대나 과거의 경험 또는 지식 등을 기반으로 맥락(context)을 이용한 추론의 과정을 통해 구체적 개념을 발견하게 된다.

소비자가 마케팅자극을 이해하는 정도는 욕구와 관계된 자극을 처리하려는 동기수준, 기억장치에 보존되어 있는 기존지식의 크기, 그리고 소비자가 환경으로부터 기대하는 것을 감지하려는 개인적 지각성향 등에 의해 달라질 수 있다. 이때 개인의 지각성향은 과거의 경험이나 개인의 가치관 등의 영향을 받아서 형성된다.

(라) 선택적 보존(Selective Retention)

소비자의 지각에 관한 연구에 있어 보다 중요한 문제는 어떤 정보가 소비자행동에 영향을 미칠 수 있도록 기억 속에 보존될 수 있는가를 발견하는 것이라고 할 수 있다. 선택적 주의와 동일한 원리에 따라 소비자는 이미 형성되어 있거나 새롭게 형성된 신념에 부합되는 정보만을 기억하여 미래의 의사결정에 활용하려는 성향을 지니는데 이를 선택적 보존이라고 한다. 예를 들어 광고에 노출된 소비자는 해당 광고를 의미 있는 것으로 해석하는가 아니면 무의미한 것으로 해석하는가에 따라 광고가 제시하는 정보를 기억 속에 다르게 저장한다. 따라서 무의미한 것으로 해석되는 정보는 소비자행동에 별다른 영향을 미치지 못하게 된다. 이에 관한 실험에 의하면, 사람들은 단 2분 전에 접촉한 광고가 무엇이었는지도 분간하지 못할 뿐만 아니라 이를 분간하는 사람들이라도 그 내용을 기억하는 사람은 12%도 되지 않는다고 한다. 이런 결과는 소비자의 선택적 보존의 경향을 단적으로 증명하는 사례라고 할 수 있다. 이런 맥락에서 소비자는 현재의 신념·태도와 일치하거나, 당면한 의사결정에 적합하다고 판단되는 정보만을 저장하며 나머지 정보는 기억 속에 저장하지 않거나 망각에 의해 소멸시킨다.

4. 지각의 기능

앞에서는 지각의 구성요소 및 지각과정을 살펴보았다. 소비자정보처리의 효율성을 전제로 하는 선택적 지각현상은 지각적 경계와 지각적 방어라는 두 가지 기능을 수행한다.

1) 지각적 경계(Perceptual Vigilance)

지각적 경계는 소비자가 특정 형태의 신호를 감지하는 과정에서 신속성과 정확성을 향상시키기 위해 이루어지는 지각현상이라고 할 수 있다. 소비자는 자신의 욕구나 관심대상의 평가를 위해 가장 적합하다고 판단되는 정보만을 처리함으로써 지각하려고 한다. 이런 지각적 경계에 대한 연구는 제2차 세계대전 중 미국에서 레이더 담당자들의 주의성과를 분석하는 과정에서부터 시작되었다. 초기 연구에 의하면 레이더 감시업무의 성과는 시간의 경과에 따라 감소하였는데 그 이유는 레이더 담당자의 육체적 피로로 인한 감각의 둔화라기보다는 감지된 내용을 전달하려는 담당자들의 심리적 반응상태가 변화되었기 때문이라는 사실이 밝혀졌다. 이는 특정한 목적에 적합하다고 판단되는 정보에만 주의를 기울이는 담당자의 지각적 경계현상에 기인한 것이라고 해석할 수 있다. 브루너(J. Bruner)와 굿맨(C. C. Goodman)의 연구에 의하면 가난한 가정의 아동은 돈의 가치를 크게 지각하기 때문에 부유한 가정의 아동에 비해 동전의 크기를 더 크게 지각한다는 사실도 밝혀졌다.

지각적 경계는 소비자로 하여금 필요한 정보만을 선택하고 불필요한 정보를 거르도록 하는 기능을 수행한다. 소비자에게 노출되는 수많은 광고를 모두 처리한다는 것은 인간의 정보처리능력상 불가능한 데 지각적 경계에 의해서 욕구나 신념에 부합되는 자극에만 주의를 기울이게 되는 것이다. 이에 따라 소비자는 필요한 정보를 보다 신속하게 받아들일 수 있다.

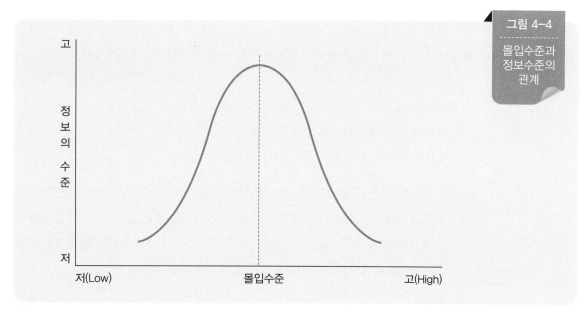

그림 4-4
몰입수준과 정보수준의 관계

고

정보의 수준

저

저(Low)　　　　　　　몰입수준　　　　　　　고(High)

자료: Henry Assael, *Consumer Behavior and Marketing Action*(3rd ed.), PWS-KENT & Nelson, 1988, p. 119.

또한 지각적 경계는 소비자의 욕구와 밀접한 관계를 지니는데 소비자는 욕구를 충족시키는 데 유용한 정보에 대하여는 보다 많은 주의와 노력을 기울이기 때문에 일반적으로 욕구가 클수록 지각적 경계도 커진다고 알려져 있다. 그러나 욕구수준이 매우 낮은 경우에도 높은 지각적 경계를 나타내는 경우가 있다. 이는 욕구수준이 매우 높거나 매우 낮은 상황 하에서는 소비자는 대부분의 정보를 처리하지 않고 여과해 버리려고 하기 때문이다. 따라서 지각적 경계는 소비자의 몰입수준이 매우 높거나 낮을 때 가장 크다고 할 수 있다. 이러한 관계는 〈그림 4-4〉에 잘 나타나 있다. 여기에서 보면 고몰입 하에서는 욕구충족에 기여하지 못하는 대부분의 정보가 여과되는 반면, 저몰입 하에서는 일상적이고 쉽게 기대되는 정보가 여과되기 때문에 소비자의 정보수준은 매우 낮게 형성되고 있음을 알 수 있다.

2) 지각적 방어(Perceptual Defense)

소비자들은 때로는 자신이 지니고 있는 신념이나 태도와 일치될 수 있도록 주어진 정보를 왜곡시키는데 이를 지각적 방어라고 한다. 지각적 방어는 기존신념이나 태도를 위협하거나 반박하는 자극으로부터 자신을 보호하기 위해 발생된다. 예를 들면, 흡연자가 금연광고를 의식적으로 회피하거나 그 중요성을 축소하여 받아들이려고 하는 경우로 이는 흡연자가 금연정보를 수용한다는 사실이, 흡연이 건강에 해롭다는 점을 인정하는 것으로 지각되기 때문에 흡연에 대한 기존의 신념이나 태도와 일치되지 않는다고 생각하기 때문이다. 결국 지각적 방어현상은 특정 정보에 대한 태도나 신념의 일관성을 유지하려는 욕구로 인해 발생된다고 할 수 있다.

이렇게 소비자가 주어진 자극정보를 기존의 신념이나 태도와의 일관성 측면에서 처리하려고 하는 성향을 사회심리학에서는 지각적 균형(perceptual equilibrium)을 유지하려는 소비자의 심리특성으로 해석하고 있다.

지각적 방어의 특징은 다음과 같다.

① 상표에 대한 신념이나 태도가 강할수록 지각적 방어의 가능성은 증가한다.
② 경험내용의 일관성이 클수록 지각적 방어의 가능성은 높아진다. 특정 상표에 대해 높은 충성도를 지니고 있는 소비자는 자신의 일관적이고 긍정적인 상표 사용경험과 일치하지 않는 정보에 대해 거부감을 갖는다.
③ 자극으로 인해 발생되는 불안감이 증대될수록 지각적 방어의 가능성은 높아진다.
④ 구매 후의 부조화(dissonance)가 클수록 지각적 방어의 가능성은 높아진다. 소비자가 구매 후에 구매한 상표와 상반되는 메시지와 접하게 되면, 이들은 자신이 구매한 상표를 지지하는 다른 정보만을 선택적으로 탐색하고 부정적 정보는 무시함으로써 자신의 결정이 잘못되지 않았다는 사실을 확인하고 싶어 한다.

SECTION 2 지각의 조직화

자극정보는 노출되는 원래의 상태 그대로 지각되는 것이 아니라 지각대상의 형태 등 외적 조건이나 소비자의 경험, 인지능력 등과 같은 내적 심리조건에 따라 하나의 의미 있는 구조로 통합되어 인식된다. 이처럼 여러 원천에서의 자극을 보다 잘 이해할 수 있고 따라서 보다 잘 반응할 수 있도록 의미 있는 전체로 통합시키는 것을 지각적 조직화(perceptual organization)라고 한다. 소비자가 마케팅정보를 조직화하는 과정을 설명하기 위해서는 지각적 범주화와 지각적 통합화의 2가지 개념이 이용된다.

1. 지각적 범주화(Perceptual Categorization)

1) 지각적 범주화의 의의

자극의 해석은 자극정보가 기존의 지식을 기준으로 서로 어떻게 결합되고 통합되는가에 따라 달라진다. 여기서 지각적 범주화란 정보를 하나의 논리적인 범주 속에 배치하는 것으로 이미 노출된 정보를 보다 신속하고 효과적으로 처리하는 데 도움을 주며 또한 소비자로 하여금 새로운 정보를 보다 용이하게 인식할 수 있도록 한다. 소비자는 새로운 정보를 범주화함에 있어 과거의 경험을 기준으로 일반화 하려는 경향을 지닌다. 따라서 마케터들은 이런 속성을 이용하여 지각적 범주화의 과정에 영향력을 행사하는 마케팅전략을 수립할 수 있다. 즉 소비자가 자사의 상표를 특정 제품군의 일부로 인식하기를 기대하며 동시에 다른 상표들과는 다르게 인식할 수 있도록 할 수 있다. 따라서 소구전략을 통한 제품 포지셔닝은 제품범주화와 차별화라는 두 가지 목표를 동시에 달성하는 전략이라고 할 수 있다. 미국의 한 예를 들면, 어떤 식품회사가 인조베이컨을 'Lean Strips'라는 상표로 출시하였다. 이들은 해당 제품이 베이컨으로 분류되기를 원하였으며 동시에 소비자들로 하여금 이를 기존의 베이컨제품과 동일한 범주의 제품으로 지각하지 않도록 하기 위해 지방이 포함되지 않았다는 사실을 강조하였다. 그 결과 베이컨이라는 제품으로 범주화시킬 수 있었을 뿐만 아니라 이 제품이 다른 제품들보다 소비자혜택 측면에서 우수한 제품이라고 포지셔닝 시키는 데 성공하였다.

2) 지각적 범주화의 과정

소비자는 제품에 대한 예비적 판단으로부터 출발하여 범주화로 끝나는 일련의 과정을 통하여 자극을 특정한 하나의 범주에 귀속시키게 된다. 소비자가 특정 자극을 범주화시키기 위해서는 자극의 특성 분석이라는 별도의 과정이 사전에 진행되게 되는데 이때 특성 분석이라 함은 자극물에 의해 표현되는 여러 가지 특성들을 추출하여 종합하는 해석이다. 이렇게 분석되는 특성들로는 윤곽·음소·색상 등과 같이 매우 기초적이고 단일성격의 것부터 친숙한 자극의 패턴이나 형태처럼 복합적 성격의 것들도 있다.

한편 범주화는 특정 대상이나 현상의 특성 분석을 통해 통합된 의미를 발견한 다음 이를 소비자기억 속에 저장되어 있는 특정 범주와 비교함으로써 지각적으로 해석하는 것이라고 할 수 있다. 따라서 지각의 범주화는 자극의 기본적 특성보다는 기존의 지식 속에 구축되어 있는 범주의 종류와 형태에 의해 많은 영향을 받게 된다. 이때 기존범주는 기억 속에 저장되어 있는 특정 형태의 자극이나 개념에 대한 조직화된 지식이라고 할 수 있다. 브루너(J. S. Bruner)에 의하면 소비자의 지각적 범주화는 다음과 같이 4단계로 진행된다고 한다.

(1) 원시적 범주화(Primitive Categorization)

이는 자극의 특성에 대해 소비자가 실행하는 최초의 원시적 판단이라고 할 수 있다. 앞의 예에서 'Lean Strips' 상표의 베이컨이 소비자에게 최초로 노출되는 곳은 슈퍼마켓이 될 수 있으며 이때 소비자는 이 제품을 다이어트에 좋은 고에너지농축식품이라고 범주화시킬 수 있다.

(2) 단서탐색(Cue Search)

이 단계에서는 자극물에 대해 보다 세밀한 검토를 통해 범주화 할 수 있도록 여러 가지 원천으로부터의 정보를 탐색한다. 소비자가 슈퍼마켓에서 'Lean Strips'와 처음 직면하여 이를 인조고기이면서 베이컨과 유사한 제품군에 속한다고 생각할 수도 있다. 이때 소비자는 포장에 새겨진 무지방과 저칼로리를 강조하는 문구를 주목하게 되는데 이때까지도 소비자는 이 제품에 대해 심리적 갈등을 느끼고 있을 수 있다. 즉 '이 제품이 인조식품인가, 돼지고기인가, 아니면 다른 그 무엇인가?' 라고 의문에 빠질 수 있다. 따라서 이 소비자는 해당 상표의 제품에 대해 지속적 관심을 보이며 보다 확실한 정보를 얻기 위해 정보를 계속 탐색하고자 할 것이다.

(3) 확인점검(Confirmation Check)

단서의 탐색과정을 통해 추가적 정보를 획득하게 되면 대상물을 어느 정도까지는 확실하게 범주화 할 수 있게 된다. 그 결과 소비자는 제품의 성격을 규정하기 위하여 더 이상의 정보탐색활동을 중단하게 된다. 이때부터 기존의 다른 베이컨 제품과 해당 신제품을 직접 비교해 봄으로써 초기의 범주화에 대한 강화활동을 수행하게 되고 광고매체를 통하여 'Lean Strips'가 무지방, 저칼로리의 고단백식품이라는 메시지를 접하면서 소비자는 해당 제품을 베이컨과 동일한 제품군으로 범주화하게 된다.

(4) 확인완성(Confirm Completion)

마지막으로 일단 제품의 범주화가 결정되면 정보에 대한 추가적 탐색이나 확인활동을 더 이상 수행할 필요가 없으며 이미 형성된 범주화의 개념과 대립되는 자극이나 정보에 대하여는 지각적 경계나 지각적 왜곡현상을 나타내게 된다. 따라서 소비자는 'Lean Strips'의 시험구매를 결정함으로써 2차적 자극에서 얻어진 정보를 확인할 수 있게 된다. 소비자의 소비경험은 'Lean Strips'를 베이컨 대용품으로는 만족하지만 저지방제품의 특성에 대하여는 불만족하게 만들 수도 있다. 이런 상황은 향후 'Lean Strips' 보다 기존의 베이컨을 더 선호하는 현상을 초래할 수 있으나 'Lean Strips'가 베이컨의 대용품이라고 범주화된 사실을 변경시키지는 못한다. 만일 이러한 범주화가 여러 소비자들에게 공통적으로 발생된다면 다음과 같은 마케팅 활동이 가능하게 된다. 즉 베이컨의 대용식품이라는 제품포지션은 계속 견지하면서 'Lean Strips'가 지방감소로 인한 체중조절의 효과와 함께 고단백영양식품이라는 차별적 특성을 강조하는 촉진전략과 동시에 이를 제품개발에 적극적으로 반영하는 것이다.

2. 지각적 통합화(Perceptual Integration)

1) 지각적 통합화의 의의

지각통합은 다양한 여러 가지 자극을 하나의 조직화된 전체로서 지각하는 것이다. 이러한 현상은 정보처리를 간소하게 할 뿐만 아니라, 자극에 대하여 구체적 의미를 제공하는 역할을 수행한다. 이 원리는 형태심리학에서 유래된 것으로 형태심리학의 원리들은 마케팅 메시지들을 통합된 전체로서 해석하는 구조를 제시해 주기 때문에 마케팅에서 많이 응용되고 있다. 광고의 경우, 그림·구도·표제 및 배치 등이 각각 별개의 독립적 요소가 아니라 해당 상표에 대한 전반적인 반응을 유도할 수 있도록 서로 상호 작용하는 형태로 제작된다. 같은 이유로, 광고캠페인·가격·거래조건·상표특성 등도 마케팅전략상 분리된 별개의 요소가 아니라 서로 조화되어 전체적인 상표이미지를 결정하도록 구성하게 된다. 이런 관점에서 보면 지각적 통합화의 경우에도 통일된 전체는 각 부분의 단순합보다 크다는 시너지효과를 이용한 것이라고 할 수 있다.

마케팅에 있어서 지각통합의 원리가 중요한 이유는 소비자들이 상표·제품·점포 및 기업에 대해 일관된 통합적 이미지를 구축하려고 하기 때문이다. 예를 들어 롤스로이스와 같은 고급자동차의 상표를 언급하는 것은 소비자의 심중에 상표이미지를 상징하는 어떤 연상작용이 전제된 것이다. 따라서 어떤 소비자는 롤스로이스란 상표로부터 명예와 우아함을 연상할 수 있으나 다른 소비자는 아주 고가격이면서 훌륭한 서비스를 연상할 수도 있다. 이런 원리는 메시지소구에 있어 자극의 윤곽을 이용하여 소비자가 광고메시지를 특정 방향으로 해석하도록 유도하는 데 활용되기도 한다. 소비자의 지각통합에 있어 이용되는 중요한 원리들은 종결(closure)·집단화 (grouping) 및 맥락(context) 등이 있다.

2) 지각통합의 원리

(1) 종결(Closure)

종결의 원리는 자극이 불완전한 경우, 소비자는 자극의 불충분한 요소를 보충하여 완전한 자극으로 지각하려는 경향을 말한다. 즉 자극에 공백이 있거나 부족한 부분이 있는 경우, 그 부분을 보완하여 완결된 형태로 자극정보를 조직화하는 것을 의미한다. 〈그림 4-5〉는 완전한 도형이 아니지만 소비자는 이런 자극과 접하는 경우 이를 완전한 삼각형 또는 원으로 지각하게 된다.

소비자는 주어진 자극을 하나의 완전한 형상으로서 인식할 수 있도록 자극을 완결시킴으로써 정보욕구를 충족시키고자 한다. 종결의 원리를 이용하면 마케터가 소비자에게 불완전한 광고메시지를 전달하고 여기에 소비자로 하여금 부족한 부분을 채우도록 유도함으로써 메시지에 대한 주의와 회상을 증가시킬 수 있다. 실제 광고 중에는 이런 종결의 원리가 자주 이용된다. 오래 전 Kellogg사는 회사홍보용 입간판을 세우면서 마지막 철자인 'g'를 고의적으로 생략하였다. 종결의 원리에 따르려는 소비자의 심리에 의해 많은 사람들이 이 광고에 주의를 기울였다. 다른 예로서는 Salem담배회사의 방송광고를 들 수 있다. 이 회사는 "You can take Salem out of the country, but you can't take the country out of Salem"이라는 방송광고의 카피를 내보내면서 첫 줄만을 낭독하고 but 이후는 음성을 생략하였다. 이 광고가 노린 것은 소비자 스스로가 후반부를 완성시킴으로써 카피의 의미와 Salem이라는 상표를 분명하게 기억할 수 있도록 하는 것이었다. 이처럼 소비자의 종결심리를 이용하게 되면 소비자

그림 4-5

종결(Closure) 의 원리가 적용되는 자극형태: 원과 삼각형

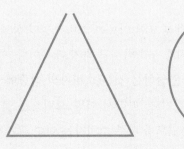
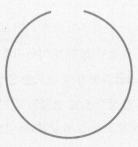

로 하여금 광고에 관심을 갖게 할 수 있어 성공적인 광고캠페인을 전개할 수 있다.

(2) 집단화(Grouping)

여러 개의 감각적 자극이 동시에 제시되는 경우 소비자는 이들을 적당하게 묶어 특정한 하나의 패턴으로 지각하려고 한다. 이처럼 유사하거나 동일한 근접자극들을 서로 묶어 하나로 지각하는 것이 집단화로서, 지각적 집단화는 복잡한 감각자극들을 단일한 형태로 통합함으로써 자극에 대한 반응을 용이하게 한다. 인지반응에 있어서도 소비자는 여러 가지 다양한 정보자극을 각각 독립적 지각단위 대신에 하나의 묶음으로서 지각하려고 한다.

결국, 소비자는 단편적이고 조각의 형태로 제시되는 정보를 나름대로의 규칙에 따라 조직화된 전체로 통합하여 인식한다고 할 수 있다. 이런 묶음 또는 집단화는 소비자가 다양한 속성들을 대상으로 통합된 전체적 이미지를 형성하도록 하여 특정 대상을 다른 것들과 효과적으로 비교할 수 있게 함으로써 의사결정의 신속성과 편리성을 높여 준다.

집단화의 원리를 설명하기 위해서는 근접성·유사성·연속성이라는 3가지 개념이 사용된다. 근접성을 이용해 자극을 집단화하려는 성질은 어느 특정의 자극이 가깝게 근접해 있는 다른 대상물과 연결하여 하나로 지각하는 것이다. 〈그림 4-6〉의 (a)에 있는 18개의 원은 각각 별개의 형태로 지각되지 않고 서로 근접해 있는 3행 6열로서 지각된다. 대부분의 광고는 특정 제품과 이들 제품에 가까운 긍정적 상징이나 이미지를 연결시킴으로써 근접의 원리를 이용한다. 또한 소비자는 유사성에 의해 대상을 집단화하기도 하는데 자극정보들이 유사하면 그들이 조직화되어 하나의 형태를 형성함으로써 배경과 분리되어 지각되게 된다. 〈그림 4-6〉에서 (b)의 4개의 원과 8개의 사각형은 형태의 유사성으로 인해 사각형 4개의 조합 2개와 원 4개의 조합 하나로 집단화되어 지각된다. 광고에서 흔히 색상이나 모양이 비슷한 상표를 가까이 두는 것은 유사성의 원리를 이용하고자 하는 것인데, 그 목적은 비슷한 제품들을 통합된 하나로 지각시키려는 것이다. 대개 소비자의 상표이미지가 확실하게 형성되어 있고 기존의 상표에 대한 소비자선호도가 높은 경우, 기업은 유사성의 원리를 이용하여 새로운 상표가 기존의 상표 또는 제품과 유사한 것으로 지각하도록 유도한다.

한편 소비자는 단속적 형태의 윤곽보다는 계속적이고 진행이 방해받지 않는 형태로 자극을 집단화시키는 경향이 있는데 연속되어지는 자극정보들은 서로 단절되

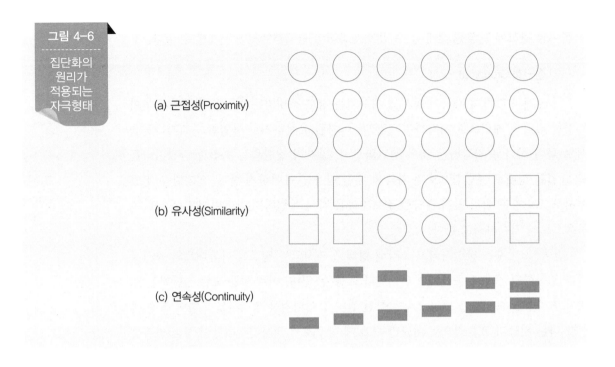

그림 4-6

집단화의 원리가 적용되는 자극형태

(a) 근접성(Proximity)

(b) 유사성(Similarity)

(c) 연속성(Continuity)

는 정보들보다 밀접한 형태로 조직화된다는 것이 연속성의 원리라고 할 수 있다.

〈그림 4-6〉의 (c)를 보면 이들은 오른쪽으로 진행하는 계속적 자극형태로 지각되게 된다. 연속성의 원리는 광고메시지의 기본흐름이 지속적으로 이어져야 한다는 사실을 시사해 주고 있다.

(3) 맥락(Context)

특정 대상이 소비자에게 비쳐지는 상황이나 맥락에 따라 이의 지각이 달라질 수 있다. 이는 광고에 있어서 배치, 매체 또는 상황이 제품의 지각에 영향을 미칠 수 있다는 사실을 시사하는 것이다. 따라서 동일한 광고일지라도 일반적 인식이 상이한 매체를 이용하여 노출시키는 경우 그 효과가 달라질 수 있다. 푸취스(D. A. Fuchs)의 실험결과에 따르면 주로 상류층 사람들이 구독하는 잡지(예를 들면, Harper's, New Yorker 등)와 일반인들이 구독하는 잡지(예를 들면, True, Detective 등)에 동일한 광고를 게재한 결과 소비자들은 상류층이 보는 잡지에 게재된 광고를 보다 높게 평가하였다고 한다. 이때 매체라는 맥락이 광고의 지각에 직접적 영향을 미친다는 사실을 추론할 수 있다. 구매상황 역시 자극이 지각되는 맥락으로 해석할 수 있을 것이다.

형태심리학(gestalt psychology)의 이론에 따르면 인간은 특정 자극을 하나의 의미있는 전체로 조직화할 때 강조되는 자극(圖 또는 그림)을 상대적으로 약하게 강조되어지는 자극(地 또는 배경)과 구분하여 인식한다고 한다. 전체의 어떤 부분이 그림이

(a) 루빈의 컵(Rubin's Cup)

(b) 여인(Lady or Old Woman)

(c) 알파벳(Alphabet)

I1, I2, I3, I4, …
A, I3, C, D, …

그림 4-7

맥락(Context)의 원리가 적용되는 자극형태

되고, 어떤 부분이 배경이 되는가에 따라 자극이 지각되는 방향이 결정된다. 동일한 자극정보로부터 서로 다른 전경을 해석하고 조직화하는 대표적인 예는 〈그림 4-7〉 이다.

마케팅자극과 지각형성 3 SECTION

1. 마케팅자극의 의의

1) 마케팅자극의 유형

소비자지각을 형성시키는 기초요인으로서의 자극은 크게 환경자극과 마케팅자극으로 구분될 수 있다. 소비자 의사결정모델을 기준으로 할 경우, 환경자극이라 함은 소비자의 지각형성에 영향을 미치는 요인들로서 가족·문화·사회계층·준거집단의 영향력 등 사회구성원으로서의 소비자가 직면하는 상황요인들을 말한다. 이에 반하여, 마케팅자극이란 특정 소비자층에게 영향을 미치기 위해 고안된 기업의 커뮤니케이션 방법이나 물리적 자극을 말한다.

이때 제품 및 그 구성요소, 즉 포장이나 내용물 같은 물리적 속성 등을 1차적 자극이라고 하고 언어나 그림·상징 또는 제품과 관련된 기타의 자극(가격·점포·판매원)을 통하여 소비자행동에 영향을 미치는 활동은 2차적 자극이라고 한다. 마케터는 경쟁상황에서 우위를 확보함으로써 마케팅 목표를 실현시키기 위해 다수의 잠재소비자로 하여금 2차적 자극에 지속적으로 노출될 수 있도록 유도하는 것이 필요하다. 그러나 소비자로 하여금 광고에 자주 노출되도록 유도한다고 하더라도 소비자가 실제로 해당 제품을 구매하지 않는다면 마케팅목표를 달성하기는 어렵다.

결국 미래에 이루어질 소비자행동을 결정하는 보다 근본적 요인은 1차적 자극, 즉 제품에 대한 소비자의 직접·간접경험이라고 할 수 있는데 이런 맥락에서 기업들은 종종 일반소비자들에게 무료로 샘플을 제공함으로써 반복적 재구매에 앞서 충분한 제품경험을 축적하도록 하는 전략을 사용한다. 이러한 견본품의 제공은 본격적 제품출시를 앞두고, 소비자로 하여금 위험부담 없이 제품을 직접 경험하도록 하기 위해 실시된다. 반면, 2차적 자극을 통하여 소비자에게 소구하는 경우에는 제품 컨셉트의 개발이 중요한 의미를 지니게 된다.

제품 컨셉트는 메시지·상징이미지를 통해 특정한 소비자집단의 욕구에 적합하도록 제품혜택을 설계하는 것을 의미한다. 제품 컨셉트의 개발과 확정을 통하여 기업은 소비자가 2차적 자극을 보다 용이하게 수용할 수 있도록 시장에서 제품의 포지션을 구축할 수 있다. 따라서 제품 컨셉트의 정의는 마케팅 계획의 과정상 2차적 자극을 개발하기 전에 이루어져야만 한다.

2. 마케팅자극 차이의 지각(자극의 식별)

지각에 대한 마케팅자극의 효과에 있어서 보다 근본적인 문제는 소비자가 자극의 차이를 정확하게 식별할 수 있는가 하는 점이다. 자극 간의 차이를 식별하는 능력은 학습된다고 알려져 있는데 일반적으로 특정 제품을 자주 이용하는 사람은 그렇지 않은 사람에 비해 상표 간의 특성에 대해 보다 작은 차이까지도 잘 식별할 수 있다고 한다. 이런 현상을 이용하면, 특정 제품의 물리적 특성에 있어서의 차이는 지각하지 못하도록 하면서 동제품을 다른 제품과 차별화시키는 표현이 가능하게 된다.

앨리슨(R. I. Allison)과 울(K. P. Uhl)의 연구에 따르면 맥주에 대한 소비자의 식별은 맛보다는 오히려 상표이미지에 의해 이루어진다고 한다. 이들은 조사대상자들에게 서로 다른 3종류의 상표가 부착되지 않은 맥주를 제공하면서 동시에 그들이 가장 자주 마시는 상표를 그 중에 하나 포함시켰다. 그 후 3가지 맥주에 대하여 전체적인 느낌과 향기, 여운, 맛의 강도 및 탄산가스의 포함 여부 등의 평가기준을 바탕으로 평가하게 한 결과 모든 상표의 맥주에 대하여 비슷한 평가치를 나타냈다. 이들의 평가치들은 어떤 맥주도 향기나 맛의 강도 등과 같은 속성에서 다른 맥주에 비해 유의하게 높거나 낮은 성과를 보여 주지 못하였다. 또한 자신이 평소 즐기던 상표를 식별하고 있다는 증거도 발견할 수 없었다. 그 후 이들 맥주에 원래의 상표를 부착한 후 다시 평가하도록 하였을 때는 상표 간 많은 차이를 나타냈다. 즉 자신이 평소 즐기던 상표에 대하여는 다른 상표보다 매우 높은 평가점수를 나타내었던 것이다. 이런 결과는 소비자의 상표지각에 있어서 물리적 특성에 의한 차이는 상표의 상대적 성과와는 유의한 상관관계를 갖지 못한다는 사실을 입증하는 것이라고 할 수 있다.

결국 제품특성보다는 오히려 상표이미지가 소비자의 선호에 더 큰 영향을 미치며, 맛의 지각에도 중요한 역할을 한다고 할 수 있다. 그 후 청량음료나 담배와 같은 기호식품을 대상으로 한 실험에서도 동일한 결과를 얻음으로써 광고가 상표 간의 차이를 식별하게 하는 매우 중요한 요소임을 증명하였다.

(1) 최소가지차이(JND: Just Noticeable Difference)

사람들의 최소가지차이는 감각 기관의 예민한 정도에 따라서도 달라진다. 그 예로, 유아는 낮은 수준의 최소가지차이를 갖고 있다. 그래서 어린아이들이 소리와 불빛에 크게 반응하여 우는 경우가 종종 생긴다. 한 연구 결과에 따르면, 여성의 최소가지차이가 남성보다 낮은 것으로 확인되었다. 다르게 말하면, 여성의 신체 감각이 남성보다 예민하다는 것이다. 어떤 사람들은 장애나 노안으로 인한 감각 기관 손상으로 최소가지차이가 높아지기도 하며, 어떤 사람들은 보통 사람들보다 오감 중 특정 감각이 발달해 남이 보지 못하는 것을 보거나 냄새를 맡는 경우도 있다. 가령 두 명의 소비자들이 한 차를 타고 이동 중에 옥외광고를 볼 수 있는 시점과 거리가 다르다면, 광고하는 사람들은 옥외광고의 메시지를 간결하고 큼지막하게 적어서 최대한 많은 사람이 볼 수 있도록 해야 한다(업계의 경험에 근거한 법칙에 의하면, 차량 이동 시 사람이 옥외광고를 볼 수 있는 시간은 대략 6초 이내이므로, 메시지는 6개 단어 이하로 작성하는 것이 좋다.). 의약품 기업들과 같이 긴 제품 정보를 알려야 하는 광고 메시지는 신문이나 잡지에 기재 시 글자 크기가 최소 16포인트 이상으로 하여 노인들도 읽을 수 있도록 해야 한다(특히 노인들이 주요 세분 시장일 경우). 이런 예들은 마케터들이 타겟 대상을 선별하여 전략을 펼칠 때, 절대식역을 신중히 고려해야 한다는 것을 보여 준다.

표 4-2	최소가지차이(JND)를 이용한 마케팅전략	
적용분야	**적용방식**	
가격정책(Pricing)	• 가격인상 시 최소가지차이(JND) 이하의 인상률 적용 • 가격할인 시 최소가지차이(JND) 이상의 할인율 적용	
판매촉진(Sales Promotion)	• 쿠폰의 혜택을 최소가지차이(JND) 이상으로 설계	
제품정책(Product)	• 식품의 내용물 변경 시 최소가지차이(JND) 이하로 변경 • '신제품'이라고 표시하는 경우 최소가지차이(JND) 이상의 혜택변화 소구	
포장정책(Packaging)	• 포장변경 시 스타일·로고 등을 최소가지차이(JND) 이하로 변경 • 이미지변화전략의 경우, 최소가지차이(JND) 이상으로 스타일 변경	

자료: John C. Mowen, *Consumer Behavior*(2nd ed.), Maxwell Macmillan, 1990, p. 54.

(2) 베버의 법칙(Weber's Law)

우리는 구매상황의 실질적 변화에도 불구하고 가격이나 제품특성상의 변화를 지각하지 못한 채 지내는 경우를 자주 경험하고 있다. 이런 현상은 기업이 소비자들로 하여금 제품특성의 변화를 지각하지 못할 정도로 포장의 크기, 구성성분의 변경 및 가격인상 등을 시도하기 때문인데 이때 기업이 이용하는 원리가 바로 지각의 최소변화수준, 즉 최소가지차이의 원리라고 할 수 있다. 유명상표의 제품들은 대개 소비자들로부터 좋은 이미지를 가지고 있기 때문에 가능한 제품특성의 변화로 인해 소비자의 제품이미지가 악화될 수 있는 마케팅상의 가능성을 회피하려고 한다. 따라서 이런 상황에 직면하게 되면 마케터는 구성성분의 미세한 변경이나 가격의 점진적 인상, 포장의 주기적 변경 등을 통해 변화의 내용에 대한 소비자의 주목을 회피하는 동시에 기업의 마케팅자극에 대한 소비자의 반응을 유지시키려는 노력을 기울이게 된다.

한편, 단일요소의 변화는 대개 소비자의 최소가지차이 이하에 놓이게 되지만 포장의 전체 분위기상의 차이는 보다 쉽게 감지될 수 있다. 따라서 특정 상표를 경쟁상표와 차별화시키기 위해서는 오히려 변화가 주목될 수 있도록 하는 마케팅전략도 가능하다. 이때 마케터는 소비자가 보다 쉽게 감지할 수 있는 제품특성이나 광고메시지(크기·맛·색채·성분변화 등)를 개발하여야 하는데 대부분의 소비자는 가격·포장·규격 또는 제품의 물리적 특성에 있어 일정수준 이하의 차이점은 감지하지 못하기 때문에 소비자의 주목을 유도하기 위해서는 어느 정도의 변화가 필요한지를 사전에 예측할 수 있어야 한다. 이런 문제점을 해결하기 위해서 독일의 심리학자 베버가 발견한 법칙을 이용할 수 있다. 베버는 자극의 강도와 최소가지차이와의 사이에는 일정한 함수관계가 존재한다고 주장하였다. 그의 이론에 따르면 최초의 자극강도가 작을 때는 최소가지차이도 작게 되고, 최초에 강한 자극강도가 주어지게 되면 이와 비례하여 최소가지차이도 증가한다고 한다. 이런 관계는 다음과 같은 함수식으로 표현할 수 있다.

$$K = \frac{\Delta I}{I}$$

단, I = 최초자극의 크기
ΔI = 주목되는 데 요구되는 자극의 최소변화(최소가지차이)
K = 자극이 주목되는 데 요구되는 비례상수

이때 K값은 자극형태나 감각기관에 따라 달라지는데, 소리의 경우에는 K=1/10, 피부의 경우에는 K=1/7 정도라고 한다. 베버의 법칙이 시사하는 것처럼 인간의 최소가지차이는 자극강도에 따라 증가하는데 그 이유를 패크너(Fechner)는 다음과 같이 설명하였다. 최소가지차이에 의해 분리된 두 자극 간의 차이에 대한 주관적 인상은 두 자극의 절대적 크기의 차이에도 불구하고 동일하며, 감각을 연속적인 최소가지차이를 계산함으로써 측정할 수 있다고 한다면 감각은 자극강도의 대수(log)에 비례한다. 따라서 이런 관계를 식으로 표현하는 것이 가능하게 되는데, 감각의 강도와 물리적 자극의 강도 간의 대수적 관계를 패크너의 법칙(Fechner's Law)이라고 부른다.

$$S = K \log I$$

단, S = 자극이 유발한 감각의 크기
K = 베버의 법칙에서 사용되는 비례상수
I = 최초의 자극의 크기

베버의 법칙은 극단적인 자극강도가 주어지는 경우를 제외하면 대체로 현실을 잘 반영하는 것으로 평가되고 있다. 마케팅에서 이를 가장 직접적으로 활용하는 부분은 가격결정부분이라고 할 수 있다. 즉 가격정책에 있어 베버의 법칙을 적용하는 경우, 가격수준이 높은 제품일수록 소비자의 주목을 유도하기 위해서는 가격변화의 폭이 증대되어야 한다. 예를 들어, 100만원대 TV의 가격변화는 10만원대의 MP3 플레이어보다 더욱 크게 증가되어야 소비자의 주목을 유도할 수 있다. 또한 차이변별역에 도달하기 위해 요구되는 차이는 비례적으로 증가하여야 하는데 만일 10만원대의 MP3 플레이어 가격의 변화가 주목되기 위해서 최소한 1만원의 가격인하 또는 인상이 필요하다고 한다면 100만원대의 TV에 있어서의 가격변화가 주목되기 위해서는 적어도 10만원의 가격인하 또는 인상이 필요하게 된다. 이때 최소가지차이는 1/10, 즉 10%가 된다.

CHAPTER

05

모티베이션(Motivation)

모티베이션의 본질 1 SECTION

1. 모티베이션의 의의

인간행동은 반드시 그 원인이나 이유가 있기 마련이다. 인간행동의 깊숙한 이면에 숨겨져 있는 행동의 배경이나 요인을 객관적이고 가시적으로 증명할 수는 없더라도 특정 목적을 지향하는 활력특성이 존재한다는 사실은 부정할 수 없다. 소비자행동이론에서의 인간행동은 특정 자극에 대한 소비자 반응이라고 할 수 있다. 이런 반응은 복잡한 내적 활동과정을 통하여 소비자가 인지하고 있는 문제를 해결하기 위한 산출결과라고 할 수 있다. 소비자의 정신활동 중에서 특정 목적을 지향하는 활력특성은 학자에 따라 충동, 본능, 욕구 등 다양하게 불리고 있으나 이들은 모두 인간행동이 활성화되어 가시적으로 나타나도록 활력을 불어넣고 행동의 방향을 결정짓는 작용을 한다는 공통점을 지니고 있다.

인간행동의 문제는 심리학뿐만 아니라 사회과학에 있어서도 중요한 연구대상이 되는데, 개인이 특정한 상황에서 특정한 행동을 표출하는 것은 다양한 동인이 존재하기 때문이라고 가정한다. 우리는 이러한 동인들이 활성화되는 과정을 모티베이션이라고 정의하여 앞서 열거한 충동, 본능, 욕구와 구분하고자 한다.

욕구란 소비자가 기대하는 바람직한 상태와 현실상황과의 괴리정도라고 할 수 있다. 힘든 운동을 끝낸 뒤 갈증을 해결하고 싶은 상태는 욕구에 해당한다. 이 욕구가 발생된 후, A사의 이온음료를 구매하겠다고 마음먹으면, 이로써 소비에 대한 구체적인 욕구가 생기고 추진력이 생기는데 이를 모티베이션이라고 한다. 결국 모티베이션이란 "소비자 내부에 존재하면서 목적지향적인 행동을 유발하는 활성화된 상태" 또는 "인간의 내적 긴장상태를 감소시키기 위한 적극적이고 능동적인 추진력"이라고 정의될 수 있다.

인간행동의 근원은 욕구에 있으며 이런 욕구가 동기를 유발시키게 되는데, 소비환경 속에 처한 소비자가 욕구를 활성화시키게 되는 상황은 다음과 같이 크게 4가지로 구분할 수 있다.

첫째, 생리적 활성화로 특정 시점에 있어서 인간의 생리적 조건이 변화함으로써 욕구가 활성화되는 것이다. 혈당량이 감소하거나 위가 수축되게 되면 허기를 느끼고, 성호르몬의 분비는 성적욕구를 자극한다. 체온이 떨어지면 몸서리를 치는 것도 모두 인체의 생리적 조건이 변함으로써 발생한다. 이런 생리적 조건변화는 모두 비자발적으로 발생되지만 일단 이런 상황에 직면하게 되면 불편한 긴장감이 들게 되고 이것이 해소될 때까지 인간행동에 지속적인 영향을 미친다. 예를 들면 추워서 떨고 있는 사람은 온풍기를 가동하거나 따뜻한 옷을 착용함으로써 추위를 물리치기 위한 행동을 취하고자 한다.

둘째, 감정적 활성화로 상상이나 공상에 의해 숨겨져 있던 욕구가 자극되는 경우라고 할 수 있다. 예를 들면, 자신의 목표를 달성하기 어렵다거나 계속해서 실패하는 경우 사람들은 공상을 하게 되는데, 이때 자신에게 가능한 모든 유리한 상황을 그려 보게 된다. 이런 행동은 그 사람의 내면에 잠복되어 있던 욕구를 자극하여 긴장을 불러일으키게 되며 이는 다시 목표지향적 행동을 유발한다. 사랑을 꿈꾸는 미혼의 남녀가 이성 친구를 사귀기 위하여 독신자클럽에 가입하는 행위가 그런 예에 해당된다.

셋째, 인지적 활성화로 개인의 무심한 행동이나 생각의 결과가 욕구를 인식하도록 하는 경우이다. 가족의 사랑을 표현하고 있는 광고를 우연히 접하게 된 소비자가 오랫동안 소식을 전하지 못한 가족들과 대화하고 싶은 충동을 느끼게 되는 것이 바로 이런 예에 해당된다고 할 수 있다. 인지적 활성화를 이용한 광고로 성공한 사례는 미국 AT&T사의 광고라고 할 수 있다. 이 회사는 장거리전화 광고캠페인에서 "Reach out and touch someone"이란 광고카피를 사용함으로써 소비자로 하여금 그 동안 잊고 지냈던 친지와의 통화욕구를 촉발시킬 수 있었다.

넷째, 환경적 활성화로 특정한 욕구는 환경으로부터의 자극에 의해 활성화되기도 한다. 만일 환경적 자극이 주어지지 않는 경우, 욕구는 내면 깊숙이 잠복하여 밖으로 나타나지 않는다. 이웃집 주부가 식기세척기를 구입하는 것을 보고 식기세척기에 대한 욕구가 촉발되는 경우나 자신이 소유하고 있던 최첨단 가전기기보다 더 최신모델의 광고에 접촉하는 경우에 느끼는 불만족이 욕구로 이어지는 사례도 환경적 활성화에 의한 것으로 볼 수 있다. 이런 형태의 욕구 활성화는 환경의 속성이 복잡하고 다양한 경우에 빈번하게 발생되지만 환경이 제한적이고 단순한 경우에는 비교적 잘 발생되지 않는다.

여러 학자들의 모티베이션에 대한 정의를 요약하면 다음과 같다. 호킨스 등 (Hawkins, Best and Coney)은 "모티베이션이란 현실적으로 관찰이 어려운 내적인 힘을 행동으로 옮기도록 하는 개념으로서 이런 내적인 힘에 특정 행동을 표출하도록 자극하고 방향을 부여하는 것이다"라고 정의하였다. 라우돈과 델라 비타(Loudon and Della Bitta)는 "모티베이션이란 외부환경에 존재하는 목표를 향해 신체적 에너지를 활성화시키고 선택이란 방법을 통해 방향을 결정짓는 내면적 상태"라고 정의하였으며 쉬프만과 카눅(Schiffman and Kanuk)은 "특정 행동을 할 수 있도록 하는 개인의 내부에 존재하는 추진력"이라고 해석하였다.

이상의 정의들을 종합해 보면 모티베이션은 다음과 같은 복합개념의 의미를 지닌다.

① 모티베이션은 인간의 행동을 자극 또는 촉발시키는 요소를 포함한다.
② 모티베이션은 과정지향적(process-oriented)이다.

모티베이션은 어떻게 행동이 시작되고 유지 또는 중단되는지와, 이런 과정에서 어떤 종류의 주관적 반응을 나타내는가에 대한 설명을 가능하게 해 준다. 〈그림 5-1〉이나 〈그림 5-2〉에서와 같이 모티베이션에 의해 활성화된 행동은 뚜렷한 동기가 없이도 유발된 행동에 비해 더 지속적이며 활발하게 수행될 뿐만 아니라 특정한 목표를 지향한다는 특성을 보인다. 인간을 보다 깊이 있게 이해하고 인간의 행동을 보다 정확하게 설명하고자 한다면 인간내부에서 유발되는 동기에 대하여 주목하지 않으면 안 된다.

소비자행동연구에 있어서 모티베이션의 역할은 오늘날의 소비자환경이 제품,

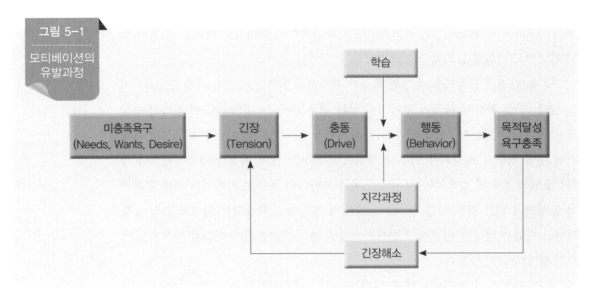

그림 5-1
모티베이션의
유발과정

자료: Leon G. Schiffman and Leslie Lazar Kanuk, *Consumer Behavior*(4th ed.), Prentice-Hall Int'l, 1991, p. 69.

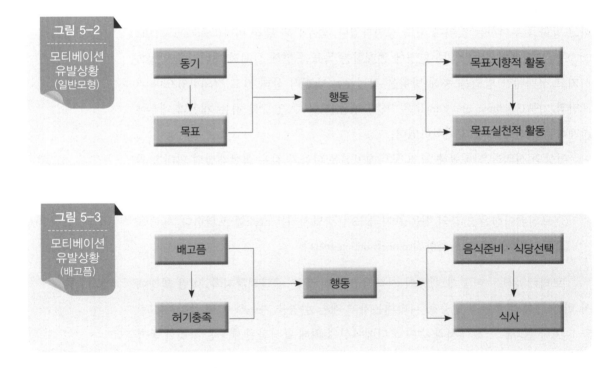

그림 5-2
모티베이션
유발상황
(일반모형)

그림 5-3
모티베이션
유발상황
(배고픔)

광고, 매체 등 소비자에 대한 외부의 자극원에 있어서 뚜렷한 차별성을 부각시키지 못하고 있는 상황 하에서 소비자행동의 차이의 상당부분을 설명해 주고 있다는 점에서 매우 중요하다. 또한 그 개념을 정확하게 파악하게 되면 소비자행동을 이해할 수 있을 뿐만 아니라 제품이나 서비스에 대한 소비자의 느낌이나 반응을 호의적으로 유도하는 방법에 대한 통찰력을 높일 수 있어 성공적인 마케팅전략 수립이 가능하게 된다.

2. 동기의 분류·기능·유발방법

1) 동기(Motive)의 분류

(1) 1차적 동기(Primary Motives)와 2차적 동기(Secondary Motives)

동기를 1차적 동기와 2차적 동기로 구분할 때의 기준은 동기보유의 보편성과 선천성 여부라고 할 수 있다. 1차적 동기는 인간의 삶을 영위하기 위해 필수불가결한 욕구에 기초한 것으로 인류보편적이고 선천적이며 생리적이라는 특성을 지니고 있으며 자연적 동기라고도 한다. 또한 1차적 동기는 특별히 학습이란 과정을 거치지 않고서도 인간의 출생시점부터 지니고 있는 동기라고 할 수 있다. 즉 갈증, 배고픔, 성욕 등은 대표적인 1차적 동기의 예라고 할 수 있다. 이와는 반대로, 학습이론을 바탕으로 하고 있는 후천적 동기를 2차적 동기라고 하는데 1차적 동기로부터 파생되며 개인의 특성이나 문화, 환경 등의 요인에 따라 다르게 표출되는 동기이다. 2차적 동기는 인위적이며 개인적 성격을 지니고 있기 때문에 마케터에게 특히 중요한 개념이라고 할 수 있다. 왜냐하면 오늘날의 소비자들은 개성이나 자기개념에 부합되는 대상을 통해 욕구를 충족시키려 하는 성향이 크기 때문이다.

(2) 생리적 동기(Physiological Motives)와 사회적·심리적 동기(Social and Psychological Motives)

생리적 동기는 신체특성에 기초한 생리적 욕구로부터 나오는 것으로 일종의 흥분상태를 의미한다. 이는 유기체가 생리적 불균형을 경험할 때 그 불균형상태를 균형상태로 환원시키고자 하는 행동을 유발하는 요인이라고 알려져 있다. 따라서 이런 불균형상태가 해소되면 더 이상 동기화된 행동이 유발되지 않게 된다. 배고픔, 갈증, 성욕, 휴식, 체온조절, 수면, 건강추구행동, 호흡 등이 이에 해당되며 대부분의 생리적 동기는 앞에서의 1차적 동기와 일치한다.

한편 사회적·심리적 동기는 인간이 사회적 존재로서 생활하기 때문에 발생되는 것으로서 생성근원을 명확하게 설명하기는 어려우나 대체로 하나의 인간으로서의 존엄성을 유지하고자 하는 욕망이나 사회에 적응하기 위해 필요한 활동을 위한 동기로, 이로부터 파생된 행동과 정확하게 대응시키기 어려워 추론에 의해서만 이를 해석할 수밖에 없다는 한계를 지닌다. 게이트에 의하면 사회적·심리적 동기는 애정, 소속감, 사회적 인정 및 성취욕구로 구성된다고 한다.

(3) 의식적 동기(Conscious Motives)와 무의식적 동기(Unconscious Motives)

소비자가 특정한 행동을 수행하고 있을 때 이를 지각하여 그 원인에 대한 설명이 가능한 경우를 의식적 동기라고 하며 행동의 원인이 잠재의식 속에 감추어진 채 영향을 미치는 경우를 무의식적 또는 잠재적 동기라고 한다. 의식적 동기와 무의식적 동기는 동기조사의 방법에 있어서 형태심리학과 정신분석학의 접근방법상 차이로 인해 발생된 것이다. 형태심리학의 관점에서는 소비자가 제품을 구매하는 것은 소비자 목적을 실현시키는 수단이라고 인식하기 때문에 목적달성에 공헌하는 정도에 따라 구매행동을 평가하려고 한다. 반면에 정신분석학에서는 소비자의 구매행동이 억압된 욕구를 표출시키는 수단이라고 가정하기 때문에 제품의 실용적 측면보다는 상징적 측면을 중요하게 여긴다.

인간의 행동원인을 잠재의식 속에서 찾는 것은 매우 어려운 일이지만 현실세계에서 인간의 이런 잠재의식 속에 숨겨진 동기에 의한 행동은 매우 손쉽게 발견할 수 있다. 예를 들면, 유명 디자이너가 만든 옷을 입는 이유에 대해 사람들은 대개 '디자인이 좋아서' 라든가 '나에게 잘 어울리기 때문에'라고 대답하지만 실제 그 이면에는 자신의 재산을 과시하기 위해서라든가 아니면 남들보다 우월하다는 것을 뽐내고 싶은 욕망이 숨겨져 있다고 할 수 있다. 다만 이런 동기는 외부에 잘 나타나지 않을 뿐만 아니라 소비자 자신이 이것이 노출되는 것에 대하여 심리적 저항감을 지니고 있기 때문에 이를 정확하고 객관적으로 측정·설명하는 일이 매우 어렵다.

(4) 동기의 포괄적 분류(Comprehensive Classification of Motives)

동기를 하나의 특성만을 기준으로 분류하는 것은 동기의 이해와 설명에 충분하지 않다. 이는 대부분의 동기가 객관적으로 설명할 수 있을 만큼 행동과 대응되어 나타나지 않기 때문이며 또한 잠재의식 속에 내재한 동기를 측정하여 현실적으로 그 타당성을 입증하기가 쉽지 않기 때문이다.

이에 따라 맥가이어(William J. McGuire)는 4개의 양극적 성향을 이용한 동기의 분류방식을 제시하였다. 이 방식에서의 분류기준은 '인지적 vs. 감정적', '보존 vs. 성장', '능동적 vs. 수동적', '내부적 vs. 외부적'이란 4가지 차원으로 구성된다. 이들 4가지 분류기준은 상호 배타적이 아니기 때문에 이들을 동시에 고려하여 소비자행동의 동기를 분석하게 되면 행동에 동기를 부여하는 성향을 비교적 정확하게 파악할 수 있다.

표 5-1	주요 동기성향의 분류				
구분		능동적		수동적	
		내적(Internal)	외적(External)	내적(Internal)	외적(External)
인지적 (Cognitive)	보존 (Preservation)	① 일관성 (Consistency)	② 귀인 (Attribution)	③ 범주화 (Categorization)	④ 객관화 (Objectification)
	성장 (Growth)	⑤ 자율성 (Autonomy)	⑥ 탐색 (Exploration)	⑦ 대응 (Matching)	⑧ 실용성 (Utilitarian)
감정적 (Affective)	보존 (Preservation)	⑨ 긴장해소 (Tension reduction)	⑩ 자기표현 (Self-expression)	⑪ 자아방어 (Ego-defense)	⑫ 강화 (Reinforcement)
	성장 (Growth)	⑬ 주장(Assertion)	⑭ 친교(Affiliation)	⑮ 정체성 (Identification)	⑯ 모델링 (Modeling)

자료: Wiliam J. McGuire, "Some Internal Psychological Factors Influencing Consumer Choice", *Journal of Consumer Research*, Vol. 2, March 1976, pp. 302~319.

여기서 '인지적 vs. 감정적'이라 함은 행동이 표출되기까지 심사숙고하는 정신적 과정을 거치는지 아니면 즉흥적이고 감정적인 반응을 나타내는 것인가를 의미한다. 또 '보존 vs. 성장'의 구분은 행동이 자신의 현재 상황에서의 균형상태를 유지시키기 위한 것인가 아니면 자아를 개발하여 보다 향상된 상태로 이끌기 위한 것인가를 나타낸다. 한편 '능동적 vs. 수동적'이란 행동이 자신의 주체적 의지에 의한 것인가 아니면 외부자극에 대한 반응에 따른 것인가, 마지막으로 '내부적 vs. 외부적'이라는 기준은 자신의 내부상태를 새롭게 형성하기 위해 이루어지는 행동인가 아니면 환경에 대한 새로운 관계를 구축하기 위해 이루어지는 것인가를 의미한다. 이런 4가지 기준을 중심으로 인간행동에 대한 동기성향을 분석하면 16개의 영역으로 세분할 수 있는데 〈표 5-1〉은 이렇게 구분된 동기성향을 나타내고 있다.

① 일관성(Consistency)

이는 자신만의 조직적이고 논리적인 세계관을 유지하려는 성향으로 소비자가 어떤 사실에 대하여 알고 있던 것과 일치되지 않을 때 불안을 느끼고 불일치되는 이유를 규명하기 위한 어떤 시도를 하게 되는 것을 말한다. 예를 들면, 건강에 매우 유익한 것으로 믿어 왔던 음식이 영양가가 낮다는 새로운 정보와 접촉한 소비자는 심리적 불안감을 느끼고 그 이유를 발견하기 위한 행위동기가 부여된다.

② 귀인(Attribution)

동기성향을 결정짓는 요인으로서 귀인은 여러 가지 다양한 사건의 발생 원인을 추론하고자 하는 것을 말하는데 대개 다음과 같은 3가지 방향으로 이루어진다.

첫째, 여러 가지 사건의 원인에 대한 추론으로 특정 대상을 선택하는데 이를 사물귀인이라고 한다.

둘째, 자신이 수행한 행동으로부터 자기 자신의 태도나 가치, 성격 등을 해석하기 위한 활동으로 이를 자기귀인이라고 한다.

셋째, 타인이 수행한 행동의 이유에 관하여 추론하는 행위로 이를 타인귀인이라고 한다.

③ 범주화(Categorization)

소비자는 다양한 정보에 노출되게 되면, 보다 간편하고 용이하게 처리하고 저장할 수 있도록 주관적 기준에 따라 정보를 범주화시키려는 정신활동을 수행하는데 이를 범주화라고 부른다. 예를 들면, 소비자가 의복에 관한 특정 정보와 접촉하는 경우, 이 정보를 정장, 평상복, 작업복 등 여러 범주 중의 하나로 기억하고자 할 것이다.

④ 객관화(Objectification)

소비자는 자신의 가치나 태도, 성격 등을 규정짓기 위해 자신의 내적 준거에 의존하지 않고 객관적인 외부정보를 이용하려고 하는 성향을 지닌다. 이를 객관화라고 하는데 예를 들면, 어떤 대상을 연구하는 학생의 경우, 자신이 연구대상에 대하여 이해하고 있는 정도나 성취수준 등을 기준으로 하지 않고 시험성적에 의해 자신의 학문적 성취도를 평가하려 하는 경우가 이에 해당된다.

⑤ 자율성(Autonomy)

이는 타인과는 다른 특출한 존재로서 소비자 자신이 자아실현이나 자기개발을 통해 성장과 발전을 도모하고 개성을 발견하고자 하는 성향이라고 할 수 있다. 이런 예에는 특별한 자극이 없더라도 자신의 발전을 위해 유익한 책들을 구독하는 경우가 해당된다.

⑥ 탐색(Exploration)

이는 소비자가 새로운 사건이나 새로운 상황을 경험함으로써 자극을 적극적으로 추구하려는 성향을 말한다. 우리의 일상생활에서 흔히 발견할 수 있는 개인의 상표전환행동이나 다양성 추구행위 등은 바로 탐색적 동기성향에 기인하는 것이라고 할 수 있다. 특히 소비자는 충동구매나 상표전환행위를 통해 단조로운 생활에 있어 새로운 활력을 촉진시키려고 한다.

⑦ 대응(Matching)

이상적 상황에서의 자아이미지를 발견하여 이런 이상적 상황과 현실상황을 비교하는 인간의 성향을 대응이라고 한다. 예를 들면, 가장 우수하다고 생각하는 제품의 형태를 마음 속에 상상한 후 새로 구입한 옷을 이것과 비교하는 행동이라고 할 수 있는데, 강한 대응동기를 지니고 있는 소비자일수록 제품의 평가기준은 다른 상표의 특성이 아니라 바로 자신이 마음속에 그리고 있는 이상적 형태에 의한 내적 기준이 된다.

⑧ 실용성(Utility)

소비자가 생활의 문제를 해결해 주는 정보나 기능을 모색하기 위해 외부환경을 중요한 정보의 원천으로 활용하려고 하는 성향을 말한다. 평소 새로운 정보나 보다 유익한 정보를 획득하기 위해 백화점 등을 둘러보는 행동이라든가 신문이나 잡지에서 실생활과 관련된 기사를 오려 보관하는 행위 등은 모두 실용성의 동기에서 출발하는 것들이라고 할 수 있다.

⑨ 긴장해소(Tension Reduction)

소비자는 욕구가 불충족되었을 경우 긴장을 경험하게 되는데 이때 긴장을 회피하거나 감소시켜 평소와 같은 균형상태로 되돌아가고자 하는 경향을 보인다. 이런 현상을 긴장해소동기라고 하는데, 예를 들면 새로 구입한 컴퓨터가 광고에서 제시된 여러 가지 기능을 제대로 발휘하지 못하는 경우 소비자는 심리적 긴장상태를 경험하게 된다. 이런 긴장상태는 컴퓨터 관련 서적을 구입해 읽도록 함으로써 컴퓨터 사용상의 문제점을 해결할 수 있게 하고 기계의 기능을 제대로 발휘할 수 있도록 하는 것이다. 이에 따라 소비자는 심리적 균형상태를 회복할 수 있게 되어 비로소 긴장을 해소시킬 수 있다.

⑩ 자기표현(Self-expression)

자신의 실체를 타인에게 나타내려고 하는 욕망으로서 대형승용차를 구입하는 행위나 유명상표의 의류만을 고집하는 행동은 많은 경우 자신의 사회적 지위나 신분을 과시하려는 욕구가 원인이 된다.

⑪ 자아방어(Ego-defense)

곤란한 상황이나 위협으로부터 자신을 보호하고자 하는 성향으로 소비자가 향수를 구매하는 이유는 사교적 모임에서 다른 사람으로부터 멸시나 천대를 예방하기 위한 방어적 동기 때문이라고 한다.

⑫ 강화(Reinforcement)

소비자는 과거의 경험에 비추어 충분한 보상이 이루어졌던 행위를 반복하는 경향을 지니는데 이는 강화에 의한 행동이라고 할 수 있다. 최근 고객만족경영 또는 고객제일전략을 표상하는 기업이 등장하는 이유도 소비자가 구매소비상황에서 충분히 만족하는 경우, 이를 재구매하는 확률이 매우 높다는 사실 때문이다. 특히 강화는 학습이론에서 동일한 행동을 반복하도록 하기 위해 반드시 수행되어야 하는 조건으로서 인식된다.

⑬ 주장(Assertion)

이는 경쟁, 권력, 성공을 추구하는 경향으로서 소비자는 자신이 타인에 비하여 우월하다는 사실을 어떤 행동을 통해 나타내려고 하는 욕구를 지닌다. 특히 한국시장의 경우, 대형승용차나 대형가전제품을 구매하는 이유는 실용적 차원이라기보다는 자신의 구매력이나 신분을 나타내려는 의도에서 이루어지는 경우가 많다.

⑭ 친교(Affiliation)

이는 타인과의 만남에서 타인을 수용하고 애정을 표시함으로써 원만한 인간관계를 유지하기 위해 노력하는 성향을 말한다. 이런 친교의 성향은 인간이 직접·간접으로 접촉하고 있는 사회적 집단에 소속되고자 하는 경우나, 특정 집단으로부터 인정·수용되는 것을 희구하는 속성을 의미한다. 따라서 사람은 공식적이건 비공식적이건 많은 조직이나 단체에 가입하여 활동하며 이들로부터 인정받을 수 있는 행동을 추구하게 된다. 이런 속성을 이용한 광고의 경우, 다정한 연인끼리의 속삭임이나 화목한 가정의 모습, 사회적으로 희구되는 집단의 소속감 등을 통해 소비자에게 소구하는 방식을 시도한다.

⑮ 정체성(Identification)

소비자는 누구나 하나의 독립된 인격체로서 자신을 형성시키고 자기개념을 정립하려는 노력을 하게 되는데 이런 성향을 정체성이라고 한다. 다양하고 다원화된 사회에서 자신만의 위치와 이미지를 정립하여 자신을 독립적 존재로 나타내려는 이런 행위는 자신의 가치를 표현함으로써 사회적 위치를 분명하게 하려는 동기에서 기인한다. 예를 들면, 사회단체나 환경단체 등에 가입하여 활동하는 행위나 특정 상표의 의류만을 고집하는 행위는 모두 자신의 이미지를 이들 단체나 상표를 기준으로 차별화시켜 표현하려는 의도에서 이루어지는 경우라고 할 수 있다.

⑯ 모델링(Modeling)

소비자는 자신이 추구하는 이상적 이미지를 갖는 희구집단이나 행동의 기준이 되는 준거집단 또는 특정 개인과 동일해지고 싶어 하는 욕망을 지니고 있다. 따라서 이들의 특성이나 행동방식에 순응하고 이들을 모방하려고 한다. 특히 어린이들은 자신이 좋아하는 유명 연예인이나 프로 스포츠선수의 행동이나 말투, 의상 등을 그대로 모방하려는 경향을 매우 높게 나타낸다.

2) 동기의 기능

(1) 유기체의 행동에 활력을 부여하고 이를 조정한다

인간의 심리적 불균형은 땀샘이나 신경 또는 근육의 운동을 초래하고 외적인 자극은 이들 심리적인 상황과 결합되어 새로운 반응행동을 유발시킨다. 예를 들어 극장 앞을 지나가다가 영화포스터를 보면 영화를 보고 싶은 충동을 느끼며 가깝게 지내던 사람이 갑자기 성공하는 광경을 경험하게 되면 자신도 그와 같이 성공하고 싶은 욕망을 느끼게 된다.

(2) 선택의 기능을 갖는다

현실에서 처한 상황에서 인간의 동기는 어떤 형태로 반응할 것인가를 선택하게 한다. 특정 욕구가 강하게 대두되는 경우, 우선 통찰과 가능한 대안들의 탐색을 통하여 최적 행동안을 선택하고자 한다. 예를 들어 어떤 개인이 자기실현의 욕구가 특히 강하게 대두되는 경우 그 사람은 이를 충족시켜줄 수 있는 여러 가지 행동대안, 즉 고급승용차의 구입, 고가의 가구를 구입하는 것, 유명 골프클럽회원권을 구매하는 행위 등 여러 가지 행동대안들 중에서 가장 적합하다고 판단되는 행동안을 선택하게 된다.

(3) 행동을 촉진하고 행동의 방향을 결정짓는다

동기는 개인으로 하여금 바람직하다고 판단되는 수준까지 목표지향적 행동을 유도하는 기능을 수행한다. 예를 들면, 특정 조직 내에서 금전적 동기가 강한 직원들은 자신의 평가점수를 향상시키거나 생산성을 증대시킴으로써 급여·임금의 보상 수준을 높이고자 하며, 가격에 민감한 소비자는 여러 점포를 방문해 가격을 비교하거나 경품·바겐세일을 실시하고 있는 매장을 찾아가는 행동을 취하려고 한다.

3) 동기의 유발방법

인간의 동기는 선천적인 것도 있으나 성장하면서 사회적 · 개인적 접촉 속에서 경험하고 학습하여 형성되기도 한다. 또한 동일한 동기라도 상황, 자극의 방법이나 강도에 따라 그 크기나 수준이 달라질 수 있다. 따라서 사회 · 집단 · 개인의 목표에 부응할 수 있도록 타인의 동기를 유도하는 방법은 사회생활이나 기업의 마케팅활동에서 매우 중요한 의미를 지닌다.

(1) 보상과 처벌(Reward or Punishment)

일반적으로 특정 행위를 수행한 것에 대하여 보상하는 것이 보상을 주지 않거나 무관심한 것보다 동기를 부여하는 효과가 크다. 또한 처벌에 대한 공포나 긴장도 특정한 행동을 활성화시키거나 억제하는 유인요소로 작용한다.

(2) 경쟁과 협동(Competition and Cooperation)

협동은 목표를 달성하려는 노력을 조직화하여 목표달성을 보다 용이하게 만든다. 그러나 경우에 따라서는 협동보다도 경쟁이 성과달성에 보다 효과적일 때도 있는데 특히 어린이나 청소년의 경우에는 남녀 간의 경쟁이 동성 간의 경쟁보다 효과적이며 집단경쟁이 개인경쟁보다 더 효과적이라고 한다.

(3) 개인과 집단(Individual and Group)

특정 활동에 대하여 개인의 권한을 독립적으로 부여하는 경우, 동기가 더 높게 유발되지만 매우 복잡하고 시스템적으로 연결되어 있는 과업의 경우에는 집단적으로 수행하는 경우가 보다 효과적이라서 성취욕구가 더 높게 나타난다.

(4) 성취감(Success)의 경험

자신이 수립한 목표를 달성함으로써 맛보는 성취감을 경험하게 되면 특정 문제를 해결하려는 동기가 보다 강하게 형성되어 이를 위한 활동의 강도가 높아지게 된다. 만일 욕구수준이 너무 높아 빈번한 실패를 경험하게 되면 욕구좌절을 유발하여 어떤 일을 추진하려는 용기를 감소시키게 된다. 이런 관점에서 개인에게 부과되는 문제나 욕구수준은 개인의 능력과 자원의 범위 내에서 달성 가능한 것이어야만 한다.

(5) 목적과 결과에 대한 인지(Recognition)

행동의 목적을 명확하게 인지하는 것은 욕구를 유발시키는 원동력이 될 수 있으며 이는 보다 높은 성과를 가능하게 한다. 동일한 맥락에서, 행동의 결과에 대한 분명한 인식도 행동을 유발시키는 동기가 될 수 있다. 즉 행동의 결과에 의해 타인으로 부터 인정이나 칭찬이 예상된다면 칭찬을 받기 위한 행동을 수행하려는 동기가 보다 강하게 대두되게 된다.

(6) 관심(Interest)의 유도

개인이 지니는 욕구나 성격 및 인구통계적 특성, 시간과 장소 등에 따라 관심사가 다르게 나타나고 있는데 상황에 맞는 적절한 관심거리를 제공하는 것은 개인의 행동을 유발시키는 동기의 역할을 수행한다.

(7) 우월감과 사회적 인정(Superiority and Social Approval)

어린이는 부모로부터의 인정을 중요하게 여기며 청소년은 친구로부터의 인정을 중요하다고 여긴다. 한편 성인이 되어갈수록 가족이나 친지보다는 사회적으로 인정받는 것에 대하여 보다 가치를 두게 되는데 이런 경향은 남들보다 더 풍족한 생활을 하기 위해 경쟁한다든가 사회적 성취감을 맛보기 위해 권력을 쟁취함으로써 지배욕을 실현시키는 행동을 추구하도록 한다. 따라서 개인의 발전 정도와 개성을 기준으로 하여 개인의 우월감이나 사회적 인정 등에 대한 욕구에 소구하거나 이를 충족시켜 주는 경우 행동을 유발하게 될 확률이 높아진다.

(8) 경험(Experience)의 이용

과거의 행동으로부터 경험한 감정이나 느낌 등도 현재의 행동을 결정짓는 중요한 변수가 된다. 만족하였던 경험은 강화되고 긍정적 태도를 형성하는 결과를 초래하므로 성공적인 경험의 호소는 매우 강력한 동기를 부여한다. 반대로 불만족하였던 경험은 갈등을 유발하여 의사결정에 대한 우려감으로 행동을 억제하는 요인이 될 수 있기 때문에 갈등에 따른 긴장을 완화할 수 있도록 의사결정에 필요한 새로운 정보를 제공하고 긍정적 태도를 유발시킬 수 있어야 한다.

모티베이션 이론과 마케팅 전략

1. 모티베이션 이론의 발달

모티베이션에 대한 연구는 인간이 행동을 개시한 인류탄생부터 시작되었다고 할 수 있으나 경영학에서 모티베이션을 중요한 개념으로 인식하기 시작한 것은 조직과 인간이란 관계에 본격적으로 관심을 갖기 시작한 20세기 초라고 할 수 있다. 그 이전까지 수많은 학자들의 다양한 주장이 제기되었으나 특정한 하나의 이론만으로는 복잡한 인간행동의 원인을 충분히 설명하지 못하였다.

모티베이션에 대한 연구를 경영학적 측면에서만 고려한다면, 역사적으로 〈그림 5-4〉와 같이 요약할 수 있다. 20세기의 태동과 함께 유행처럼 번진 테일러(F. W. Taylor) 등의 과학적 관리법은 작업자의 생산성을 증대시키기 위해 임금(wage)동기를 부여하여 생산성을 높이고, 생산량의 증가로 파생된 공급은 스스로 창조한 수요에 의해 효과적으로 배분이 이루어진다고 가정하였다. 이런 과학적 관리법에서 제기된 임금동기는 인간을 기계화한다는 비판과 함께 인간의 존엄성에 대한 새로운 시각이 제시되었다. 메이요(Elton Mayor) 등에 의해 확립된 인간관계론에서는 인간행동을 유발하는 내면에 경제적 동기뿐만 아니라 안정성을 추구하려는 인간적 욕구가 자리 잡고 있다는 것을 발견하였다. 이런 일련의 동기연구는 매슬로우(A. Maslow)의「욕구계층이론」(Hierarchy of Needs Theory)으로 이어져 인간의 행동을 지배하는 동기는 다양하면서 동시에 계층적 구조로 이루어져 있는 것으로 이해하게 되었다. 이렇게 인간행동의 이면에 내재하는 동기가 행동을 결정짓는 하나의 특성으로 이해하려는 것이 내용이론(contents theory)이다. 이는 허즈버그의 '2요인이론', 앨더퍼(C. Alderfer)의 'ERG이론'으로 발전되었다.

1) 내용이론(Contents Theory)

내용이론은 인간의 행동을 유발하고 방향을 유도하며 이들 행동에 지속성·중단 여부를 결정짓는 요인이 인간의 내부에 존재한다고 가정한다. 따라서 이런 요인들을 발견하고 자극하는 것에 중점을 둔다. 이들이 중요하게 여기는 행동유발요인

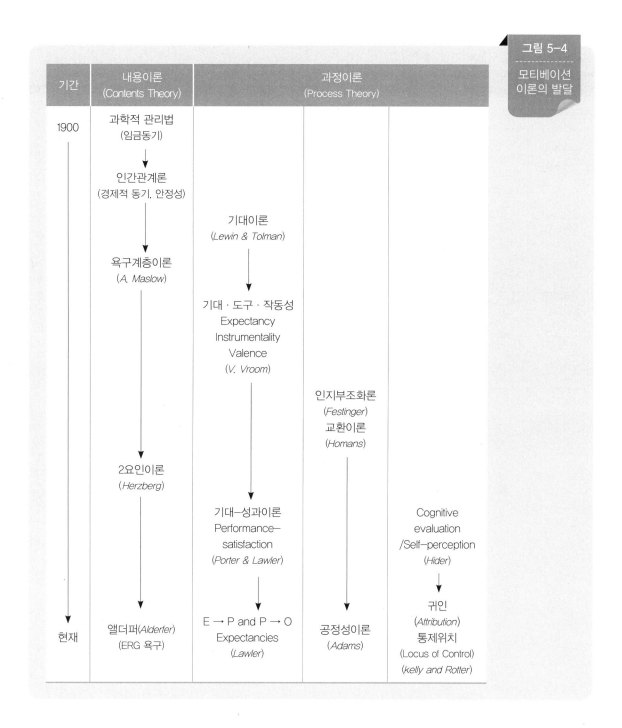

그림 5-4

모티베이션
이론의 발달

에는 욕구·본능·만족 등이 있다. 인간행동을 유발하는 모티베이션은 선천적으로
특정한 형태를 지니고 있다고 가정하기 때문에, 필요한 행동을 유도하기 위해서는
이런 인간의 내면세계에 존재하는 여러 요인들 중에서 가장 가능성이 높은 유형의
것을 발견하고 이를 자극하는 활동이 선행되어야 한다고 주장한다.

표 5-2	내용이론과 과정이론의 비교		
구분	이론의 개요	이론의 창시자	적용방향
내용이론 (Content)	개인의 행동을 활성화(energize), 지도(direct), 유지(sustain) 및 중단(stop)시키는 요인을 발견하여 이들을 실무에 적용하는 방법의 탐색. 단, 이들 요인은 추정(inference)에 의해서만 발견할 수 있음	• 매슬로우: 인간욕구 5단계설 • 앨더퍼: 3단계의 욕구(ERG) • 허즈버그: 2개의 주요 요인(위생요인/동기요인) • 맥클리랜드: 문화를 통해 학습되는 3가지 욕구(성취욕구, 친화욕구, 권력욕구)	모든 개인은 여러 측면에서 모두 독특(unique)하다고 할 수 있으므로 개인의 욕구(needs), 욕망(desires)과 목표(goals)에 대해 인지(aware)하고 있어야 함
과정이론 (Process)	인간의 행동이 어떻게 활성화되고 지도, 유지, 중단되는지를 파악하여 기술, 설명, 분석함에 중점	• 브룸: 기대이론(Expectancy/Instrumentality, Valence) • 스키너: 강화이론—행위의 결과로서 나타나는 학습효과에 주목 • 아담스: 공평성이론—개인 간 투입 대 산출의 비율에 대한 개개인의 상대적 공평성의 인식정도 • 에드록: 목표설정이론—개인의 목표와 의도가 행동의 결정인자가 될 수 있다는 점	모티베이션의 과정뿐만 아니라 개인이 자신의 선호대상(preference)이나 보상(rewards) 그리고 성취(accomplishments) 등을 기준으로 표현되는 행동의 선택방법과 기준을 이해함

(1) 욕구계층이론(Hierarchy of Needs Theory)

임상심리 학자였던 매슬로우(A. Maslow)가 자신의 임상경험으로부터 얻은 내용을 기초로, 1943년에 발표한 논문에서 주장한 것으로 인간의 행동은 자신의 욕구를 충족시키는 과정에서 형성된다고 전제하고 인간행동에 동기를 부여할 수 있는 욕구가 5개의 계층으로 이루어져 있다고 하였다. 이런 5가지 욕구는 서열화 되어 있어 낮은 단계의 욕구로부터 높은 단계의 욕구로 차례로 충족되어진다. 따라서 특정 수준에 있는 욕구가 일단 충족되면 이는 더 이상 모티베이션으로서의 역할을 수행하지 못하며 다음 단계의 욕구가 행동을 지배하는 중요한 모티베이션이 된다는 것이다.

인간욕구의 5단계 이론이 작동되는 원리는 다음과 같다.

첫째, 개인마다 5가지 욕구가 저차원으로부터 고차원의 순으로 나타나며 이들은 반드시 순서대로 나타나기 때문에 다음 단계를 생략하고 그 다음의 단계로 뛰어넘는 경우는 발생되지 않는다. 이는 특정 시점에 개인을 지배하는 욕구는 반드시 하나만이 존재한다는 것을 의미한다.

둘째, 욕구의 출현과 소멸은 결핍과 충족의 원리에 의해 이루어진다고 가정한다. 이는 순서에 의해 어떤 특정한 욕구가 결핍되어 있으면 그 욕구가 개인의 행동을

그림 5-5

매슬로우의
5단계
욕구위계이론

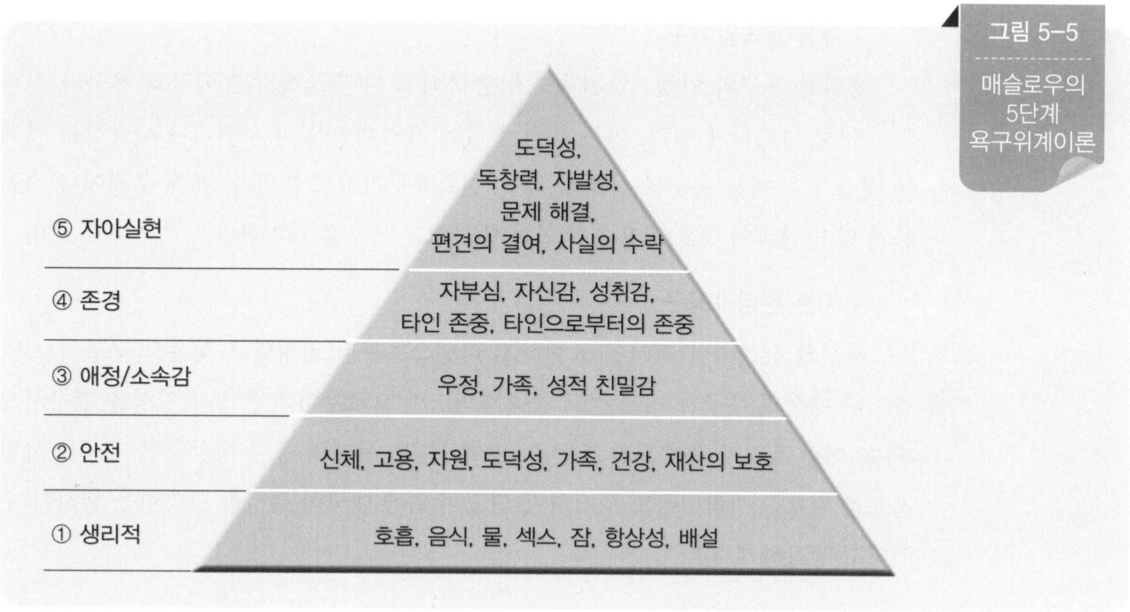

⑤ 자아실현

도덕성,
독창력, 자발성,
문제 해결,
편견의 결여, 사실의 수락

④ 존경

자부심, 자신감, 성취감,
타인 존중, 타인으로부터의 존중

③ 애정/소속감

우정, 가족, 성적 친밀감

② 안전

신체, 고용, 자원, 도덕성, 가족, 건강, 재산의 보호

① 생리적

호흡, 음식, 물, 섹스, 잠, 항상성, 배설

지배하게 됨을 의미한다. 따라서 이런 '결핍-지배-충족-새로운 욕구출현'의 과정
은 가장 고차원의 욕구인 자아실현욕구가 출현될 때까지 계속적으로 진행된다.

셋째, 개인의 행동에 동기를 부여하는 것은 결핍이다. 다만 자아실현욕구에 있
어서는 이를 예외로 한다.

넷째, 자아실현욕구는 다른 욕구와는 달리 충족되면 될수록 욕구의 크기가 더욱
증가한다. 이들 욕구를 단계별로 구분하면 다음과 같이 설명할 수 있다.

① 생리적 욕구

인간의 생명을 유지하기 위해 필요한 기본적 욕구로서 식, 주거, 의복 및 성(性)
적 욕구를 말한다. 가장 강력한 욕구수준을 지니기 때문에 이들 욕구가 어느 정도 충
족되기 전까지 모든 행동은 이들 생리적 욕구를 추구하는 차원에서 머물려고 하며
다른 욕구는 행동에 거의 영향을 미치지 못한다.

② 안전의 욕구

생리적 욕구를 충족하고 난 후에 느끼는 욕구로 신체적인 안전과 심리적인 안정
을 추구하려는 욕구를 의미한다. 여기에는 외부로부터 자신에 대한 보호나 직업의
안정처럼 사회적 위협으로부터 벗어나고 싶은 욕구, 생리적 욕구의 유지를 위해 필
요한 행동을 하고자 하는 욕구 등이 해당된다.

③ 애정·소속의 욕구

생리적 욕구와 안정 · 안전욕구가 충족되고 나면 소속감과 애정의 욕구가 지배적 욕구로 나타나게 된다. 이는 특정 집단에 가입해 타인과 사귀거나 사랑하는 관계를 맺고 싶어 하는 욕구로 사회적 욕구, 친화욕구라고도 불린다. 대개 우정이나 대인관계 및 타인과의 상호 작용을 원만하게 하려는 욕구를 의미한다.

④ 자존·존경의 욕구

자신의 신분이나 자아를 표현하고 타인으로부터 인정받고 싶은 욕구로서 소속감이나 애정의 욕구가 어느 정도 충족되면 타인으로부터의 존경과 인정을 추구하게 된다. 이런 욕구가 충족되면 자신감, 명예, 권력, 통제력 등이 형성되어 자신을 사회적으로 필요한 사람이라고 생각하게 되고 주위에 대하여 특정한 영향력을 행사할 수 있다고 생각하게 된다.

⑤ 자아실현의 욕구

인간의 욕구 중 가장 높은 단계에 속하는 것으로 앞의 4가지 욕구를 충족시킨 후에는 자신의 능력, 기술, 잠재력 등을 극대화시킬 수 있도록 개발함으로써 자신이 지니고 있는 모든 가능성을 실현시키고자 하는 욕구가 대두된다. 특히 자신의 분야에서 최고가 되기 위해 노력하는 행동은 자아실현욕구에 의해 이루어지는 것이라고 할 수 있다.

욕구계층이론은 소비자행동연구를 이용한 행위중심적 마케팅전략의 수립에는 크게 기여하지 못하였지만 소비자의 욕구구조를 이해하고 일정시점 또는 계급수준 간의 욕구차이를 활용한 마케팅활동을 가능하게 하였다는 점에서 의미를 지닌다고 할 수 있다.

(2) 2요인이론(Two-factor Theory)

1950년대 말 허즈버그(F. Herzberg)는 직무만족과 직무태도, 성과 등에 관한 연구를 기초로 3권의 저서를 발표하면서 직무만족과 성과는 일정한 관계를 나타내지 않는다는 연구결과의 내용을 정신분석학적 입장에서 해석하였다. 즉 인간의 동기를 자극하는 요인에는 만족도를 증대시켜 성과에 연결시키는 유형과 불만족을 줄이는 역할을 주로 수행하는 요인으로 구분할 수 있는데 전자를 동기요인이라 하고 후자를 위생요인(불만요인)이라고 하였다.

2요인이론의 특징은 동기를 서로 상반되는 유형으로 구분하지 많고 서로 독립적인 관계로 파악한다는 점이다. 즉 정신적으로 건강한 상태의 반대개념은 정신적으로 병적인 상태가 아니라 건강하지 않은 상태이며 정신적으로 병적인 상태의 반대는 마찬가지로 정신적으로 건강한 상태가 아니라 병적 상태를 회복한 상태로 파악해야 한다. 따라서 이들 각각의 상태에 영향을 미치는 동기는 서로 다른 요인으로 분류되어져야 한다. 다시 말해 전통적 동기연구에 따르면, 불만족을 해소시키면 자연히 만족하게 되고, 만족하지 못하면 당연히 불만족한 상태가 된다고 보고 있으나 2요인 이론에서는 이런 역할을 수행하는 요인들은 서로 독립적으로 인간의 행동에 작용하는 것으로 이해한다.

그는 이 가설을 실증하기 위하여서 피츠버그에서 약 200명의 기술자와 회계사를 대상으로 어떠한 경우에 있어서 일에 대한 적극적 만족과 불만족을 느끼는가를 조사하였다. 허즈버그의 이론에 의하면 적극적 만족감을 초래하는 원인은 달성, 승인, 일에 대한 책임, 승진이고, 그 가운데 일에 대한 책임, 일 그 자체, 승진의 요소가 일에 대한 의욕과 정열을 지속시키는 요인이 되었다. 또한 불만족을 가져오는 요인은 회사의 정책과 경영 · 감독기술 · 급여 · 대인관계 · 작업조건의 5가지이다. 이들은 직무불만을 초래하는 요인은 되지만 직무만족을 일으키는 요인은 될 수 없다고 보았다. 직무만족을 초래하는 요인으로는 일을 통한 정신적 성장 및 자기실현을 가능케 하는 성격을 포함하는 것이며, 이를 '동기부여요인(motivator)'이라 부르고, 직무불만을 해소할 수 있는 5가지 요인은 동기부여의 요인은 아니나, 직장에서 발생하는 여러 가지 불쾌한 상황을 제거하여 좋은 환경을 유지하게 하는 것이므로 이를 위생요인이라 하였다.

표 5-3	동기요인과 위생요인
위생요인 · 불만족요인 (Hygiene Factors · Dissatisfiers)	동기요인 · 만족요인 (Motivators · Satisfiers)
개인의 욕구를 충족시키는 데 있어 주로 개인의 불만족을 방지해 주는 효과를 가져다 주는 것들로 개인의 생리적 욕구와 안전과 안정, 애정의 욕구를 충족시켜줌으로써 불만족을 방지해 줌 • 회사의 정책과 방침 • 작업조건 • 급여나 임금수준 • 상하 간 동료 간의 인간관계 • 개인생활요소 • 지위 • 직업의 안정성	이는 개인으로 하여금 열심히 일하도록 하며 성과를 증진시켜 줌으로써 만족을 가져오게 하는 요인들로서 이들이 충족되지 않는다고 하여 불만족을 초래하지는 않지만 이들이 충족되어야만 만족에 적극적인 영향력을 행사하여 적극적인 태도를 유도할 수 있도록 함 • 성취감과 도전성 • 안정감과 책임감 • 타인의 칭찬이나 인정을 받는 것 • 성장과 발전 • 존경과 자아실현

허즈버그의 2요인이론은 판매전략과 광고전략에 많은 점을 시사해 준다. 대부분의 판매와 광고전략은 아직도 위생요인의 사고에 기초하여 수립된 것이 많은데 이는 소비자의 만족을 추구하는 현대 기업경영의 목표나 마케팅목표를 실현시키는 데는 부족하기 때문에 동기요인들을 적극적으로 활용하는 방안이 모색되어져야 할 것이다.

(3) 성취동기이론(Achievement Motivation Theory)

맥클리랜드(D. C. McClelland)는 개인의 동기는 개인이 사회문화환경과 상호 작용하는 과정에서 취득하며 학습을 통하여 동기가 개발될 수 있다는 전제 하에 조직에서의 동기행동을 연구하여 성취동기이론을 제시하였다. 그는 개인의 욕구 중에서 사회문화적으로 습득된 욕구로서 성취욕구, 친화욕구 및 권력욕구를 열거하고 이 중에서 특히 개인의 성취욕구에 대하여 집중적으로 연구한 결과, 성취욕구가 강한 사람들이 선호하는 다음과 같은 일반적 상황을 발견할 수 있었다.

첫째, 우연이나 운에 의하기 보다는 능력과 노력을 통한 성취가능성의 확률이 높은 상황으로서, 개인적으로 책임을 질 수 있고 이를 통해 개인의 명예와 명성을 획득할 수 있는 상황이다.

둘째, 성취감을 높이는 상황은 일의 난이도와 위험이 적당한 수준에 있을 때로 과업의 난이도가 너무 높으면 성취가능성이 희박해져 하고자 하는 의욕이 감소하며 이와 반대로 너무 쉬운 일은 성취한 후에 만족을 느끼기 어렵다. 따라서 성취동기가 강한 사람은 상황과 관련된 위험을 고려해 본 후 자신의 능력이나 수준에 비해 약간 벅찬 상황을 선택하여 과업을 완수하려고 한다.

셋째, 노력하여 성취한 성공에 대하여는 분명한 피드백이 주어져야 한다. 성공과 실패에 대한 구분이 명확하지 못하면 성취를 위한 동기부여는 불가능하다고 할 수 있다. 따라서 적절한 시간 이내에 결과에 대한 보상이나 정보가 되돌아올 수 있어야만 한다.

넷째, 혁신이나 해결안이 현실적으로 가능해야 하며 뚜렷한 미래지향성이 내포되어 있어야 한다. 성취동기이론은 신분을 상징하는 제품이나 기호품 등의 구매행위 속에 내재해 있는 비합리적이고 감정적인 측면의 이유를 설명해 줄 수 있다. 따라서 이들과 연관된 상품의 마케팅전략을 수립하는 경우에 소비자의 감정적 동기를 고려하는 것이 필요하다.

(4) ERG이론

매슬로우의 욕구단계이론이 인간동기에 대하여 지니는 많은 시사점과 현실적 적용 가능성에도 불구하고 이론적 한계를 지니기 때문에 이를 극복하기 위해 제시된 것이 1969년, 앨더퍼(C. Alderfer)가 제시한 ERG이론이다.

ERG에서 E는 Existence를 의미하며 존재욕구라고 해석할 수 있다. 매슬로우의 욕구단계에서 본다면 생리적 욕구나 안전의 욕구와 같이 자신의 존재를 확보하는 데 필요한 기본적이고 원초적인 욕구이다. 동시에 이런 생활이나 생존을 가능하게 하는 자금, 육체적 작업에 대한 욕구, 물질을 소유하려는 욕구 등도 존재욕구에 포함될 수 있다.

한편 R은 Relatedness로서 관계욕구라고 해석할 수 있는데 개인이 주변의 이해관계자들, 즉 가족, 친구, 직장동료 등과 의미 있고 원만한 인간관계를 형성하고 생각과 감정을 공유하고자 하는 욕구를 말한다. 욕구계층이론에서 본다면 소속 및 애정의 욕구와 자존욕구 등 대인관계를 통하여 충족될 수 있는 부분이라고 할 수 있다.

G는 Growth의 약자로 성장욕구를 의미하는데 욕구계층이론에서는 자존욕구나 자아실현욕구라고 할 수 있다. 이는 개인의 잠재력을 개발하여 극대화함으로써 자율과 성취욕을 달성하고자 하는 동기로 볼 수 있다. ERG이론은 매슬로우의 욕구 5단계이론과 큰 차이를 보이지 않는 것처럼 보이나 근본적으로 다음과 같은 차이점을 지니고 있다.

첫째, 욕구의 분류를 3가지로 보다 포괄적으로 규정하고 있다.

둘째, 욕구계층이론은 특정 시점에 지배적인 욕구가 반드시 하나만 존재하며 욕구계층은 생략되거나 중복되지 않는다고 가정하는데 반하여 ERG이론에서는 이들 욕구가 동시에 경험될 수 있으며 반드시 순서대로 나타나지도 않는다.

셋째, 고차원의 욕구가 계속적인 시도에도 계속 실패하게 되면 다시 하위계층의 욕구가 발생될 수 있다. 즉 욕구계층이론이 욕구의 진행이 상향 일방식(one-way)이였음에 비해 상하 쌍방식(two-way)으로 이루어지고 있다고 가정한다.

이런 ERG이론의 유용성은 욕구계층이론이 의미하는 만족-진행의 원리에 고차원적 욕구의 좌절이 가져오는 결과에 대하여 설명할 수 있는 좌절-퇴행가설의 입증이라고 할 수 있다. 즉 관계욕구나 성장욕구가 좌절되는 경우 그 하위단계의 욕구가 더욱 강력하게 대두될 수 있다는 사실이다. 따라서 고차원 욕구의 실패를 보상하기 위해서는 다시 나타나게 되는 저차원의 욕구를 충족시켜주는 활동이 필요하다고 할 수 있다.

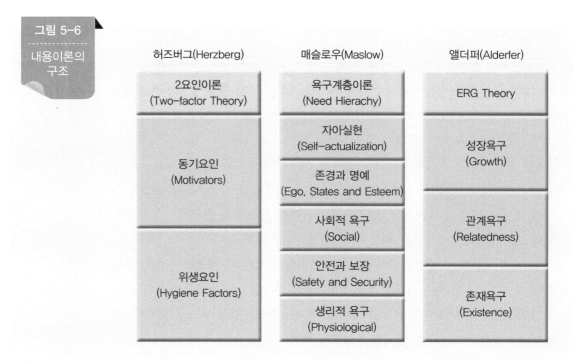

그림 5-6
내용이론의
구조

허즈버그(Herzberg)   매슬로우(Maslow)   앨더퍼(Alderfer)

2요인이론
(Two-factor Theory)

욕구계층이론
(Need Hierachy)

ERG Theory

동기요인
(Motivators)

자아실현
(Self-actualization)

성장욕구
(Growth)

존경과 명예
(Ego. States and Esteem)

사회적 욕구
(Social)

관계욕구
(Relatedness)

위생요인
(Hygiene Factors)

안전과 보장
(Safety and Security)

존재욕구
(Existence)

생리적 욕구
(Physiological)

* 욕구는 일정한 유형으로 분류될 수 있으며 이들은 서로 위계(Hierachy)가 있어 일정한 순서나 위치로 구분지을 수 있다는 것이 공통점이다.

2) 과정이론(Process Theory)

동기이론에서 인간행동이 활성화되는 과정을 중심으로 연구하는 것이 과정이론이다. 이 이론은 인간의 행위가 환경과의 교류를 통하여 특정한 목적과 방향을 갖게 되는 과정을 설명하고 이해하는 데 중점을 두기 때문에 내용이론에 비하여 복잡하고 동태적 특성을 지니고 있다. 따라서 과정이론은 인간의 행동 이면에 숨겨져 있는 인지요소 간의 상호 작용을 통해 행동이 결정되는 경위를 설명하려고 한다.

(1) 기대이론(Expectancy Theory)

기대이론을 가장 먼저 체계화한 사람은 브룸(V. H. Vroom)이라고 할 수 있다. 브룸의 연구는 앞서 이루어졌던 르윈(K. Lewin)이나 톨만(E. C. Tolman)의 연구를 기초로 하여 이를 체계적이고 논리적으로 정리한 것 이라고 볼 수 있다. 기대이론은 모티베이션이 인간의 행동과 노력의 방향을 결정짓는다는 관점에서 파악하고자 한다. 즉 인간은 행동의 결과인 성과를 기대하고 그 기대와 관련하여 행동을 선택한다는 것이다. 이에 따라, 인간은 자신의 행동과정에서 여러 행동대안이니 행동전략을 평가해 가장 중요하다고 여기는 결과를 가져올 수 있는 행동대안을 선택한다고 가정한다.

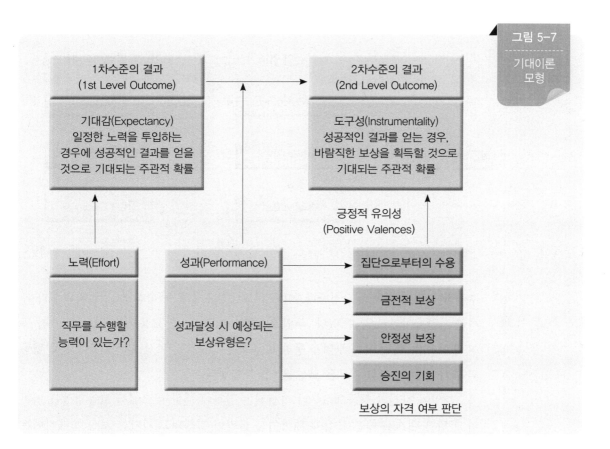

그림 5-7
기대이론
모형

여기에는 행동의 목적지향성, 행동상황의 단서, 결과에 대한 기대감 및 예측확률 등의 개념과 관련되어 있다. 이런 기대이론의 체계는 〈그림 5-7〉과 같다.

(2) 공정성이론(Equity Theory)

공정성이론은 페스팅거(L. Festinger)의 인지부조화이론과 호만스(G. C. Homans)의 분배적 정의의 개념을 기초로 당시 General Electric의 Crotonville연수원의 연구원이었던 아담스(S. Adams)가 1963년에 발표한 이론으로 그 핵심은 개인과 개인 또는 개인과 집단 간의 교환관계에 두고 있다.

〈그림 5-8〉에서 나타나고 있는 것처럼 공정성이론에서는 개인의 행동을 결정짓는 것은 교환과정에서 지각된 불균형의 정도이며 개인은 자기 자신의 투입과 산출을 타인의 그것과 비교하여 그 비율이 1보다 크거나 작은 경우에 불공평을 느끼게 되고 이것이 행동을 유발하는 동기로 작용한다고 주장한다. 즉 사회적 교환관계에 있어서 공정성이 유지되면 이런 공정한 관계를 유지하기 위한 행동을 지속하게 될 것이고 만일 공정하지 않다고 판단하게 되면 이를 시정하기 위한 여러 가지 행동을

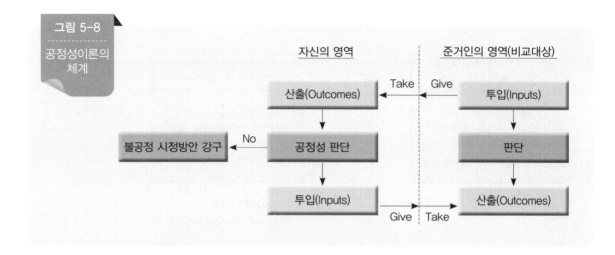

그림 5-8
공정성이론의
체계

개념도의 구성요소:
자신의 영역 / 준거인의 영역(비교대상)
산출(Outcomes) ← Take ← Give ← 투입(Inputs)
공정성 판단 — No → 불공정 시정방안 강구 / 판단
투입(Inputs) → Give | Take → 산출(Outcomes)

추구하게 될 것이라고 가정한다. 이때 비교대상은 같은 생활환경 내에서 자신과 유사한 사람들이라고 할 수 있다. 투입요소에는 노력, 기술, 교육수준, 비용 및 시간 등이 포함된다. 한편 이런 투입을 통해 발생되는 산출로는 보상, 인정, 성취감 등 행동의 결과로 얻을 수 있는 모든 보상형태를 포함한다.

개인이 자신의 행동으로부터 파생되는 결과에 대한 비교에서 불공정성을 인지하게 되면 대개 부족한 보상에 대하여는 불만이 발생되고 과다한 보상에 대하여는 부담과 불안감을 느끼게 되는데 이런 심리적 긴장감은 불공정성을 느끼는 정도에 따라 달라질 수 있으나 모두 불공정성을 해소시키기 위한 구체적 행동을 취하도록 한다. 이렇게 촉발되는 행동은 대체로 다음과 같은 것들이 있다.

① 투입량과 산출량의 조정: 개인이 투입하는 자원, 에너지의 양을 감소 또는 증대시키거나 산출결과를 조정하는 행위
② 투입과 산출에 대한 인지적 왜곡: 투입과 산출의 중요성에 대한 개념을 변경하거나 조정함으로써 비교대상으로부터 균형을 맞추려고 하는 행위
③ 준거인의 투입·산출을 변경: 자기 자신의 투입과 산출을 변경하는 대신에 비교대상이 되는 준거인의 투입과 산출을 조정함으로써 상호 간의 비율불균형을 감소시키려는 행위

공정성이론은 소비자의 투입·산출요소를 기준으로 소비자행동이 자신의 심리적 인지과정에 의해서 뿐만 아니라 준거집단의 행위양식에 의해 영향을 받을 수 있다는 사실을 암시함으로써 시장세분과 마케팅전략의 수립에 커다란 도움을 주고 있다.

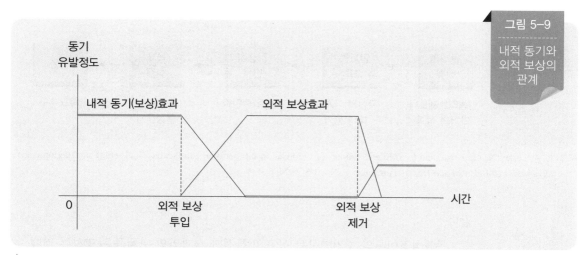

자료: Deci, G. Betly, J. Kahle, L. Abrams and J. Porac, "When Trying to Win: Competition and Intrinsic Motivation", *Personality and Social Psychology Bulletin*, March 1981, pp. 79-83.

(3) 인지적 평가이론(Cognitive Evaluation Theory)

인간은 자신의 행동에 대한 원인을 규명하고자 하는 심리적 속성을 지니고 있다. 이런 현상의 근원은 귀인이론(attribution theory)에서 출발하는데, 외부에서 관찰되는 인간행동의 원인을 내적 요인과 외적 요인으로 구분지을 수 있다는 것이다. 1972년 벰(D. J. Bem)이 주장한 자기귀인(self-attribution)의 개념을 바탕으로 데시(E. L. Deci)는 과업에 대한 동기의 유형에 따라 보상의 형태도 달라져야만 동기의 증가나 유지가 가능하다는 사실을 입증하였다. 예를 들어 외적 보상 없이 내재적 동기가 유발되어 있는 경우에는 열심히 일하는 행위의 원인으로 귀속시킬 만한 다른 외적 요인이나 보상이 없기 때문에 과업 자체의 특성이 즐겁게 할 수 있는 형태라고 생각하게 된다. 그런데 이처럼 내적 귀인의 상태에 외적 보상을 제공하게 되면 열심히 일하는 것에 대한 귀인의 대상이 일 자체에서 '돈'이라는 보상으로 바뀌게 되므로 이 경우 열심히 일하는 원인은 일이 재미있어서라기보다 보상 때문이라고 해석할 수 있게 된다. 연구결과 내적 동기가 유발된 상태에서 외적 보상을 제공하였다가 이를 제거하게 되면 〈그림 5-9〉에서처럼 본래의 내적 동기수준으로 회복되지 않는다고 한다.

(4) 목표설정이론(Goal-Setting Theory)

1968년 록(E.A.Locke)에 의해 제시된 목표설정이론은 현재까지의 동기이론 중에서 가장 타당성이 높은 것으로 평가되고 있다. 목표설정이론에서는 개인의 성과가 개인의 목표에 의해 결정된다고 가정하는 데 그 기본적 체계는 〈그림 5-10〉에서와

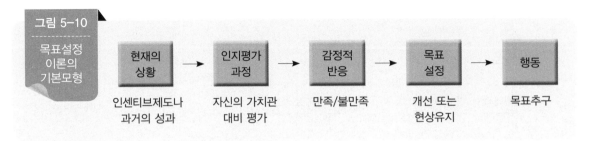

자료: E. A. Locke, N. Cartledge, and S. S. Knerr, "Studies of the Relationship between Satisfaction, Goal-setting and Performance", *Organizational Behavior and Human Performance*, No. 1-5, 1970, p. 135.

같다.

목표설정이론의 초기연구는 목표의 특성과 성과와의 관계를 규명하는 것에 초점이 모아져 있었으나 목표의 효과에 대한 검증이 이루어지고 이에 대한 확신을 갖게 됨에 따라 다양한 상황 하에서 목표와 성과의 관계와, 목표와 인간과의 상호 작용을 이해하기 위한 연구로 확대되었다. 이들 연구는 결국 목표의 특성 · 형태와 성과 간의 관계에서 상황적 요인들이 어떤 작용을 하는가를 규명하고자 하는 것이었다고 할 수 있다. 이들의 연구결과, 목표의 특성과 형태 및 상황요인 간의 관계는 다음과 같다는 것이 밝혀졌다.

(가) 목표의 특성

목표의 특성은 크게 목표의 난이도와 목표의 구체성을 대상으로 연구되었다. 목표는 성취 가능한 범위 내에 있어야 하며 이런 경우, 도전적이며 어려울수록 성과가 높게 나타났으며 목표의 구체성에 있어서는 포괄적이고 추상적인 목표보다는 구체적이고 수치화된 목표로 표현될수록 높은 성과가 나타났다.

(나) 목표의 유형

목표의 유형은 부여된 목표(assigned goal), 참여적 목표(participative goal), 자기설정목표(self-set goal)로 구분하여 연구되었다. 먼저 상급자로부터 부여받은 목표는 하급자가 먼저 이를 수용(accept)하여야만 하며 이런 경우 비교적 높은 성과를 보이는 것으로 나타났다. 한편 이론적으로 가장 바람직한 목표설정방식으로 간주되는 참여적 목표설정의 경우에는 실제 효과를 입증할 만한 연구결과를 얻지 못하였다. 마지막으로 경쟁자의 출현과 같은 외부자극에 의해 자발적으로 설정되는 목표는 개인이 여러 가지 목표수준 중에서 하나를 선택하는 것으로서 성과는 비교적 높게 나타났다.

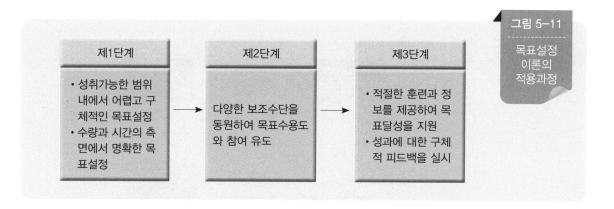

그림 5-11

목표설정
이론의
적용과정

제1단계	제2단계	제3단계
• 성취가능한 범위 내에서 어렵고 구체적인 목표설정 • 수량과 시간의 측면에서 명확한 목표설정	다양한 보조수단을 동원하여 목표수용도와 참여 유도	• 적절한 훈련과 정보를 제공하여 목표달성을 지원 • 성과에 대한 구체적 피드백을 실시

(다) 상황요인

목표특성·형태와 성과 간의 관계에 영향을 미치는 조절변수(moderators)인 상황요인은 크게 피드백의 유무, 보상의 유무, 과업의 복잡성, 개인의 능력과 경쟁상황으로 구분하여 연구되었다. 먼저 목표가 성과를 증진시키기 위해서는 반드시 피드백이 이루어져야 한다는 사실이 밝혀졌으며 목표달성에 따른 적절한 보상이 있는 경우에도 성과가 높게 나타난다는 사실도 알게 되었다. 또한 과업이 복잡해질수록 목표가 성과에 미치는 영향은 감소하는 것으로 나타났으며 개인능력과 성과는 목표가 어려워질수록 더 높게 나타난 것으로 조사되었다. 마지막으로 경쟁은 부여된 목표의 경우에 있어서는 수용성향을 높여주고 목표설정의 자발성을 촉진하여 성과에 영향을 미치는 것으로 나타났다.

2. 모티베이션 갈등과 마케팅전략

개인은 동시에 여러 개의 동기를 가질 수 있으며, 이들 동기가 활성화되는 과정에서 자주 갈등이 발생한다. 이런 여러 동기들 사이의 갈등은 대개 시간, 돈, 에너지 등의 소비자 자원이 한정되어 있기 때문에 발생되는데, 이를 해결하는 방법에 따라 소비형태가 달라질 수 있다. 이런 관점에서 마케터는 모티베이션 갈등을 초래할 수 있는 상황을 분석하여 이에 대한 적절한 해결방법을 제시함으로써 갈등에 직면한 소비자의 문제를 해결할 수 있는 마케팅전략을 실시할 수 있다.

1) 접근-접근 갈등(Approach-Approach Motivational Conflict)

이 경우는 소비자가 두 가지의 매력적인 대안 중에서 어느 하나만을 선택해야

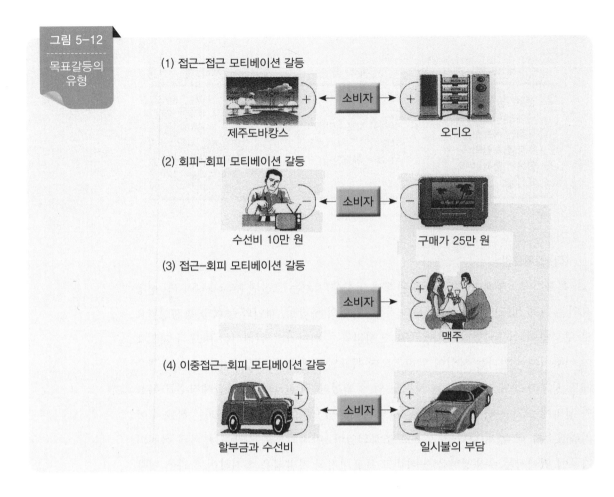

그림 5-12
목표갈등의
유형

(1) 접근-접근 모티베이션 갈등

제주도바캉스   소비자   오디오

(2) 회피-회피 모티베이션 갈등

수선비 10만 원   소비자   구매가 25만 원

(3) 접근-회피 모티베이션 갈등

소비자   맥주

(4) 이중접근-회피 모티베이션 갈등

할부금과 수선비   소비자   일시불의 부담

할 때, 특히 두 가지 대안의 매력도가 서로 비슷할수록 갈등은 증폭된다. 이때 소비자는 두 가지 대안에 대하여 모두 강한 관심을 지니고 있으나 이들 둘을 동시에 해결할 수 없는 상황이므로 특정 대안을 선택함에 있어 망설이거나 불확실한 결정을 하게 되며 결정 이후에도 인지부조화를 경험할 가능성이 높다. 이런 예로는 예상하지 않은 소득이 발생된 경우, 소비자는 이를 배분하는 방법에 있어 평소에 가고 싶었던 해외여행을 갈 것인가 아니면 명품오디오를 구매할 것인가를 고민하는 경우라고 할 수 있다. 이런 문제를 해결하는 방법은 다음과 같다.

첫째, 두 가지 대안을 평가하는 데 필요한 정보에 대한 노출을 증대시키는 방법이다. 즉 광고나 판매원의 조언을 보다 적극적으로 활용하는 방법으로서 소비자는 대안평가를 위한 정보의 양을 증대시켜 각 대안 간의 장단점을 보다 명확하게 파악하고 특정 대안을 선택함으로써 발생될 수 있는 갈등을 예방할 수 있게 되어 보다 과감한 결단이 가능하게 된다.

둘째, 두 가지 대안에 대한 소비자의 의견을 수정함으로써 갈등을 해소시킬 수 있다. 앞의 예를 기준으로 하면, 자금의 일부만으로 가까운 근교에 여행을 갔다 오는 방법과 나머지 돈으로 원래의 대안보다 저렴한 오디오를 구매하는 방안을 동시에 실행하는 경우라고 할 수 있다.

2) 회피-회피 갈등(Avoidance-Avoidance Motivational Conflict)

이는 접근-접근으로부터 발생되는 갈등과는 달리 두 가지 대안 모두에 대하여 본질적으로 선호하지 않지만 이들 중에서 하나를 선택하지 않으면 안 되는 경우에 발생된다. 예를 들어 여름휴가를 앞두고 자동차의 심각한 고장이 발생된 경우, 많은 돈을 들여 수리를 할 것인가 아니면 목돈을 투자해 새로운 자동차를 구입할 것인가를 선택해야 하는 경우라고 할 수 있다. 이런 갈등에 직면하게 되면 소비자는 가능한 대안과 관련된 정보의 탐색노력을 증가시키게 되지만 모든 대안이 바람직하지 않은 것이라고 인식하고 있기 때문에 특정 안을 선택하는 데 망설이게 된다. 따라서 마케터는 소비자의 이런 갈등을 해소시켜 주기 위해 마케팅수단, 즉 가격을 할인한다거나 신용으로 자동차를 구매할 수 있는 방안을 제시할 수 있다. 또한 이런 갈등을 사전에 예방할 수 있도록 광고 등을 통해 자동차의 정기적 점검이나 수리의 필요성을 강조하는 전략을 사용할 수도 있다.

3) 접근-회피 갈등(Approach-Avoidance Motivational Conflict)

이는 소비자의 구매행위가 긍정적 측면과 부정적 측면을 동시에 제공하는 단일 제품에 대하여 의사결정을 해야 하는 경우에 발생된다. 맥주를 매우 좋아하지만 이로 인한 체중증가에 대하여 매우 우려하는 소비자는 바로 이런 예에 해당된다고 할 수 있다. 마케터의 입장에서 이런 문제는 저칼로리맥주라는 신제품을 개발하여 해결할 수도 있으나 체중변화에 민감하게 반응하는 소비자를 위해 맥주소비에도 불구하고 체중을 증가시키지 않는 방법 등에 관한 정보를 추가로 제공하는 것도 한 가지 방안이라고 할 것이다.

4) 이중접근-회피 갈등(Double Approach-Avoidance Motivational Conflict)

상황에 따라서는 두 가지 대안 모두가 접근-회피 갈등을 유발하는 경우가 있다. 예를 들면 자동차를 구매하려고 하는 경우에 새차를 구입할 것인가 아니면 중고차를 구입할 것인가를 심각하게 고려하는 소비자에게 새차를 구입하는 방안은 성능과 디자인 등의 기대치를 충족시킬 수 있는 반면, 초기자금의 과다한 지출이 요구된다는 제약이 있게 된다. 이에 비해 중고차의 경우에는 초기자금의 지출은 그다지 크지 않다는 장점이 있지만 자동차의 성능에 대한 확신이 어렵고 유지 및 수선에 상대적으로 많은 비용이 예상된다는 점에서 갈등을 일으킬 수 있다. 이런 경우, 마케터는 소비자의 현재 자원의 보유량과 대안평가의 기준에 있어서의 상대적 중요성을 부각시켜 주는 방법을 사용하여 갈등의 해결방안을 제시할 수 있다. 예를 들면 자동차의 구매의사결정에서는 신뢰할 만한 성능특성이 보다 중요하다고 믿도록 하는 방법을 모색하는 것이다.

3. 현출동기·잠복동기와 마케팅전략

인간의 행동을 유발시키는 동기에는 의식적으로 식별하여 설명할 수 있는 것이 있는가 하면, 단지 인간의 잠재의식 속에서만 영향을 미치는 것이 있을 수 있다. 지금까지 개발된 동기조사방법을 다 동원한다고 하더라도 인간의 잠재의식 속에 숨어 있는 동기를 완전하게 파악한다는 것은 현실적으로 불가능하지만 인간의 행동 중에서 많은 부분이 이런 동기에 의해 이루어지고 있는 이상 이를 이해하고 연구하는 것은 매우 중요하다. 예를 들어, 어떤 소비자가 매우 고가의 자동차를 타고 다니는 경우에 이를 선호하는 이유를 묻게 되면 그는 자동차의 '안정성 때문에', '자동차의 멋진 외관 때문에' 또는 '자동차의 성능이 좋아서'라고 답할지 모른다. 하지만 그의 내면에는 자신이 노출하기 꺼려하거나 아니면 자신도 인식하지 못하고 있는 다른 이유, 즉 '고가의 자동차는 자신의 신분을 높여 줄 수 있기 때문에'라든가 '타인에게 자신의 재력과 사회적 성공을 과시하고 싶어서'라는 이유가 숨겨져 있을 수도 있다. 이렇게 숨겨져 있는 동기도 밖으로 드러난 동기 못지않게 소비자의 구매행동에 영향을 미치는 것이 사실이다.

앞의 예에서, 밖으로 표출된 동기들은 소비자가 인식하거나 믿고 있는 것들로 동기조사를 통하여 쉽게 측정될 수 있는데 이를 현출동기(manifest motives)라고 한다. 이에 대하여 소비자가 인식하지 못하고 있거나 밖으로 노출시키기를 꺼리는 동기를 잠복동기(latent motives)라고 한다. 물론 이런 잠복동기가 항상 구매행동을 결정짓는 실체적 동기로 전환되는 것은 아니다. 〈그림 5–13〉은 구매에 영향을 미치는 두 가지 유형의 동기를 설명하고 있다.

그림에서 보는 바와 같이 어떤 구매행위에 대하여 현출동기와 잠복동기가 동시

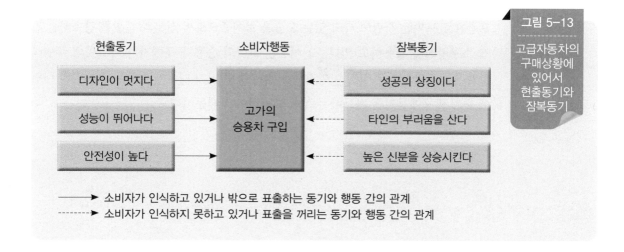

그림 5-13
고급자동차의 구매상황에 있어서 현출동기와 잠복동기

에 작용하는 경우, 마케터는 표적시장에 어떤 유형의 동기가 상대적으로 커다란 영향을 미치는가를 확인하여야 한다. 현출동기는 설문지, 면접, 관찰 등을 통하여 비교적 쉽게 측정할 수 있으나 잠복동기의 측정은 쉽지 않기 때문에 투사법(projective method)이나 다차원척도법(MDS: Multiple Dimensional Scaling)과 같은 방법을 사용하여 측정하여야 한다.

일단 표적시장에 영향을 미치는 동기를 분리해 내면 마케터는 이런 동기를 유발시키는 마케팅전략을 개발하여야 한다. 이를 위해서는 제품의 디자인에서부터 마케팅 경로에 이르는 모든 활동에 대한 분석이 필요하다. 예를 들어, 그림에서 나타난 동기가 소구하려고 하는 표적시장의 동기를 정확하게 반영하고 있는 것이라면 마케터가 취할 수 있는 전략은 다음과 같이 요약할 수 있다.

먼저, 복수의 동기가 중요한 요소로 인식되기 때문에 제품 역시 한 가지 이상의 혜택을 포함하여야 하며 광고는 제품이 제공할 수 있는 다양한 혜택을 제시할 수 있어야 한다. 이에 현출동기를 충족시키는 제품특성은 광고에서 소비자에게 직접 소구함으로써 비교적 쉽게 제시될 수 있으나 잠복동기에 대한 소구는 그리 용이하지 않은 것이 보통이다. 치약광고의 경우, 치약의 사용을 통해 얻어지는 성적 매력을 소구하는 광고문안을 사용하는 방법같이 잠복동기에 대한 직접적 소구도 가능하기는 하다. 그러나 이런 잠복동기는 사회적으로 바람직하지 않은 것으로 인식되고 있는 경우가 많기 때문에 직접 소구가 불가능한 경우가 빈번하다. 따라서 이런 경우에는 간접적 소구만이 유일한 대안이라고 할 수 있다.

예를 들면, 국내에 소개되고 있는 초호화 승용차의 광고는 주로 제품의 성능이나 안전성을 내세우지만 광고의 배경으로 고급사교클럽 정문에 상류층이나 사회지도충으로 보이는 사람이 타고 있는 모습을 보여줌으로써 신분과 품위를 강조하는 간접 소구방식을 활용하고 있다. 그 이유는 고가의 승용차 구매자가 과소비의 주범이라든가 물질만능의 부정적 이미지를 노출시킬 수 있기 때문에 가능한 소비자의 내면에 숨겨진 구매동기를 자극하는 것이 효과적이기 때문이다.

CHAPTER 06

학습과 지식

학습 1 SECTION

1. 학습의 본질

1) 학습의 의의

인간은 선천적인 소질 위에 학습된 것을 통해 행동하는데, 경험을 통해 얻은 지식이나 기술 또는 행위양식을 이용하여 환경에 대응하는 방법을 모색한다. 인간이 환경과의 상호 작용을 통하여 무엇을, 어떻게 학습하였는가를 이해하는 것은 인간행동을 예측하고 분석하는 데 매우 중요한 요소이다. 학습은 경험을 통하여 지식, 태도 및 행동의 변화가 이루어지는 과정이라고 정의할 수 있는데 이런 학습의 연구방법은 지식의 변화를 설명하기 위한 정보처리와 기억을 중심으로 한 인지적 접근법, 자극과 이에 대한 반응이라는 관점에서 외부로 표출된 행동을 대상으로 분석하는 행동주의적 접근법의 두 가지로 구분된다.

한편, 마케팅의 측면에서 보면 소비자학습이란 "개인이 미래의 관련된 행위에 적용할 수 있는 구매지식 또는 소비지식을 획득하여 경험을 축적하는 과정"이라고 할 수 있다. 소비자학습은 과정이라고 할 수 있기 때문에, 독서·관찰·사고 등을 통해 새롭게 획득되는 지식이나 경험이 축적되어 계속적으로 진화하고 발전한다는 특성을 보인다. 개인이 환경에서 새로운 자극에 노출된다는 것은 새로운 정보와 접촉하는 것을 뜻하며 이렇게 접하게 된 정보는 기존의 지식과 결합하게 된다. 따라서 학습이란 환경에 의해 노출되는 경험과 소비자의 배경에 의해 이루어지는데, 전자는 기업의 마케팅활동이나 준거집단과의 의사소통행위를 의미하고 후자는 문화, 가치관, 개성, 생활양식 및 소비자의 인구통계적 · 심리적 특성을 뜻한다. 소비자 개인의 학습과정을 직접 관찰하는 것은 불가능하다. 외부로 표출된 행동으로부터 이를 추론하여야만 한다. 소비자 반응의 변화가 곧 학습의 결과라고는 할 수 없으나 학습을 설명하기 위해서는 실제 일어난 행동의 변화로부터 추론해야 한다.

예를 들어, 어떤 소비자가 특정한 TV광고에 노출된 이후에 자신이 이용하던 상표를 변경하는 경우, 그러한 행동에 이르게 하는 소비자 내면의 실제 학습과정이나 그 변화과정을 관찰할 수는 없으나 그 소비자에게 새로운 상표에 대한 학습이 이루어졌다고 추론할 수는 있다. 학습은 목표지향적이고 습관적 반응을 형성시켜 지속적인 반응을 유도한다. 소비자행동의 영향요인이라는 관점에서 보면 학습의 기본개념에는 다음과 같은 내용이 함축되어 있다.

첫째, 학습은 눈에 보이는 행위뿐만 아니라 눈에 보이지 않는 인지과정에 의해서도 이루어진다.

둘째, 학습은 비교적 지속적인 행동의 변화를 유발한다. 이때 행동의 변화는 사회적 관점에서 반드시 바람직한 것만을 의미하지는 않는다. 학습에 의해 잘못된 행동이 유발될 수도 있다. 마약과 같은 약물의 투여에 의해 나타나는 반응도 행동의 변화를 초래하지만 이는 일시적이고 비정상적인 행동반응이라는 점에서 학습으로 간주하지 않는다.

셋째, 학습의 중심은 소비자 경험이라고 할 수 있다. 따라서 육체적 손상으로 나타나는 행위, 또는 신체나 두뇌의 자연적 성장에 따라 나타나는 행동은 학습의 효과라고 할 수 없다.

2) 학습행동의 유형

외부로 나타나는 대부분의 인간행동은 학습에 의한 것이라고 할 수 있는데 이는 다음과 같이 구분할 수 있다.

(1) 물리적 행동(Physical Behavior)

일반적으로 인간은 일상생활에서 직면하는 여러 가지 상황에 대한 반응을 경험함으로써 필요한 물리적 행동양식을 배운다. 소비자로서의 개인은 다양한 구매소비 상황에 대하여 반응하는 방법을 배우게 된다. 예를 들면, 가격을 깎기 위해 흥정을 하거나 불량상품에 대한 반품을 요청하는 행위 등은 학습의 결과로 나타난 행동유형이라고 할 수 있다.

(2) 상징적 학습(Symbolic Learning)과 문제해결(Problem Solving)

사람은 언어의 습득을 통해 효과적인 커뮤니케이션의 수단인 상징적인 의미를 배운다. 상징은 마케터로 하여금 상표 · 슬로건 및 간판 등의 커뮤니케이션 수단을 통해 소비자에게 메시지를 전달할 수 있게 한다. 학습에 기초한 사고와 통찰의 경험은 소비자가 직면하는 문제를 해결하는 기능을 수행한다. 사고는 여러 의미의 조합을 구축하기 위해 현실세계를 대표하는 상징을 정신적으로 조작하는 과정이라고 할 수 있으며, 통찰은 문제에 내포된 특정 관계를 새롭게 이해하는 것이라고 할 수 있다. 소비자행동의 많은 부분이 문제해결과정이라고 가정하면, 사고와 통찰을 통한 학습과정은 소비자들이 다양한 제품들을 직접 경험하지 않더라도 문제를 해결할 수 있는 행동패턴을 제시해 줄 수 있다.

(3) 감정적 학습(Affective Learning)

인간은 환경의 특정 요소에 대해서는 이를 가치 있는 것으로 받아들이지만 다른 요소에 대하여는 이를 거부하는 행동을 나타내기도 한다. 이는 소비자 자신의 욕구를 충족시켜 줄 수 있는 제품을 발견하는 문제해결방법만을 배우는 것이 아니라 욕구 · 동기 · 목표에 대하여도 학습한다는 것을 의미한다. 이런 소비자의 학습특성은 기업이나 제품에 대한 소비자의 호의적 태도를 개발하는 데 매우 중요하게 고려되는 요소이다.

3) 학습의 구성요소

학습에 대한 접근방법에 따라 학습과정이나 가정상의 차이가 발생된다. 그러나 어떤 경우라도 소비자학습이 이루어지기 위해서는 적어도 다음과 같은 4가지 요소가 전제되어야만 한다.

(1) 동기(Motivation)

개인의 욕구와 목표를 바탕으로 해서 결정되는 동기는 학습의 중요한 자극요소로 작용한다. 욕구나 목표에 의해 동기가 유발되면 소비자가 특정한 행동을 표출할 가능성이 높아지게 된다. 이렇게 행위유발의 가능성이 높아지는 것은 동기가 소비자들에게 학습활동에 필요한 에너지를 활성화시켜 주기 때문이다. 만일 소비자가 목표를 달성하거나, 불쾌한 상황을 회피할 수 있다면 동기는 감소된다. 그러나 학습은 행위유발을 강화하는 속성을 지니고 있기 때문에 유사한 상황에 처하게 되었을 때 소비자가 그런 행위가 다시 표출할 가능성은 더욱 증대된다. 따라서 마케터는 표적소비자층의 동기가 유발되었을 때 자사의 제품이나 상표를 알리기 위해 노력하는데 그 이유는 이런 방법에 의해 소비자가 제품·동기의 관계를 학습할 수 있다고 생각하기 때문이다.

(2) 단서(Cues)

동기가 학습을 촉진시키는 요소라면, 단서는 동기에 방향을 제시하는 자극이라고 할 수 있다. 따라서 단서는 소비자의 현출동기를 충족시켜 줄 수 있는 구체적인 방법을 제시해 준다. 마케팅환경 속에서 소비자가 접촉하게 되는 제품의 가격, 스타일, 포장, 광고, 디스플레이 등의 정보는 모두 욕구충족을 위한 중요한 단서가 된다.

소비자가 직면하는 구매환경은 학습을 유발하는 여러 가지 단서를 포함하고 있다. 예를 들어, 배가 고픈 소비자의 경우, 음식점의 간판이나 음식냄새라는 단서에 의해 특정 행동이 유도된다. 이는 소비자가 이런 단서들이 음식준비나 식사라는 것과 관련되어 있다는 사실을 학습해 왔기 때문이라고 할 수 있다. 이때 마케터는 이런 단서들이 소비자의 기대와 일치될 수 있도록 해야 한다. 예를 들면, 고급의상실은 소비자들에게 유명디자이너가 만든 매우 비싼 의류만을 취급한다고 믿게 만들기 때문에 소비자의 기대에 부합될 수 있도록 제품을 일부 의류전문점에만 공급하고 광고도 고급잡지에만 선택적으로 게재하는 전략이 효과적이라고 할 수 있다.

(3) 반응(Response)

반응은 소비자가 특정한 충동이나 자극단서에 대하여 나타내는 정신적 또는 육체적 활동을 말한다. 반응의 발생 여부를 항상 관찰할 수는 없지만 반응이 명백하지 않더라도 학습은 이루어질 수 있다. 반응은 자극에 대해 계층구조를 지닌다. 즉 소비자는 학습이 이루어지기 전에 자극에 대한 반응을 조정한다. 예를 들어, 배가 고픈 아기는 재롱을 떨거나 웃기 보다는 큰 소리로 울거나 손가락을 빠는 행동을 먼저 표출한다.

학습은 시간의 경과에 따라 반응위계를 조정한다. 이는 다른 반응의 발생확률을 더 높이기 위해서 이루어지는 것으로, 이런 조정작업을 통해 소비자는 자신이 처한 여러 가지 환경적 상황에 적응할 수 있게 된다.

(4) 강화(Reinforcement)

강화는 특정 반응에 뒤이어 유사한 상황에서 동일한 반응이 다시 발생할 가능성을 증가시키는 것을 의미한다. 강화된 행동은 반복되는 경향이 있기 때문에, 소비자가 욕구나 상황에 성공적으로 반응할 수 있는 수단을 발견할 수 있도록 학습을 촉진시킨다. 강화는 동기유발을 억제시키기도 한다. 이는 부정적 강화물을 제거하거나 긍정적 강화물을 부가하는 방식을 통해 이루어진다. 이때 부정적 강화물은 반응이 일어난 다음에 제거됨으로써 학습을 강화시켜 주는 자극으로서, 불만족을 초래하거나 회피하고 싶은 자극을 제거하는 것이 이에 해당된다.

2. 학습이론(Learning Theory)

소비자의 학습과정은 여러 측면에서 설명할 수 있다. 그러나 기존의 연구결과를 종합해 보면 대체로 다음과 같은 두 가지 유형으로 구분되고 있다. 하나는 인지적 학습이론이며 다른 하나는 행위론적 학습이론이다. 전자는 학습이 지식구조를 변화시킨다고 가정하기 때문에 소비자의 정보획득방법을 결정짓는 정신적 과정을 이해하는 데 초점을 맞춘다. 따라서 특정 정보가 소비자의 기억 속에 저장되는 과정과 그 저장방법이 중요한 연구대상이 된다. 결국 인지적 학습이론에서의 학습이란 개인의 기대와 환경적 요소 간의 관계라고 할 수 있으므로 자극과 반응뿐만 아니라 개인의 기억·목표·기대 등의 변수를 포함해 소비자의 행동변화를 설명하고자 한다. 이에 반해, 후자의 경우는 외부로 표출되는 행동만을 연구대상으로 삼기 때문에 자극(stimulus)과 반응(response)이란 개념을 이용하여 학습을 설명한다.

1) 행동주의적 학습이론

자극-반응이론은 파블로브(I. Pavlov), 왓슨(J. B. Watson) 등 행동주의 심리학자들에 의해 도입된 것으로 학습을 자극(S)과 반응(R)의 기계적 연결과정이라고 주장하였다. 후에 스키너(B. F. Skinner) 등은 이 개념이 지나치게 기계론적이라고 하여 이 S-R

의 관계에 반응결과(C)의 역할을 첨가함으로써 이론을 보다 정교화시켰다. 여기에서 전자의 학습과정을 고전적 조건화라고 하고 후자는 작동적 조건화라고 부른다. 이 때 조건화란 자극과 반응의 연합을 통하여 하나의 행위양식을 개발시킨다는 의미를 지닌다. 따라서 학습이란 상황에 따라 특정한 방식으로 행동하도록 개인을 조건화시키는 과정이라고 할 수 있다.

(1) 고전적 조건화(Classical Conditioning)

(가) 개 요

고전적 조건화는 20세기 초, 심리학자인 파블로브에 의해 처음으로 발표되었는데 그는 조건 자극(CS)을 무조건 자극(US)과 연관시킴으로써 조건 자극으로부터 새로운 조건 반응(CR)을 얻어낼 수 있다고 주장하였다. 파블로브의 개를 이용한 실험을 살펴보면, 먼저 개에게 고기(무조건 자극)를 주게 되면 반사적으로 타액(무조건 반응)을 분비한다. 그러나 고기를 줄 때마다 동시에 종(조건 자극)을 울리면 나중에는 고기를 주지 않고 종만 울려도 타액을 분비하게 된다. 여기서 종소리를 듣고 타액을 분비하는 행동은 조건화란 학습과정을 통해 형성된 조건 자극(CS)에 대한 조건 반응(CR)이다. 즉 고기라는 무조건 자극(US)과 타액 분비라는 무조건 반응(UR) 사이에 이들과는 상관없는 종이라는 조건 자극(CS)이 개입하면 이 조건 자극이 무조건 자극(UR)과 연결되는 학습이 진행된다. 따라서 나중에는 무조건 자극(US)이 생략되고 종소리(CS)라는 조건 자극(CS)만을 제시해도 타액 분비라는 조건 반응(CR)을 나타내게 된다. 이와 같이 무조건 자극(고기)을 조건 자극(종소리)과 연결시킴으로써 조건 자극(종소리)

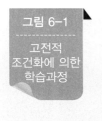

그림 6-1

고전적 조건화에 의한 학습과정

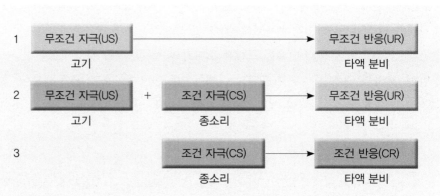

1 무조건 자극(US) → 무조건 반응(UR)
   고기   타액 분비

2 무조건 자극(US) + 조건 자극(CS) → 무조건 반응(UR)
   고기   종소리   타액 분비

3 조건 자극(CS) → 조건 반응(CR)
   종소리   타액 분비

US: 무조건 자극(Unconditional Stimulus)   UR: 무조건 반응(Unconditional Response)
CS: 조건 자극(Conditional Stimulus)   CR: 조건 반응(Conditional Response)

이 조건 반응(타액 분비)을 유도해 내는 과정을 고전적 조건화라고 하는데, 이 원리가 〈그림 6-1〉에 나타나 있다. 고전적 조건화에 관한 초기연구는 학습과정을 이해하기 위한 기초를 제공함으로써 학습이론 발달에 결정적 공헌을 하였다.

(나) 고전적 조건화와 소비자행동

앞에서 우리는 고전적 조건화가 형성되는 과정을 살펴보았다. 그러나 고전적 조건화의 개념을 소비자행동연구에 적용하기 위해서는 고전적 조건화가 형성되는 조건을 먼저 이해하여야만 한다. 고전적 조건화의 조건형성은 생리적 측면, 행동적 측면, 그리고 인지적 측면에서 설명될 수 있다.

먼저 생리적 측면에서는 연상(association)의 구축을 위해 무조건 자극(US)과 조건 자극(CS) 또는 중립 자극(NS)을 짝지은 반복적인 제시가 필요하다는 사실을 강조한다. US와 CS가 반복적으로 제시되는 경우 인간의 대뇌 속에는 잠재적 결합이 발생되어 특정 부위가 활성화되는 경우 연상되는 다른 부분도 동시에 활성화된다. 따라서 생리적 관점에서 보면 고전적 조건화는 반복과 근접이 결정요인이라고 할 수 있다.

이에 비해 행동적 측면에서는 시간적 근접에 의한 자동적 강화를 강조한다. 따라서 US와 CS는 시간적 근접에 의해 연상을 유도하게 되며 이는 반복에 의해 자동적으로 강화될 수 있다. 이런 원리에 따르면 소비자의 행동변화를 유도하기 위해서는 긍정적인 상징물(US)과 제품(CS)을 서로 짝지어 반복적으로 제시하는 광고전략이 필요하다고 할 수 있다.

한편, 인지적 측면에서도 시간적 근접을 중요한 조건으로 제시하나 여기에 기대라는 요인을 첨가하여 조건화의 형성을 설명한다. 예를 들어, US와 CS가 동시에 제시된다는 사실을 기억하고 있는 소비자는 CS만 제시되는 경우에도 US가 뒤따를 것이라는 사실을 기대함으로써 무조건 반응(UR)을 나타내게 되는 것이다.

그러나 최근의 연구에 의하면 근접성과 기대는 서로 독립적으로 작용하는 것이 아니라 상호 작용을 통해 조건형성에 기여한다고 한다. 즉 근접성은 CS가 특정한 정보를 내포하고 있는 경우에 조건형성을 가능하게 하며 이때 CS가 정보적 가치를 지니기 위해서는 US의 발생을 예측할 수 있어야 한다는 것이다.

(다) 고전적 조건화의 결정변수

① 무조건 자극의 크기: 이는 무조건 자극에 의해 유발되는 느낌의 강도를 의미하는 것으로 이것이 증가할수록 조건화가 잘 이루어진다.

② 노출빈도: 이는 인지적 학습에 있어서도 영향을 미치지만 고전적 조건화의

경우에는 더 큰 영향력을 행사한다. 단 한 번의 노출만으로도 조건화가 형성
될 수 있다는 연구결과도 있으나 보다 효과적인 조건형성을 위해서는 노출횟
수가 증대되는 것이 바람직하다.

③ 자극의 순서(CS-US order): 조건 자극과 무조건 자극이 제시되는 순서에 따라
조건화가 다르게 나타날 수 있다. 자극의 제시순서는 CS가 US보다 선행하여
제시되는 전진적 조건화와 US가 CS보다 선행하는 후진적 조건화, 그리고 CS
와 US가 동시에 제시되는 동시적 조건화의 3가지 형태로 구분할 수 있다. 자
극제시의 순서를 연구한 결과에 따르면 전진적 조건화가 다른 두 가지 형태
에 비해 조건형성이 잘 이루어지는 것으로 나타났다. 아마도 그 이유는 CS가
US보다 먼저 제시될 때 CS가 내포하고 있는 정보가 긍정적인 US에 의해 강화
될 수 있기 때문으로 추정된다. 따라서 광고매체를 선택할 때 인쇄매체보다
는 방송매체가 효과적이라고 할 수 있다. 방송매체는 인쇄매체에 비해 자극
의 순서를 조작하기가 쉽기 때문이다.

④ 친숙도: 사전에 상표친숙도가 형성되어 있는 경우나 상표경험이 있는 경우에
는 조건화가 형성되는 데 방해를 받을 수 있다. 따라서 새로운 상표의 경우가
시장에 유통되고 있는 기존의 상표보다 조건화에 유리하다고 할 수 있다.

⑤ 정교화: 메시지의 정보를 처리하는 과정에 있어서 인지적 정교화의 정도도
조건화에 영향을 미칠 수 있다. 고전적 조건화는 저몰입 상황의 경우처럼 대
상과 관련한 사고의 수준이 낮은 경우에 보다 잘 형성된다.

(라) 고전적 조건화를 이용한 마케팅전략

고전적 조건화는 광고 및 판매시점 촉진활동에 적용될 수 있다. 특히 소비행위
와 연관된 상징물이나 상표명을 이용하여 소비자의 반응을 유도하는 경우에는 효과
적이라고 할 수 있다. 예를 들면, 특정 상표에 대해 소비자에게 좋은 감정을 주기 위
해 인기인을 모델로 활용한다든가 감미로운 음악이나 풍경 등을 무조건 자극(US)으
로 이용하면 좋은 성과를 얻을 수 있다는 말이 된다. 또 구매시점에 있는 소비자의
반응을 유도하기 위해 매장을 아름답게 꾸미거나 감미로운 배경음악을 제공하는 것
도 동일한 맥락에서 활용 가능한 대안이라고 할 수 있을 것이다.

특히 저몰입 상황 하에서 고전적 조건화는 보다 강력한 촉진수단으로 작용할 수
있다. 이는 저몰입 상황 하에서는 소비자들이 광고메시지에 그다지 주의를 기울이
지 않기 때문에 단순히 자주 접촉하는 광고에 대하여 상표친숙도가 형성되기 때문
이다. 이런 현상은 반복적인 단순접촉(mere contact)에 의해 감정전이(affect transfer)가

발생되었기 때문이라고 해석할 수 있다. 저몰입 소비자에게 정교한 정보처리과정을 요구하는 메시지의 광고를 제시하게 되면 소비자는 메시지를 처리하려는 의지가 별로 없기 때문에 메시지의 반복에 의한 소비자의 인지반응은 기대하기 어렵다. 그러나 메시지 전달자로서의 모델이나 배경음악, 풍경 등의 주변단서를 강조하여 반복적으로 노출시키면 메시지 처리에 대한 의지가 없더라도 광고에 대한 친숙도는 높아질 수 있다. 이때 조건화를 통해 학습된 것은 정보가 아니라 기분이나 태도 등의 감정적 반응이라고 할 수 있다.

광고에서 유용한 정보를 탐색하고자 하는 고몰입 상황에 있어서도 조건화를 이용한 전략이 가능하다. 이 경우에는 합리적 소구를 활용하는 것이 효과적이다. 고몰입 소비자들은 이런 소구방식의 광고에 보다 높은 관심을 기울이기 때문에 반복적인 노출이 이루어지더라도 지침효과가 발생하지 않고, 광고정보를 유용한 것으로 받아들이려고 하기 때문이다. 한편, 특정 대상에 대하여 일반화시키는 개인의 능력에 따라 학습방향과 결과가 달라질 수 있다는 점을 이용하면 특정 상황에 적합한 자극의 일반화와 차별화 전략의 도출이 가능하게 된다. 파블로브의 실험에서 개가 종소리에 반응하는 행동을 보일 때, 반드시 동일한 종소리가 아니더라도 유사한 종소리라면 동일한 반응을 보이지만 소리가 아주 다른 경우에는 반응하지 않는다는 사실을 상기할 필요가 있다. 이런 맥락에서 자극의 일반화를 이용한 마케팅전략으로는 집단상표전략(family brand strategy)이나 라이센싱(licensing)전략이라고 할 수 있다. 전자의 경우는 기업이 생산하는 모든 제품라인의 상표를 동일하게 하여 시장에 출시시키는 전략으로 기존에 형성된 호의적 상표이미지를 기업의 후속적 신제품에까지 확장시키려는 상표확장전략의 일환이라고 할 수 있다. 이에 비해 후자는 유명한 상표나 디자이너, 캐릭터 등을 수수료를 지급하고 자사상품에 활용하여 소비자가 자사상품의 품질 등에 대해 쉽게 회상하도록 할 때 이용된다.

자극의 차별화를 이용한 마케팅전략으로는 제품의 포지셔닝전략을 예로 들 수 있다. 이는 소비자의 지각구조 속에 자사상표를 보다 독특한 이미지를 지닌 차별적 제품으로 인식하도록 하는 전략이라고 할 수 있다. 그러나 시장의 후발진입자는 선발진입자를 모방하는 자극일반화전략을 주로 사용하는데, 이때 시장선도자는 이미 소비자에게 독특하고 차별적인 이미지를 구축하고 있기 때문에 후발기업이 선도기업과 유사한 소비자 평가를 얻어 낸다는 것은 결코 쉬운 일이 아니다.

고전적 조건화를 통한 학습은 광고뿐만 아니라 다른 여러 상황에도 중요하게 작용한다. 제품을 구매하기 위해 신용카드를 사용하는 경우를 떠올려보자. 신용카드를 사용하면 지폐와 거스름돈을 주고받지 않아도 된다. 따라서 신용카드의 가장 큰 혜택은 편리함이라고 할 수 있다. 결과적으로, 신용카드를 반복적으로 사용하면 자연스럽게 편리함이 학습된다. 하지만 신용카드의 결제는 짧게는 며칠, 길게는 1달 이후에 이루어진다. 신용카드의 혜택과 비용은 짝을 이루어 연상되는데, 비용을 지불하는 시점이 미루어지기 때문에 신용카드는 단점보다 장점이 더 많은 것처럼 느껴진다. 현금으로 즉시 거래하는 경우에는 '혜택 = 비용'과 같은 공식이 성립되지만, 신용카드로 결제하는 경우에는 '혜택 > 비용'과 같은 공식이 성립된다. 사실 이런 인식이 무의식적으로 작용하여 필요 이상으로 소비를 더 많이 하는 경우들이 발생한다.

위의 이론을 실험하기 위해, 미국의 여러 레스토랑에서 팁 문화를 확인하였다. 그 결과, 신용카드로 결제한 사람들이 현금으로 결제한 사람들보다 팁을 더 후하게 지불한 것이 관찰되었다. 또 다른 연구에서는 "가격 맞추기" 게임을 진행하였다. 참가자들은 컴퓨터 화면에서 보이는 제품들의 가격을 맞추었다. 실험 집단의 화면 하단에는 MasterCard 로고를 삽입하였는데, 이 로고를 삽입하지 않은 통제집단보다 가격을 더 높이 평가했다. 또 다른 후속 연구에서는 컴퓨터에서 화면을 보고 사고 싶은 제품이 있으면 특정 버튼을 누르고, 구매의사가 없으면 다른 버튼을 누르게 하였다. 그 결과, MasterCard 로고를 표시한 경우, 그렇지 않은 경우보다 의사결정 속도가 더 빠른 것으로 나타났다. 끝으로, 대학생들을 특정 방에서 의사에 따라 원하는 금액을 기부함에 기부하도록 하였다. 이 기부는 현금으로밖에 할 수 없음에도 불구하고, 아무 로고도 없는 방보다 신용카드 로고들을 도배한 방의 기부 금액이 더 큰 것으로 조사되었다. 이 결과들은 소비자들이 신용카드 로고를 보면 무의식적으로 구매결정을 더 빠르게 하고 소비하는 금액이 더 커진다는 것을 시사한다. 고로, 소매점, 카탈로그 판매자, 온라인 쇼핑몰 마케터들은 잘 보이는 쪽에 신용카드 로고를 노출 시켜 소비자들이 더 많은 금액을 지불할 수 있도록 유인해야 한다.

파블로프의 고전적 조건화 이론에 따르면, 동물들은 자극 일반화에 의해 무조건 자극이 없어도 조건 자극에 똑같이 반응한다(종소리만 울려도 침이 고이는 현상). 하지만 과거에 파블로프가 자극 일반화 개념으로 이 현상을 설명한 것과 달리, 현대에는 조건 자극이 무조건 자극을 예측하게 한다는 시각으로 봐야 한다는 목소리가 커지고 있다. 레스콜라−바그너(Rescorla-Wagner) 모델에 따르면, 동물들(또는 사람들)은 조건 자극이 주어졌을 때, 자신이 예측한 결과와 실제 결과가 같을수록 학습효과가 떨어진다고 한다. 하지만 자신이 예측한 결과와 실제 결과가 다르게 나타나면, 비로소 학습을 통해 배우려 한다고 주장한다. 아래는 이를 수학적으로 표시하였다.

$$S = B(o - p)c$$

S는 조건자극과 무조건자극 간 연상 강도의 변화량을 뜻하며, B는 학습률, o는 실제 결과, p는 예측 결과, c는 예측할만한 단서의 존재 또는 부재를 의미한다. 만약 실제 결과와 예측 결과가 같으면 ($o-p=0$), 학습 자체가 없어진다. p와 o의 불일치 정도가 커질수록 연상 강도는 높아진다. 즉 학습량이 풍부해진다. 그러므로 학습이 제대로 이루어지려면 자신이 예상한 결과와 실제 결과가 일치하지 않는, 즉 놀라움이 따라야 한다. 레스콜라–바그너 모델은 소비자의 학습과정에 잘 적용된다. 가령 소비자들은 제품의 질을 예측하기 위해 다양한 예측 단서들(브랜드, 가격, 보증기간, 소매점 평판 등)을 자주 활용한다. 만약 자신이 예측한 결과와 실제 결과가 같으면 S는 작아지고, 조건 자극과 무조건 자극 간의 연상 강도가 거의 0에 가깝게 된다. 예를 들어, 평소 내가 소니 TV의 질을 높게 평가하고 있다고 가정하자. 만약 내 예측대로 소니 TV의 품질이 좋다면, 소니 TV가 좋다는 사실을 기존에 이미 알고 있었으므로 새로운 학습이 이루어지지 않는다. 반면에 소니 TV가 좋은 줄 알고 구매하였는데 하루 만에 망가지는 등 예측과 실제 결과가 차이를 보인다면, 나는 무척 놀랄 것이고, 이 놀라움은 학습으로 나타나게 된다. 그러므로 학습의 결과는 놀라움의 크기에 따라 달라진다고 볼 수 있다.

(2) 작동적 조건화(Operant Conditioning)

(가) 개 요

하버드대학의 심리학 교수였던 스키너(B.F.Skinner)는 학습이 단순히 자극에 대한 조건 반응에 의해서 발생되는 것이 아니라 반응행위와 바람직한 결과를 연결시키는 조작을 통해 이루어진다는 작동적 조건화(operant conditioning)의 원리를 제시하여 비둘기와 쥐의 실험으로 이를 증명하였다. 고전적 조건화(classical conditioning)에서는 자극(stimulus)에 따른 반응(response)과 반응에 따른 결과(consequence)를 서로 독립된 개념으로 가정한다. 이에 반하여 작동적 조건화에 있어서는 반응행위는 특정한 결과를 조건화(조작)시킴으로써 가능하다고 주장한다. 따라서 학습이 보다 효과적으로 이루어지기 위해서는 보상(reward)이나 처벌(punishment) 등의 작동적 요소가 개입되어야 한다는 것이다. 이런 관점에서 작동적 조건화란 "특정 행위의 결과에 영향을 가하여 이런 행위가 발생될 확률을 증가 또는 감소시키는 과정"이라고 정의할 수 있다.

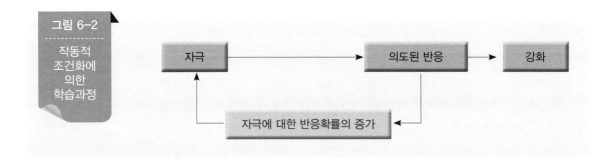

그림 6-2
작동적 조건화에 의한 학습과정

작동적 조건화에 따르면 인간의 행동은 반응적 행동과 조작적 행동으로 구분될 수 있다. 이때 반응적 행동이란 고전적 조건화에서의 가정처럼 제시되는 특정 자극에 대한 직접적 반응으로서 수동적 반응이라는 특성을 지닌다. 한편 조작적 행동이란 개인의 자발적 의지에 의해 나타나는 행동으로서 행동의 결과에 의해 스스로 통제된다는 특성을 지닌다. 작동적 조건화에 관한 연구는 후자의 행동반응을 중심으로, 특정 행위가 발생된 후 이 행위의 결과가 동일한 행위를 다시 발생시킬 수 있는 확률에 어떤 영향을 미칠 수 있는가를 규명하는 데 초점을 맞추고 있다. 작동적 조건화의 경우, 작동과정에서 개인의 욕구와 동기가 자극되며 강화과정을 통해 만족스런 반응행위의 결과가 유도될 때, 동일한 행동이 반복되어 습관화됨으로써 학습으로 연결된다는 논리를 기초로 하고 있다. 이처럼 작동화과정에서 강화요인을 도구로 사용하여 개인의 욕구동기를 자극시킴으로써 개인에게 습관적인 행위를 나타내도록 하기 때문에 이를 도구적 조건화(instrumental conditioning)라고도 부른다. 작동적 조건화는 〈그림 6-2〉에서와 같이 '효과의 법칙'과 '강화법칙' 등 행동주의자들이 제시하는 이론적 개념을 기반으로 하고 있다. 여기에서 보상(reward)이나 처벌(punishment)은 반복적인 작동적 행위에 결정적 요인으로 작용하며, 이를 통한 강화작용과 결과에 대한 지각이 학습이론의 핵심을 이루고 있다.

작동적 조건화의 원리는 인간생활에까지 확대하여 적용될 수 있다. 특히 인간의 성장단계에서의 중요한 학습과정이라고 할 수 있는 사회화(socialization)는 그가 속하고 있는 사회의 신념·습관 및 목표 등을 작동적 조건화를 가능하게 하는 학습도구로 이용하는 것이라고 할 수 있다.

작동적 조건화에서 사용되는 학습기법들은 고전적 조건화와 함께 인간의 행동을 수정하는 데 활용되기도 한다. 또 작동적 조건형성의 개념은 소비자로 하여금 자신이 선택한 목표를 달성하는 데 기여할 수 있다. 이는 자기통제적 관점에서 행동을 변화시킬 수 있다는 점을 시사해 주는 것이다.

(나) 작동적 조건형성과 강화

고전적 조건형성은 소비자가 과거부터 잘 알고 있는 특정 자극에 대하여 수동적으로 반응한다는 사실을 이용한다. 그러나 소비자의 측면에서 보면, 이런 반응을 나타낸다고 해서 반드시 자신이 원하는 보상을 받을 수 있다고 생각하지 않는다. 따라서 학습과정에서 보상(reward)이 이루어지지 않는 자극에 대해 소비자가 지속적으로 반응할 것이라는 가정은 매우 한정된 경우에만 타당성이 인정될 수밖에 없다. 소비자가 행동의 주체로서 특정 자극에 대한 선택적 반응을 할 수 있다고 가정하면 학습효과를 증진시키기 위해서는 소비자가 원하는 것을 제공하는 보상이 뒤따라야 한다. 이것이 동일한 행동반응의 확률을 높이는 역할을 하는데 이런 활동을 강화(reinforcement)라고 한다. 스키너(Skinner)에 의하면 작동적 조건화에 의한 학습이 이루어지기 위해서는 차별적 자극, 반응, 그리고 강화자극이라는 3가지 요소가 필요하다고 한다. 여기서 차별적 자극이란 소비자가 특정한 자극단서에 대해 반응할 때 바람직한 보상이 뒤따르며, 자극단서가 제시되지 않았을 때는 반응에 대한 보상이 발생하지 않는다는 사실을 경험을 통하여 지각하고 있는 자극단서라고 할 수 있다. 스키너의 실험에서 지렛대(lever)는 차별적 자극단서라고 할 수 있으며 지렛대를 누르는 행위는 반응에 해당된다. 또 먹이는 강화자극이라고 할 수 있을 것이다. 결국 기대하는 반응을 지속적으로 유지시키기 위해서는 강화라는 요소가 필요한데 강화는 기대반응의 방향에 따라 〈그림 6-3〉처럼 3가지 유형으로 나눌 수 있다.

먼저 긍정적 강화는 소비자의 반응행위에 대해 보상을 제공함으로써 동일한 반응이 반복적으로 이루어질 수 있도록 하는 것을 말한다. 예를 들어 어떤 소비자가 특정한 상표를 구매함으로써 기대되는 혜택을 확보할 수 있었다면 이 소비자가 동일상표를 재구매할 확률은 증가하게 될 것이다. 그러나 이런 혜택이 더 이상 기대되지 않는 경우 이 소비자는 상표전환(Brand switch)을 고려할 것이다.

긍정적 강화가 긍정적 결과를 제공함으로써 특정 반응을 반복할 확률을 높여 주는 것이라고 한다면 부정적 강화는 부정적 결과를 제공함으로써 특정한 반응을 보일 확률을 증대시키는 것이라고 할 수 있다. 따라서 이 경우 소비자는 부정적 결과를 회피하기 위한 행동을 취하려는 경향을 보이게 될 것이다. 예를 들어, 어떤 소비자가 할인점에서 잘 알려지지 않은 중소업체의 운동복을 구매하였는데 며칠 지나지 않아 운동복이 상하게 되었다면 이 소비자는 다음부터 유명 상표의 운동복만을 구매하려고 할 것이다.

한편, 처벌(punishment)이란 소비자가 특정한 형태의 부정적 결과를 초래하는 반

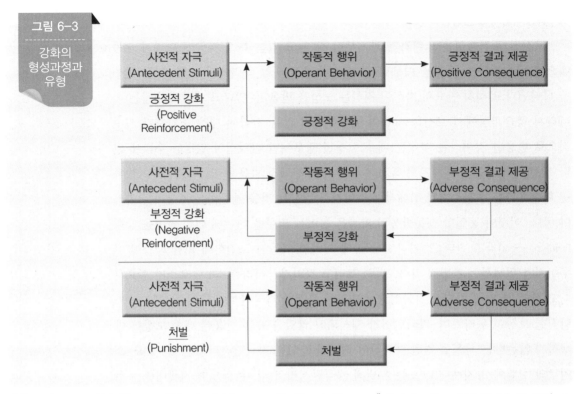

그림 6-3
강화의
형성과정과
유형

자료: Stanley M. Widrick, "Concept of Negative Reinforcement Has Place in Classroom", *Marketing News*, Vol. 20, July 18, 1986, pp. 48-49.

응을 취할 확률을 감소시키는 것으로서, 부정적 결과를 제공하여 특정 반응의 확률을 증가시키려는 부정적 강화와는 차이가 있다. 판매원의 태도가 불친절하거나 점포가 지저분한 경우 소비자는 다시 이 점포를 이용하려고 하지 않을 것이다. 일반적으로 마케터들은 제품광고에 처벌의 개념을 활용하지 않으려는 경향이 있다. 그러나 처벌의 개념을 이용한 대표적 마케팅 사례로는 다이어트 목적을 위한 아로마파워라는 제품을 들 수 있다. 이 제품은 소비자가 평소 즐겨 먹는 지방분이 많은 음식을 먹기 전에 뿌리도록 되어 있다. 그러면 음식에서 썩은 치즈향이 발생되어 식욕을 감소시키기 때문에 다이어트에 불리한 지방질 식품을 많이 먹지 않게 되는 것이다. 또한 약품의 오용 · 남용의 방지, 흡연예방을 목적으로 하는 공익광고나 보장성보험의 광고에 있어서도 처벌의 개념이 이용되고 있다.

한편 강화와 유사한 개념으로 소거(extinction)가 있다. 소거란 자극과 반응의 관계가 깨어지는 것을 말한다. 반응으로 인해 중립적 결과가 발생되거나 기대하는 보상이 이루어지지 않는 경우가 반복적으로 이루어지게 되면 특정한 반응을 나타낼 확률이 줄어들게 된다. 소거가 발생되는 예로는 모델의 중복출연으로 인해 제품과 모델 간의 관계가 모호하게 되는 경우, 특정 상표를 구매하고자 점포를 방문하였을 때 해당 상표가 없는 경험을 자주 접하는 경우라고 할 수 있다. 이런 경우 해당 점포를 다시 방문할 확률은 감소하게 될 것이다.

(다) 작동적 조건형성과 조형화(Shaping)

작동적 조건화의 원리를 이용한 개념으로 조형화(shaping)가 있다. 조형화란 "최종목표가 아닌 어떤 특정 행동의 발생확률을 변경시킴으로써 다른 행동의 발생확률을 증대시킬 수 있도록 조건을 형성시키는 것"이라고 정의된다. 즉 목표로 하는 긍정적 반응행동이 표출되기 이전에 이런 반응행동의 가능성을 높이기 위해 사전에 수행되어야 하는 행동을 강화하는 것을 말한다. 이는 기대하는 반응행동과 이를 표출시키기 위해 제시되는 자극 간의 관계가 복잡하기 때문에 최종결과를 반응으로 나타낼 때까지 사전적으로 이런 과정에 이르도록 설계된 것이다. 따라서 자극과 반응관계를 성공적으로 형성시킴으로써 기대하는 결과를 얻기 위해 사용된다. 촉진전략의 수단으로 사용되는 미끼상품(loss leader)이나 사은품(premium) 또는 견본(sample)의 증정 등은 소비자가 특정 구매장소까지 이동하도록 고안된 것들로 조형화의 원리를 이용한 마케팅활동이라고 할 수 있다. 이렇게 마케터가 원하는 장소(점포)까지 소비자가 일단 이동하도록 유도하면 소비자는 다른 상품들까지 구매할 확률이 높아지게 된다. 유명백화점들이 셔틀버스를 제공하는 것이나 백화점 내에서 실연행사나 이벤트 행사를 유치하는 것도 조형화를 이용한 마케팅기법이라고 할 수 있다.

(라) 작동적 조건화와 마케팅전략

작동적 조건화의 원리는 소비자의 정보탐색이나 구매 전·구매 후 평가과정을 설명하는 데 도움을 줄 뿐만 아니라 다양한 목표지향적 소비행위나 고몰입 상황 하에서의 구매행위를 이해하는 데도 많은 도움이 되고 있다. 일반적으로 고몰입 상황 하에서의 구매는 구매결과로부터 얻는 보상의 크기를 평가하는 과정이 개입된다. 자동차의 구매처럼 소비자가 구매대상과 상황에 대하여 고몰입되어 있는 경우 구매행위에 대한 긍정적 학습효과를 얻기 위해서는 단순히 특정 상표와 소비자가 가지고 있는 이동욕구를 짝지우는 학습(고전적 조건화) 이상의 그 무엇이 필요하다. 따라서 마케터들은 자사의 자동차를 구매하면 특정한 형태의 혜택(보상)을 얻을 수 있다는 사실을 이해시킬 필요가 있다. 이러한 상황에서 적절한 강화방법을 이용하는 것은 마케팅목표를 달성하는 데 효과적이다. 적절한 강화가 지속적으로 이루어지게 되면 소비자의 상표충성도(brand loyalty)나 점포애고도(store patronage)가 높아지게 되고, 향후 동일한 반응이 반복될 수 있는 가능성이 증가한다.

한편 작동적 조건화에 대한 비판적 입장에 있는 사람들은 직접적 보상이 제공되지 않더라도 학습이 가능하다는 점을 지적한다. 예를 들어, 불에 직접 화상을 입은 경험이 없어도 우리는 불의 위험성에 대하여 잘 알고 있다. 소비자는 특정한 제품을 실제로 구매·사용하지 않더라도 타인의 행위를 관찰·기억·모방함으로써 많은 것을 학습할 수 있다. 작동적 조건화를 이용한 마케팅전략은 대개 제품의 구매나 소비경험을 통한 소비자 강화를 지향하고 있으나 제품의 구매 없이도 소비자의 강화를 유도할 수 있다. 예를 들어 자동차 대리점들이 새로 나온 신형모델의 자동차에 대한 무료시승기회를 제공하는 것이나 화장품·음료 등의 무상견본품(free sample) 등은 당장 소비자의 구매행위가 기대되지는 않지만 제품을 직접 경험하도록 함으로써 향

표 6-1   작동적조건화를 이용한 마케팅기법

	기대반응행동	보상의 단서	사례
차별적 자극 (Discriminating Stimuli)	점포에 들어감	상점간판(Store Sings) 상점로고(Store Logos)	'50% 대바겐 세일' K-mart의 'K'자 McDonald's의 금색활장식
	특정 상표를 구매함	독특한 상표표식	
지속적 강화 (Continuous Reinforcement)	기대반응행동	반응행동 이후의 보상	
	제품의 구매	거래스템프(Trade Stamps), 리베이트(Rebates) 상품(Prizes), 쿠폰(Coupons)	
강화계획 (Reinforcement Schedules)	기대반응행동	반응행동 이후의 보상	
	제품의 구매	모든 구매자 또는 일부의 구매자에게 상품(Prizes) 증정	
	반응의 최초단계	후속조치	최종기대반응
조형화 (Shaping)	거래계좌의 설정	모든 계좌설정자에게 상품(Prizes) 증정	자금의 입출
	구매시점의 사은품 제공	미끼상품, 구매장소에서 행하는 공연이나 이벤트	제품의 구매
	점포로 들어감	입구에서 사은품 제공	제품의 구매
	제품의 시연(Trial)	무상견본품, 보너스상품(덤)	제품의 구매

자료: J. Paul Peter and Jerry C. Olson, *Understanding Consumer Behavior*, Irwin, 1994, p. 253.

후 이를 본격적으로 구매하는 확률을 높일 수 있다는 가정에서 시행되는 마케팅활동이라고 할 수 있다. 〈표 6-1〉은 작동적 조건화의 원리를 이용한 마케팅기법의 예를 소개한 것이다.

2) 인지적 학습이론(Cognitive Learning Theory)

앞에서 살펴본 자극-반응이론의 경우에는 인간의 내면에서 이루어지는 학습의 과정에 대한 고찰이 생략되어 있다. 스키너의 주장에 따르면 어떤 뚜렷한 자극이 효과가 없다면, 이는 유기체가 자극에 대하여 주의를 기울이지 않았거나 이를 걸러내 버렸기 때문이 아니라 자극 그 자체가 역할을 제대로 수행하지 못했기 때문이라고 할 수 있다. 그러나 학습이란 능동적 주체로서의 소비자가 여러 가지 대안에 대하여 정보를 취득하고 이를 처리하여 기존에 지니고 있던 신념과 통합하는 과정을 포함한다는 사실이 그 동안의 많은 연구에서 증명되고 있다. 즉 학습이란 인지적 관점에서 본다면, 소비자가 직면하는 수많은 소비문제를 해결할 때 최적안을 도출하기 위한 복잡한 의사결정과정을 전제로 자신에게 적합한 문제해결의 유형을 발견하고 이를 습관화하는 과정이라고 할 수 있다.

따라서 인지적 학습에서는 소비자의 정보처리과정이 필수적이며 이는 소비자가 문제를 해결하기 위해 정보를 획득하고 이를 해석하고 조직화하여 기억 속에 저장하는 과정이라고 할 수 있다.

(1) 개요

소비현장이 아닌 실험실이나 인위적 장소에서 이루어지는 학습에 대해서는 일반적으로 인지적 학습의 관점에서 설명할 수 있다. 인지적 학습 자체가 자동적으로 바람직한 행동반응을 유도하지는 못하지만 자극-반응의 경험이 없이 특정 행동의 표출 가능성을 높일 수 있다는 점에서 행동주의적 학습이론과는 차이를 보인다. 이는 오랜 시간이 소요되는 조건화의 과정을 거치지 않더라도 처음의 시도부터 기대되는 반응형태를 보여줄 수도 있다는 사실을 시사해 준다.

인지적 학습에서의 핵심요소인 소비자의 정보처리과정은 다음과 같은 3가지 형태를 통하여 학습에 영향을 미친다. 첫째는 첨가(accretion)로서 특정 대상에 대한 소비자의 정보처리결과가 기존의 지식구조에 새로운 내용을 덧붙이는 것을 말한다. 여기에 의한 전형적 학습효과는 새로운 연상관계를 구축하는 것이라고 할 수 있다. 둘째는 동조화(tuning)로서 이는 새로운 정보의 축적에 따라 기존의 지식구조의 일부가 변화되어 새로운 의미를 지니는 구조로 일반화되는 것을 말한다. 마지막으로는 재구조화(restructuring)로서 이는 정보습득과정에서의 첨가나 동조화와는 달리 전혀 새로운 지식구조를 형성하거나 기존의 지식구조를 완전히 바꾸는 것을 의미한다. 이는 과거에 축적된 정보의 양이 지나치게 많아짐으로써 지식구조 자체를 다시 설정해야 할 필요성이 있을 때 나타난다.

인지적 학습에 관한 실험은 형태심리학자인 쾰러(Wolfgang Köler)가 1925년에 발표한 통찰학습이 그 효시라고 할 수 있다. 원숭이를 대상으로 한 그의 실험에 의해, 학습은 시행착오적 방법(조건화)에 의해 이루어지지 않고 주어진 상황에 대한 관계성을 파악하여 문제를 해결하는 방법을 습득함으로써 이루어진다는 사실을 제시하였다. 그는 원숭이가 점프해도 닿지 않을 정도의 높이에 바나나를 매달아 놓았다. 그리고 서로 연결시키면 길게 만들 수 있는 몇 개의 막대기를 원숭이 곁에 놓아두었다. 처음에 원숭이는 펄쩍 뛰어서 바나나를 따 먹으려고 노력했지만 번번이 실패하곤 실망하였다. 그 후 한동안 원숭이는 바나나에 관심이 없는 것처럼 보였다. 한편 원숭이가 나무막대기를 가지고 놀던 중, 막대기를 서로 연결하면 길게 만들 수 있다는 사실을 우연히 깨닫게 되었고 원숭이는 이를 이용하여 바나나를 따 먹을 수 있었다. 원숭이가 막대기를 연결하여 길게 만들 수 있다는 사실을 발견한 순간 당면한 문제를 해결하는 행동대안이 변화하게 된 것이다. 이는 원숭이가 막대기에 대해 지니고 있던 지식구조에 새로운 인지가 형성되어 변화됨으로써 새로운 행동반응이 나타나게 되는 학습의 효과가 나타난 것이라고 할 수 있다. 이런 원숭이의 행동변화가 강화를 통한 자극과 반응의 연합에 의해 발생된 것이라고는 해석할 수 없다. 따라서 원숭이는 문제의 성질을 통찰함으로써 그 문제에 대한 새로운 지식을 갖게 되었고 이에 따라 행동이 변화되었다고 추론할 수 있다.

통찰학습에서 다루는 변수는 자극-반응이론의 것들과는 다음과 같은 점에 있어서 차이를 보인다. 먼저 통찰은 문제 상황을 구성하는 변수들의 구성형태에 따라 달라질 수 있는데 똑같은 자극상황이라도 변수의 구성이 서로 통합되어 새로운 인지를 통찰하기 쉽게 되어 있으면 그만큼 통찰이 더 잘 이루어져 학습효과가 증가할 수 있다. 또 통찰에 의해 문제가 일단 해결되면 그 해결방법은 다시 적용될 수 있게 된다. 즉 학습이 점진적으로 발생되지 않고 한 번에 완성될 수 있음을 의미한다. 마지막으로 통찰에 의해 획득한 문제해결방식은 새로운 상황에도 적용될 수 있다.

통찰학습의 일종으로서 새로운 인지가 형성되어 행동이 변화한다는 개념으로 우회학습이라는 것이 있다. 실험동물과 먹이 사이에 철망이나 유리로 가로막으면 동물들은 철망 밖의 먹이를 먹으려고 하지만 장벽에 막혀 먹을 수가 없게 된다. 결국 먹이를 먹으려면 먹이가 있는 방향과 반대되는 방향으로 우회하여 돌아가야만 하는 것이다. 이때 이 우회하는 과정을 배우는 학습을 조건화의 원리에 의해 설명하는 경우, 철망에 계속해 부딪치면서 먹이가 있는 곳으로 가려는 시도로는 절대로 성공할 수 없다. 따라서 우회경로에 대한 통찰을 얻는 과정은 인지적 학습의 개념에 의해 설명되어야 한다.

인지적 학습의 또 다른 형태는 잠재학습에서 발견할 수 있다. 복잡한 미로 속에 먹이가 들지 않은 먹이통을 두고 일정시간 동안 실험쥐를 이 미로 속에 넣어 먹이를 탐색하도록 한 결과, 먹이통에 먹이가 없는 동안에는 거의 학습이 이루어지지 않았다. 그러나 이렇게 미로를 탐색한 경험을 지닌 쥐들에게 먹이통에 먹이를 넣고 미로를 달리게 했더니 학습효과가 급상승하였다. 여기에서 탐색기간 중 먹이를 주지 않으면 행동으로 표현되지는 않지만 학습이 이루어졌다는 사실을 추론할 수 있는데 이처럼 밖으로 표출되지 않은 학습을 잠재학습이라고 한다.

(2) 인지적 학습과정

인지적 학습에서는 자극이 반응을 직접 유발한다고 해석하지 않는다. 자극은 다만 인지를 형성하는 단서라고 가정한다. 따라서 자극단서는 후속자극을 예측하도록 함으로써 반응을 결정하는 요인의 하나일 뿐이다. 이때 단서는 나타내고자 하는 인지내용을 포함하는데 이 인지내용을 단서의 의미(meaning)라고 한다. 따라서 인지적 학습이란 단서가 되는 자극의 의미를 획득하고 해석하는 과정을 통해 이루어지는 행동변화라고 할 수 있다.

〈그림 6-4〉에서와 같이 학습과정은 지식을 저장, 조직화, 인출하는 정보처리 과정으로 요약될 수 있다. 이들은 소비자가 처한 문제상황의 해결방법을 모색하는 과정으로 볼 수 있는데 소비자에게 주어지는 외적 자극은 복수저장이론에 의해 감각등록기를 거쳐 단기기억장치, 그리고 장기기억장치로 이동하게 된다. 이때 정교화와 리허설을 통하여 학습효과가 촉진되고 최종적으로 활성화와 연상네트워크의 구축에 의해 유용한 정보로서 기억된다. 여기에서 활성화란 새롭게 취득한 정보를 기존의 지식구조 속에 통합시키는 것을 말하며, 연상네트워크는 특정한 목적물에 대하여 이미 형성되어 있는 지식구조를 의미한다. 이런 과정의 최종결과는 행동변화로서 장기기억구조 속에 저장되어 있는 지식정보의 인출능력에 따라 달라진다. 소비자의 인출능력은 정보의 친숙도, 연관성, 형태 및 반복 등에 따라 결정된다.

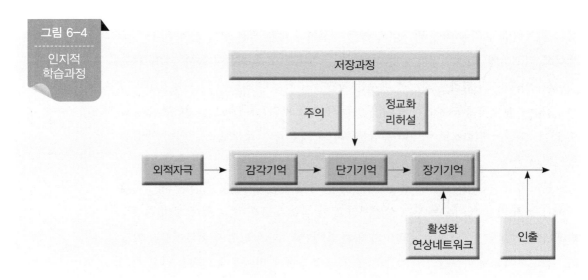

그림 6-4

인지적
학습과정

자료: William D. Wells and David Prensky, *Consumer Behavior*, Wiley, 1996, p. 296.

(3) 인지적 학습의 결정요인

(가) 리허설(Rehearsal)

리허설은 특정 정보에 대한 정신적 반복을 의미하는 것으로 단기기억장치로부터 특정 정보를 재생시키는 행위를 말한다. 따라서 마음속으로 어떤 대상에 대하여 되뇌는 것은 리허설의 대표적 형태라고 할 수 있다.

리허설은 소비자학습에 있어서 다음과 같은 두 가지 역할을 수행한다. 먼저 특정 정보를 단기기억장치 속에 유지시킬 수 있도록 한다. 예를 들면, 전화를 걸기 전에 해당 전화번호를 마음속으로 되뇌는 경우라고 할 수 있다. 리허설의 다른 한 기능은 이렇게 단기기억장치 속에 유지된 정보를 장기기억장치로 이동할 수 있도록 하는 것으로서 리허설의 반복이 증대될수록 장기기억에 저장되어 후에 인출되어질 가능성이 증가하게 된다.

(나) 정교화(Elaboration)

정보가 처리되는 과정에서 발생하는 것으로 자극과 기존지식 간의 통합 정도를 의미하는 정교화는 학습효과에 많은 영향을 미친다. 정교화의 수준이 낮게 되면 자극에 대한 정보처리는 수차례 반복되어도 초기자극의 형태에서 크게 벗어나지 않지만 정교화의 정도가 높은 경우, 자극정보의 내용과 형태는 상당히 발전되어 학습효과를 증진시킬 수 있게 된다. 이는 정교화가 진행될수록 새로운 정보와 기존의 지식 간의 연결이 강화된다는 것을 의미하는데, 이는 다른 문제해결상황 하에서 기억장치로부터 필요한 정보를 인출할 수 있는 다양한 방식을 제공하도록 함으로써 학습효과에 영향을 미친다.

한편 정교화의 정도는 새로운 정보에 노출되는 시점의 소비자동기상황, 기존지식의 크기, 그리고 새로운 정보와 기존정보 간의 일치성에 의해 결정된다. 그러나 기존지식이 아무리 풍부하고 새로운 정보와 기존지식 간의 일치성이 아무리 높다고 하더라도 주의분산과 같은 환경적 요인으로 인해 정교화가 낮아지는 경우도 있다.

지식 2 SECTION

1. 소비자지식의 의의

소비자행동을 체계적으로 이해하고 설명·예측·통제하기 위해서는 소비자를 둘러싼 환경에 대해 소비자 자신이 알고 있는 바를 먼저 파악할 필요가 있다. 소비자는 학습이나 사회화 과정을 통하여 주위의 사건·사물 및 상황에 대한 의견과 신념을 형성하는데 이것들이 기억 속에 저장되어 현재 또는 미래에 발생되는 행동에 대한 영향요소로 작용한다. 따라서 소비자지식이란 개인이 자신의 소비생활과 관련하여 축적한 내용물을 의미한다. 특히 다양한 마케팅활동과 관련된 경험이나 개인의 학습결과로서 축적된 지식은 소비자의 구매·소비활동에 직접·간접으로 영향을 미치고 있다. 개인에 따라서 경험이나 학습방식이 다르기 때문에 동일한 마케팅자극에 대해서도 소비자지식은 상이한 형태로 저장될 수 있다.

이에 관한 최근의 연구에 따르면 소비자들의 제품지식이나 제품에 대한 친숙도가 제품에 대한 품질의 평가와 상표선택에 필요한 정보탐색의 크기나 회상, 제품사용량 등에 영향을 미친다고 한다. 또한 제품의 품질을 평가할 시 상이한 정보단서를 이용하는 정도도 구매자의 사전지식의 크기나, 제품범주에 대한 단서와 품질 간의 관계에 의해 결정된다.

소비자지식은 마케팅자극과 관련된 사상들에 대한 친숙성, 전문성, 그리고 경험 등이 복합적으로 이루어진 것이라고 할 수 있다. 알바와 허친슨(J. W. Alba and J. W. Hutchinson)은 소비자지식을 친숙성과 전문적 식견으로 정의하고 있는데, 이때 친숙성은 소비자에 의해 축적된 제품을 중심으로 한 마케팅자극의 경험횟수를 의미하고 전문적 식견은 당면한 소비문제를 성공적으로 수행할 수 있는 능력을 의미한다.

실증분석을 위해 소비자지식을 측정하는 경우에는 특정한 사안, 즉 제품이나 소비상황에 대한 소비자의 절대적 지식수준(객관적 지식)뿐만 아니라 소비자가 마케팅 자극과 관련된 사상에 대한 지식수준을 지각하고 있는 것(주관적 지식)을 동시에 다루게 된다.

한편 소비자지식은 제품속성(attributes), 제품혜택(benefit), 소비자 가치(value)의 3가지 형태의 범주로 구성된다.

1) 소비자지식의 범주

(1) 제품속성(Attributes)

단순한 형태의 제품이라도 다양한 속성을 지니고 있는데 예를 들면 볼펜에 있어서도, 크기 · 형태 · 색상 · 선의 굵기 등 제품속성에 있어 많은 차이가 존재한다. 마케터들은 제품속성과 관련된 정보를 하나의 묶음으로 인식하려고 한다. 그러나 이런 속성집단 속에는 구매결정에 보다 강력하게 작용하는 현출속성(salient attribute)이 있게 마련이다. 따라서 이런 속성을 발견하고 이에 대응하는 전략을 개발하는 것이 마케터에게 요구되는 과제라고 할 수 있다.

제품속성은 다시 구체적 속성과 추상적 속성으로 구분된다. 전자는 색상 · 크기 · 재질 등 가시적으로 나타나는 물리적 실체로서 소비자가 직접 경험할 수 있는 것을 말한다. 반면 후자는 분위기나 느낌, 편안함처럼 직접 경험하기 어려운 것으로 이는 소비자의 주관적 평가에 의해 측정된다.

(2) 제품혜택(Benefit)

제품의 혜택은 제품이 지니고 있는 속성보다는 제품구매 또는 사용에 의해 획득할 수 있는 결과라고 할 수 있다. 구체적으로 소비자에게 제공하는 제품의 혜택은 기능적인 것과 사회심리적인 것으로 나누어 생각할 수 있다.

기능적 혜택은 소비자가 직접적이고 즉각적으로 그 혜택을 경험할 수 있는 것을 말하는데 예를 들면 밥을 먹음으로써 배고픔을 해결하는 경우와 갈증을 해소하기 위해 음료수를 마시는 경우라고 할 수 있다.

이에 비해 사회심리적 혜택이란 제품의 사용결과 소비자가 느끼는 만족감이나 타인으로부터의 수용, 소속감 등이라고 할 수 있다. 따라서 혜택은 인지적 측면에서뿐만 아니라 감정적 측면에서도 설명될 수 있다. 인지적 측면에서의 혜택이란 제품

사용이 기능적인 면과 사회심리적인 면에서 바람직한 결과를 가져올 수 있다는 사실을 인식하는 것이라고 할 수 있는 반면, 감정적 측면에서의 혜택은 바람직한 결과에 대하여 느끼는 긍정적 감정반응이라고 할 수 있다. 한편 제품사용의 결과는 바람직한 방향으로만 인식되지는 않는다. 경우에 따라서는 부정적 결과가 예상되기도 하는데 이런 경우 소비자는 위험(risk)을 지각하게 된다. 이때 혜택에 관한 소비자의 지식은 이런 위험을 회피할 수 있는 방법을 제공한다.

(3) 소비자 가치(Value)

가치(value)란 개인이 생활 속에서 추구하는 목표(goal)라고 할 수 있다. 이런 소비자 가치의 충족 여부는 주관적 방법에 의해 평가될 수밖에 없다. 생활 속에서 추구하는 소비자의 가치는 도구적 가치(instrumental value)와 궁극적 가치(terminal value)로 구분된다. 전자는 소비자가 선호하는 행위유형을 의미하는 반면, 후자는 소비자가 추구하는 심리적 상태나 존재이유를 뜻한다. 소비자 가치는 자아개념의 핵심을 이루는 것으로 예를 들면 최근 관심을 얻고 있는 사회생태적 마케팅컨셉트(societal marketing concept)는 환경보호라는 소비자 가치에 부응해 나타나고 있는 마케팅 흐름이라고 할 수 있다. 속성·혜택·가치라고 하는 지식의 3가지 구성요소는 위계구조를 지니면서 연결되어 있다.

2. 지식과 구매의사결정

소비자지식은 매우 다양한 형태로 구성되어 있다. 그러나 이들은 모두 마케팅자극이나 소비자환경이 제공하는 자극에 대해 소비자 자신이 행동이나 인지과정의 결과를 경험함으로써 획득되고 있다. 따라서 소비자지식을 기초로 효과적인 마케팅전략을 수립하기 위해서는 지식의 구성방법이나 저장형태를 이해하는 것도 중요하지만 동시에 소비자 의사결정과정에서 이용되는 지식유형을 구분해 보는 것도 이에 못지않은 중요한 일이다. 지식을 구매의사결정과정에서의 적용상황에 따라 구분하면 크게 제품지식, 구매지식, 그리고 이용지식으로 구분할 수 있다.

1) 제품지식(Product Knowledge)

제품지식은 제품과 관련된 다양한 형태의 정보가 종합되어 나타나는 것으로 여기에는 다음과 같은 것들이 포함된다.

표 6-2	제품지식의 수준		
추상적/포괄적	◄──────────────────────►		구체적/실체적
제품범주	제품형태	상표	모델명/스타일
커피	• 원두커피 • 인스턴트커피	• 맥심 • 맥스웰하우스	• 500g 캔커피 • 8온스 병커피
자동차	• 세단 • 스포츠카 • 스포츠세단	• 포드 • 닛산 • BMW	• 타우루스(에어백, 파워스티어링) • 300EX(에어백, 5단기어) • 325e형(에어백, 자동기어)
펜	• 볼펜 • 만년필	• 빅 • 파이롯트	• U$0.79짜리 일반형 • U$0.99짜리 세촉형
맥주	• 수입맥주 • 순한맥주 • 저알콜맥주	• 하이네캔 • 밀러 라이트 • 샤프	• 다크(Dark) • 케그스(Kegs) • 12온스형 캔맥주

자료: J. P. Peter and Jerry C. Olson, *Understanding Consumer Behavior*, Irwin, 1984, p. 82.

① 제품범주에 관한 것과 이에 속하는 상표 관련 인지와 관련된 지식
② 특정 제품범주에서 사용되는 전문용어, 상징, 기호 등에 대한 지식
③ 제품속성이나 제품형태와 관련된 지식
④ 특정 제품의 속성에 대한 신념과 관련된 지식

이와 같은 제품지식은 추상적이고 포괄적 수준이라고 할 수 있는 제품범주로부터 특정한 모델의 이름이나 특성처럼 구체적이고 실제적인 수준의 지식에 이르는 것들로 다시 세분화할 수 있다.

〈표 6-2〉는 추상적 수준의 크기에 따라 제품지식의 유형을 구분한 것이다. 제품지식은 추상적이고 포괄적 수준의 지식에서 출발하여 보다 구체적이고 실제적인 지식의 단계로 분화되는 계층구조를 이루고 있다.

(1) 제품범주지식(Product Category Knowledge)

가장 추상적이고 포괄적 형태의 지식으로서 특정 제품을 개인적 기준에 따라 가장 유사하다고 지각하는 제품들끼리 하나의 범주로 집단화 시키는 능력을 말한다. 이렇게 하나의 집단으로 분류된 제품들은 넓은 의미에서 하나 이상의 동일한 속성을 지니고 있게 된다. 〈표 6-2〉에서 커피라는 제품범주에 속하는 것들은 적어도 커피원두를 사용하여 만들어진다는 공통점을 지니고 있다. 한편 커피라는 제품범주는 소비자의 기분전환과 가벼운 자극을 제공하는 기호식품이라는 범주로 구분할 수도

있지만, 식사 때 마시는 차나 포도주, 또는 음료와 동일한 범주로 구분할 수도 있다.

(2) 제품형태지식(Product Form Knowledge)

제품형태지식이란 동일한 제품범주에 대하여 보다 세분화된 속성들을 기준으로 할 때 서로 유사하게 지각되는 제품군에 대한 지식이라고 할 수 있다. 예를 들면 갈증을 해소시켜 주는 제품을 구성하는 주류 · 청량음료 · 쥬스 · 생수를 다시 세분화하여 범주화시킬 수 있는 능력을 제품범주지식이라고 한다면, 청량음료에 속하는 사이다 · 콜라 등을 구분하는 능력은 제품형태지식이라고 할 수 있다. 제품형태를 구분하는 기준은 기능 · 외관 등 물리적 특성이 될 수도 있고, 어떤 상징적 의미가 될 수도 있다. 예를 들어 커피를 인스턴트커피와 원두커피로 구분하는 것은 특성을 기준으로 한 것이며 자동차를 승용차, 스포츠카 또는 화물차 등으로 구분하는 것은 기능을 중심으로 한 것이다.

(3) 상표지식(Brand Knowledge)

상표란 "특정 판매자 또는 판매자집단의 재화나 용역을 경쟁사의 것과 차별화시키기 위해 사용하는 명칭, 용어, 상징, 디자인 또는 이들의 결합"이라고 정의할 수 있다. 이를 넓게 해석하면 상표명(brand), 트레이드마크(trademark), 회사명(company name) 등이 포함된다.

소비자의 상표지식은 특정 상표를 사용하고 있는 제품에 대한 지식이다. 상표지식에는 제품 및 서비스의 식별과 출처, 신용에 관한 정보가 포함되어 있기 때문에 구매의 편리성과 의사결정의 효율성을 높여 준다. 대부분의 소비자들은 스타벅스 커피, 나이키 운동화, 맥도날드 햄버거 등과 같이 특정 상표에 대하여 이미 상당한 지식을 가지고 있다. 특히 마케터들은 소비자의 상표지식에 대해 많은 관심을 보이는데 이는 대부분의 마케팅전략들이 상표지향적 특성을 지니고 있기 때문이다. 마케팅전략은 전형적으로 소비자들로 하여금 특정 상표를 식별할 수 있도록 하는 촉진활동을 통해 해당 제품의 선택가능성을 높이려는 목표를 가지고 있다. 따라서 소비자지식에 대한 연구는 소비자의 상표인지도 및 상표이미지를 측정 · 설명하는 데 많은 비중을 두고 있다. 상표에 대한 인지는 최초상기도에 의해 측정된다. 이때 회상을 촉구하기 위해 제시되는 정보단서는 범주일 수도 있고 기능이나 혜택이 될 수도 있다. 이렇게 하여 떠오르는 상표들은 소비자의 인지상표군을 형성한다. 소비자가 특정한 상표를 회상하는 데 영향을 미치는 상표친숙도를 이용하게 되면 소비자들이 쉽게 상표이미지를 형성하도록 할 수가 있다. 소비자들이 자사상표가 경쟁상표와 차별적

이미지를 갖도록 하기 위해서는 무엇보다 자사상표가 소비자의 인지상표군에 속할 필요가 있다. 만일 소비자의 인지상표군에 속하지 않게 되면 구매 여부를 결정할 때 반영되는 고려상표군에 속할 수 없으며 따라서 소비자에게 선택될 가능성이 매우 적어지게 된다.

한편, 상표이미지란 소비자의 지각평면 위에 표시되는 상표의 위치를 의미하는 것으로 소비자의 기억 속에 저장되어 있는 정보들이 연상작용을 함으로써 구축된다. 예를 들어 승용차 중에서 벤츠라는 상표는 품위를 연상시키며, 크레스트라는 상표는 많은 치약들 중에서 치아와 구강을 보호하는 제품이라는 생각을 떠오르게 만들고 있다. 이런 연상의미조합은 물리적 특성, 제품혜택, 사용할 때의 느낌 등을 내포하고 있다. 또한 이는 특정한 상징물이나 인물, 즉 맥도날드 햄버거와 황금아치그림이라든가 나이키와 마이클조던의 관계가 될 수도 있고 특정한 광고캠페인이나 로고가 될 수도 있다. 물론 모든 연상의미가 특정 상표와 관련된다고는 할 수 없다. 특정 인물이나 상징적 의미가 동시에 여러 상표와 연상되는 경우도 있기 때문이다. 따라서 상표이미지를 구축하기 위해서는 상표이미지들이 주는 연상의 강도를 높이는 작업이 병행되어야만 한다. 상표이미지와 연상의 강도를 상표별로 비교하기 위해서는 다차원척도법이나 어의차이척도법이 이용되고 있다.

(4) 제품속성지식(Product Attribute Knowledge)

동일상표 안에도 서로 다른 많은 모델들이 포함되어 있다. 이들은 다양한 제품속성들에 의해 구분된다. 특히 공동상표전략을 사용하는 경우, 비록 동일한 상표를 사용하고 있다고 하더라도 외형이나 기능이 다른 모델들을 출시할 수 있다. 그러나 소비자들은 일반적으로 동일한 상표에 대하여 이를 유사하게 지각하려는 성향을 나타낸다. 예를 들어, 현대자동차의 소나타라는 상표를 사용하는 모든 모델은 기능, 옵션 및 가격에 있어서 상당한 차이가 있음에도 소비자들은 이들을 매우 유사하게 인식한다. 소비자들은 동일상표를 사용하는 여러 가지 모델에 대하여 여러 가지 속성을 기준으로 각각 평가하지 않고 이들을 집단화하여 보다 추상성이 높은 하나의 개념으로 인식하거나 범주화시킴으로써 정보처리의 효율성과 경제성을 높이려는 특성을 가지고 있다.

(5) 제품가격지식(Product Price Knowledge)

가격지식도 중요한 제품지식의 일부라고 할 수 있다. 소비자는 여러 가지 제품들에 대하여 각각의 가격수준과 이들의 가격 차이에 관련된 정보에 관심을 보인다.

특히 다른 제품속성에 대한 자세한 정보나 사전지식이 부족한 경우에는 가격이 구매의사결정에 있어서 결정적인 역할을 하게 된다. 소비자의 가격지식은 절대가격과 상대가격에 대한 것으로 구분할 수 있다. 소비자의 가격지식에 대한 조사에 의하면 서비스상품에 대한 가격평가에서 서비스이용자들은 비이용자들에 비해 보다 정확한 평가를 내리는 것으로 나타났다. 즉 서비스의 실제 이용자들이 추정한 평균가격은 실제가격에 비해 약 2배 정도 높게 나타났으나 비이용자들은 이를 3~4배 정도로 과대하게 추정하였다. 이런 결과는 기업의 광고전략에 있어 많은 시사점을 제공하고 있다.

기업의 가격결정은 소비자가 가격에 대해 얼마나 많은 정보를 가지고 있는가를 파악하는 일로부터 출발한다. 소비자가 제품가격에 대한 정보를 충분히 보유하고 있다고 판단되면 기업은 가격인하정책을 통하여 경쟁자에 대한 시장우위를 추구하는 것이 바람직하다. 반면에 소비자의 가격지식이 그다지 많지 않은 경우에는 경쟁자와의 가격 차이를 걱정할 필요 없이 높은 가격을 설정하여 이익을 극대화하는 전략을 사용할 수 있다.

2) 구매지식(Purchase Knowledge)

구매지식은 소비자가 제품을 실제로 획득하는 행위와 관련된 일체의 정보를 말한다. 여기에는 구매 가능한 점포에 대한 것과 적절한 구매시점 등에 관한 정보가 포함된다.

(1) 구매장소지식(Purchase Price Knowledge)

소비자가 구매의사결정의 과정 중 반드시 직면하게 되는 문제가 바로 제품을 구매하는 장소를 결정하는 일이다. 제품에 따라 구매경로가 서로 다를 수 있다. 유통경로상에는 복수의 경쟁자들이 존재하고 있기 때문에 소매점으로부터 구매하는 경우에도 점포의 형태, 즉 백화점이나 전문점, 또는 인터넷 중에서 어떤 점포를 선택할 것인가를 결정해야 한다.

소비자의 구매장소에 대한 의사결정은 주로 소비자가 지니고 있는 구매경험으로부터 나오는 지식에 의존한다. 이런 구매지식은 점포의 특성과 점포이미지에 대한 것으로 구성되어 있다. 어떤 소비자가 특정 점포를 찾지 않는 이유는 단순히 점포에 대한 지식이 부족한 경우도 있을 수 있으나 해당 점포의 이미지가 나쁘게 형성되어 있기 때문인 경우도 있다.

한편, 구매지식은 점포의 위치나 제품진열상태, 구색과 관련된 것도 있을 수 있다. 점포에 관한 지식은 매장위치(location)에 관한 것, 매장 내의 진열상태, 특정 점포가 취급하는 제품의 질과 종류에 관한 것들이 복합적으로 결합되어 있다. 점포 내에서 특정 제품의 진열위치를 잘 모르고 있는 소비자는 제품소재를 확인하기 위해 점포 내 정보나 진열상태에 주의를 기울이게 된다. 소비자가 점포 내에서 제공되는 정보를 많이 수용하는 경우, 미처 인식하고 있지 못하던 욕구가 활성화되어 충동적·비계획적 구매가 증가하기 쉽다.

(2) 구매시점지식(Purchase Timing Knowledge)

구매시점에 대한 소비자의 신념 역시 구매지식의 중요한 한 부분이다. 특정 기간에만 한시적으로 판매되는 계절상품이 아니더라도 구매하는 시점에 따라 구매조건이 달라지거나, 구매상품의 가치가 달라지는 경우도 있다.

구매시점에 관한 소비자지식을 보다 폭넓게 해석하면 혁신제품의 확산과정에서 신제품이 다수 소비자층에게 전파되는 시점까지 포함될 수 있다. 모든 소비자가 혁신제품에 대한 최초구매자(initiator) 또는 초기수용자(early adopter)가 되는 것은 아니다. 그 이유는 많은 소비자들이 시간이 흐르면서 해당 신제품의 가격이 낮아질 것으로 기대하기 때문이다. 소비자가 혁신제품을 수용하는 시점은 소비자의 개성, 라이프스타일 등이 작용하게 된다.

마케터는 구매시점에 대한 소비자의 지식을 이해함으로써 효과적인 마케팅전략을 수립할 수 있다. 예를 들면 심야시간대에 전화요금을 할인하여 준다든가 주말을 제외한 주중에는 호텔의 객실요금을 할인해 주는 경우, 또는 오전시간에 극장요금을 할인하여 주는 것 등은 소비자의 구매시점에 관한 지식을 이용한 마케팅전략이라고 할 수 있다.

3) 이용지식(Usage Knowledge)

이용지식은 소비자가 제품을 사용하는 데 필요한 정보가 기억 속에 저장된 것이라고 할 수 있다. 예를 들면, 가정용 전자오븐을 어떤 경우에 사용하는지를 모르는 사람은 없으나 실제 이를 작동하거나 활용하는 방법을 잘 모르는 소비자는 상당히 많다. 마케팅 담당자들이 표적소비자층의 사람들에게 제품의 이용지식을 제공해주어야 하는 이유는 다음과 같다.

첫째, 소비자가 해당 제품을 사용하는 방법을 모를 경우 그 제품을 구매할 가능

성이 작아진다. 따라서 마케터는 자사제품을 보다 효과적으로 사용하는 방법을 개
발하여 이를 소비자에게 전달할 수 있어야 한다.

　둘째, 제품의 이용방법이나 효과적인 적용상황에 관해 소비자들이 불완전한 정
보를 갖게 되면 역시 구매가능성은 그만큼 줄어들게 된다. 따라서 새로운 제품용도
를 발견하여 이를 소비자에게 알려줄 수 있다면 판매를 증대시킬 수 있다. 아스피린
으로 유명한 바이엘(Bayer)은 아스피린이 심장마비의 위험을 감소시켜 줄 수 있다는
사실을 소비자에게 고지함으로써 긍정적인 제품이미지를 구축하였을 뿐만 아니라
아스피린의 판매량을 크게 증대시킬 수 있었다. 특히 성숙기의 제품들에 대해서는
이런 마케팅활동이 매우 효과적이라고 할 수 있다.

　제품의 새로운 용도를 활용하는 마케팅전략에서 특히 주의하여야 할 점은 새로
운 용도로 인해 기존의 제품에 대한 소비자선호도나 친숙도에 부정적 영향을 미치지
않는가를 고려해야 한다는 점이다. 제품이용지식의 부족은 소비자 만족에 부정적 영
향을 미칠 수 있다. 사용미숙으로 기대된 제품기능이 발휘되지 못할 뿐만 아니라 심
한 경우, 제품사용으로 발생된 금전적 · 육체적 손해를 책임져야만 하는 상황이 발생
될 수도 있다. 일반적으로 소비자들은 제품의 사용으로 발생된 문제에 대하여 그 책
임을 자기자신이 아닌 다른 대상에게 귀속시키려는 타인귀인의 성향을 나타낸다.

3. 지식의 구조

1) 지식의 구조(Knowledge Structure)

　소비자는 여러 가지 의미자극을 연결망의 형태로 기억 속에 구축함으로써 대상
에 대한 느낌을 형성하고 있다. 이러한 연결망의 개념에 따르면 기억은 일련의 마디
(nodes)와 이들의 연결고리(links)로 이루어진다. 〈그림 6-5〉는 맥도날드에 대한 지식
의 연결관계를 나타내고 있다. 그림에서 각각의 마디들은 고유한 아이디어나 의미
를 나타낸다. 즉 소비자가 연상하는 아이디어, 개념, 이미지, 분위기나 특정 행동은
지식구조에 있어 별개의 의미마디로 표시된다. 이들은 맥도날드 운동화에 대한 과
거사건의 일화적(episodic) 표현, 감정, 분위기, 판매원이나 점포에 대한 의미처럼 한
차원 높은 광범위한 형태까지 포함한다.

　한편 연결고리는 의미상 서로 관련성이 높은 제품개념들을 서로 연결하는 것으
로서 그 결합강도는 개개의 의미에 대한 소비자의 신념 정도에 따라 달라진다. 예를
들면 어떤 소비자는 맥도날드에 대해 강한 긍정적 신념을 지니고 있으나 웰빙이라는

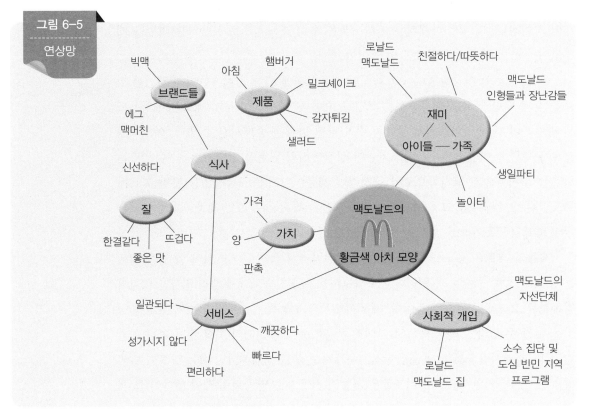

그림 6-5 연상망

자료: Kardes, Cronley, Cline, Consumer Behavior(2nd ed.), 2015.

측면에서는 비교적 약한 신념을 가질 수 있다. 보다 복잡한 지식을 필요로 하는 제품의 경우, 소비자는 구체적 의미들로 이루어진 연결망을 통합하는 조직화 과정을 통해 더 포괄적이고 추상적인 새로운 복수의 연결망을 형성한다.

2) 지식의 차원(Knowledge Dimensions)

인지심리학자들에 따르면 인간의 지식은 개념·명제, 그리고 도해라는 세 가지 차원으로 구성된다고 한다. 이들은 소비자의 기억 속에 수준이 서로 다른 여러 가지 의미를 등록시키는 작용을 한다.

(1) 개념(Concepts)

개념은 소비자가 특정 대상에 대해 지니고 있는 상호 독립적인 의미들을 말한다. 대상에 대한 인지 및 기억은 하위에 있는 구체적 의미들이 서로 결합해 보다 추상적인 수준까지 위계화 됨으로써 보다 체계화된다. 이런 개념은 객관적 사실에 기초하기도 하지만, 대부분 대상에 대한 주관적 평가에 의해 형성된다.

(2) 명제(Propositions)와 신념(Belief)

각각의 의미들이 보다 확대된 의미단위와 결합되어 추상성의 차원이 높아지게 되면 명제 또는 신념을 구성하게 된다. 명제는 두 개 이상의 개념마디가 결합하여 보다 복잡한 의미를 표현하는 것인데, 예를 들면, 맥도날드는 저렴한 가격 또는 편의성을 연상하게 하는 상표로 인식할 수 있다. 이러한 명제·신념의 정도는 마디 사이의 결합강도에 따라 달라진다.

(3) 도해(Schema)

도해는 특정 개념에 대한 소비자의 서술적 지식을 상징하는 것으로 연상될 수 있게 하는 의미들의 연결망이다. 즉 자주 발생되는 사상에 대한 일반적인 지식의 묶음이나 특정한 사건에 대한 인지적 구성으로서, 고정개념과 밀접한 관련이 있는 조직화된 인지적 개념체계 또는 지식체계라고 할 수 있다. 다시 말해 상호 관련되는 명제들을 연결한 것으로 이를 이용하면 자극의 단순화, 삭제, 첨가 또는 기억의 강화작용을 보다 쉽게 수행할 수 있다.

소비자들은 특정 브랜드(예: 맥도날드)를 떠올릴 때, 해당 브랜드와 연관된 개념들(예: 빅맥, 감자튀김, 밀크쉐이크 등)을 같이 떠올린다. 단순하게 브랜드를 떠올릴 뿐인데, 이와 관련된 많은 정보들이 같이 떠오르는 것이다. 특정 연상의 정도가 강할수록 예열 효과가 작용한다. 하지만 소비자가 자신의 연상망 속에 기존 마디에 새로운 개념들을 덧붙여 연상하면 예열 효과는 줄어든다. 또한, 새로운 연상들이 증가할수록, 오래된 연상을 떠올릴 가능성은 줄어들게 된다. 이처럼 새로운 연상이 오래된 연상을 방해하는 것을 연상 간섭(associative interference)이라고 한다.

연상 간섭은 광고에서 흔히 볼 수 있다. 예를 들어, 오래된 광고와 새로운 광고의 경쟁, 혹은 그 반대의 경우를 떠올려볼 수 있다. 선행 간섭 (proactive interference)은 이미 학습된 정보가 이후에 학습되는 정보를 방해하는 현상을 말한다. 반면, 역행 간섭(retroactive interference)은 새로운 정보의 습득이 과거에 습득한 기억을 방해하는 현상을 말한다. 이 유형들 모두 광고에서 흔히 확인되는 현상들이다. 또한, 이런 현상들은 제품군이 같을 때 효과가 더 크게 나타난다.

방해 현상은 사람들을 짜증나게 한다. 어떤 정보를 인출해야 하는지 아는 상황인데도 정보가 쉽게 떠오르지 않기 때문이다. 이런 방해 현상을 어떻게 줄일 수 있을까? 부호화-특수성 원리(encoding-specificity principle)에 따르면, 기억은 맥락과 관련이 높다. 특정 기억을 인출할 때, 사람들은 해당 정보를 학습한 맥락 또는 상황에서 더 잘 기억한다. 부호화 인출 시점이 같은 경우, 또는 생리학적 상태가 같은 경우에도 잘 기억한다. 즉 정보를 입력하는 환경과 인출하는 환경의 유사성이 높을수록 기억력은 높아진다.

　학생들은 같은 장소에서 공부하고 시험을 본다. 이 경우, 입력 시점(학습)과 인출 시점(시험)의 맥락적 단서들(예: 조명, 의자, 소음 등)이 같아 비교적 높은 기억력을 기대할 수 있다. 만약 공부하는 공간과 시험 보는 공간이 다르다면, 기억력은 상대적으로 낮게 나타난다. 왜냐하면, 정보가 입력되는 맥락과 인출되는 맥락이 다르기 때문이다. 아주 사소한 맥락적 차이로 기억력은 크게 달라질 수 있다. 때로는 이 사소한 차이가 커다란 차이보다 기억력에 더 큰 영향을 미치기도 한다. 만약 시험 전날 공부하면서 밤을 새우고 커피를 다량으로 섭취하였다면, 같은 공간에서 학습하고 시험을 보더라도 시험을 망칠 확률이 높다. 시험 보는 도중 커피 섭취는 거의 불가능하므로, 전날과 각성 수준이 달라지기 때문이다. 또한, 평소보다 훨씬 더 피곤하므로 기억력은 평소보다 확연히 낮아지게 된다. 이처럼 정보의 입력 시점과 인출 시점의 맥락 차이가 클수록, 기억력은 더 떨어지게 된다.

태도(Attitude)

태도의 본질 1 SECTION

1. 태도(Attitude)의 의의

태도는 평가적 판단으로 소비자가 특정 사람(예: 영업사원, 광고 모델), 장소(예: 아울렛, 웹사이트, 휴양지), 이슈(정치, 경제)에 대해 얼마나 좋게, 또는 나쁘게 평가를 하는가와 관련이 있다. 평가적 판단은 두 가지 주요 요인을 갖고 있다. 두 가지 주요 요인에는 방향(긍정, 부정, 중립)과 정도(약함, 중간, 강함)가 있다. 태도는 신념을 따르기도 한다. 소비자가 새로운 제품이 그들의 욕구에 대응하는 속성을 많이 가지고 있다고 판단한다면, 제품에 대해 긍정적인 태도를 가지게 될 확률이 높다. 예를 들어, 소비자가 삼성의 AS 센터가 상대적으로 편리한 서비스를 제공한다고 믿는 와중에 이를 이용하는 소비자들이 간편함을 중시한다면, 그들은 삼성에 호의적인 태도를 형성하게 된다.

태도에 대한 정의는 학자와 연구목적에 따라 다양하다. 피쉬바인(M. Fishbein)은 태도를 "개인의 특정한 대상에 대한 긍정적·부정적·호의적·비호의적·동의·거부 등의 느낌"으로 정의하고 있어 느낌이나 평가적 반응행동으로 인식하고 있다. 반면 알포트(G. Alport)는 태도를 "특정한 대상이나 집단에 대하여 일관적으로 호의적·비호의적으로 반응하려는 학습된 선유경향"이라고 정의한다. 따라서 소비자의 성향이 강조되고 있는데 여기에는 대상에 대한 반응준비상태가 포함되어 있다.

한편, 태도의 인지적 측면을 강조하는 사회심리학에서는 태도를 "개인세계의 특정 측면에 관한 동기적·감정적·지각적·인지적 과정의 계속된 조직화"로 정의한다. 이에 의하면 태도란 인지적 요소, 감정적 요소 그리고 행동적 요소가 복합된 개념이라고 할 수 있을 것이다. 그러나 태도에 관한 보다 최근의 연구들은 태도를 단일차원적 개념에서 다차원적 개념으로 확대되어 해석하고 있는데, 이는 태도가 하나의 속성에 의해 파악되는 것이 아니라 대상에 대한 속성과 이들 속성에 대한 소비자의 중요도에 의해 결정되는 것을 의미한다. 이와 같이 태도에 대한 다양한 정의를 살펴볼 때 태도란 특정한 대상에 대하여 소비자가 한결같이 우호적 또는 비우호적으로 반응하도록 하는 학습된 선유경향이라고 종합할 수 있다.

마케팅의 대상은 제품·상표·서비스·점포 또는 판매원 등이 모두 포함될 수 있기 때문에 실제로 이를 측정하고 현실에 적용하기 위해서는 소비자의 학습·지각·모티베이션 등 많은 개념이 동시에 고려되어야만 한다. 태도의 정의를 기초로 태도의 개념을 보다 자세하게 살펴보면 다음과 같다.

첫째, 태도는 학습된다. 인간은 처음부터 특정한 태도를 지닌 채 태어나지 않으며 학습의 결과로서 태도가 부분적으로 장기기억 속에 구축된다. 이때 소비자의 지각은 태도에 영향을 미치기도 하지만 동시에 태도에 의해 영향을 받기도 한다. 개인의 동기 또한 소비자의 학습효과에 커다란 영향을 미치기 때문에 결과적으로 소비자로 하여금 특정 목적물에 대하여 일관된 우호적·비우호적 반응을 나타나게 하는 역할을 한다.

둘째, 태도의 선유경향이라고 하는 것은 소비자가 특정한 방법으로 지각하거나 행동하도록 하는 특성이다. 그러나 소비자의 실제 반응은 이런 선유경향과 다른 경우도 발생될 수 있다. 예를 들어 저질제품에 대한 좋지 않은 경험이 특정 상표를 불신하게 하는 선유경향을 유발시켰다고 하더라도, 가격할인이나 강력한 보증 등 다른 요소가 소비자의 최종선택과정에 개입하여 소비자의 비우호적 태도보다 크게 작용하면 태도와 다른 행동을 유도할 수 있다.

셋째, 일관적이라는 말은 태도가 순간적인 호의·비호의로부터 촉발되는 것이 아니라는 사실을 뜻한다. 따라서 태도가 일시적인 기분이나 충동에 의하지 않고 비교적 장기간에 걸쳐 형성되고 그 반응 또한 지속적으로 나타나기 때문에 소비자의 태도를 평가 · 측정하면 소비자의 미래행동을 예측할 수 있다.

2. 태도(Attitude)의 특성

소비자의 태도는 몇 가지 중요한 특성을 지니고 있다. 즉 태도는 방향 · 수준 · 강도를 지니고 있으며 학습을 통해 일정한 구조로 구축된다.

1) 태도는 대상을 지닌다

태도의 정의에 의하면 태도는 특정한 대상을 지니고 있다. 태도의 대상은 소비자주의와 같은 추상적 개념일 수도 있고, 의복, 가전제품 등과 같은 유형의 상품이 될 수도 있다. 또 제품구매와 같은 특정한 행위가 대상이 되는 경우도 있다. 한편 대상은 개인, 특정 구매상표와 같이 단일 목적물인 경우도 있으나, 사회집단처럼 단일 구성물의 집단이 될 수도 있다.

2) 태도는 방향, 수준, 강도를 지닌다

태도는 개인의 특정 목적물에 대한 느낌을 나타내는 것이기 때문에 방향 · 수준 · 강도에 의해 표현된다. 태도의 방향이란 개인이 목적물에 대해 우호적인가 아니면 비우호적인가, 목적물을 지지하는가 아니면 반대하는가를 의미한다. 또한 태도의 수준은 개인이 목적물을 좋아하거나 싫어하는 정도를 의미하는 것으로 느낌의 크기라고 할 수 있다. 마지막으로 태도의 강도는 대상에 관한 확신, 신뢰의 크기를 의미하는 것이라고 할 수 있다. 결국 특정 제품에 대한 소비자태도의 방향 · 수준 · 강도에 의해 마케터는 소비자의 자사제품에 대한 행위, 즉 구매의 사전준비상태에 대

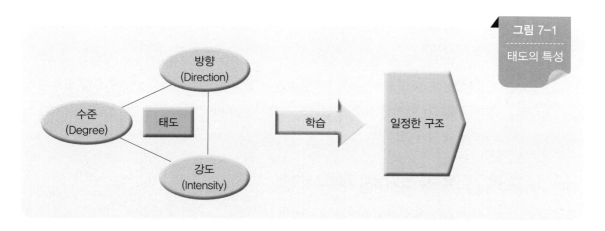

그림 7-1
태도의 특성

한 예측을 할 수 있게 된다.

3) 태도는 일정한 구조를 지닌다

태도는 선유경향의 구조를 지니고 있다. 따라서 태도는 내적 일관성을 지니며 태도 상호 간 구심성을 갖는다. 다시 말해 태도는 안정적 성향을 지니며 일반화되는 경향이 있다. 인간의 태도구조는 복합적으로 구성되어 있으며, 이 구조의 중심에는 개인의 가치와 자기개념이 자리잡고 있다. 따라서 소비자의 태도구조체계의 중심에 자리한 태도는 강한 구심성을 지니지만 중심에서 멀리 위치한 태도는 구심성이 낮게 된다. 여러 가지 태도는 서로 독립되어 있지 않고 복잡한 전체를 구성하기 위해 유기적으로 연결되어 있다. 이런 사실은 태도가 상호 간 어느 정도의 일관성이 존재한다는 것을 의미한다.

태도는 상호 간 밀접하게 연결되어 있기 때문에 태도구조라는 하나의 시스템에 대한 적합성을 유지할 수 있어야 한다. 이런 적합성이 결여되면 태도 간의 갈등이 발생한다. 또한 태도구조의 중심에 가까울수록 보다 많은 다른 태도들과 연결되므로, 중심 이외에 자리잡고 있는 다른 태도들보다 일관성의 크기가 크다.

태도는 조직화되어 하나의 집단으로 구성되기 때문에 시간의 경과에도 불구하고 안정적 경향을 나타낸다. 태도가 안정성을 보이는 기간이 무한히 긴 것은 아니지만 그렇다고 그 기간이 일시적이지는 않다. 태도는 또한 학습과정을 통해 형성되기 때문에 장기간 유지될수록 그 특성이 보다 지배적으로 되어 변화에 저항하는 특성을 나타낸다. 한편 태도는 일반화할 수 있는 특성을 지니고 있다. 즉 특정 제품에 대한 소비자 개인의 태도는 해당 제품군 전체에 대하여 일반화된 특성을 지니는데 소비자는 태도의 이런 성질을 통하여 의사결정을 단순화시킬 수 있다.

4) 태도는 학습되어진다

태도는 친구, 판매원, 매체로부터의 정보뿐만 아니라 개인적 경험을 통해서도 형성된다. 따라서 학습이 태도형성과 변화를 주도한다는 사실에 주목할 필요가 있다. 태도와 관련된 학습의 원리는 마케터가 소비자 태도를 분석하고 변화시키는 데 도움을 줄 수 있다.

5) 태도는 상황의 영향을 받는다

위의 태도 특성에서는 태도가 처한 상황을 고려하지 않았다. 그러나 현실에 있어서 소비자는 상황적 제약으로 인해 자신의 태도와 일치하지 않는 행동을 하는 경우가 있다.

예를 들어 어떤 소비자는 냉장고에 넣어 둔 음료수가 떨어질 때마다 다른 상표의 음료수를 구매한다고 가정해보자. 소비자의 이런 상표전환은 부정적 태도나 불만족의 결과로부터 나온 것일 수도 있으나 특정 상황이나 사건에 의한 것일 수도 있다. 즉 그는 특정 상표의 콜라에 대해 높은 선호도를 지니고 있으나 예산부족이라는 상황적 한계로 인해 할인특판을 실시하는 다른 상표의 콜라를 구매할 수도 있을 것이다. 이와 반대의 경우를 생각해보자. 만일 어떤 소비자가 음료수가 떨어질 때마다 무가당 오렌지주스를 구매한다고 할 때 일반적으로 그 사람은 무가당 오렌지주스에 대해 우호적 태도를 가졌다고 생각할 수 있을 것이다. 그러나 그가 그 오렌지주스의 맛을 좋아하지 않더라도 체중조절을 위해서, 아니면 당뇨병이라는 태도 외적 요인 때문에 그 제품을 반복해 구매하는 것도 가능하다. 이와는 다른 차원에서 본다면, 개인이 특정 상황에 대응하는 반응행동에 대해서 태도가 다른 경우를 예상할 수 있다. 예를 들어 시장 안에 있는 음식점에서 점심식사로 국수를 즐겨 먹는 어떤 소비자가 저녁식사로 국수를 먹는 것을 좋아하지 않을 수도 있다. 그러나 이미 저녁식사 시간이 오래 경과해 다른 식당이 문을 닫았거나 심신이 매우 피곤하고 심한 허기 때문에 다른 음식점을 찾을 여유가 없는 경우에는 이런 일상적 태도에도 불구하고 저녁식사를 국수로 결정하기도 한다.

이때 이 사람은 태도를 변화시킨 것이 아니라 상황적 요인에 의해 태도와 일치하지 않는 행동안을 선택한 것이라고 할 수 있다. 따라서 태도를 측정할 때 소비자가 처한 상황을 고려하지 않으면 태도와 행위 간의 관계를 잘못 해석하는 오류에 빠질 수도 있다.

3. 태도(Attitude)의 구성요소

태도를 구성하는 요인에 관한 이론은 전통적으로 3원론적 관점에서 설명하고 있다. 〈그림 7-2〉에서 볼 수 있듯이, 태도란 인지적 요소, 감정적 요소 그리고 행동적 요소의 3가지 구성요소로 이루어진다.

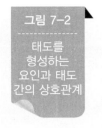

그림 7-2

태도를
형성하는
요인과 태도
간의 상호관계

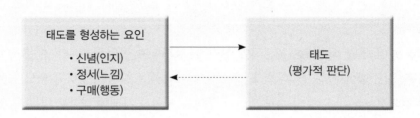

1) 3원론적 접근법(Tripartite Approach)

(1) 인지적 요소(Cognitive Component)

인지적 요소는 지각적 요소 또는 신념요소라고도 하며, 대상에 대한 소비자의 신념과 지식을 의미한다. 소비자는 특정한 목적물에 대해 많은 신념을 지니고 있는데 소비자가 상표에 귀인시키는 속성들은 그들이 상표에 대해 믿고 있는 신념이라고 할 수 있으며 이런 신념들의 총체적 집합이 특정 상표에 대한 태도의 인지적 요소라고 할 수 있다. 이는 다시 목적물의 존재에 대한 신념과 해당 목적물에 대한 평가적 신념으로 나눌 수 있다.

상표명이나 광고의 문안을 기억하는 것은 목적물의 존재에 대한 신념이라고 할 수 있으며 소비자의 판단을 위해 제공된 정보에 대한 것은 평가적 신념이라고 할 수 있다. 즉 특정 상표나 제품을 다른 대안들과 비교판단할 수 있도록 하는 것으로 비교판단은 다시 목적대상의 속성을 비교하는 속성판단과 대상의 전체적 유사성을 비교하는 유사성판단으로 세분된다. 따라서 신념은 목적물의 속성과 연합하여 형성되는 정보적 신념과 제품의 이점이나 혜택과 연합하여 형성되는 평가적 신념을 모두 포함하는 개념으로 이해되어야 한다.

신념은 태어날 때부터 지니고 나오는 것이 아니며 사회화 과정이나 학습을 통하여 형성된다. 즉 생활을 통해 소비자가 문화·가정·동료집단·매체 및 기타의 원천으로부터 정보를 획득하고 이를 이해하는 활동을 경험하면서 신념이 형성된다.

이때 신념은 반드시 진실하거나 사실과 부합되어야 하는 것은 아니다. 신념 그 자체만으로도 소비자의 태도를 형성하고 행위를 유도하는 힘을 지니고 있다는 사실을 주목할 필요가 있다. 신념은 개인의 경험으로부터 형성되기도 하며 개인의 가치관, 동기나 개성에 의해서도 많은 영향을 받는다. 결국 신념은 학습을 통하여 형성되며 그 과정에서 동일 목적물에 대한 태도를 형성할 때 함께 작용하는 다른 신념들과 통합되어 나타나는 것이다.

(2) 감정적 요소(Affective Component)

감정적 요소는 상표에 대한 소비자의 전반적 평가를 의미한다. 이는 상표에 대한 소비자의 호의성·비호의성을 말하는 것으로 상표에 대한 신념은 소비자가 제품이나 그 속성과 같은 태도의 대상물에 대한 지각과 관련성을 지니기 때문에 다차원적이라고 할 수 있다. 반면 태도의 감정적 차원은 이들 각 속성에 대한 평가와 감정반응이 종합되어 나타나는 결과라고 할 수 있기 때문에 단일차원적 개념이라고 볼 수 있다. 따라서 상표에 대한 소비자의 전반적인 감정은 '조악하다'로부터 '탁월하다', 또는 '가장 선호함' 등 소비자의 직접적인 평가를 통해 측정할 수 있다. 한편 인지적 요소에서와 마찬가지로 소비자의 감정적 반응들도 개인적 측면이나 상황적 요인에 의해 영향을 받는다. 예를 들어 카페인이 제거된 커피의 경우, 수험생들에게는 졸음을 방지하지 못한다는 측면에서 부정적 반응을 불러일으킬 수 있으나, 잠들기 전에 따뜻한 음료를 마시고자 하는 소비자에게는 긍정적 반응을 기대할 수 있다. 대체로 태도가 그 구성요소에 대한 구체적인 지적 없이 언급될 때는 감정적 요소를 의미하는 것으로 해석하고 있다.

(3) 행동적 요소(Behavioral Component)

행동적 요소는 행위적 요소 또는 의도요소라고도 한다. 이는 태도의 목적물과 관련하여 개인이 취하려는 반응성향이라고 할 수 있으며 대개 행위의도의 개념을 이용해 측정된다.

2) 구성요소 간의 관계

태도의 구성요소가 전통적인 3원론의 관점에서 설명되든지 단일차원의 개념으로 설명되든지 간에 태도와 관련된 3가지 개념들 사이에는 일관성이 존재한다는 견해가 지배적인데 이는 심리학에서 균형이론을 기초로 하고 있다. 여기에 따르면 특정 목적물에 대한 평가는 이에 대하여 일관성 있게 보유하고 있는 신념들의 함수로 나타낼 수 있다.

로젠버그(M. Rosenberg)는 평가와 신념들 사이에 불균형상태가 나타나면, 감정-인지의 비일관성이 전체적인 태도를 재조직화함으로써 축소되거나 제거된다고 하였다. 이런 재조직화의 과정을 통하여 신념의 변화가 상표평가의 변화를 유발하기도 하고, 상표평가의 변화가 신념의 변화를 야기하여 이들 간에 일관성을 유지하도록 함으로써 다시 균형상태로 회귀할 수 있게 된다는 것이다. 따라서 인지반응이론

에서 주장하는 것처럼 태도변화는 '인지 → 감정 → 행동'의 순서에 의해서만 이루어
지는 것이 아니라 이들 개념 사이에 일관성이 유지될 수 있다면 신념변화에 앞서 평
가나 행동이 먼저 변화되고 이들이 다시 신념변화에 영향을 미치는 경우처럼 역전된
과정을 나타낼 수도 있는 것이다.

4. 태도의 기능

태도의 의미와 중요성은 태도의 기능을 살펴보면 잘 이해할 수 있다. 소비자들
은 왜 특정한 대상에 대해 특정한 태도를 보이는 것일까? 성공적인 마케팅활동을 위
해서는 이러한 태도가 소비자에게 제공하는 역할을 이해하는 것이 필수적이다. 태
도기능론자들은 태도의 기능을 여러 가지로 분류하고 있다. 그러나 태도의 기능은
최종적으로 목적물에 대한 평가기능으로 귀착될 수 있으며 소비자의 태도를 조사함
으로써 목적물에 대한 평가와 행위의도를 예측하는 데 있다. 카츠(D. Katz)에 의하면
태도는 다음과 같은 네 가지 주요한 기능을 갖는다고 한다.

1) 적응기능(Adjustment Function)

태도는 소비자로 하여금 바람직한 욕구를 달성할 수 있도록 하는 지침을 제공
하여 개인이 현실세계에 적응하는 데 도움을 준다. 만일 어떤 목적물이 개인의 목표
를 달성하는 데 공헌하였다면, 이로 인해 형성되는 태도는 우호적 방향으로 형성되
지만 반대로 개인의 목표달성을 방해하였다면 태도는 부정적 방향으로 형성될 것이
다. 태도의 적응기능이란 소비자가 외부환경에 대응하여 보상을 극대화하고 처벌을
극소화할 수 있도록 태도를 조정함으로써 자신의 욕구를 실현하고 시장환경에 적응
하는 수단으로 이용된다는 것을 뜻한다. 따라서 이런 태도의 기능은 소비자로 하여
금 바람직한 욕구에 대한 이해정도, 그 충족방법, 처벌에 대한 지각의 크기 등에 의
해 수행되며 이것이 소비자구매행동의 방향과 가능성을 결정짓는다고 할 수 있다.
이런 맥락에서 마케터는 제품의 혜택을 부각하여 소비자의 태도기능을 자극해 자사
상표에 대한 호의적인 태도를 형성할 수 있도록 해야 한다.

2) 자아방어기능(Ego-Defense Function)

태도의 자아방어기능은 열등감, 불안 또는 수용하기 어려운 충동 등으로부터 자
기이미지를 보호하기 위한 방어기제로서 작용하는 것을 말한다. 프로이드의 정신분

석이론에 의하면 태도는 외부의 위험으로부터 자아나 자아이미지를 방어하고 마음 속에 내재해 있는 내적 갈등이나 불안감을 해소시켜 주는 기능을 한다고 한다. 만일 환경으로부터 영향이 위협적으로 인식되면, 태도의 자기방어적 기능이 작용하여 불안의 크기를 감소시킬 수 있다. 따라서 마케터는 제품의 사용으로 얻을 수 있는 혜택이나, 사용하지 않아서 나타날 수 있는 위험을 제시하여 소비자를 설득할 수 있다.

3) 가치표현기능(Value-Expressive Function)

가치표현기능은 태도가 소비자의 자아개념이나 가치관을 나타내 주는 것을 말한다. 자아방어적 태도가 개인의 자아이미지를 보호하기 위해 형성되는 것이라면 가치표현적 태도는 소비자의 중심에 자리잡고 있는 가치를 외부로 표현할 수 있게 하는 것이라고 할 수 있다. 가치표현이라 함은 소비자가 자신의 신념을 기초로 태도를 표현함으로써 자기이미지를 표출시키며 동시에 향상시키려는 것이다. 이는 타인들의 눈에 비춰지기 원하는 형태대로 자기 자신의 이미지를 구축하려는 욕망에서 나온다. 따라서 소비자는 자신의 가치를 보다 쉽게 표현할 수 있도록 하는 특정한 태도를 취하고자 한다. 특히 상표는 소비자의 자아이미지와 가치관을 상징한다고 믿어지기 때문에 마케터는 상표가 태도의 이런 가치표현적 기능에 부합될 수 있도록 소비자에게 소구할 필요가 있다.

4) 지식기능(Knowledge Function)

지식기능은 태도가 소비자로 하여금 환경을 이해하고 평가하는 기준을 제공해 주는 것을 말한다. 즉 태도는 주위세계를 이해하는 준거체계나 기준을 제공해 준다는 의미로서, 소비자가 매일 직면하는 수많은 정보를 조직화하거나 평가하기 위한 기초를 제공하는 것이라고 할 수 있다. 태도란 특정 목적물에 대한 소비자의 모든 정보 지식을 종합한 것이므로 소비활동을 촉진하고 이와 관련된 불확실성과 혼란을 감소시키는 데 중요한 역할을 한다. 태도의 지식기능은, 소비자는 정보탐색자이며 새로운 사실을 알려고 하는 욕구가 존재한다는 것을 전제로, 소비자가 주위세계에 대해 다양한 의미의 정보를 추구하도록 하는 것을 말한다. 따라서 마케터는 소비자에게 실제 구매상황에서 손쉽게 인출할 수 있고 간편하게 적용할 수 있는 정보를 제공하여 자사에 유리한 소비자 태도를 형성시킬 수 있도록 해야 한다.

소비자의 조절 초점을 이해하는 것은 매우 중요하다. 조절 초점 이론(Regulatory Focus Theory)에 따르면, 소비자는 향상 초점(promotion focus), 또는 예방 초점

표 7-1	광고의 종류와 각 조절 초점이 일치를 이루어 광고가 효과적일 수 있는 상태	
태도 기능	향상 초점 광고들	예방 초점 광고들
지식	• 사실에 기반을 둔 호소 • 논리적 주장 • 비교 광고	• 미스터리 광고 • 놀라움 • 혼돈
가치 표현	• 이미지 호소 • 유명인 광고	• 잘못 지적 광고(페브리즈 CF '오빠 방에서 맨날 냄새 나')
자아방어적	• 실세 • 전문가	• 두려움 조성
조정	• 기쁨	• 고통

자료: Adapted from Kardes & Cronley(2000).

(prevention focus)을 통해 행동을 조절 또는 통제한다. 이 조절 초점은 개인의 성향에 따라 구분된다. 향상 초점이 강한 사람은 성취지향적이며 도전 의식이 강한 사람들이지만, 예방 초점을 지향하는 사람들은 도전보다는 현재를 지키려는 욕구, 쉽게 말해 보호 욕구가 강한 사람들이다. 단어에서도 알 수 있듯, 위험을 기꺼이 감수하고서라도 자기 향상을 원하는 사람들은 향상 초점을 지향한다고 하며, 위험을 예방하고 현재에 안주하는 사람들은 예방 초점을 지향한다고 한다. 열망이나 업적을 연상케 하는 메시지는 향상 초점에 집중한다. 그와 달리 보호와 책임을 연상케 하는 메시지는 예방 초점에 주안점을 둔다.

태도 기능 이론과 조절 초점 이론을 결합하면 4×2 형태의 설득 기법 매트릭스를 도출할 수 있다. 최대의 효율성 달성을 위해서는 설득 메시지가 소비자의 태도 기능과 조절 초점을 동시에 만족해야 한다. 〈표 7-1〉은 주요 설득 메시지와 그것이 가장 효과적인 경우를 각각 정리한 표이다.

예를 들어, 컴퓨터나 최첨단 제품과 같이 비교적 복잡한 제품들을 홍보할 때는 브랜드 속성과 제품이 제공하는 혜택에 대한 정보를 소비자에게 알리는 것이 중요하다. 하지만 이런 경우에는 적어도 소비자들이 제품에 대해 어느 정도 알고 있거나 관심이 있어야 한다. 이런 홍보 전략은 향상 초점 성향이 강한 소비자들에게 적합하다. 반면, 예방 초점을 지닌 사람들에게는 무작정 제품에 대해 교육하는 것보다는 놀라움이나 미스터리를 일으켜 그들이 가진 지식에 대한 태도를 재점검할 기회를 주는 것이 효과적이다. 기대치 못한 놀라운 정보를 홍보할 때, 예방 초점을 지닌 소비자의 태도(지식 기능 부분)를 변화할 수 있다. 메시지의 끝을 보기 전까지는 의미를 짐작할 수 없는 광고의 경우 소비자들이 자신들의 태도에 대해 다시 생각하게 한다.

　자아 방어적 기능을 하는 태도를 자극하기 위한 광고의 경우, 그 대상이 향상 초점을 지향하는 소비자라면, 정치인이나 종교 지도자, 또는 경찰관 등 권위 있는 인물이나 의사, 변호사, 전문경영자처럼 전문가를 내세워 소비자의 제품과 서비스에 대한 태도를 변화시킬 수 있다. 미래의 사고나 질병과 같이 불확실성에 기대는 기업들(보험, 보안업체)은 권위나 전문성을 활용하는 것이 좋다. 이와 같은 접근은 특히 정치적 입장을 바꾸는데도 효과적이다. 고정관념이나 특정 그룹에 대한 부정적인 태도를 갖는 경우, 자신보다 하위에 있는 집단과 자신의 위치를 비교함으로써 안도감을 느끼게 하여 자아 방어적 기능을 변화시킬 수 있다.

　조정 기능을 하는 태도는 기본적인 쾌락(기쁨 또는 고통)의 원리를 기반으로 한다. 소비자는 제품이 맛있을 때, 혹은 그저 좋은 느낌을 주기 때문에 특별한 이유 없이 구매하기도 한다. 아이스크림, 사탕 등은 전자의 예에 해당하며, 알코올, 카페인, 담배 등은 후자의 예에 속한다. 이는 모두 몸에는 좋지 않지만, 맛이 좋거나 좋은 느낌을 준다. 같은 이치로 소비자는 맛이 좋지 않으면 회피한다. 구강 청결제, 섬유질 곡류 등이 그 예이다. 또한, 나쁜 느낌을 들게 하면 회피한다. 예를 들어, 건강에 이롭지만, 부작용이 나타날 수 있다는 혈압약 같은 경우 구매를 회피하는 경향을 보인다. 향상 초점을 지향하는 사람들의 조정 기능 태도를 변화시키기 위해서는 사실적 정보나 수치들은 별 도움이 되지 못한다. 마찬가지로 자아 방어적 기능을 하는 태도를 변화시키는 것 역시 별 도움이 되지 못한다. 권위 있는 인물이나 전문가의 견해가 어떻든 간에 사람들은 자신이 좋아하는 것은 계속 찾기 때문이다.

　예방 초점을 지향하는 사람들의 조정 기능 태도를 자극하는 예는 많다. 고통을 완화하는 아스피린, 해열제, 제산제 등의 진통제 제품을 예로 들 수 있다. 예컨대, 최근 엑시드린(Excedrin) 광고에서 한 배우는 약이 어떠한 원리로 작용하는지는 모르지만, 확실히 효과가 있다고 말한다. 이 광고에서는 전문가나 권위자, 연예인 등의 의견이 필요하지 않다. 소비자는 약의 효능에 대해서만 알면 되는 것이다.

　소비자행동 학술지에 실리는 대부분의 연구는 미국에서 진행된 실험 결과를 토대로 이루어진다. 서양문화가 그러하듯 미국의 문화 역시 개성과 독립적인 시각을 널리 포용하는 것으로 알려져 있다(캐나다와 서부 유럽에서도 마찬가지이다). 이것은 동시에 서부의 소비자들은 개인의 이익을 극대화하는데 더 큰 관심이 있다는 사실을 내포하기도 한다. 반면, 동양문화를 가지고 있는 일본, 중국, 동유럽 국가의 사람들은 다소 상호의존적인 시각을 보인다. 일반적으로 동양문화에 익숙한 소비자들은 가족, 친구, 동료 등 자신이 속한 주요 그룹 전체의 이익을 극대화하는 것에 초점을 맞추어 행동을 한다. 문화와 조절 초점에 관해 최근 진행된 연구에 따르면 독립적인 시각을 가진 소비자들은 주로 향상 초점을 추구하는 것으로 나타났다. 그들은 따라서 향상 초점 광고에 더 큰 반응을 보이게 된다. 그 광고가 그들의 향상에 초점을 둔 조절에 대응하기 때문이다. 그러므로 개인의 문화적 배경이 조절 초점에 상당한 영향을 미치는 것으로 결론지을 수 있다. 그리고 조절 초점이 향상 또는 예방 초점 광고의 효과를 결정한다.

SECTION 2 태도의 형성

1. 태도형성모델

단일차원적 관점의 태도이론에 있어서도 특정 목적물에 대한 전반적인 평가, 즉 좋다 또는 나쁘다라는 식의 측정방법은 태도의 복합구조나 구성요소 간의 상호 작용에 관한 제약으로 인해 동일 형태로 나타나는 태도의 원인을 확인할 수 없다는 한계가 있다. 따라서 이 관점에 따르면 적절한 마케팅대응전략을 수립하는 것이 곤란하게 된다. 결국 태도의 측정에는 적어도 인지, 감정, 그리고 행동이라는 3가지 개념을 동시에 다루는 것이 불가피하다. 실제 태도의 구성요소는 매우 다양하고 서로 이질적 성격의 것들이 복합되어 있음에도 불구하고 마케터들은 특정 대상에 대한 개인의 전반적 평가를 결정짓는 감정적 요인에만 초점을 맞추었다. 그 결과 개인의 전반적 태도를 유도하거나 기업에게 유리한 태도변화를 도출하기가 어려웠다.

태도이론이 기업의 마케팅활동에 주는 혜택은 소비자의 태도를 마케팅 목표에 부합되도록 변화시키는 데 있다고 할 수 있다. 따라서 소비자의 태도를 형성하는 원인과 기초를 발견하는 것이 무엇보다 선행되어야만 한다. 소비자의 태도는 특정 목적물에 대하여 무의식적, 자동적으로 선호하는 형태로 이루어진다는 감정적 학습의 이론이나 아니면 의식적으로 특정 정보를 처리하는 인지적 학습의 개념에 기초해서 설명할 수 있다. 이에 따르면 특정 상표나 제품에 대한 소비자 태도는 이에 대한 지식을 통합한 결과로서 형성되는 것으로 볼 수 있다. 따라서 소비자의 태도는 특정 목적물에 대한 소비자의 신념을 통합함으로써 결정된다고 할 수 있는데 이것이 바로 다속성태도모델이다.

다속성태도모델은 소비자들이 특정 목적물에 대하여 지니고 있는 신념들의 결합 방식을 나타내는 것으로서 이들 신념의 통합 방식에 따라 다양한 형태의 모델이 제시되었다. 다속성태도모델의 기본가정은 대안이 평가되는 기준 또는 속성이 하나 이상, 즉 다수라는 점으로 소비자들은 이들 다수의 속성을 동시에 고려하여 대상에 대한 전반적 태도를 형성한다는 것이다.

이때 소비자 태도의 형성요인에 중요한 역할을 하는 것이 속성의 현출성인데, 속성과 신념 간의 결합은 소비자의 경험을 통해 구축되는 연상네트워크에 의해 결정된다. 또한 특정 시점에 활성화되어 검토될 수 있는 신념이란 인간의 기억용량의 제약으로 인해 이런 연상네트워크 중 일부에 지나지 않게 된다. 이때 검토대상으로 활성화되어 인출되는 신념을 현출신념이라고 하는데 이는 소비자가 처한 상황에 따라 다르게 나타난다. 다속성태도모델은 고려되는 각 속성의 평가치가 태도결정에 상호 보완적으로 작용하는가의 여부에 따라 보상적 태도모델과 비보상적 태도모델로 구분된다.

2. 다속성태도모델(Multi-Attribute Attitude Model)

1) 보상적 태도모델(Compensatory Attitude Model)

보상적 태도모델은 사전에 구축된 대안들의 제품속성들 중 하나 이상의 지각된 약점이 다른 속성의 지각된 장점으로 인해 보상될 수 있다는 가정 하에 구축된다. 즉 상표태도를 측정할 때 각각의 상표들은 그들이 보유하고 있는 여러 가지 모든 속성들이 한꺼번에 반영되어 평가되며 평가기준은 각 속성에 대한 소비자의 평가합계를 기초로 가장 큰 평가치를 갖는 대안이 선택된다고 가정한다. 보상적 모델은 다시 기대-가치모델과 속성-적합성모델의 두 가지 형태로 나눌 수 있다.

(1) 기대-가치모델(Expectancy-Value Model)

기대-가치모델은 대상제품이 실제 특정한 속성을 지니고 있는가에 대한 신념(기대)과 이것이 구매동기(평가기준)를 실현시키는 데 적합한가에 대한 지각된 도구성, 즉 신념의 중요성이라고 할 수 있는 상대적 가치를 기준으로 태도를 측정한다. 여기에는 피쉬바인과 로젠버그의 다속성태도모델이 포함된다. 이 모델에 의하면 상표가 지니고 있는 모든 속성들이 평가되고, 최종결과는 각 속성에 대한 평가의 합계가 되어 가장 높은 점수를 획득한 상표가 선택된다. 이때 어떤 한 속성이 낮게 평가되더라도 다른 속성이 높은 평가를 받게 되면 최종결과는 높은 값에 의해 보상되거나 상쇄된다.

(가) 로젠버그모델(Rosenberg's Model)

로젠버그(M. J. Rosenberg)의 모델은 원래 두 가지 변수를 포함하고 있다. 그 하나는 가치와 그 중요성으로 이는 특정한 태도에 도달하도록 하는 방향을 제시한다. 또 하나는 인지된 도구성으로 이는 어떤 태도를 취하거나 행동을 표출하는 것이 가치의 획득에 도움 또는 방해가 되는 정도를 의미한다. 예를 들어 어떤 소비자에게 저렴한 가격은 중요한 가치이며, 그는 A상표가 가격이 저렴하다고 생각한다. 따라서 이 사람에게 A상표의 인지된 도구성은 높게 나타날 것이다.

한센(F. Hansen)은 로젠버그모델을 이용하여 여행, 음식, 메뉴, 헤어드라이, 식당 유형의 소비자 선택을 성공적으로 예측하였다. 그는 동 모델에서 가정한 두 기본요소, 즉 가치 중요성과 인지된 도구성은 서로 독립적이며 각각 따로 이용될 때는 소비자 반응을 예측할 수 없다는 사실도 발견하였다.

(나) 피쉬바인의 초기모델(Fishbein's Original Model)

1963년, 피쉬바인(M. Fishbein)은 다속성이론을 기준으로 태도모델을 제시하였다. 그의 초기모델은 두 가지 변수를 포함하고 있는데 첫째는 신념으로서 이는 대상이 특정한 속성을 가지거나 가지고 있지 않을 확률로 신념의 강도라고 표현할 수 있다. 둘째는 감정적 요소로서 이는 곧 신념에 대한 평가적 측면이며, '좋다' 또는 '나쁘다'로 표현된다.

따라서 어떤 속성을 가지고 있거나 아니면 가지고 있지 못한 것이 긍정적인가 또는 부정적인가를 판단하는 기준이 된다. 이 모델은 태도의 인지적 요소와 감정적 요소를 포함하고 있다는 것이 특징이다. 여기서 행동적 요소는 이들 두 요소와 밀접하게 관련되어 있다. 이 모델은 개인의 특정 대상에 대한 전반적 태도를 결정할 때, 먼저 태도에 가장 크게 영향을 미치는 신념을 확정짓는 것이 필요하다는 사실을 시사한다. 이때 태도결정 시 고려되어 영향력을 행사하는 신념을 현출신념이라 하며, 대개 그 수는 9개를 초과하지 않는다고 한다. 따라서 대상물에 대한 전반적 태도는 각 속성(즉 제품의 크기, 모양, 가격, 품질 등)에 대한 평가치에 신념값을 곱하고 이를 합산한 값 A_0로 표시된다. 이렇게 획득한 소비자의 신념과 평가에 관한 정보는 마케팅전략에 필요한 지식의 중요한 기초를 제공한다. 이들 정보는 상표속성의 변화, 즉 현재의 상표속성과 소비자가 보다 잘 부합될 수 있도록 하는 촉진메시지의 방법이나 새로운 시장기회의 식별에 이용될 수 있다. 피쉬바인에 따르면 특정한 대상에 대한 개별속성의 신념과 상대적 중요성에 대한 평가치는 서로 보완적 관계에 있기 때문에 특정 속성에 대한 자사상표의 취약점은 이들 구성요소상 유리한 속성의 신념강도나 평가치를 변화시키는 마케팅전략에 의해 소비자의 태도변화를 유도할 수 있음을 암시한다.

(다) 피쉬바인의 행위의도모델(Fishbein's Behavioral Intentions Model)

많은 마케터들이 위의 피쉬바인 초기모델을 이용하여 소비자행동을 예측하려는 시도를 하였다. 그러나 피쉬바인의 초기모델은 다음과 같은 점에 있어 분명한 이론적 근거를 제시하지 못하였기 때문에 태도를 소비자 행동의 중요한 예측변수로 활용하는 데 한계를 나타내었다.

첫째, 소비상황의 변화에 대한 소비자 반응의 변화에 대한 것으로, 특정 상표에 대한 소비자 태도가 상황에 따라 변화될 수 있다. 둘째, 소비자가 태도를 형성하는 시점과 그들이 이러한 태도에 기초하여 행동하는 시점 사이에는 일반적으로 상당한 차이가 발생되기 때문에 그 기간 동안 여러 가지 변수가 개입되어 소비자행동이 변화될 수 있다. 셋째, 특정 목적물에 대한 태도와 해당 목적물에 대하여 소비자가 행동하려고 하는 대응방식은 구별되어야 한다. 넷째, 소비자는 종종 타인들이 자신의 행위에 대하여 어떻게 생각할 것인가에 대한 지각에 의해 영향을 받는다.

소비자는 자신이 속하거나 대면하고 있는 집단의 규범이나 가치관에 따라 자신의 행위를 조절, 통제하는 성향이 있어 특정 목적물에 대한 자신의 태도에 따라서만 행동하지는 않는다. 따라서 비록 소비자가 어떤 구매행위에 대하여 호의적 태도를 지니고 있다 하더라도 이를 행동으로 옮기는 것을 망설일 수 있다. 자신이 중요하다고 생각하는 타인 또는 집단이 그 행위를 승인하거나 수용하지 않을 것이라고 생각할 수 있기 때문이다. 이러한 영향을 주관적 순응이라고 하는데 소비자의 이런 현상이 태도모델에 의해 소비자행동을 예측하는 데 부적합할 수 있다는 가능성을 높이게 되었다. 이런 문제점들이 제기됨에 따라 보다 정교한 태도모델의 개발이 필요하게 되었다. 이에 따라 피쉬바인은 초기모델의 한계점을 극복하고 태도와 소비자행동 간의 관련성을 증대시킨 새로운 모델을 제시하였는데 이를 행위의도모델 또는 이성적 행동모델이라고 한다. 즉 이 모델은 초기모델이 목적물에 대한 태도(A_o) 중에서 제한적인 부분만을 다루었다는 한계를 극복하기 위해 개발된 것으로 초기모델을 기

| 표 7-2 | 보상적 태도모델 |

사전에 구축된 대안들의 제품속성들 중 하나 이상의 지각된 약점이 다른 속성의 지각된 장점으로 인해 보상될 수 있다는 가정 하에 구축

기대-가치모델 (Expectancy-Value Model)	로젠버그모델 (Rogenberg's Model)	• 가치 중요성과 인지된 도구성을 이용하여 소비자의 태도 측정
	피쉬바인의 초기모델 (Fishbein's Original Model)	• 신념의 강도(인지적 요소)와 평가(감정적 요소)라는 두 가지 변수로 소비자의 태도 측정
	피쉬바인의 행위의도모델 (Fishbein's Behavioral Intentions Model)	• 초기모델이 목적물에 대한 태도(A_0) 중에서 제한적인 부분만을 다루었다는 한계를 극복하기 위해 개발 • 행위를 지배하는 규범(norm)과 이러한 규범에 순응하려는 개인의 순응동기 포함
속성-적합성 모델 (Attribute-Adequacy Model)	• 기대-가치모델의 수정모델로 이상점모델(Ideal-Point Model)이라고도 함 • 비교대상으로서의 각각의 목적물의 위상과 그 차이를 발견할 수 있음	

초로 하였으나 그 개념을 확장시킨 모델이라고 할 수 있다. 이 모델은 다음과 같은 두 가지 점에서 초기모델과 차이를 보이고 있다. 첫째, 대상물에 대한 태도(A_0)를, 주어진 특정한 상황 하에서 특정한 행동을 나타내는 것에 대한 태도(A_0)로 재정의하였다. 둘째, 행위를 지배하는 규범과 이러한 규범에 순응하려는 개인의 순응동기를 포함하였다.

그는 특정 행위에 대한 소비자의 태도와, 소비자가 느끼는 사회적 압력인 주관적 규범을 동시에 고려하면 특정한 행위를 수행하려는 개인의 행위의도(BI)를 상당히 정확하게 예측할 수 있다고 주장하였다. 또한 행위의도는 다른 모든 조건이 동일하다고 한다면 특정 행동의 가장 근사한 예측치가 될 수 있다고 주장하였다.

(2) 속성-적합성모델(Attribute-Adequacy Model)

속성-적합성모델은 기대-가치모델의 수정모델로 이상점모델(ideal-point model)이라고도 한다. 이 모델은 하나의 속성을 기준으로 특정 대상을 평가하는 경우, 제품이 지녀야 할 해당 속성의 이상적 수준과 조사대상의 실제 속성 수준을 동시에 특정할 수 있게 함으로써 특정 속성에 대한 소비자의 이상점을 발견하게 한다. 따라서 비교대상으로서의 각각의 목적물(제품 또는 상표)의 위상과 그 차이를 발견할 수 있게 한다는 점에서 매우 유용한 모델이다. 앞에서의 기대-가치모델은, 태도나 행위의도는 특정 속성을 높게 평가하면 할수록 더욱 양호한 태도와 행동가능성이 있는 것으로 해석되지만 사실 소비자는 특정 속성이 무한정 높은 것을 추구하지 않는다. 그보다 오히려 마음 속에 가장 이상적인 수준을 지니고 있다고 보는 것이 보다 현실적

이라고 할 수 있다. 따라서 소비자의 태도나 행동가능성은 특정 속성에 대한 신념과 평가치의 단순한 합이라기보다는 이들이 소비자의 마음 속에 자리 잡고 있는 이상적인 비교대상과 어느 정도의 차이를 보이는가에 따라 결정된다고 보는 것이 타당하다. 결국 소비자의 최선의 선택은 바로 소비자 자신이 이들 각각의 속성에 대해 가장 이상적이라고 생각하는 수준에 근접한 대상이 될 확률이 가장 높다.

2) 비보상적 태도모델(Non-Compensatory Attitude Model)

보상적 모델은 소비자가 다양한 제품속성을 기준으로 각각의 상표를 평가하며 동시에 이들 속성을 한꺼번에 고려하여 가장 선호하는 상표를 선택하는 것으로 가정한다. 그러나 이러한 평가과정은 소비자가 직면하는 수많은 제품에 대한 태도의 형성을 설명하는 데는 너무 복잡하기 때문에 이를 보다 단순화시키기 위한 비현실적인 측면이 많이 개입되어 있다. 한편, 실제 소비자들은 2~3가지 극히 중요한 속성에 의해서만 상표를 평가하며, 만일 상표가 이들 속성 중 어느 하나에서 적절치 못하다고 판단되면 그 상표를 구매대상에서 배제시키는 경우도 많다.

소비자의 이런 평가과정은 행동대안을 결정함에 있어 시간과 노력을 절감시켜 준다는 측면에서 경제적이라고 할 수 있다. 소비자가 단지 몇 개의 속성만을 대상으로 서로 독립적 관점에서 대안을 평가하는 태도모델을 비보상적 모델이라고 한다. 이 모델은 특정 속성에 대한 부정적 평정이 보상적 모델에서와는 달리 다른 속성에 대한 긍정적 평정에 의해 보상되거나 상쇄되지 못한다는 것을 전제하고 있다. 즉 주요 속성 중 어느 한 속성에 대한 부정적 평정은 그 상표를 고려대상으로 제외시키는 행동을 초래한다. 어떤 상황 하에서는 비보상적 모델이 특정 제품군에 대한 상표를 평가하는 방법에 대해 정확한 정보를 제공하기도 한다.

(1) 결합모델(Conjunctive Model)

이는 고려대상제품의 모든 중요 속성에 대해 수용 가능한 최소점을 사전에 확정하고 각 속성의 신념점수들이 그 이상이 되는 대안에 대하여만 추가적인 평가절차를 수행하는 방법을 말한다. 이때 어느 한 속성에 있어서도 최소기준에 미달되는 경우, 해당 제품은 평가에서 제외되게 된다.

(2) 분리모델(Disjunctive Model)

이는 결합모델과는 반대로 고려 중인 모든 속성 중 어느 하나의 속성에 대해서라도 미리 정한 수준을 만족시키게 되면 다른 속성에 대한 평가에 관계없이 그 대안을 일단 수용하는 방식을 말한다.

3) 동화/대조 효과(Assimilation/Contrast Effect)

소비자들의 태도는 상황에 강한 영향을 받는다. 사람, 장소, 사물 등은 상대적으로 비교되는 대상에 따라 좋거나 나빠 보일 수 있고, 뜨겁거나 차갑거나, 크거나 작거나, 비싸거나 싸게 다가올 수 있다. 예컨대, A라는 자동차 모델이 B모델과 비교되었을 때는 좋아 보여도, C모델과 비교되었을 때는 안 좋게 인식될 수 있다. 마찬가지로, 같은 온도도 어제 날씨가 추웠다면 오늘은 비교적 덥게 느껴지고, 어제 날씨가 더웠다면 오늘은 비교적 춥게 느껴진다. 유명한 "미녀삼총사(Charlie Angels)" 연구에서 남자 대학생들은 여자 대학생들의 외적 매력을 판단하였다. 그들은 자연에 대한 다큐멘터리를 보았을 때보다 미녀삼총사 에피소드를 보고 난 후 여학생들 보았을 때 여학생들의 매력이 더 떨어져 보였다고 말했다. 이 효과를 대상의 배경이나 환경이 그것의 판단에 영향을 준 맥락효과의 예로 본다. 맥락효과를 통해 두 가지 효과를 관찰할 수 있다. 이는 동화효과(대상에 대한 판단의 기준점에 실제보다 가깝게 이동하는 것)와 대조효과(대상에 대한 판단이 기준점으로부터 실제보다 멀리 이동하는 것)이다.

포함과 배제 효과는 세계의 다양한 나라에서 생산되는 제품에 대한 평가에 영향을 주기도 한다. 다른 정보보다 제품의 원산지가 먼저 공개되면, 대상의 이미지를 형성하는 데 원산지가 중요하게 작용할 확률이 높다. 따라서 동화효과는 원산지 정보가 가장 먼저 공개되었을 때 나타날 확률이 높다. 하지만 원산지 정보가 속성에 대한 정보가 등장한 후 마지막에 등장하면, 이때 비교를 바탕으로 한 대조효과가 나타난다. 이 예측이 실제로 일어나는지 판단하기 위해 한 실험에서는 참여자들에게 스위스와 같이 고급 시계를 생산하는 주요 국가들에서 생산된 시계와 그러한 평판을 가지고 있지 못한 멕시코 등에서 생산된 시계를 평가하도록 하였다. 마찬가지로 일본처럼 고품질의 컴퓨터를 생산하는 국가에서 만들어진 컴퓨터와 브라질처럼 그런 평판을 가지고 있지 못한 국가에서 생산된 컴퓨터를 평가하게 하였다. 실험 결과, 제품의 다른 속성은 같아도 제품의 생산지가 제품 평가에 큰 영향을 미친 것으로 드러났다. 원산지 정보가 가장 먼저 제시되었을 때는 동화효과가 나타났고, 원산지 정보가 마지막에 제시되었을 때는 비교를 바탕으로 한 대조효과가 나타났다.

태도의 변화 3 SECTION

1. 태도변화의 의의

일반적으로 태도는 장기간에 걸쳐 다양한 요인들에 의해 형성된다. 일단 형성된 태도는 비교적 안정적 균형상태를 이루고 있는 것으로 알려져 있다. 특히 태도의 인지적 요소와 감정적 요소가 균형을 이루면 행동의 일관성을 유지하려는 경향이 나타나고 이는 환경의 다양한 영향에 대하여 저항하려는 속성을 보이게 된다. 일단 태도가 형성되면 이는 일관성을 유지하려고 하며 일관성에 접촉되는 정보나 자극에 대해 저항하는 성질을 지닌다.

그러나 태도가 일관성을 유지하지 못할 만큼 강한 외적 자극이 주어지면 태도의 안정성은 깨지고 소비자는 기존의 태도를 재조직하게 된다. 이에 따라 태도의 비일관성을 유발시키는 환경적 자극을 거부하거나, 인지적 요소와 감정적 요소 간 불균형을 유발하는 요인들을 분리해 처리하도록 하거나, 아니면 새로운 조절과정을 통해 내적 안정성을 회복하도록 하는 새로운 태도를 형성해 태도의 비일관성을 극복하고자 한다. 태도의 변화 정도는 소비자 경험의 축적 정도, 목표, 가치 등에 의해 결정된다. 소비자 태도의 변화는 마케팅의 중요한 전략목표라고 할 수 있다. 사실 기업의 광고는 소비자에게 부가적 정보를 제공하고 설득적 소구를 통하여 소비자의 상표태도와 선호도를 변화시키려는 목적에서 수행된다. 이런 소비자 태도의 변화는 설득과정을 통해 실현되는데 이때 설득은 소비자의 신념이나 태도가 기업이 원하는 방향으로 전환될 수 있도록 정보전달경로를 설계하는 것이라고 할 수 있다. 이런 맥락에서 기업이 소비자를 설득하여 태도를 변화시키는 데 활용할 수 있는 수단은 광고 이외에도 판매원, 판촉활동 및 기타 커뮤니케이션 수단이 있다. 소비자 태도의 변화를 유도하기 위해서는 다음과 같은 태도의 특성을 먼저 이해할 필요가 있다.

1) 태도의 특성

(1) 태도는 욕구보다 변화시키기가 용이하다

욕구는 태도보다 더 지속적이고 소비자 자신에게 깊게 내면화되어 있을 뿐만 아니라 문화적 가치나 어려서부터 학습된 사회적 가치를 반영하기 때문에 외적 자극에 의해 이를 변화시키기 쉽지 않다. 이에 비해 태도는 개인적 성향이 강하게 반영되어 있기 때문에 욕구에 비해 다양한 소구 또는 자극수단을 활용할 수 있다.

(2) 태도의 인지적 요소는 감정적 요소보다 변화시키기가 용이하다

전통적인 효과의 위계이론에 따르면 신념의 변화가 감정의 변화에 선행하는 것으로 알려져 있다. 따라서 상표에 대한 신념을 변화시키는 것은 상표의 감정적 요소를 변화시키는 것보다 용이하다고 할 수 있다. 대부분의 광고는 암묵적으로 신념을 변화시키는 것이 보다 용이하다는 가정에 기초하고 있다. 이런 현상은 상표의 속성을 전달하는 광고가 더 많다는 사실에서 쉽게 추론할 수 있다.

(3) 약한 태도는 강한 태도보다 변화시키기가 용이하다

만일 특정 상표에 대한 태도가 매우 강하게 형성되어 있지 않은 경우라면, 마케터는 광고를 통해 소비자가 상표를 전환하도록 설득할 수 있다. 반면에 이미 특정 상표에 대해 강한 태도가 형성된 경우에는 쉽게 상표를 전환하지 않으려는 경향을 나타낸다. 이때 소비자는 경쟁상표가 제시하는 대부분의 주장과 메시지의 내용을 무시·거부하는 성향을 보인다.

(4) 상표평가에 대한 신념이 약한 소비자의 태도는 변화시키기가 용이하다

자신의 상표평가능력에 대한 확신이 약한 소비자는 광고내용을 보다 잘 수용한다. 따라서 태도변화가 일어날 가능성이 높아진다. 상표의 평가에 이용하는 평가기준에 대한 소비자의 혼란 내지는 불확실성은 소비자들이 의사결정을 통한 보다 분명한 행동패턴을 희석시킨다.

(5) 정보가 불명확하거나 이해하기 곤란한 경우, 태도는 용이하게 변화한다

경쟁상표의 정보가 상호 모순적이거나 소비자가 이를 정확하게 평가할 수 없을 정도로 매우 기술적·전문적인 경우에는 소비자의 태도변화 가능성이 비교적 높다. 따라서 경쟁상표의 정보가 불명확한 경우에는 결론적 제시와 같은 정보제공을 통해 소비자의 평가기준에 대한 신념의 변화를 유도할 수 있고, 이는 태도변화로 이어진다.

(6) 몰입수준이 낮은 경우에는 태도변화가 용이하다

소비자가 제품 또는 상표를 분명하게 식별할수록 제품에 대한 소비자태도를 변화시키는 것은 어렵게 된다. 제품에 대한 소비자의 몰입수준이 높을 때에는 주어지는 정보가 개인의 신념과 일치하는 경우에만 메시지를 수용한다. 이때 기존신념과 배치되는 정보는 선택적 지각이나 지각적 왜곡에 의해 여과될 가능성이 크기 때문에 태도변화에 큰 영향을 주지 못한다.

(7) 태도구조가 상호 모순되는 경우, 태도변화가 용이하다

하이더(F. Heider)의 균형이론에 의하면 두 신념이 상호 모순되면 이들은 다시 균형을 이루기 위해 하나 둘 모두가 변화한다고 한다. 이러한 신념 간의 불균형은 하나 이상의 태도에 대하여 변화를 유발하는 긴장을 야기하게 되어 결국 태도변화로 이어진다.

2) 태도변화에 대한 소비자 저항

그러나 현실적으로 소비자의 태도를 변화시키는 일은 그리 쉽지 않다. 그 이유로는 다음과 같이 태도변화에 대한 소비자의 저항이 존재하기 때문이다.

(1) 주장에 대한 반박

자신의 태도에 배치되는 다른 주장이 제시될 때 소비자는 이를 반박함으로써 기존의 태도를 옹호하며 기존의 태도가 많은 장점을 지니고 있다는 사실을 자신에게 주지시킴으로써 태도변화를 저항하려고 한다.

(2) 정보원의 격하

태도변화를 매개하는 정보원에 대한 신뢰성이 결여되어 있거나 정보원에 대한 부정적 시각을 갖고 있는 경우, 이들 정보원의 가치나 능력을 격하시킴으로써 새로운 정보가 야기하는 긴장감을 회피하게 된다.

(3) 메시지의 왜곡

선택적 지각이 시사하고 있는 것처럼 소비자는 자신이 듣고 싶은 것만을 듣고 관심이 있는 것만을 이해하고자 하기 때문에 태도변화까지 이어지는 않는 경우가 많다. 이때 상충되는 정보의 내용에 대하여는 자신의 태도와 일치하는 방향으로 왜곡하거나 일치하는 정보만 선택적으로 수용하려고 한다.

(4) 합리화

개인의 정서적 불안감을 해소시켜 주는 방어기재와 상반되는 정보에 대해서는 이를 자의적으로 해석하여 합리화함으로써 태도변화에 저항한다.

(5) 전면거부

이는 가장 빈번하게 목격되는 태도변화의 저항행태이다. 즉 어떤 논리적인 근거에 의해 주장을 반박하거나 그 원천을 격하시키려고 노력하는 것이 아니라 아무런 이유도 없이 단순히 주장 자체를 거부해 버리는 소비자 특성을 의미한다. 그러나 이와 같은 태도변화에 대한 저항요소가 개입된다 하더라도 개인적 특성에 따라 균형의 회복속도나 새로운 태도의 구축방법 등이 다르게 나타난다. 따라서 마케터가 자사 제품에 대해 우호적 태도변화를 유도하기 위해서는 이러한 태도변화의 저항은 물론 개인적 특성차이를 고려한 마케팅전략이 반드시 필요하다.

2. 태도변화전략

소비자의 태도변화전략을 소비자행동의 발생시점을 기준으로 구매 전과 구매 후의 태도변화전략으로 구분하여 살펴보기로 한다.

1) 구매 전 태도변화전략

다속성태도모델, 카츠(D. Katz)의 태도기능이론, 세리프(M. Sherif)의 사회판단이론 등은 태도와 행동 간의 관계에 대한 가정에 비추어 볼 때 소비자의 구매행동이 이루어지기 이전에 실시할 수 있는 태도변화전략에 대해 시사하는 바가 많다.

(1) 다속성태도모델을 이용한 태도변화전략

다속성모델, 특히 피쉬바인의 확장모델의 기본구조는 상표신념과 소비자 욕구는 상표의 전반적 평가에 영향을 미치며, 나아가 행위의도에 영향을 미쳐 최종적으로 행위로 나타난다는 가정에 입각하고 있다. 따라서 이런 개념적 구성을 이용하게 되면 다음과 같이 소비자행동에 영향을 미칠 수 있는 4가지 전략을 개발할 수 있다.

(가) 욕구의 방향이나 강도의 변화

이 전략은 소비자로 하여금 특정 속성의 가치 또는 중요성을 재평가하도록 설득하는 것이다. 예를 들어 구강세척제에서 풍기는 기분 나쁜 향기는 이 제품의 품질이나 기능이 우수할 때 가능하다는 사실을 설득함으로써 이에 대한 부정적 태도를 전환시킬 수 있다. 이때 주의해야 할 점은 소비자 욕구를 변화시키기 위해 먼저 시장이 그런 태도변화를 수용할 것인가에 대한 철저한 사전조사가 이루어져야 한다는 것이다. 태도변화전략은 바로 이런 결과를 기준으로 수립되어져야 한다는 것이다. 특히 소비자 욕구의 내면에 깊이 뿌리박힌 사회적·문화적 요소를 변화시킨다는 것은 욕구의 특성상 매우 힘든 작업임을 명심하여야 한다.

(나) 신념의 변화

이 경우에 가장 자주 이용되는 전략은 제품·광고전략을 통해 상표에 관한 신념을 변화시키는 방법이다. 물론 변화되는 신념은 상표평가나 구매의도에 대해 호의적인 방향으로 변화될 수 있어야 한다.

(다) 상표평가의 변화

많은 마케터들이 소비자로 하여금 상표속성에 대한 참조 없이 직접 상표선호를 변화시키도록 유도하고 있다. 이는 저몰입 상태나 단순접촉효과를 기대한 것으로, 광고에서 제품의 사용상황, 즐거운 분위기를 제시함으로써 광고에 대한 긍정적 감정을 상표와 연결시키려는 목적으로 추진된다. 예를 들어 맥주나 청량음료광고에 있어서 격렬한 경기를 끝내고 안락하고 편안한 상태에서 특정 상표의 맥주나 음료를 마시고 있는 사람들의 모습을 보여 줌으로써 상황과 배경에 대한 호의적 감정을 상표와 연결지을 수 있다. 만일 소비자가 제품의 소비와 성공 또는 행복을 서로 관계가 깊은 것이라고 인식시킬 수 있다면 제품속성을 강조하지 않고도 소비자의 상표에 대한 호의적인 평가를 유도할 수 있다.

(라) 구매의도나 행위의 변화

이는 소비자로 하여금 선호하지 않는 제품을 구매하도록 유도하는 전략을 말한다. 즉 태도와는 다른 행동을 나타내도록 유도하는 것으로서 가격할인이나 경품제공 등 판매촉진의 수단을 통해 아직 호의적 태도가 형성되지 않은 제품을 사용하도록 할 수 있다. 이를 통해 소비자가 제품의 사용을 경험하게 되고 그 결과 소비자의 태도변화를 유도할 수 있다.

예를 들면, 어떤 소비자가 평소 잘 모르고 있었거나 호의적 감정을 갖고 있지 않던 특정 상표의 진통제를 가격할인기간 동안에 구매 복용한 결과 평소 복용하던 제품과 효과에서 별 차이가 없다고 느꼈더라도 이 소비자는 자신의 구매행위를 정당화하기 위해 이 제품의 진통효과가 탁월하다고 새롭게 평가함으로써, 가격할인이라는 유인이 제거된 뒤에도 이를 다시 구매하게 될 것이다. 이때 주의해야 할 점은 구매의도나 행동변화를 통해 태도변화를 유도하기 위해서는 시험구매나 사용이 결과적으로 비호의적 감정이나 부정적 태도를 강화하지 않도록 철저한 품질관리가 전제되어야 한다는 것이다.

그림 7-3
─────────
다속성태도
모델을 이용한
태도변화
전략 사례

1) Changing Beliefs

- 소비자들이 중요하게 생각하는 속성에 대한 신념을 자사의 상표에 유리하도록 변화시키는 것
- Case – Cadillac
  - 평균연령이 65세 이상이 타는 차라고 인식
  - 젊은 층을 겨냥하여 최첨단 테크놀러지를 이용한 차라는 점을 부각시킴

2) Changing Ideal Points

- 이상점을 자사의 상표에 근접하도록 이동시키면 소비자 태도를 더 우호적으로 변화시킬 수 있음
- Case – Mouthwash
  - 이 광고에서 알코올은 박테리아를 죽이지만 동시에 입에 좋지 않다는 점을 강조함으로써 이상적인 제품의 형태를 변화시킴

3) Changing Attribute Importance

- 새로운 속성의 중요성을 부각
  - 소비자들이 과거에 생각하지 못했던 새로운 속성의 중요성을 부각시키고, 이 속성에 있어서 자사제품의 우수성을 강조함으로써 소비자의 신념을 변화시키고 나아가서는 태도를 변화시킬 수 있음
- Case – 백세주
  - 취하도록 마구 마시는 술이 아니라 찹쌀과 좋은 누룩으로 술을 빚되, 술 빚는 과정에 한약재를 첨가하여 건강까지 생각하는 술이라는 점을 강조

- 특정한 제품의 속성의 중요성을 부각
  - 소비자가 제품의 평가에 있어서 중요하게 생각하는 속성이 상대적인 열위에 처해 있고 반면에 중요하지 않게 생각하는 속성의 신념이 우월하다면, 소비자의 속성에 대한 우선순위를 변화시키는 것
- Case – LG유플러스
  - 멤버십 카드의 혜택을 부각시킴으로써 LG유플러스에 대한 좋은 신념, 좋은 태도로도 연결시킴

(2) 기능이론과 태도변화

카츠(D. Katz)의 기능이론의 각 국면에 대응되는 태도변화전략을 살펴보면 다음과 같이 설명된다.

(가) 적응기능을 이용한 태도변화

상표태도에 대해 긍정적 영향을 미치게 하는 한 가지 방법은, 해당 제품이 소비자가 과거에는 생각하지 못했던 새로운 혜택을 제공할 수 있다는 사실을 인식시키는 것이다. 만일 소비자들에게 경쟁상표나 기존의 제품이 더 이상 그들의 욕구에 부응하지 못한다는 사실을 깨닫도록 할 수 있다면 태도의 적응기능을 활용한 태도변화가 가능하다. 예를 들어 Procter & Gamble사가 선보인 일회용 기저귀 'Pampers'는 기존의 기저귀가 제공하지 못했던 새로운 혜택을 제공함으로써 기저귀에 대한 기존의 소비자 태도를 변화시킬 수 있었다.

(나) 지식기능을 이용한 태도변화

지식기능은 정보를 범주화, 조직화함으로써 소비자의 정보처리를 보다 용이하게 하는 것을 뜻한다. 마케팅에 있어 태도의 지식기능은 상표의 포지셔닝 또는 리포지셔닝을 촉진하는 데 이용될 수 있다. 이는 특정 상표와 관련된 정보를 소비자가 더욱 의미 있는 것으로 지각할 수 있도록 바람직한 범주에 위치시키는 것이라고 할 수 있다.

(다) 자기방어기능을 이용한 태도변화

소비자에게 자기방어적 태도를 변화시키도록 하는 것은 다른 경우보다 더 어렵다. 소비자에게는 의심이나 불안감을 불러일으키는 감정으로부터 자신을 보호하고자 하는 잠재적 동기가 소비자에게 존재하기 때문이다. 따라서 이런 경우, 태도를 변화시키려고 하기보다는 역으로 자아방어를 가능하게 하는 가치나 혜택을 제시해 줌으로써 이를 강화시키는 것이 더 효과적이라고 할 수 있다. 특히 화장품류나 개인위생과 관련되는 제품군에 대하여 이 전략을 활용하게 되면 좋은 결과를 기대할 수 있다.

표 7-3 기능이론을 이용한 태도변화전략

적응기능(Adjustment Function)을 이용한 태도변화	해당 제품이 소비자가 과거에는 생각하지 못했던 새로운 혜택(benefit)을 제공할 수 있다는 사실을 인식시킴
지식(knowledge)기능을 이용한 태도변화	지식기능은 정보를 범주화(categorization), 조직화(organizing)함으로써 소비자의 정보처리를 보다 용이하게 하는 것
자아방어(Ego Defense)기능을 이용한 태도변화	태도를 변화시키려고 하기보다는 역으로 자아방어를 가능하게 하는 가치나 혜택을 제시해 줌으로써 이를 강화시키는 것
가치표현(Value Expression)기능을 이용한 태도변화	자사상표나 제품이 소비자의 가치관에 부합되도록 광고나 메시지전략을 개발

(라) 가치표현기능을 이용한 태도변화

가치표현기능에 영향을 줄 목적의 광고를 게재하려고 하는 경우, 필연적으로 개인의 가치관과 직면하게 되는데 개인의 가치는 다른 개념에 비해 문화적, 사회적 영향을 크게 받기 때문에 이를 변화시키기는 매우 힘들다. 개인의 가치체계는 오랜 기간 동안 서서히 변화될 뿐만 아니라 사회 전반적 현상과 같이 움직이기 때문에 마케터의 대응은 극히 제한적일 수밖에 없다. 따라서 마케터로서는 자사상표나 제품이 소비자의 가치관에 부합되도록 광고나 메시지전략을 개발하는 것이 현실적으로 타당하다고 할 것이다.

태도의 기능을 이용하는 연구결과를 종합하면 다음과 같은 사실을 유추해 낼 수 있다. 태도의 기능구조에 대한 이해가 부족하거나 소비자의 태도변화를 유도할 수 없는 기능에 소구하는 메시지전략은 실패의 가능성이 높을 뿐만 아니라 메시지의 주장과 반대의 태도변화를 초래할 수 있다는 것이다.

(3) 사회판단이론

앞의 두 가지 이론에 기초한 소비자의 태도변화전략은 소비자가 일단 광고메시지를 수용한다는 것을 전제로 하고 있다. 그러나 사회판단이론은 광고메시지가 제시하고 있는 변화의 정도에 따라 소비자의 수용 여부가 달라진다는 점을 가정하고 있다는 점에서 차이가 있다. 세리프(M. Sherif) 등 사회판단론자들의 주장에 따르면 특정 사안에 대해 개인의 정보처리는 해당 문제에 대한 몰입수준에 따라 결정된다고 한다. 사회판단이론에 의하면 소비자가 특정 정보를 수용할 것인가의 여부를 결정하는 개인의 수용태도는 수용영역, 거부영역 그리고 중립영역의 3영역 중 어디에 놓이는가에 따라 달라지게 된다.

설득적 메시지가 정보수용자의 수용영역이나 중립영역에 놓이게 되면 메시지의 관점과 정보수용자의 관점 간의 차이가 실제보다 과소하게 되는 동화효과가 발생되지만, 만일 설득적 메시지가 거부영역에 포함되게 되면 판단의 불일치를 더욱 크게 인식하는 대조효과가 발생된다고 한다. 한편 메시지가 거부영역에 속하지 않는다면 오히려 판단의 불일치가 클수록 태도변화가 크게 일어날 가능성이 높아진다. 이런 이론적 관계를 기초로 정보수용자의 관점과 설득적 메시지의 주장 사이에 불일치수준을 예상할 수 있고, 동시에 소비자의 판단과정에서 동화효과나 대조효과와 같은 왜곡 정도의 결정변수를 식별해 낼 수만 있다면 소비자 태도변화의 방향과 크기를 사전에 예측할 수 있다.

그림 7-4
사회판단
이론을 이용한
태도변화전략

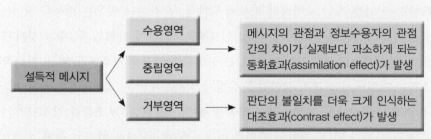

- 소비자가 특정 정보를 수용할 것인가의 여부를 결정하는 개인의 수용태도는 수용영역(latitude of acceptance), 거부영역(latitude of rejection) 그리고 중립영역(latitude of noncommitment) 중 어디에 놓이는가에 따라 달라짐
- 광고메시지에서 제시하는 관점이 너무 극단으로 치우치면 그 메시지는 소비자의 거부영역에 놓여져 수용되지 않음
- 적당한 정도의 변화만을 유도하는 메시지가 소비자에게 보다 쉽게 수용될 수 있음

소비자가 특정 문제에 대하여 고몰입되어 있는 경우에는 이 문제에 대해 분명하고 강력한 의견을 지니게 되어 이 소비자가 수용할 수 있는 다른 의견은 매우 적어진다. 다시 말해 소비자의 정보에 대한 수용영역이 매우 좁아진다고 할 수 있다. 또한 이런 소비자들은 자신의 관점과 일치하는 메시지는 이를 실제보다 더욱 긍정적으로 평가하려고 하지만(동화효과), 반대로 자신의 관점과 일치하지 않는 메시지는 이를 실제보다 더욱 부정적으로 평가하려는 경향(대조효과)을 보이게 된다. 만일 메시지에서 제시하는 변화가 지나치게 크다고 인식되면 소비자는 이 메시지를 거부하려고 하지만, 메시지가 적당한 정도의 변화를 제시하는 것이라고 지각되게 되면 소비자는 이를 수용할 것이다. 소비자의 몰입수준이 높아질수록 신념이나 가치관의 변화를 유도하는 메시지의 수용영역은 좁아진다. 따라서 광고메시지에서 제시하는 관점이 너무 극단적으로 치우치면 그 메시지는 소비자의 거부영역에 놓여져 수용되지 않는다.

2) 구매 후 태도변화전략

마케터들은 구매 전에 있어서 뿐만 아니라 구매 후에도 소비자의 태도변화를 위해 노력한다. 이는 구매결과에 대한 소비자의 심리적 후회를 야기시킬 수 있는 경쟁사의 광고에 대응할 목적에서, 또는 제품사용에 대한 부정적 인상을 제거하기 위한 목적에서 수행된다. 구매 후 태도변화를 위한 마케팅전략에 적용할 수 있는 이론에는 인지부조화이론, 귀인이론, 그리고 수동적 학습이론 등을 들 수 있다.

(1) 인지부조화이론(Cognitive Dissonance Theory)

페스팅거(L. Festinger)가 소개한 인지부조화 개념은 두 개의 인지요소가 심리적으로 조화를 이루지 못하는 경우에 발생되는 것으로, 예를 들어 '흡연은 건강에 극히 해롭다'는 신념을 지닌 소비자가 하루에 담배를 두 갑이나 피우는 행동을 할 때, 이 사람은 부조화상태를 경험하게 된다. 인지부조화이론에 따르면 두 개의 인지가 위와 같이 심리적으로 불일치될 때, 개인은 불안감과 긴장을 경험하게 되고, 이런 인지부조화는 개인에게 심리적 불안감을 유발시키므로 개인은 그것을 줄이거나 제거하여 심리적 균형상태를 회복하려는 행동을 취한다고 한다. 부조화를 감소시키는 방법은 여러 가지가 있다. 개인의 행위를 변경시키거나 신념을 바꾸는 행위, 감정이나 태도를 변화시키는 행위 등은 여기에 해당된다. 이 밖에도 과거의 불일치를 정당화시키는 새로운 인지를 추가함으로써 심리적 갈등을 해결할 수도 있다.

소비자 행동과 마케팅이라는 측면에서 인지부조화의 개념은 많은 주목을 받고 있다. 이 이론에 따르면 마케터는 소비자의 구매 이후에 상표와 관련된 긍정적 정보를 추가로 제공함으로써 예상되는 인지부조화를 제거할 수 있다. 루논(K. B. Runyon)은 소비자의 구매 이후에 소비자의 결정내용에 대한 지지정보를 제공함으로써 부조화를 감소시킬 수 있는 마케팅전략을 제시하고 있다.

① 브로슈어나 광고를 통해 제품의 작동, 유지 등에 대한 부가적 정보를 제공할 것
② 구매 후에 나타날 수 있는 의구심이나 불안감을 제거하기 위해 보증을 제공할 것
③ 양호한 애프터서비스와 구매 후 만족을 높이는 신속한 후속조치를 취할 것
④ 초기구매자의 제품만족을 재확신시키기 위해 품질과 성과에 대한 믿을 만한 정보를 게재할 것
⑤ 소비자가 제품의 사용방법을 숙지할 수 있도록 하고 확실히 만족할 수 있도록 구매 이후에 직접 접촉하여 서비스를 제공할 것

(2) 귀인이론(Attribution Theory)

귀인이론에 의하면, 소비자는 구매 후에 사실에 대한 내적 귀인을 추구한다고 할 수 있다. 구매행위에 대한 이런 형태의 귀인행위는 상표대안에 대한 평가가 이루어지지 않은 채 구매된 경우에 자주 나타난다. 구매행위에 귀속될 수 있는 원인의 추구행동은 본질적으로 행위결과가 태도에 대한 변화를 유도하는 사후적 사고과정이라고 할 수 있다. 따라서 귀인이론의 개념에 기초할 때 광고는 소비자가 제품을 구매

한 결과에 대한 타당한 이유를 제공받을 수 있는 것이어야 한다.

(3) 수동적 학습이론(Passive Learning Theory)

크루그만(H. E. Krugman)에 의해 제시된 수동적 학습이론에 따르면, 소비자는 대개 거의 몰입되지 않은 상태에서 상표에 관해 수동적으로 학습하며 상표대안에 대하여도 평가과정을 거치지 않고 제품을 구매한다고 한다. 이럴 경우, 태도는 구매 전보다는 구매 후에 형성 또는 변화될 가능성이 높다. 따라서 구매 후 소비자의 몰입수준을 향상시키기 위한 전략이 필요하다. 소비자의 몰입수준을 높이는 전략으로는 다음과 같은 것들을 들 수 있다.

① 소비자가 몰입할 수 있도록 메시지의 주제와 제품 또는 상표를 연결시킬 것
② 제품을 개인적 상황과 연결시킬 것
③ 제품속성의 중요성을 부각시킬 것
④ 소비자가 쉽게 몰입할 수 있는 형태의 광고물을 제작할 것
⑤ 제품에 새롭고 보다 중요한 속성을 도입할 것

CHAPTER 08

라이프스타일(Lifestyle)

라이프스타일의 의의 1 SECTION

소비자행동을 결정하는 여러 가지 변수들 중에서 외부로 나타난 행동양식은 특정한 행동에 영향을 주는 심리변수들보다 정확하게 관찰할 수 있기 때문에 이를 이용하는 경우, 마케터는 보다 효과적인 마케팅전략을 수립할 수 있다. 현실생활 속에서 나타나는 소비자행동 특성과 유형을 구분하기 위해서는 전통적으로 인구통계학적(demographic) 변수들이 이용되어 왔으나 개인과 집단의 특성을 설명하는 데 있어서는 개성이라는 개인차원의 변수와 가치라는 집단차원의 변수를 동시에 고려할 필요가 있다. 이에 따라 개성이라는 특성변수보다 변화속도가 빠르며 가치라는 개념보다 더 포괄적인 새로운 특성변수를 모색하게 되었는데 이것이 바로 라이프스타일(lifestyle)이라고 할 수 있다.

마케팅에서 라이프스타일의 의의는 그것이 사회 전체의 행동양식을 설명해 준다는 데 있으며, 세분시장(market segment)을 정확하게 구분하는 데 도움을 준다는 점에서 유용한 개념이라고 할 수 있다. 전통적으로 이용되어 온 인구통계학적(demographic) 변수들은 분류의 편리성과 경제성에도 불구하고 소비자의 행동패턴 속에 내재한 사회적 가치나 태도의 변화를 측정·설명하는데 한계를 지니기 때문에,

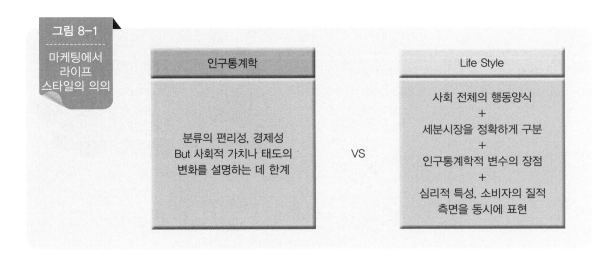

그림 8-1
마케팅에서
라이프
스타일의 의의

1960년대 들어 라이프스타일이란 개념이 새로 등장하면서 인구통계학적 변수의 장점과 심리적 특성 및 소비자의 질적인 측면을 동시에 표현할 수 있게 되었다.

라이프스타일이라는 용어는 사회학자, 특히 행동과학자들에 의해 주로 사용되어 왔다. 베블렌(T. Veblen)과 베버(M. Weber) 등이 행동연구의 분석단위로서 처음 사용한 후, 에들러(A. Adler)에 의해 비로소 그 체계가 확립되었다. 라이프스타일은 일종의 시스템적 개념으로서, 광의로는 사회 전체 또는 특정 부분이 지니고 있는 차별적인 생활양식이라고 할 수 있다. 따라서 라이프스타일은 특정 문화나 특정 집단의 생활양식을 표현하는 독특한 구성요소와 관련되어 있다. 또한 라이프스타일을 공유하는 집단에 대하여는 객관적 의미와 가치를 지니는 복합적 표현양식이라고 할 수 있다. 이런 관점에서 집단의 행동양식은 그 구성원들이 수용해야 할 규범적 성격을 지니며 동시에 이를 대표하는 상징성을 지니고 있다.

라이프스타일은 구체적 행동이 상징적으로 표현되는 것이기 때문에 단순한 가치관이라고 할 수는 없으며 가치와 태도를 모두 포함하는 복합개념으로 보아야 한다. 소비자의 구매행동과 소비양식을 바로 특정 집단의 라이프스타일을 반영하는 것이라고 한다면 국민 전체의 라이프스타일, 특정 사회계층의 라이프스타일, 가족생활주기(family life cycle)상 구별되는 각 집단의 라이프스타일 등으로 구분하는 것이 가능하게 된다.

라이프스타일을 소비자의 구매 및 소비행동의 차원에서 정의하면, 사람들의 생활방식이나 시간, 돈 등을 소비하는 방식이라고 할 수 있다. 따라서 문화 · 사회 · 계급 · 준거집단 및 가족 등의 영향을 받으면서 학습한 결과라고 할 수 있으며 결국 개인의 가치체계나 개성으로부터 파생된 개념이라고 할 수 있을 것이다. 이상의 내용

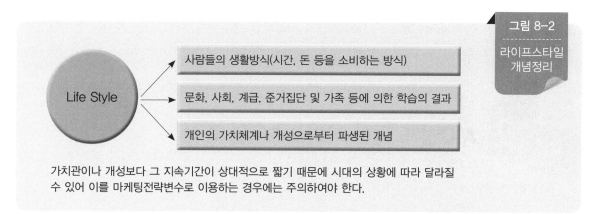

그림 8-2
라이프스타일
개념정리

을 살펴볼 때, 가치관·개성 및 라이프스타일이라는 용어 간에는 상당한 공통점이
존재하고 있다. 다만 라이프스타일은 가치관이나 개성보다 그 지속기간이 상대적으
로 많기 때문에 시대의 상황에 따라 달라질 수 있어 이를 마케팅전략변수로 이용하
는 경우에는 주의하여야 한다.

소비자가 구매 또는 소비행위로 표출하는 행동양식은 직장생활이나 취미활동
과 같은 활동(activities)공간, 예술작품이나 스포츠 등과 같은 관심(interest)공간, 그리
고 자기 자신과 타인·환경 등에 대해 지니는 의견(opinion)공간의 3가지 차원에 의
해 구성된다. 이런 3가지 차원의 기준변수를 중심으로 유사한 생활유형(life style)을
지니는 집단을 발견하고 분류하는 연구를 사이코그래픽스(psychographics)라고 한다.
최근 이루어지고 있는 라이프스타일에 관한 연구는 대개 이를 기초로 진행되는데 그
이유는, 사이코그래픽스상의 변수가 라이프스타일을 측정하는 데 더 효과적으로 이
용될 수 있기 때문이다. 사이코그래픽 분석에 의해 도출된 결과를 기준으로 라이프
스타일을 분류하는 경우에는 크게 두 가지 방식이 사용된다. 그 한 가지는 소비자를

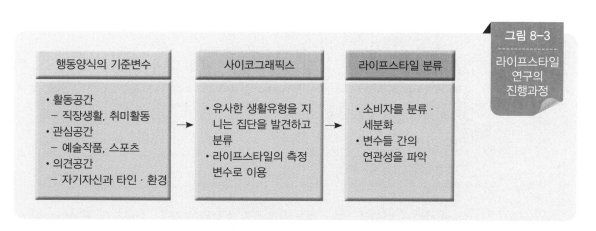

그림 8-3
라이프스타일
연구의
진행과정

분류(classification)·세분화(segmenting)하는 경우이며, 나머지 한 가지는 변수들 간의 연관성(association)을 파악하는 데 이용되는 방식이다.

AIO법에 의한 라이프스타일 측정

라이프스타일의 측정방법으로는 행동적 라이프스타일(behavioral lifestyle)법, 혜택세분(benefit segmentation)법, AIO(Activity Interest Opinion)법, 태도영역분석조사(sphere of attitudes research), 사이코그래픽(psychographics)법, 사회경향분석(social trend)법·생활유형분류(life styling)법 등이 있다. 가장 많이 이용되면서 동시에 폭넓은 소비자 프로필을 도출해 소비자의 행동에 관한 많은 정보를 제공해 주고 있는 방법은 AIO법과 VALS(Value and Lifestyle)라고 할 수 있다.

1. AIO법의 개요

AIO법은 소비자의 심리특성이나 라이프스타일의 유형을 일상의 행동(A: activities), 주변의 대상에 대한 관심(I: interests), 그리고 사회적·개인적 문제들에 대한 의견(O: opinion)이라는 세 가지 차원에서 파악하고자 하는 방법이다.

이 방법은 특정 상품이나 상표를 대상으로 사용자와 비사용자의 전형적 라이프스타일을 규명하는 데 초점을 두기 때문에 대개 사용량 및 사용빈도를 기준으로 사용자를 구분한다. 즉 대량사용자, 중간사용자, 그리고 소량사용자 중 하나로 구분한 후 이들 각각을 대상으로 AIO의 세 차원에서 그 특성변수를 확인함으로써 각각에 대한 전형적 프로필을 구축한다.

AIO는 소비자의 라이프스타일을 파악하여 시장세분화의 유용한 기초자료로 활용될 수 있기 때문에 마케터가 효과적으로 전략을 실행할 수 있는 수익성 높은 표적시장을 선택할 때 자주 사용된다.

2. AIO의 내용과 변수

소비자의 라이프스타일을 AIO법으로 측정하는 경우, 소비자의 활동(activities),

태도(attitudes), 관심(interests), 의견(opinion) 등을 측정한다. 한편, 라이프스타일을 측정하는 측정변수로 이용되는 사이코그래픽스는 AIO보다 광의의 개념이라고 할 수 있는데 여기에는 개성(personality)·구매의도(intention)·흥미(interest)·태도(attitude)·신념(belief) 및 가치관(value) 등이 포함된다.

1) 활동(Activities)

선호하는 매체와 매체습관, 쇼핑태도, 신상품이나 서비스에 대하여 주변의 사람들과 나누는 대화 등 명백하게 외부로 표출되는 행동으로서 쉽게 관찰된다. 그러나 이런 행동만으로는 그 이면에 숨어 있는 행동의 이유를 측정하거나 추론하기가 곤란하다.

2) 관심(Interests)

특정한 대상, 사건 또는 화제에 대하여 강력하면서 지속적인 주의를 기울이는 정도를 의미한다.

3) 의견(Opinions)

특정 질문의 형식으로 주어지는 자극상황에 대한 소비자의 반응을 의미하는 것으로서 언어 또는 문자에 의한 응답을 말한다. 이는 타인의 의도에 대한 신념, 미래 사건에 대한 예상, 보상이나 처벌에 대한 평가 등 해석·기대·평가들의 내용을 기술한 것이다.

한편 AIO의 척도에는 연령, 소득, 교육수준, 직업, 가계의 크기, 생활주기상의 단계(FLC), 입지 등 인구통계학적 변수가 포함된다. 이런 기본변수들을 포함하여 플루머(J. T. Plummer)는 라이프스타일 분석에서 요구되는 필수 변수유형을 구분하여 〈표 8-1〉과 같이 제시하고 있다.

AIO의 진술항목은 일반적 AIO와 특수 AIO의 항목으로 구분된다. 일반적 AIO는 소비자행동이나 지각과정에 영향을 미치는 전반적인 생활패턴이나 기초개념을 구분하는데 이용될 수 있는 항목으로 일반적 진술이 소비자로 하여금 생활의 만족도, 가족지향성, 가격 지식, 자신감, 종교적 신념 등 생활전반에 대한 유형을 파악할 수 있도록 하는 데 반하여, 특수 AIO는 특정 제품이나 특정 상표와 관련된 활동·관심·의견을 측정하는 항목이다. 따라서 특정 제품이나 상표에 대한 태도, 사용빈도, 정보원천으로서의 매체 등과 같은 진술이 포함된다. 흔히 특수 AIO진술들은 일반적

표 8-1	AIO법을 이용한 라이프스타일의 측정변수 분류		
활동(Activities)	관심(Interests)	의견(Opinions)	인구통계(Demographics)
일	가족	자기 자신	나이
취미활동	가정	사회문제	교육수준
사교활동	직업	정치	소득수준
휴가	지역사회	사업 및 기업경영	직업
오락	레크리에이션	경제	가족규모
클럽활동	유행 및 패션	교육	거주형태
지역사회활동	음식	상품과 서비스	지리적 특성
쇼핑활동	매체	미래	도시의 규모
스포츠	성취	문화	가족수명주기상의 단계

자료: Joseph T. Plummer, "The Concept and Application of Life Style Segmentation", *Journal of Marketing*, Vol. 38, January 1974, p. 34.

행동의 결과로서 기대되는 희구혜택(desired benefits)과 관련되어 있다. 라이프스타일과 행동 간 관계를 파악하고 소비자 유형을 보다 구체적으로 구분할 수 있기 위해서는 일반적 AIO진술항목과 특수 AIO진술항목이 동시에 적용되어야만 한다.

AIO법을 이용하는 경우의 문제점은 일반적 AIO진술과 특수AIO진술 간에 유의한 차이가 발생되는 경우이다. 이 문제에 대한 기존의 연구들을 종합해 보면, 특수 AIO항목은 상품이나 상표의 실제 소비자 선택행위를 예측하는 데 효과적으로 적용하는 것이 바람직하며, 일반적 AIO는 전반적인 소비자행동을 이해하는 데 이용되는 것이 효과적이라고 할 수 있다.

SECTION 3 VALS에 의한 라이프스타일 측정

1. VALS의 개요

1960년, 미국의 스탠포드연구소(SRI: Stanford Research Institute)에서는 가치관과 태도가 밖으로 표출되는 소비자의 특정 행위와 어떤 관계가 있는가를 알아보기 위한 일련의 프로그램을 시작하였다. 전체 미국인을 대상으로 가치관에 따라 일반적 생활유형을 측정한 결과를 종합하여 70년대, VALS(Values and Lifestyle)를 발표하였다. 이에 따라 마케터들은 이를 이용하여 제품과 서비스에 대하여 시장세분화를 추진하고 표적시장에 대한 마케팅전략을 수립하기 위해 노력을 기울였다.

2. VALS

VALS는 심리통계를 이용하는 대표적인 세분화 도구이다. 여기서 제공하는 틀은 미국과 캐나다에만 해당한다. VALS는 SRI International에서 처음 개발되었고, 현재 Strategic Business Insights가 소유하고 있다. VALS는 VA(Value: 가치)와 LS(Lifestyle: 라이프스타일)의 합성어로 1978년에 처음 개발되었는데, 소비자들의 사회적 가치와 라이프스타일 변수들을 활용해 시장을 세분화한 것이다. VALS는 소비자들의 선택을 이끄는 배경을 조금 더 구체적으로 예측하고 설명하기 위해 1989년에 대폭 수정되어 다시 발표되었다. 다음에서 구체적으로 살펴보게 될 VALS의 유형들에 분류되기 위해 개인은 총 35개의 태도 관련 질문과 4개의 인구통계적 질문에 답해야 한다. 총 39

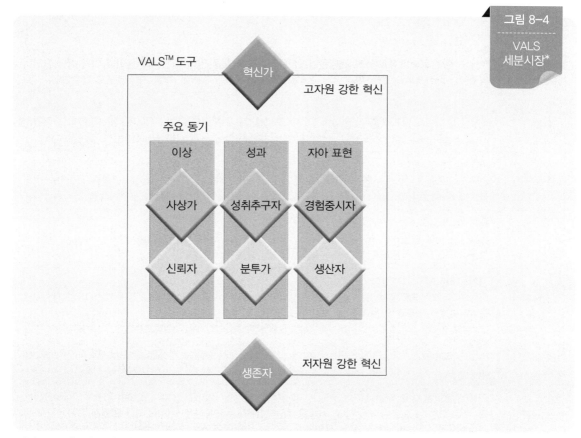

그림 8-4

VALS 세분시장*

* 위의 VALS 세분화는 미국인들의 가치와 라이프스타일에 따라 구분되었다.
자료: Strategic Business Insights (SBI); www.strategicbusinessinsights.com/VALS

가지 답에 대한 알고리즘 분석 후 각 개인은 8개의 유형 중 1개에 속하게 된다.

VALS는 만 18세 이상의 성인들을 8가지 유형으로 분류한다. 집단은 크게 (1) 주요 동기와 (2) 자원 두 가지 측면으로 나눈다. 개인들의 주요 동기는 그들의 자기−지각 또는 사고방식을 표현한다. 소비자들은 이상, 성과, 또는 자기−표현이라는 크게 세 가지 주요 동기 요인을 동력으로 삼는다. 이상에 의해 동기부여가 되는 소비자들은 강한 도덕적 의식, 신념 또는 철학을 가지며, 인생의 가장 큰 목표를 지식을 탐구하고 깨달음을 얻는 것에 둔다. 성과를 강력한 동기부여로 삼는 소비자들은 사회적 수용을 원하며 자신들의 행동을 자신이 속하고자 하는 집단의 반응을 기준으로 하여

표 8-2 VALS 세분화

유형구분	특성
혁신가	이들은 비교적 지적이고 성공한 사람들로, 자아 존중감이 높고 사람들을 통솔하는 위치에 있다. 자원도 충분하므로, 모든 주요 동기들(이상, 성과, 자아 표현)이 어느 정도 내포되어 있다. 그들은 보통 리더들로 새로운 생각들이나 신기술들을 재빠르게 수용한다. 세련되고 우아한 프리미엄 제품 틈새시장의 타깃이 된다.
사상가	동기-이상: 고자원 이들은 주로 성숙한 사람들로 편안한 삶을 유지하고 사색을 많이 하는 사람들이다. 보통 고학력이며 의사결정 과정에서 정보를 찾아본다. 제품을 고를 때, 품질과 기능, 가치를 지닌 제품을 선호한다.
신뢰자	동기-이상: 저자원 전통을 중시하고 법과 정부에 대한 강한 지지를 보인다. 기본적으로 보수적이기 때문에 변화에 민감하지 않고, 신기술을 외면하는 경향을 보인다. 그들은 친숙한 제품과 널리 알려진 브랜드를 선호한다.
성취추구자	동기-성과: 고자원 경력과 가족을 중심으로 하는 라이프스타일을 갖고 있다. 이들은 강한 자극이나 변화를 조장하는 상황을 회피하려는 경향이 있다. 자신의 성공을 표출할 수 있는 프리미엄 제품을 선호한다.
분투가	동기-성과: 저자원 이들은 유행에 민감하고 쾌락을 즐긴다. 소득이 낮은 편으로 한정된 관심사를 갖고 있으며, 부유한 사람들이 구매하는 상품과 유사한 스타일리시한 제품을 주로 구매한다.
경험중시자	동기-자아 표현: 고자원 이들은 자유로움을 중시하는 집단으로, 활동적이고 충동적이며 비교적 새롭고, 위험하고, 색다른 자극을 추구한다. 소득 중 많은 부분을 패션, 문화 상품, 사교에 지출한다.
생산자	동기-자아 표현: 저자원 이들은 실용적이고 자급자족하려는 경향이 있고, 생산적인 활동에 관심을 쏟으며 가족과 친구들과의 여가를 중요시한다. 럭셔리 제품보다는 가치에 중심을 두기 때문에 기능적인 제품만 선호한다.
생존자	이들은 편협한 삶을 사는 집단으로, 자원이 부족해 왕성한 소비를 할 수 없으며, 주요 동기들(이상, 성과, 자아 표현)을 표출하지 못한다. 이들은 특정 브랜드에 충성심을 보이고 대개 할인된 제품을 구매한다. 비록 물질적으로 제한된 삶을 살지라도 자신의 삶에 만족하는 경향도 보인다.

자료: http://www.strategicbusinessinsights.com/vals/ustypes.shtml

표출한다. 자기−표현을 동기부여로 삼는 소비자들은 직접적인 체험과 실행, 개별성을 추구한다.

자원은 물질적인 것부터 감정적 자원, 자신감, 에너지, 자만심, 지성 등과 같이 다양한 심리적 요인들을 의미한다. 자원은 학력과 소득수준과 같은 인구통계적 정보와 결합해 주요 동기의 실현 가능성에 영향을 끼친다. 〈표 8−2〉는 VALS 세분시장의 설명을 하고 있다.

VALS 세분화를 위한 제품, 서비스, 여가 활동, 매체 등에 대한 미국 정보는 GfK/Mediamark Research Intelligence의 미국 소비자 서베이에서 얻고, 소유물에 대한 정보는 특정 고객을 대상으로 한 서베이를 통해 정기적으로 수집한다. VALS 도구를 다른 국가에 적용하려면, 동기와 자원을 측정하는 데 사용하는 설문지의 번역이 해당 문화에 적합하도록 세심하게 작성되어야 한다. VALS 도구는 현재 일본, 영국, 베네수엘라, 도미니카 공화국, 나이지리아, 그리고 중국 등에 있다. 3가지의 주요 동기는 각 문화에서 똑같이 발견되었으나, 자원의 규모가 달라 각 나라의 세분시장 규모는 차이가 있다.

라이프스타일과 마케팅전략 4 SECTION

1. 시장세분화(Market Segmentation)

기업환경이 급격히 변화되고 소비자 의식과 행동양식이 매우 다양하게 표출되고 있는 오늘날의 마케터에게는 주어진 자원의 제약 하에서 최적의 마케팅전략을 도출하기 위해 무엇보다도 먼저 어떤 시장을 목표로 마케팅활동을 전개할 것인가를 결정하는 것이 중요하다. 기업이 표적시장을 선택하기 위해서는 객관적이고 과학적인 시장세분화가 전제되어야 하는데 이를 위해 라이프스타일의 변수는 중요한 역할을 수행할 수 있다. 따라서 마케터는 전체 소비자층을 동질적인 라이프스타일을 갖는 몇 개의 집단으로 구분해야 할 필요성이 제기되었고 자연히 시대변화에 따른 라이프스타일의 특성을 정확하게 파악함으로써 표적소비자층의 라이프스타일을 강화하는 제품이나 서비스를 개발해야 하는 일이 마케팅 담당자의 중요한 사명으로 등장하게 되었다.

라이프스타일을 기업의 마케팅전략과 연결시키기 위해서는 라이프스타일 변수에 의한 시장세분화가 요구되는데, 이런 시장세분화는 과거의 인구통계학적 변수, 사회경제학적 변수, 그리고 개성변수에 의한 시장세분화로서는 설명할 수 없었던 소비자의 행동과 가치관 차이를 확인할 수 있도록 해준다는 점에서 의의를 지니고 있다.

라이프스타일 분석에 의한 시장세분화는 심리적 만족이라는 기능을 수행하는 제품류, 그 효과를 객관적으로 평가하기 곤란한 제품군, 특정한 세분시장만을 대상으로 개발되어 고가품이면서 동시에 상징성이 강한 제품류에 효과적으로 적용될 수 있다. 반면 가격이 구매의사결정의 중요한 기준이 되는 제품이나 전문가집단에 의해 구매되어지는 제품, 저몰입 제품이나 의사결정기준이 명확하게 명시되는 제품에 있어서는 라이프스타일에 의한 시장세분화의 효율성이 떨어진다는 사실이 지적되고 있다.

미국의 콜게이트(Colgate)사는 소비자의 라이프스타일을 기초로 치약시장을 3개의 세분시장으로 구분하여 각 시장에 적합한 마케팅전략을 개발함으로써 커다란 성과를 올렸는데, 이들 3개 세분시장의 라이프스타일 특성은 〈그림 8-5〉와 같이 조사되었다.

콜게이트사는 소비자의 이런 라이프스타일상의 차이를 이용하여 특정한 세분시장만을 대상으로 아이리쉬 스프링(Irish Spring)이란 상표의 비누를 개발하였다. 또 해당 세분시장 소비자들의 라이프스타일에 적합한 광고, 매체, 모델 등을 활용함으로써 성공을 거둘 수 있었던 것이다. 이처럼 콜게이트사의 라이프스타일 변수에 의한 시장세분화를 실시한 배경에는 비누시장에서의 전통적 세분화기준, 즉 지리적ㆍ

그림 8-5
콜게이트
(Colgate)
치약의 소비자
세분화 사례

소비자

활력추구형	• 외부지향적 • 사회보장제도나 이웃으로부터의 도움을 필요로 하는 계층
보상지향형	• 내부지향적, 보수적 • 욕실용 장식제품들에 대한 관심이 높고 안락함의 이미지를 중요시
독립추구형	• 청결을 특히 강조 • 신선한 감각을 추구하지만 지나친 향기를 풍기는 제품을 회피 • 남들보다 앞서기를 좋아하고 자신감이 있으며 현실적이고 믿음을 중요시

인구통계적 · 제품기능적 변수들만으로는 특정 상표의 비누를 구매하는 이유를 파악하는 데 한계를 느꼈기 때문이다. 만일 이런 전통적 변수들만을 고려하였다면, 동일 가정 내에서도 기능상 상당한 차이를 지니고 있는 상표의 비누들이 사용되는 이유를 설명할 수 없었을 것이다.

2. 제품 포지셔닝(Product Positioning)과 리포지셔닝(Repositioning)

기업이 여러 세분시장 중에서 어떤 시장이 신제품에 가장 유망한 시장인가를 확인하려고 할 때 이용할 수 있는 한 가지 방법이 바로 라이프스타일 변수를 이용하는 것이다. 즉 이를 이용하면 기존의 제품군에 대하여는 가장 불만족하기 때문에 관련 분야의 신제품을 출시할 때 호의적인 반응이 예상되는 소비자층을 파악하는 것이 가능하게 된다. 따라서 가능성이 가장 높은 표적시장에 대하여 자사의 제품을 포지셔닝(positioning)시키거나 기존의 제품을 리포지셔닝시키는 전략도 가능하게 되는 것이다.

라이프스타일 변수는 소비자의 욕구와 사회적 역할이란 측면에 있어서, 인구통계적 변수보다 현실적인 정보를 제공할 수 있기 때문에 제품을 소구해야 하는 표적시장의 유형과 특성을 보다 확실하게 파악할 수 있게 되는 것이다. 미국의 제너럴푸드(General Food)사는 애완견의 통조림사료(canned dog foods)를 해당 시장에 포지션시키기 위해 애완견 주인들의 라이프스타일 변수를 이용하였다. 이 회사의 마케팅조사 담당자는 애완견의 사육에 영향을 미칠 것으로 예상되는 여러 가지 사회·문화적 변화를 파악하기 위한 조사를 실시하였다. 조사결과 이들을 5가지 유형으로 분류할 수 있었으며 각 유형의 사람들은 애완견의 사육방식과 보호행동에 있어서 서로 상이한 욕구와 동기를 지니고 있음을 발견하였다. 이를 기초로 제너럴푸드사는 애완견의 나이에 따라 사료의 영양성분을 달리한 'Cycle 1-4'라는 애완용 통조림사료를 개발함으로써 성공을 거둘 수 있었다.

한편 기존제품, 특히 매출이 감소하는 제품에 대한 표적시장의 라이프스타일을 파악하게 되면 자사상표와 경쟁상표 간의 시장특성을 식별할 수 있게 되어 보다 유리한 시장에 자사상표를 소구하는 리포지셔닝(repositioning)전략도 가능하게 된다. 이런 예로는, 포드(Ford)사의 'Pinto'라는 모델을 들 수 있다.

'Pinto'가 처음 출시되었을 때 포드사는 이 차를 "안전하고 작은 낭만적인 차"라고 광고하였다. 그러나 출시 후 이 차종의 구매자를 대상으로 실시한 라이프스타일

조사결과, 이들은 실리적(practical)이며 혜택(benefit)에 관심을 두고 있는 반면에 신분 상징성이나 낭만적 감정과는 무관한 사람들이라는 사실을 발견하게 되었다. 이에 따라 동사는 'Pinto'를 "포드의 전통을 이어받은 뛰어난 성능의 경제적 이동수단"이라고 리포지셔닝함으로써 매출을 크게 신장시킬 수 있었다.

3. 광고전략(Advertising Strategy)

라이프스타일 분석은 광고전략 수립에 있어, 인구통계적 변수보다 표적소비자층에 대한 풍부하고 현실적 정보를 제공한다. 라이프스타일의 조사자료는 카피라이터(copywriter)로 하여금 해당 제품의 소구대상집단의 유형 및 특성을 보다 잘 이해할 수 있도록 해 효과적이고 강력한 소구점을 발견하는 데 도움을 줄 수 있다. 전통적으로 카피라이터들은 광고문안(copy)을 제작할 때 자신의 직관이나 표적집단면접법(FGI: Focus Group Interview)을 통한 일부 소비자들의 구매동기에 대한 조사결과에 전적으로 의존하고 있다. 그러나 라이프스타일 분석을 이용하게 되면 보다 객관적이고 신뢰성 높은 정보를 폭넓게 획득할 수 있게 되어 표적소비자층에게 적합한 메시지의 소구방법을 발견할 수 있게 된다.

슐리츠(Schlitz)맥주회사의 예를 살펴보면, 이 회사는 1969년까지 줄기차게 "슐리츠를 마시지 않는다면 당신은 맥주를 마시지 않는 것입니다"라는 광고캠페인을 내보내고 있었다. 그러나 이런 캠페인이 너무 오랜 기간 계속됨에 따라 그 내용이 진부하게 되었다는 판단을 하고 새로운 광고캠페인을 위한 조사를 실시하였다. 조사결과 맥주의 대량음용자들은 주로 몽상가에 속하며 인생에서 그다지 성공하지 못한 계층이라는 사실을 발견하였다. 이런 사실을 기초로, 슐리츠사는 맥주를 많이 마시는 계층의 사람들에게 남성다움, 쾌락추구성 및 공상습관 등을 주제로 한 광고캠페인을 제작하여 좋은 반응을 얻을 수 있었다.

라이프스라일의 특성(profiles)들은 표적시장에 소구할 때 가장 부합되는 매체나 광고유형을 결정하는 데 중요한 단서를 제공할 수 있다. 티거트(D.J. Tigert)는 캐나다의 TV시청률 조사를 통하여 시청자들의 라이프스타일 특성을 기준으로 공상과학프로와 코미디프로, 대담프로 등에 대한 선호 정도가 결정되고 있다는 사실을 발견하였다. 공상과학프로나 코미디프로의 시청자 계층은 전통적이고 보수적 성향을 지니며, 집안의 청결을 중요시하고 생활전반에 대해 소극적 태도를 지녔을 뿐만 아니라 구매결정에 있어서도 가격을 매우 중요하게 여기고 있었다. 반면 TV의 대담프로를

주로 시청하는 사람들은 신제품에 대한 높은 관심과 생활에서의 긴장과 흥분을 추구
하려는 욕구를 지니고 있었다. 또한 이들은 유행의 흐름이나 자신의 외모에 많은 관
심을 보이고 있다는 사실도 발견하였다. 티거트는 이러한 라이프스타일의 특성으로
부터 다음과 같은 전략적 시사점을 제시하였다.

먼저, 공상과학프로나 코미디프로는 방충제로부터 공기정화기, 액체세제에 이
르기까지 모든 유형의 가정용, 세척용 제품에 대해 효과적인 매체가 될 수 있다. 또
한 이들 프로는 방향제, 구강세척제 및 영양제처럼 개인적 용도로 구매되는 가정 상
비약품류에 대해서도 효과적인 매체라고 할 수 있다. 반면, TV대담프로는 모든 유형
의 신제품에 대해 높은 효과를 나타내며 특히 이를 제품의 도입기에 활용하게 되면
그 효과를 배가시킬 수 있다. 또 이 프로그램들은 여성용 화장품, 의상 및 개인용 장
식용품에 대하여도 효과적 매체라고 할 수 있다.

이상의 사례에서처럼 라이프스타일의 분석자료는 마케팅전략을 개발하는 데
유용한 단서를 제공한다. 그러나 라이프스타일에 의해 소비자 유형을 구분하는 경
우에는 각 유형 간 어느 정도의 중복이 불가피하고, 이를 실제 적용하기 위해서는 제
품 프로필을 사전에 별도로 작성해 두어야 한다는 점에서 시간과 노력의 합이 요구
된다. 따라서 라이프스타일을 마케팅전략에 폭넓게 적용하기 위해서는 보다 적용이
용이한 라이프스타일 변수를 개발하는 것과 동시에 이를 측정 · 분류하는 데 있어서
도 보다 효과적인 틀을 구축하는 노력이 요구된다.

그림 8-6

라이프스타일 특성에 따른 TV시청 유형과 매체

	공상과학프로, 코미디프로	TV대담프로
라이프 스타일 특성	• 전통적, 보수적 성향, 　소극적 태도 • 집안의 청결을 중요시 • 구매결정에서 가격을 매우 　중요시	• 신제품에 대한 높은 관심 • 생활에서의 긴장과 흥분을 　추구하려는 욕구를 지님 • 유행의 흐름이나 자신의 　외모에 많은 관심
전략적 매체	• 모든 유형의 가정용 · 세척용 　제품에 대해 효과적인 매체 • 개인적 용도로 구매되는 가정 　상비약품류	• 모든 유형의 신제품 • 제품의 도입기에 활용하면 　효과를 높임 • 여성용 화장품, 의상 및 개인용 　장식용품

PART 03

환경적 영향요인

CONSUMER
BEHAVIOR

CHAPTER 09

가족(Family)

가족의 본질 1 SECTION

1. 가족의 의의와 유형

가족(family)은 사회생활의 기본단위로서 집단을 이루고 사는 인간사회의 어디서나 발견할 수 있는 기본 경제단위이다. 가족은 소비자의 구매의사결정과정에 많은 영향을 미친다. 또 가족이 공동으로 이용하고 있는 제품들 중에는 구매자가 아닌 다른 사람이 사용하고 있는 경우가 빈번하게 발견된다. TV, 냉장고, 자동차 등은 개인적 목적이라기보다는 가족이라는 집단의 공동목적을 위해 구매된다.

소비자행동과 가족에 관한 연구를 위해서는 가족(family)과 가구(household)의 개념을 분명히 이해할 필요가 있다. 가구의 구성원에는 가족(family)과 비가족(nonfamily)이 포함된다. 비 가족으로는 장기간 동거하는 친척이나, 한 집에 기거하는 운전기사 또는 가정부·간병인 등이 있다. 한편, 가족(family)이라는 공동체 속에는 세대주(house-holder), 세대주와 혈연(blood)·결혼(marriage)·입양(adoption)이라는 관계로 연결된 기타 가족 구성원이 포함된다.

가족은 전형적으로 부부와 이들의 자녀로 구성되며, 대개 공통의 주거공간을 공유하고 경제적 욕구를 달성하기 위해 서로 협력한다. 가족은 혼인관계를 기초로 부부·친자·형제 등의 근친관계자가 주 구성원이며 특정한 가옥 내에서 생활하는 공동체라고 할 수 있다.

가족은 대체로 다음과 같은 특징을 지니고 있다.

① 어떤 시대, 어떤 사회에도 존재하는 가장 보편적 공동체라는 점에서 보편성을 지닌다.
② 가장 중요한 유기체적 충동에 기초하고 있다는 점에서 감정적 기초단위이다.
③ 사회화를 통해서 개성의 형성에 중요한 영향을 미친다.
④ 생물학적 제약으로 그 크기에 제약이 있다.
⑤ 모든 사회조직의 핵으로서 사회구조의 중심에 위치한다.
⑥ 구성원은 책임을 공유한다. 가족은 다른 어떤 집단보다 그 구성원에게 많은 것을 요구한다. 가족성원은 사회의 다른 집단에 대해서는 일정한 범위 내의 의무만 지니지만 가족에 대해서는 운명을 같이하고 있다.
⑦ 사회적으로 많은 규제를 받고 사회적 금기(taboo)나 법적 규제에 의해 가족의 형태가 규정된다. 특히 혼인관습이나 규약은 사회적으로 매우 강력한 영향요인으로 작용한다.
⑧ 사회제도로서의 가족은 영구적이고 보편적이지만, 결사체로서의 가족은 일시적이고 가변적이다.

1) 핵가족(Nuclear Family)

결혼 초기의 신혼부부나 부양의 의무가 있는 소수 미성년자녀들이 포함된 가장 단순한 형태로, 만일 자녀가 성장하여 결혼하게 되면 이들은 다시 새로운 핵가족을 구성한다. 이들 구성원 간에는 강한 상호 의존성이 나타나며 생활 속에서 어떤 위기에 직면했을 때 외부로부터의 도움보다는 내적 결속력에 의해 대응하려는 경향을 표출한다. 이런 핵가족의 형태는 이동성(movability)과 개성(personality)이 중요한 가치개념으로 자리 잡고 있는 현대사회에 적합한 것으로 이해되고 있다.

2) 대가족(Extended Family)

혈족의 연속성이 강조되는 사회에서는 가족이 핵가족의 범위를 넘어 보다 확대된 형태를 취한다. 구조적인 측면에서는 부모가 기혼의 자녀와 함께 생활함으로써 세대가 중복되는 가족을 의미한다. 대가족은 그 자체가 하나의 사회적 기초단위로서 일시적인 것이 아니라 세대에 걸쳐 지속된다는 특성을 지닌다. 따라서 이것은 핵가족과 달리 구성원의 일부가 이탈(사망, 이혼 등)되어도 가족 자체가 해체되지 않고 계속성이 이어진다는 특징을 지닌다.

2. 가족의 기능

가족은 사회 전체에 대해서, 또 개개인에 대해서 매우 중요한 기능을 수행하고 있다. 가족이 재생산을 통해 사회의 구성원을 계속 보충하지 않거나 자녀의 양육이나 사회화를 통해 상호 간 의사전달이나 공동생활의 방법을 교육시키지 못하면 사회의 유지·발전이 불가능하게 될 것이다. 따라서 가족은 인간이 사회생활을 하는 데 필요한 기초적인 능력을 개발하는 데 중요한 역할을 수행한다. 그럼에도 불구하고 사람들은 이런 사회적 필요에 앞서 개인의 생리적·심리적 만족을 충족시키기 위해 가족관계를 구성한다.

소비자행동에 대한 가족의 의미는 소비자의 구매의사결정이 가족구조나 경제상황, 가족수명주기상의 단계 등에 따라 달라질 수 있다는 점이다. 예를 들어 결혼, 가장의 연령, 자녀의 유무, 가장의 직업이나 소득수준은 가족 구성원인 소비자의 행동에 결정적인 영향을 미친다. 특히 자녀수나 이들의 연령분포 등은 의복, 음식료, 가구, 주택, 의료보험 및 교육에 대한 수요를 결정짓는 중요한 변수가 된다.

사람들이 가족을 구성하는 이유는 독립된 개인보다는 가족이라는 공동체를 구성함으로써 특정한 목적을 달성하는 것이 보다 용이하기 때문이다. 가족의 기능을 살펴보면 다음과 같다.

1) 경제적 풍요(Economic Well-being)의 창출

가족은 경제적 안정과 재무적 욕구충족의 기본단위이다. 가족은 경제적 능력이 없는 미성년자녀를 부양할 뿐만 아니라 사회적 부적응자나 경제력을 상실한 노약자를 보호하는 경제활동도 수행한다. 오늘날의 가족 구성원들은 경제적 책임을 담당하는 남편과 가사를 전담하는 주부라는 전통적 역할구조를 변화시키고 있다. 여성들의 사회참여가 증가하면서 남편들의 가사 분담률이 상대적으로 증가하고 있다. 특히 직계 가족들 간에는 생활능력이 없는 다른 구성원을 포용·보호하고 물질적 재화와 더불어 정서적 안정을 교환하는 역할이 요구된다. 바로 이런 점이 다른 사회집단이 대신할 수 없는 가족만의 특징이라고 할 수 있다.

2) 자녀의 양육과 사회화(Socialization)

가족은 인간의 성장과 사회화의 가장 기초적 집단이다. 이는 새로운 사회구성원을 보충할 뿐만 아니라 이들이 사회구성원으로서 역할을 잘 수행할 수 있도록 필요한 제도·지식·기술을 전달하는 기능도 수행한다. 부모는 그 사회의 문화(culture)에 기초한 가치관(values)과 행동양식을 기준으로 자녀를 양육한다. 이것이 바로 사회화로서 여기에는 도덕이나 종교적 신념, 처세술, 복식과 치장법, 예절과 대화법, 그리고 적성에 부합하는 교육과 직업을 선택하는 기준 등이 포함된다. 자녀의 성격형성은 가족 내에서의 사회화과정을 통해 이루어진다. 이 과정에는 부모 외에도 형제자매 조부모 및 친인척 등이 개입된다.

3) 정서적 안정(Emotional Support)

가족은 혈연관계에 의한 강한 정서적 공감대를 기초로 구성되기 때문에 가족 구성원들은 가장 원초적·감성적 관계를 지닌다. 오늘날 많은 제도나 집단들은 비정서적·공식적 인간관계를 기초로 하고 있기 때문에 정서적 안정에 기여하는 가족의 기능이 더욱 강조되고 있다.

4) 라이프스타일(Lifestyle)의 형성·유지

각 가정은 나름대로의 독특한 생활양식을 유지하고 있다. 부모가 경험한 양육방식, 부부 간의 개별적·통합적 목표, 부부의 경험 등은 자녀의 교육방식, 직업관, 독서·TV습관, 식습관 및 여가선용의 패턴을 결정하는 데 중요한 역할을 한다. 특히 특정한 라이프스타일은 시간의 활용이나 소비유형에 영향을 미치기 때문에 마케터에게 있어서 매우 중요한 변수이다.

3. 현대 가족제도의 특징

가족제도는 역사적으로 사회의 변천과 함께 많은 변화를 경험하였다. 고대나 중세의 가족제도는 가부장적 가족제도를 기초로 종교적·법률적·경제적 기본단위를 구성하였다. 이 제도 하에서는 아내·자녀·손자/손녀·노예 등이 모두 최연장자인 남성에 의해 전제주의적 방식으로 지배·통솔되는 하나의 사회권을 형성하고 있었다. 그러나 사회제도와 산업구조가 변화하면서 공업기술의 발달, 도시화의 진전, 지리적·사회적 이동성의 필요성 증대 등으로 더 이상 대가족형태의 가족구조가 적합하지 않았고 이에 따라 점차 핵가족화하는 경향을 나타내게 되었다.

　한편 도시화의 진전은 개인이 친족 아닌 다른 사람들과 협동해야할 필요성을 증대시켰고 개인의 목적을 달성하기 위해 특정한 이익집단에 참여하게 되었다. 또한 도시화는 소규모 공동체의 비공식적·자율적 통제 대신 법적·강제적 통제를 유발시켰으며 비정서적 접촉과 치열한 생존경쟁 속에서 가족의 개념을 재정의 하도록 만들었다. 이는 결국 가족을 생산 중심적 집단에서 애정과 이해의 결집체라는 의미로 해석되도록 하여 부부가 가족의 중심에서 주로 자녀에게만 관심을 쏟도록 만들었다. 부부중심의 정서적 유대가 중요하게 인식되면서 결혼상대의 선택에 있어서 외부적 통제를 배제하고 스스로 배우자를 선택할 수 있게 되었다.

　현대가족제도의 특성을 요약하면 다음과 같다

① 가족 구성원에 대한 가족 간의 통제력 감소

② 경제적 생활단위로서의 제도적 기능 상실 및 기타 기능의 축소

③ 애정과 정서의 중심으로서 중요성 증대

④ 자녀중심의 분위기의 확대

⑤ 남녀평등을 통한 여성지위의 상대적 강화

⑥ 출산율 감소와 가족 크기의 하향안정화

⑦ 이혼율의 증대

⑧ 가치관 변화(부모에 대한 책임의식 감소, 자녀에 대한 책임감 증가, 이혼·산아제한 기타 도덕적 문제에 대한 태도변화)

⑨ 가족에 대한 공공의 관심 증가(가정상담소, 가정법원, 부녀국, 사회보장제, 아동취업금지법, 라디오·TV의 가족프로그램, 교과과정의 변화 등)

가족생활주기(FLC: Family Life Cycle)

1. 사회집단의 의의와 특성

가족생활주기(FLC)는 인간이 성장하여 결혼하고 가정과 가족을 구성하면서 진행되는 가족형성의 발전단계를 말한다. 개인이 성장하여 결혼하게 되면 배우자를 영입하게 되고 다음으로 자녀를 출산하면서 가족크기가 증가한다. 자녀가 성장하여 독립적인 새로운 가정을 꾸밀 때까지는 일정한 크기로 유지되다가 자녀의 결혼과 함께 크기가 줄어들고 마침내는 가족구성원 중 한 사람만 남게 됨으로써 처음 상태로 순환되는 일련의 주기를 말한다. 따라서 가족은 독립생존자가 사망하거나 재혼함으로써 종말을 맞이하게 된다.

가족생활주기는 여러 가지 변수들이 개입하면서 진행되므로 이를 일률적으로 정의하는 것은 용이한 일이 아니다. 가족의 생활주기를 결정하는 변수들에는 다음과 같은 인구통계학적 요인이 포함된다.

① 결혼 여부(독신 또는 기혼)
② 가족 구성원의 연령분포(가장, 최연장자, 최연소자)
③ 가족의 크기(부양가족과 자녀의 수)
④ 가장의 경제활동 유무(재직, 실직, 퇴직)

가족생활주기라는 개념은 구매력의 추이, 소득과 수요와의 관계 등을 분석하는 데 유용한 정보를 제공한다. 인구통계학직 변수만을 기준으로 소비자의 구매특성을 이해하는 것보다 가족생활주기를 이용하면 가족과 소비자행동 간의 관계를 체계적으로 이해할 수 있게 된다.

또 가족생활주기를 이용하면, 가족이라는 경제단위를 연령, 관심사, 욕구, 시간사용, 가처분소득 크기 등의 기준으로 비교적 동질적 집단으로 군집화시킬 수 있어 마케팅전략을 수립하는 데 큰 도움이 된다. 가족생활주기의 단계를 이용한 시장세분화는 가족의 생활단계에 따라 표출되는 대표적 욕구군에 부응한 제품·서비스개발을 가능하게 해 줄 뿐만 아니라 표적시장의 소비자층을 만족시킬 수 있는 촉진전략을 개발할 수 있게 해 준다.

2. 현대 가족생활주기모델(Modernized FLC Model)

〈그림 9–1〉은 오늘날 나타나고 있는 가족생활주기를 보여 주고 있다. 그림에서
처럼 최근 들어 가족생활주기의 흐름은 과거와는 상당히 다른 모습을 나타낸다. 이
런 현상은 여성의 취업기회 확대, 만혼풍조의 성행, 이혼율의 증가, 무자녀 부부 층
의 증가, 편모 · 편부에 의한 가족구성 등이 증가하면서 나타난 결과이다. 따라서 이
런 흐름을 제대로 반영하고 있지 못한 전통적 가족생활주기모델은 오늘날의 소비자
환경을 제대로 반영하기 위해 새롭게 정의될 필요가 있다.

다음의 내용들은 전통적 가족생활주기모델에는 포함되지 않았으나 오늘날 인
구통계학적 측면에서 중요한 비중을 차지하는 상황변화를 설명한 것이다.

① 자녀를 출산하지 않고 생활하는 부부층의 증가
② 별거 · 이혼에 의해 가족이 해산된 후 재결합 · 재혼하지 않고 사는 집단
③ 6세 이하의 자녀를 가진 노부부층
④ 결혼하지 않고 사는 독신층의 증가
⑤ 대가족(조부모가 결혼한 자손들과 함께 사는 경우)의 감소와 새로운 형태의 확대
　가족(신혼부부가 양자를 입양하여 함께 사는 경우)의 증가

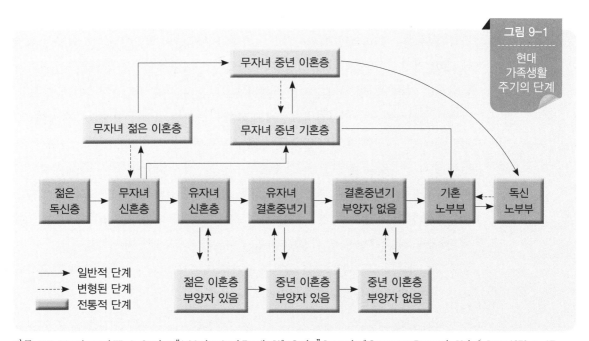

그림 9–1

현대
가족생활
주기의 단계

자료: P.E. Murphy and W. A. Staples, "A Modernized Family Life Cycle," *Journal of Consumer Research*, Vol. 6, June 1979, p. 17.

⑥ 40대, 50대에 결혼하는 만혼층의 증가

⑦ 미혼모의 증가

⑧ 결혼하지 않고 함께 사는 동거가구의 증가

현대적 가족생활주기모델과 전통적 모델의 중요한 차이는 이혼과 자녀출산의 기피현상이 일반화되었다는 점이다. 현대의 가족생활주기모델은 가족구조상의 이런 여러 가지 변화를 시각적으로 파악할 수 있게 해 준다는 점에서 기업의 마케팅활동에 커다란 기여를 한 것으로 평가된다.

SECTION 3

가족구매의사결정모델과 가족역할

1. 가족구매의사결정모델(Family Decision Making)

우리의 생활에서 상당히 많은 경우는 가족단위로 구매의사결정이 이루어지고 있다. 그러나 지금까지의 연구는 대개 개인 소비자의 구매결정 및 행동만을 대상으로 진행되어 왔다. 개인 소비자와 가족은 일반적으로 구매에 대한 태도와 의사결정과정이 다르다. 가족의 구매의사결정은 가족구성원 간의 역할이나 이들의 의사결정에 대한 영향력 크기에 따라 결정된다. 따라서 가족구매의사결정과정을 설명하기 위해서는 가족구성원 중 1인의 단독의사결정뿐만 아니라 가족구성원의 일부 또는 전체가 참여하는 공동의사결정과정에 대하여도 충분한 이해가 전제되어야 한다. 세스(J. Sheth)는 시간에 쫓기지 않으면서 인지된 위험(perceived risk) 수준이 높거나, 구매의 중요성이 높을 경우 중산층·신혼부부·무자녀가정 등에서는 공동의사결정의 확률이 높다는 사실을 발견하였다. 이 경우 기존의 단일의사결정모델로는 소비자행동을 정확하게 설명할 수 없기 때문에 새로운 의사결정모델이 필요하게 되었다. 이에 따라 세스는 〈그림 9-2〉와 같은 가족 구매의사결정모델을 제시하였다.

이는 기존의 모델과는 다른 의미의 여러 가지 하위요소가 결합된 형태로 구성되어 있다. 이 모델의 특징을 살펴보면 다음과 같다.

① 가족의 개개인의 선유경향(predisposition)과 구매동기에 내재한 인지영역 및 제품과 상표에 관한 평가적 신념

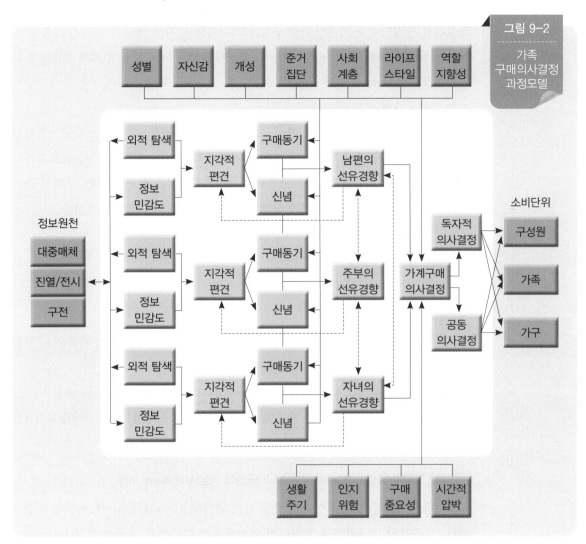

자료: Jagdish N. Sheth, *Models of Buyer Behavior*, Harper & Row, 1974, pp. 22~23.

② 개인의 외적·내적 인지영역의 결정요소

③ 자율적·공동적 의사결정의 결정요소

④ 공동적 의사결정과정과 구성원 간 갈등 및 이의 해결

이 모델이 제시하고 있듯이 대중매체·전시·구전 등의 원천으로부터 얻게 되는 정보는 남편과 부인, 그리고 기타 가족구성원들에게 전달되어 각자의 지각적 편견(perceptual bias)이라는 여과과정을 통해 구매동기와 평가적 신념을 형성한다. 이들 구매동기와 평가적 신념은 가족성원의 태도에 영향을 미치는데, 세스는 이를 선유경향이라고 규정했다. 또 남편과 부인 및 기타의 가족구성원들은 자원의 획득과 소비

과정에서 가정이라는 기본단위를 구성하므로 이들 각자의 태도는 서로 영향을 주면서 의사결정이 수행된다. 이러한 가족구매의사결정은 다시 자율적 의사결정과 공동 의사결정으로 나뉘며, 일단 구입된 제품은 실제 소비단계에서 가족 구성원 개개인 · 가족 전체 · 가계 전체 단위로 소비된다.

이 밖에도 성별 · 자신감 · 개성 · 준거집단 · 사회계층 · 라이프스타일 · 역할지향성 등도 가족 구성원 각자의 구매동기나 평가적 신념에 영향을 미치는 요소라고 할 수 있다. 또한 사회계급 · 라이프스타일 · 역할지향성은 인지된 위험, 구매의 중요성, 시간적 압박 등과 더불어 가족 구매의사결정에 직접적인 영향을 미친다.

2. 가족의 역할구조

1) 역할 전문화

다른 사회집단과 마찬가지로 가족도 나름대로의 구조를 지니며 가족의 구성원들은 그 속에서 각기 전문적인 역할을 수행하고 있다.

허브스트(P. G. Herbst)는 역할 전문화(role specification)가 이루어지는 배경으로 ① 가계의 임무(household task), ② 자녀의 보호와 통제, ③ 사회활동, ④ 경제활동의 4가지를 제시하였다.

(1) 도구적 역할(instrumental role)과 표현적 역할(expressive role)

가족의사결정에 대한 연구는 부부 간의 역할구조(role structure)에 초점을 맞추고 있다. 그동안의 연구결과를 요약하면 역할행위를 기준으로 도구적 역할(instrumental role)과 표현적 역할(expressive role)로 구분할 수 있다.

국가나 민족이라는 차이에도 불구하고 전통적 가정에서는 남편이 물질적 자원을 획득 · 제공하기 때문에 가족 내에서 막강한 권한을 지닌다. 반면, 아내는 주로 애정과 도덕적 자원을 제공하는 역할을 수행한다. 가족역할에 있어 도구적(instrumental)이란 과업지향적 활동을 말하며, 주로 기능적(functional) · 경제적 역할과 관계를 지닌다. 따라서 도구적 역할은 구매행위를 가능하게 하는 제반 조건을 충족시켜 주는 활동이다.

이에 반하여 표현적(expressive)이란 사회적 · 감정적 영역을 대상으로 하는 활동으로서 다른 가족성원의 의사결정을 지원하고 가족의 미적 · 정서적 욕구를 표현하는 데 필요한 역할을 의미한다. 이러한 역할차이는 소집단 내의 상호 작용과정에서 구축된다. 집단 활동을 수행함에 있어 리더는 도구적 리더(기능적·과업지향적 리더)와 감정적 리더(사회적·정서적 리더)의 특성 중 어느 일방 또는 쌍방의 성격을 지닌다. 전자는 집단의 목표나 의도와 관련되며, 후자는 집단내부의 결속을 유지하기 위해 다른 구성원들에 대한 정서적 지원이나 긴장의 해소행동과 직결된다. 가족 내에서 도구적 역할은 주로 남편의 몫이었으며 표현적 역할은 아내가 맡아 왔었다. 따라서 구매의사결정과정에서 남편은 주로 제품의 기능적 속성을 중요시함으로써 구매여부를 결정짓거나 구매를 종결짓는 데 중요한 영향력을 행사한다. 반면 아내는 주로 제품의 미적 속성에 관계하며 주로 구매를 제안하는 역할을 수행한다. 이들은 구매제품의 사용자가 다른 사람이 되더라도 자신에게 부여된 의사결정상의 역할을 수행한다. 예를 들어 남성의류·보석류·휴지·비누 등은 통상 여성에 의해 구매되는데 특히 스타일·디자인·패션 등은 여성의 의사결정영역으로 간주되고 있다. 한편 실용적 측면의 제품구매는 통상 남편의 영역에 속하게 된다. 예를 들어 냉장고나 세탁기를 구매하는 경우에도 대체로 아내는 남편으로부터 조언을 구하고 있다.

가정용품의 마케팅활동에 있어서, 마케터가 소비상황과 가족의 역할을 사전에 정확하게 이해할 수 있다면 효과적인 촉진전략을 수립할 수 있다. 한 연구결과에 따르면 남편이 스포츠카를 사고 싶지만 자녀의 통학을 위해 웨건(station wagon)을 구매하기로 결정한 경우, 자동차의 스타일이나 색상은 자녀의 의견이 반영되고 실제 구매를 집행하는 것은 아내라는 사실이 밝혀졌다.

그러나 이런 전통적 역할유형이 최근 들어 상당히 변화되고 있다. 이는 여성의 경제활동 참여와 새로운 가족의 형태가 나타나고 있기 때문이다. 따라서 많은 경우에 아내도 도구적 역할을 수행하게 되었다.

(2) 내부적 역할(Internal Role)과 외부적 역할(External Role)

가족역할을 가정을 기준으로 나눈다면, 남편의 주된 관심사는 가정 외적인 일에 관한 것이지만, 아내는 주로 가정의 내부적인 일에 관하여 관심을 기울인다고 할 수

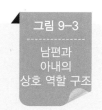

그림 9-3

남편과 아내의 상호 역할 구조

	외부적 역할	내부적 역할
표현적 역할	공동	아내
도구적 역할	남편	공동

자료: D. L. Loudon and A. J. Della Bitta, *Consumer Behavior*(2nd ed.), 1984, p. 306.

있다. 사회구조가 변하면서 여성의 활동영역이 증대하게 되었기 때문에 이런 구분은 점차 그 경계가 불분명해지고 있으나 아직도 많은 경우 남편들은 가정의 외부 사회기관과 관련된 일을 주도하고 아내는 가정 내에서 발생되는 문제들을 다루고 있다. 앞서 가족의 역할을 도구적인 것과 표현적인 것으로 구분하였을 때의 기준을 내부적 역할과 외부적 역할의 개념과 결합하게 되면 〈그림 9-3〉과 같이 구분할 수 있다. 그림에서 보면 남편과 아내의 역할 중 서로 중복되는 부분을 발견할 수 있다. 내부적·도구적 활동(집수리), 외부적·감정적 활동(가족 나들이) 등이 이런 예에 해당된다고 하겠다. 이런 문제들은 남편과 아내의 공통관심사로 대두되어 결국 공동의사결정이 이루어지게 된다.

2) 구매의사결정과정과 가족구성원의 역할

가족의 구성원들은 구매의사결정과정에서 각기 다른 역할을 수행하는 것이 보통이다. 이런 역할들은 대체로 제품이나 서비스에 대한 욕구가 확인되고 의사결정과 관련된 정보를 수집·처리하는 과정에서, 또 이들이 소비·사용되는 상황에서 결정된다. 가족의 구매의사결정과정에서 할당되는 역할은 다음과 같다.

(1) 제안자(Initiator)·정보통제자(Gatekeeper)·정보수집자(Information Gatherer)

제안자는 처음으로 특정 제품의 구매에 관한 의견을 제시하는 사람이다. 이에 비해 정보통제자는 정보흐름을 통제하는 사람으로서, 예를 들면 아내가 쇼핑도중에 얻게 된 자녀의 장난감과 관련된 정보를 집에 돌아와서 아이들이나 남편에게 전달하지 않는 경우에 아내는 정보통제자의 역할을 수행한 것이다

한편 정보수집자는 다양한 정보원천으로부터 정보를 획득·평가하는 능력이 있는 사람으로서 구매의사결정에 이용될만한 다양한 정보를 수집하고 이를 이용하기 편리하도록 가공·해석하는 정보처리자라고 할 수 있다.

(2) 영향자(Influencer)

여러 가지 상표대안들 중에서 특정 상표를 선택하는 의사결정과정에서 명시적·묵시적으로 영향력을 행사하는 사람이다. 이 사람은 속성을 비교·평가하는 기준을 제시하고, 상표의 선택규칙에 영향을 미친다.

(3) 의사결정자(Decider)

구매 여부(whether to buy), 구매대상(what to buy), 구매방식(how to buy), 구매시점

(when to buy), 구매장소(where to buy) 등 의사결정대상의 일부 또는 전부를 담당하여 최종적으로 결정을 내리는 사람을 뜻한다.

(4) 구매자(Buyer) 또는 구매대리인(Purchasing Agent)

실제로 제품의 구매행위를 집행하는 사람으로서 의사결정자가 곧 구매자인 경우도 있으나 다른 사람에 의해 결정된 내용을 실행하는 역할만을 수행하는 경우도 있다. 가족구매의 대상이 되는 많은 상품들은 대개 구매를 실행하는 구매자나 구매대리인의 역할이 주부에게 부여된다. 그러나 쇼핑현장에서 이루어지는 충동구매는 의사결정자와 구매대리인이 동일인이라고 할 수 있다.

(5) 사용자(User) 또는 소비자(Consumer)

구매된 제품이나 서비스를 실제로 사용하거나 소비하는 사람을 말한다. 상품유형별로 살펴보면 가족의 소비유형은 ① 가족 중 특정 개인에 의해 소비되는 제품(면도날·파이프담배: 남편, 립스틱·스타킹: 아내), ② 가족 전체가 함께 소비하는 상품(식품류), ③ 가족을 하나의 단위로 하되 간접적 소비의 형태를 지닌 상품(페인트·잔디 깎기 같은 주거용 생활용품)으로 구분할 수 있다.

(6) 처분자(Disposer)

제품을 폐기(예: 남은 음식물)하거나 사용을 중단(예: 신문·잡지의 구독)하는 행위를 수행하는 사람으로 넓은 의미에서 의사결정자라고도 할 수 있다. 다만 이 경우는 다른 구성원의 영향이나 협조가 전제되지 않아도 무방하다는 점이 다르다.

이상과 같은 가족의 역할을 의사결정단계에 따라 표시하게 되면 〈그림 9-4〉처럼 나타낼 수 있다. 구매과정에 있어 가족구성원의 역할에서 마케터는 구매자와 소비자를 구별할 수 있어야 한다. 그러나 불행하게도 많은 마케팅전략들이 이런 구분 없이 개발되고 있다. 사실 구매자 또는 구매대리인은 그다지 중요하지 않을 수도 있다. 그 이유는 구매의 결정은 그 이전에 이미 확정되었을 것이고 또 구매 후 평가행위도 반드시 구매자에 의해 이루어진다고 할 수 없기 때문이다. 따라서 구매자가 재구매를 결정짓는 핵심인물이라고 단정 지을 수도 없다. 그러나 구매자가 가족의 다른 구성원을 위해 상표를 선택할 수 있다는 사실은 중요한 의미를 지닌다. 한 연구조사에 의하면 맥주 소비자의 1/3이 상표 선택을 구매대리인(대개 아내)에게 일임하고 있으며 90% 이상의 아내들은 남편이 선호하는 맥주상표를 잘 인지하고 있다고 한

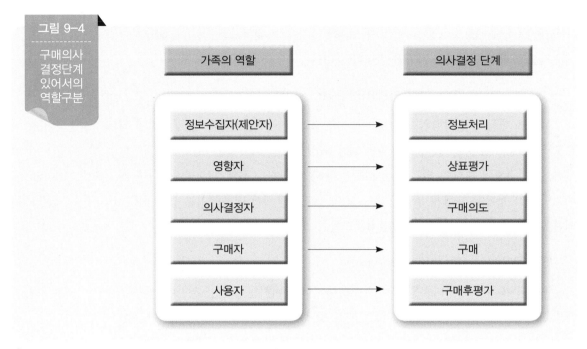

자료: Henry Assael, *Consumer Behavior and Marketing Action*(3rd ed.), PW-SKENT & Nelson, 1987, p. 393.

다. 이런 사실은 맥주광고가 소구하여야 할 대상이 주소비자인 남편만이 아니라 아내를 포함하여야 한다는 것을 시사하고 있다.

SECTION 4 가족구성원 간 영향력 구조

1. 가족 내의 영향력 구조의 의미

가족구매의사결정에 있어서 각 구성원의 역할은 통상 영향력의 구조로 파악된다. 영향력 구조란 구매의사결정대상이 되는 각 품목에 대하여 구성원 간 영향력이 배분되는 형태를 말한다. 따라서 이는 의사결정과정에 개입하는 강도라고도 할 수 있다. 이는 구매행위에 대한 영향력의 상대적 크기로 표시되며 의사결정영역 내에 있어서 지배력을 상징한다.

소비자의 구매의사결정과정에 있어서 부부 간의 영향력 관계는 이런 지배성의 개념을 기준으로 할 때 다음과 같은 4가지 영역으로 구분할 수 있다.

① 자율적 영역(Autonomous Area): 이 영역은 구매대상 제품군에 대한 의사결정이 배우자 각각에 의해 독립적으로 이루어지는 부분이다. 남편의 의복류, 가전제품, 가정상비약 등이 여기에 해당한다.

② 남편지배적 영역(Husband-dominant Area): 이 영역은 의사결정이 남편에 의해 주도되는 경우로서 집 밖에서 손으로 작동해야 하는 제품(예를 들어 잔디기계나 정원손질용 공구 등)이나 승용차처럼 기계적으로 복잡하고 고가인 제품이 해당된다.

③ 아내지배적 영역(Wife-dominant Area): 대부분 아내가 구매대상을 결정하는 경우로 카페트처럼 집 안에서 사용하는 제품이나 세제, 식기류, 야채류 등이 해당된다.

④ 공동영역(Joint Area): 구매의사결정에 있어서 배우자 양측이 대등한 영향력을 갖는 경우로 주택, 휴가나 바캉스, 자녀교육 등은 영역에 속한다.

〈그림 9-5〉는 데이비스(H. L Davis)와 리곡스(B. P. Rigaux)가 벨기에 가정을 대상으로 배우자 간의 영향력 크기를 조사한 결과이다. 이를 보면, 제품에 따라 배우자 간

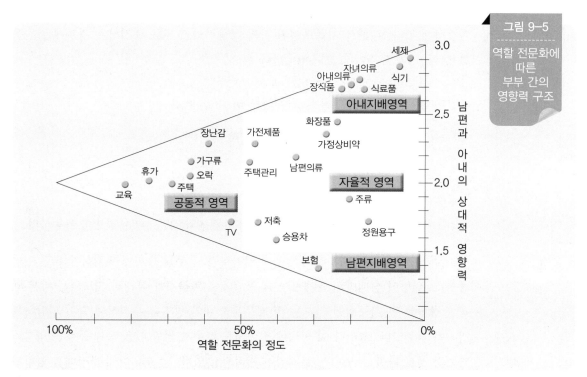

그림 9-5
역할 전문화에 따른 부부 간의 영향력 구조

자료: H. L. Davis and B. P. Rigaux, "Perception of Marital Roles in Decision Process," *Journal of Consumer Research*, Vol. 1, June 1974, p. 54.

의 역할전문화가 크게 달라짐을 알 수 있다. 그림에서 제품이 수직축으로 높게 위치될수록 아내의 지배력이 상대적으로 큰 것을 의미한다. 반면, 수평축을 중심으로 오른쪽에서 왼쪽으로 진행될수록 공동결정(joint decision)의 성격이 강해짐을 나타낸다.

이러한 구분은 효과적인 커뮤니케이션전략을 개발하는 데 유용한 정보를 제공한다. 의사결정이 남편 또는 아내 중 어느 일방에 의해 강하게 지배되는 경우, 촉진메시지는 이들 특정 배우자를 대상으로 설계되어야 한다. 그러나 공동의사결정영역에 속하는 제품군에 대하여는 부부를 단위로 하는 메시지가 개발되어야 한다. 예를 들어 자사의 제품이나 서비스를 구매하게 되면 가족 간의 구매의사결정에서 예상되는 의견충돌을 감소시킬 수 있다는 사실을 제시하는 것이 요구된다. 한편 자율적 의사결정영역에 대하여는 둘 이상의 수신자에게 메시지를 전달해야만 한다. 알콜 음료의 경우, 서로 상이한 두 가지 촉진캠페인을 개발하여 한편으로는 남편 중심적 소구를; 다른 한편으로는 아내 중심적 소구를 하는 것이 바람직하다.

2. 영향력 구조의 측정

가족의사결정에서 구성원의 역할구분은 상대적 영향력의 크기를 측정함으로써 가능하게 된다. 대체로 가족구성원 간의 영향력의 크기를 측정하는 경우에는 다음과 같은 2가지 요소가 고려되어야 한다.

1) 측정·면담대상자의 선정(Whom to Interview)

남편-아내의 영향력을 면접방식에 의해 측정하는 경우

① 배우자 쌍방을 동시에 면담하는 방식
② 배우자를 각각 분리하여 별도로 면담하는 방식
③ 아내와 남편 중 한 사람만을 면담하는 경우와 같은 3가지 방법이 가능하다.

지금까지 실시된 대부분의 연구에 있어서는, 부부를 동시에 면접하게 되면 이들 중 어느 일방이 상대방의 존재로 인해 응답을 회피하거나 본래의 의도와는 다른 왜곡된 응답을 할 가능성이 있다는 점 때문에 아내와 남편을 분리하여 각각 면담하는 방식을 택하였다. 그러나 이 방법에 있어서도 배우자 쌍방 간의 상대에 대한 영향력 평가가 서로 다를 수 있다는 문제점이 지적되고 있다. 남편과 아내의 상대적 영향력에 대한 평가결과가 불일치하는 이유는 대부분 주로 누가 의사결정을 내리는가에 대한 부분에서 발생되고 있다.

2) 측정방법의 결정(How to Measure Influence)

남편과 아내의 상대적 영향력을 측정하는 측정도구로는 남편지배적인 것으로부터 아내지배적인 것으로 나열하는 등간척도(interval scale)가 이용된다. 가장 단순한 형태의 척도는 다음과 같은 3점 척도라고 할 수 있다.

① 남편이 결정함
② 남편과 아내가 대등한 입장에서 결정함
③ 아내가 결정함

이와 같은 단순한 측정방식으로는 상대적 영향력의 크기를 정확하게 측정하는 것이 곤란하다. 따라서 제품별로 총점(10점 또는 100점)을 배우자의 양측에 강제로 할당시키는 고정총합법(constant sum method)이 이용되기도 한다. 그러나 이 방법도 상대적 영향력의 크기는 측정할 수 있으나 영향력의 결정과정은 설명하지 못한다. 예를 들어 가정에서 사용하는 가구를 선택할 때 아내의 영향력이 지배적이었다고 하더라도 이것이 남편의 무관심에 의한 것인지 아니면 해당 구매의 결정권을 아내에게 일임하기 때문인지를 파악하는 것은 곤란하다. 따라서 영향력의 본질을 이해하기 위해서는 보다 체계적인 절차에 따라 배우자 양측을 동시에 면담하는 심층면접법(depth interview)이 바람직하다고 할 수 있다. 이때 주의해야 할 점은 질문에 대해 상대방 때문에 어떤 영향을 받지 않도록 통제해야 한다는 것이다.

3. 영향력의 결정변수

남편과 아내는 분명히 가족의사결정에 있어서 가장 중요한 영향력의 행사자이다. 이들의 상대적 영향력은 대상제품의 유형, 의사결정의 단계, 의사결정의 유형 및 가족특성에 따라 달라질 수 있다.

1) 제품유형에 따른 영향력

가족구성원의 구매역할에 대한 기존연구들은 제품범주에 따라 남편지배적, 아내지배적 또는 공동의 영향력이 행사되고 있다는 사실을 입증하였다. 자동차와 주류의 구입은 남편이 지배적이지만, 음식류 · 화장품 및 소형 가전용품의 구매는 아내

가 지배적인 경향을 나타내고 있다 한편 주택·여행·가구 등의 구입과 관련해서는
부부가 함께 참여하는 공동의사결정이 보편적으로 나타나고 있다. 제품유형에 따라
남편과 아내의 상대적 영향력을 살펴보면 〈그림 9-5〉와 같다.

2) 의사결정단계상의 영향력

아내와 남편의 상대적 영향력은 의사결정의 단계에 따라서도 달라질 수 있다.
예를 들면, 부부 중 어느 일방이 구매를 제안하고, 상대방은 정보를 수집하며, 양자
가 협의하여 최종결정을 내리는 경우도 있을 수 있다. 데이비스(H. L. Davis)와 리곡스
(B. P. Rigaux)는 25가지 제품에 대하여 남편·아내의 상대적 영향력이 문제인식, 정보
탐색, 최종의사결정의 3가지 의사결정단계에 있어서 어떻게 이루어지는가를 조사하
였다. 이 연구에 의하면, 문제인식에서 정보탐색단계로 진행됨에 따라 대부분의 제
품에 있어서 남편의 영향력이 증가하는 반면, 정보탐색에서 최종의사결정단계로 진
행될 때는 남편과 아내가 거의 동등한 영향력을 행사하는 것으로 나타났다. 또한 정
보탐색은 주로 개인적 차원에서 진행되지만 최종의사결정은 보다 공동적 성격을 띠

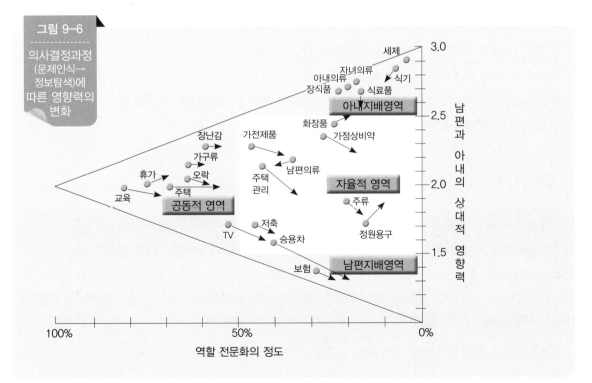

그림 9-6
의사결정과정
(문제인식→
정보탐색)에
따른 영향력의
변화

자료: H. L. Davis and B. P. Rigaux, "Perception of Marital Roles in Decision Process," *Journal of Consumer Research*, Vol. 1, June
1974, p. 54.

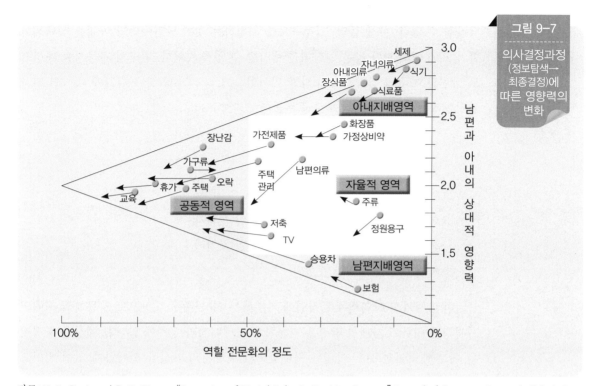

자료: H. L. Davis and B. P. Rigaux, "Perception of Marital Roles in Decision Process," *Journal of Consumer Research*, Vol. 1, June 1974, p. 54.

는 것으로 나타났다.

이러한 관계는 〈그림 9-6〉과 〈그림 9-7〉에 의해 설명될 수 있다. 이때 문제인식의 단계는 〈그림 9-5〉에서 나타난 상황을 기초로 한 것이다. 자동차를 예로 들면, 문제인식(〈그림 9-5〉 참조)에서 정보탐색(〈그림 9-6〉 참조)으로 진행될 때 남편의 영향력이 더욱 지배적으로 변화하고 있음을 알 수 있다. 또한 화살표의 진행방향이 오른쪽으로 표시되고 있다는 사실은 자동차에 대한 정보탐색이 더욱 개인적 차원에서 이루어지고 있음을 시사한다.

한편, 정보탐색(〈그림 9-6〉 참조)에서 최종의사결정단계(〈그림 9-7〉 참조)로 옮겨갈 때 자동차에 대한 화살표는 좌상향으로 진행되고 있어 아내의 영향력이 상대적으로 증가해 결국 공동의사결정의 형태로 종결됨을 알 수 있다. 이런 사실은 아내와 남편의 영향력이 의사결정의 단계에 따라 변화되고 있음을 증명하는 것이라고 하겠다.

3) 의사결정유형에 따른 영향력

남편과 아내의 영향력은 동일한 제품범주에 대해서도 의사결정의 형태에 따라 달라질 수 있다. 예를 들면, 지출규모를 결정하는 것이 남편이라면 아내는 선택해야 할 상표에 대해 보다 많은 영향력을 행사할 수 있을 것이다. 가구와 자동차를 대상으로 남편과 아내의 영향력을 조사한 데이비스(H. L. Davis)의 연구결과에 의하면 의사결정형태는 다음과 같은 6개로 구분될 수 있다

① 언제 구입할 것인가
② 어디서 구입할 것인가
③ 어느 정도 지출할 것인가
④ 어느 회사의 어떤 유형(type)을 선택할 것인가
⑤ 어떤 모델 또는 어떤 스타일을 구매할 것인가
⑥ 어떤 색상을 선택할 것인가

미국 시카고 교외의 4개 지역에 거주하는 100가족을 대상으로 자동차의 구매의사결정에 대한 조사에서 남편은 자동차의 구매시점과 구매에 할당할 예산을 확정짓는 데 지배적이었으나. 아내는 구매장소와 자동차의 색상을 선택함에 있어 적어도 남편과 비슷한 정도의 영향력을 지니고 있다는 사실을 발견하였다. 또 아내는 가구제품의 경우, 스타일과 색상을 선택함에 있어 지배적 영향력을 나타냈으나, 남편은 구입시기와 지출규모에 있어 아내와 비슷한 정도의 영향력을 나타내고 있다는 사실도 발견하였다. 이런 영향력 구조는 가족구매의사결정에 있어서 남편의 도구적 역할과 아내의 감정적 역할을 반영하는 것이라고 할 수 있다.

4) 가족특성에 따른 영향력

비록 남편이 특정 제품계층을 지배하고 아내가 다른 제품계층을 지배한다고 하더라도 지배력의 정도에 있어서는 차이가 있을 수 있다. 즉 가족에 따라서는 특정 제품이 항상 남편이 지배적일 수 있다. 특히 문화적 요인에 의해 가족구조나 가족의 역할이 구축된 경우에는 이런 현상이 더욱 강하게 나타난다. 예를 들어 서남아시아나 인도와 같은 나라에 있어서는 전통적으로 여성이 제품구매나 상표선택에 개입하는 것이 금지된다.

가족의 영향력에 관한 기존의 연구를 종합해 보면 남편의 영향력이 지배적인 경우는 대체로 다음과 같다.

① 남편이 아내보다 교육수준이 높을 때
② 남편이 소득이나 직업상 아내보다 높을 위치에 있을 때

③ 아내가 직업을 갖지 않은 경우

④ 가족생활주기(family-life-cycle)의 초기단계에 있는 부부

⑤ 자녀의 수가 많은 경우

남편 지배적 가족의 특성은 그 가족이 전통적 가치관이나 가정 내에서의 여성역할을 보다 중요시한다는 것이다. 남편의 소득수준이 높으면 가정에서 경제적인 영향력을 강하게 행사할 수 있다 한편 교육수준이 낮고 직업이 없는 전업주부는 전통적 가치관에 더욱 집착하는 것으로 나타나고 있다.

4. 부부 간의 영향력 변화

부부역할의 변화는 전통적으로 아내의 결정력이 큰 것으로 인식되어 온 제품(예를 들어 가전기기·식음료·화장품 등)에 대하여 남편의 영향력이 증가하고 있는 것과, 반대로 전통적으로 남편의 영역으로 인식되어 온 제품(보험·저축상품 등)에 대하여 아내의 영향력이 증가하고 있다는 것을 의미한다. 최근에는 요리·세탁·청소·육아 등 전통적으로 여성의 역할로 간주되던 영역에 남편의 참여가 증대되고 있다. 따라서 이런 범주의 제품에 대한 촉진전략에 있어서, 남편을 소구대상에 포함시켜야 할 필요성이 높아지게 되었다. 한편, 여성의 사회참여가 활발해지면서 아내의 경제력이 증가하고 이는 결과적으로 보험·자동차·자산관리 등에 관한 의사결정에서 아내의 역할을 강화시키고 있다. 여성의 취업이 부부 간의 권력에 대하여 대등한 관계를 유도하였고 제품구매에 있어서도 공동의사결정영역을 확대하는 결과를 낳게 되었다. 이런 현상은 가족구조를 기본으로 추진되어 온 해당 제품군에 대한 표적소구층과 메시지유형의 변화가 필요하다는 사실을 암시하고 있다.

5. 부모와 자녀 간의 영향력 변화

가족 중에서 자녀들이 구매의사결정에 미치는 영향력은 상당한 비중을 차지할 뿐만 아니라 이들은 스스로 독립적인 구매결정을 내리기도 한다. 유아기의 아동조차 캔디·과자·영화 등에 대하여는 상당한 크기의 지출을 자율적으로 결정한다고 한다. 청소년기의 구매력은 아동기에 비해 크게 증가하여 의복·오디오 제품·서적 등에 대해 구매결정자로서의 역할을 수행한다. 뿐만 아니라 이들은 음식·여행·오락, 그리고 휴가계획 등 가족 전체가 소비하는 제품과 나아가 소형 가정기기에 대해

서도 구매에 상당한 영향을 미치고 있다. 대부분의 가족 구매의사결정에 관한 연구는 남편과 아내의 영향력에만 초점을 맞추었기 때문에 자녀에 대한 연구는 미흡하였다. 자녀를 대상으로 한 연구는 크게 12세 이하의 아동들과 청소년을 대상으로 한 두 가지 범주로 구분된다. 아동에 대한 연구의 경우는 구매상황에서의 부모역할이나 부모-아동 간의 상호 작용에 관심을 두지만, 청소년들에 대한 연구는 이들의 구매의사결정에 있어서 부모나 동료집단의 상대적 영향력의 크기를 비교 분석하는 데 초점을 맞추고 있다. 그 이유는 자녀가 어릴 적에는 부모의 규범이나 가치관에 크게 의존하지만 성장해감에 따라 동료집단의 영향력이 증대될 것이라는 일반적 믿음에 기초하고 있기 때문이다.

1) 부모와 자녀 간의 상호 작용

몇몇 연구들은 제품구매에 있어 아동의 요청에 대한 어머니의 반응을 대상으로 하였다. 이때 어머니는 최종적 의사결정자이며 구매대리인이라고 할 수 있다. 여기서 아동과 어머니는 서로 영향력을 행사하고 있다. 대개 어머니는 아동의 부탁에 의해 시장을 찾는다. 이 경우 가격이 낮은 제품에 대한 요청은 쉽게 이를 수락하지만 가격이 높은 경우에는 구매에 대하여 아동과 협의과정을 거치게 된다.

한편 아동이 성장해 가면서 이들의 요구를 수락하는 비율도 증가하게 된다. 그러나 이들이 구매를 요청하는 빈도수는 상대적으로 줄어들게 된다. 이는 나이가 들면서 아동의 독립적 의사결정경향이 증가하는 것을 의미한다. 이는 부모로부터의 이전소득(용돈)의 크기가 증가하고, 강력한 동료집단이 생기기 시작함으로써 더 이상 부모를 정보의 원천으로 이용하려는 경향을 나타내지 않기 때문이다. 한편 어머니는 자녀가 성장할수록 구매의사결정능력이 향상된다고 생각하기 때문에 이들의 구매요구를 보다 쉽게 수용하게 된다.

2) 구매과정상 부모의 역할

부모는 자녀와의 상호 작용과정에서 정보수집자·영향자·의사결정자 및 구매자(구매대리인)의 역할을 수행한다. 기존의 연구에 의하면 부모는 구매정보와 관련하여 교육자 또는 정보제공자로서의 역할을 수행하지는 않는다는 사실이 밝혀졌다. 대개, 제품구매나 소비에 대한 논의를 제안하는 것은 자녀측이며 부모는 이들이 원하는 것을 구매할 수 있도록 허용하거나 구매를 제약함으로써 최종 의사결정을 종결시키는 촉진자로서의 기능을 수행할 뿐이라는 것이다. 즉 부모는 구매의사결정과 관련해 자녀의 사회화를 담당하기보다는 최종의사결정자로서의 역할을 수행한다는 것이다.

3) 구매과정상 자녀의 역할

자녀의 영향력은 제품범주에 따라 달라진다. 부모는 스낵식품·놀이기구·장난감·캔디·치약·청량음료·의류 등에 대하여는 자녀들의 요구를 수용하는 경향을 보인다. 특히 의류의 경우는 자녀의 성장에 비례하여 그 영향력이 증가한다.

자녀들은 자동차나 주방기구처럼 성인과 관련된 제품에 대해서는 직접적인 영향력을 행사하지는 않는다. 그러나 때에 따라 성인제품군에 대해서도 영향력을 행사하는 경우가 있다. 예를 들어 가족여행을 결정할 때 자녀의 영향력은 낮다고 할 수 있으나 부부 간의 의견이 일치하지 않는 경우에는 자녀의 의견이 상당한 영향력을 행사하게 된다. 소위 '아동의 힘'은 아이의 독립성이 증가하면서 커지게 된다. 경제적 풍요와 TV 등의 대중매체로 인한 영향으로 아동들이 일찍 사회화과정을 경험하게 되면서 자신의 문제를 자율적으로 해결할 수 있는 능력은 증대되었다고 할 수 있다. 따라서 마케터는 성인위주의 제품에 대해서도 영향자로서의 자녀에 관심을 갖게 되었다. 특히 퍼스널컴퓨터(PC) 광고의 경우, 조작의 편리성, 프로그램의 호환성 및 소프트웨어의 다양성 등에 있어서는 자녀들이 의견을 제시하기 때문에 이들이 구매에 커다란 영향을 미치고 있다는 사실을 주목할 필요가 있다. 이런 현상은 자녀들도 고

표 9-1	라이프스타일 변수에 따른 청소년시장의 특성
라이프스타일	특징
사회지향형	• 주로 여성들로서 적극적이고 외향적 • 낙관적 사고를 지니며 대학에의 진학의도가 높음
다양한 활동추구형	• 남성에 비해 여성의 비율이 다소 높으며 책임의식이 강함 • 사회지향형에 비해 대학진학 의도와 낙관적 사고의식의 정도가 다소 낮음 • 사교적 모임에 참여하거나 혼자 남겨지는 것에 대하여 그다지 거부감이 없음
내향적 수동형	• 여성보다는 남성의 비율이 높으며 사교적 모임이나 혼자 남겨지는 상황에 대하여 매우 불편해 함 • 수줍어하고 자의식이 강함 • 장래에 대하여 낙관적이지 못하며 지출을 최소화하려고 함
스포츠선호형	• 대체로 남성으로 구성되어 있음 • 스포츠활동에 참여하거나 관람하는 것을 매우 즐김 • 자아이미지나 구매패턴이 스포츠에 많은 영향을 받음

자료: Grady Hauser, "How Teenagers Spend the Family Dollar," *American Demographics*, December, 1986, p. 41.

가의 가정용품의 구매의사결정에 영향력을 행사할 수 있다는 것을 시사해 준다.

4) 청소년 준거집단의 영향력

청소년들에 대한 준거집단의 영향력에 대해 전통적으로는 자녀가 성장하여 청소년기에 접어들면 준거집단이 이들에게 행사하는 영향력도 증가하기 때문에 부모의 영향력은 점차 감소된다고 가정한다. 그러나 조사에 의하면 자녀들은 청소년기에도 정보획득과 구매결정상의 조언을 얻기 위해 부모에게 여전히 의존하는 것으로 나타나고 있다. 그러나 일반적으로 자녀들이 성장해 갈수록 부모 이외의 정보원천에 의존하는 비율이 증가하고 있으며 점차 동료집단의 영향력이 보다 중요한 결정변수로서 작용한다고 할 수 있다.

SECTION 5 가족구매의사결정의 갈등과 마케팅전략

1. 가족구매의사결정과 갈등

두 사람 이상이 의사결정에 참여하는 경우에는 언제나 구매목표, 대체안에 대한 태도, 최적대안의 선택에 있어 갈등이 발생한다. 자동차 · 주택 · 가족계획 등의 의사결정영역에 있어서 부부 간에도 선택기준 · 지각 · 태도 등은 상당한 차이를 보이고 있는 것으로 나타나고 있다.

가족구매의사결정에서 예상되는 갈등은 3가지 원천에서 발생된다.

① 누가 구매의사결정을 하는가
② 의사결정은 어떤 방법에 의해 진행되어야 하는가
③ 의사결정의 결과를 실제 누가 집행하는가

따라서 마케터는 이러한 갈등원천을 이해하고 이에 적합한 마케팅전략을 수립하여야 한다. 가족구매의사결정에서의 갈등을 해소하기 위해서는 가족구성원 간의 합의(consensus)를 도출하거나 타협(accommodation)을 유도하는 방안이 있을 수 있다. 완전한 합의에 의해 이루어지는 의사결정은 목표 또는 기대결과에 대한 가족구성원 간의 동의가 존재하는 경우이다. 예를 들면, 자동차 구매에서 구매대상 승용차는 반드시 소형 웨건이어야 한다는 가족 간의 사전합의가 이루어진 경우라고 할 수 있다. 타협에 의한 의사결정은 의사결정의 목표나 바람직한 결과에 대하여 가족 간의 의견이 대립될 때, 설득·협상 등을 통해 의견 차이를 좁혀 가는 방법으로서 앞의 예에서 남편은 대형 고급승용차를 원하지만 아내는 소형 웨건을 원하는 경우, 최종적으로 중형차를 구입하기로 결정하는 것이라고 할 수 있다.

갈등을 해소하기 위해 합의 또는 타협을 도출하는 전략은 다음과 같다.

1) 문제해결전략(Problem Solving Strategy)

특정 문제가 가족 간의 갈등을 유발시킨다면 합의를 도출하기 위한 집단토의를 수행할 수 있다. 이 경우에는 이용 가능한 정보를 다시 검토해 본다거나 새로운 정보를 탐색할 수 있다. 가족 간의 토의를 용이하게 하기 위해서 전문가의 조언을 구할 수도 있다.

2) 역할위임전략(Role Delegation Strategy)

이는 특정한 제품이나 서비스에 대해 가족 중 어느 한 사람이 전문가의 역할을 담당하는 것이다. 이때 이 문제에 대한 의사결정의 책임과 권한은 해당인에게 위임된다. 따라서 가족들은 언제, 어디서, 어떻게 구매할 것인가에 관하여 그의 결정을 그대로 수용하게 된다.

3) 예산할당전략(Budgetary Allocation Strategy)

예산할당전략에서는 지출예산의 규모에 따라 누가 의사결정을 통제할 것인가에 관한 사전규칙이 확정된다.

일단 구매에 대한 규칙과 예산범위가 확정되면 이를 사전에 결정한 내용과 비교해 구매를 집행하게 된다. 규칙이나 예산책정의 내용에 대한 불일치가 있을 수 있으나, 일단 의사결정규칙이 확정되게 되면 의사결정은 합의가 이루어진 것과 동일한 맥락에서 집행된다.

4) 협상전략(Bargaining Strategy)

협상전략은 가족구성원 상호 간의 협상(give and take)의 형태로 나타나게 된다. 먼저 가족 중 한 사람이 자신이 원하는 품목을 한 번 구매하면 다른 사람은 다음 번 구매에서 우선권을 갖는 방식을 취한다. 또한 가족 전체가 한발씩 양보하여 조정된

표 9-2	가족구매의사결정상의 갈등해소전략	
목표	**전략**	**수행방법**
의견일치	문제해결	• 집단토의 • 전문가의 조언
	역할위임	• 전문영역의 설정
	예산할당	• 일반적 규칙의 설정
타협	협상	• 차기구매에 우선권 • 상호 양보 • 구매연기
	설득	• 비난 • 강요 • 합동작전

자료: Harry L. Davis, "Decision Making within the Household," *Journal of Consumer Research*, Vol.2, March 1976, p. 255.

결정안에 따라 구매하거나, 새로운 정보를 추가로 탐색하거나 상황변화를 기다려 구매행위를 연기하는 것도 한 방법이 될 수 있다.

5) 설득전략(Persuasion Strategy)

설득전략은 특정인이 다른 구성원들에 대하여 어떤 조치를 수용하도록 설득하는 것을 말한다. 이때 사용되는 전략의 하나인 비난은 의사결정의 부정적 측면을 강조함으로써 가족들의 특정 대안에 대한 집착을 약화시키는 것을 뜻한다. 한편, 강요는 다른 구성원의 의사결정에 대하여 직접적으로 위협을 가하는 것이며, 다른 방법인 합동작전은 '남들 모두가 원하는데 왜 유독 당신만 다른 것을 원하는가'라는 논지로 타인을 설득하는 것이다. 이는 다수에 의한 결정사항이라는 점을 무기로 특정인의 행동에 영향을 미치는 전략이라고 할 수 있다.

2. 가족구매의사결정과 마케팅전략

가족구매의사결정을 이용한 마케팅전략은 여러 가지 차원에서 시도될 수 있다. 여기에서는 광고메시지·광고매체·제품개발·가격전략 및 유통전략 등과 관련하여 살펴보기로 한다.

1) 광고메시지의 내용

가족의사결정의 특성에 따라 광고메시지의 내용이 달라질 수 있다. 이는 의사결정과정에서 가족 중 누가 지배적 영향력을 미치는가를 기준으로 이 사람의 욕구에 초점을 맞춘 소구가 이루어져야 한다는 뜻이다. 공동의사결정의 경우에는 대응전략이 보다 까다로워진다. 왜냐하면 의사결정에 참여하는 사람 모두가 각각의 혜택을 강조하고자 하기 때문이다. 이의 해결방법은 남편과 아내에게 각각 별도의 메시지를 제시하는 것이다. 그러나 이때 주의해야 할 점은 성차별의 문제를 야기하지 않도록 해야 한다는 것이다. 즉 가족 전체를 하나의 의사결정단위로 가정해 통합된 주제에 의해 아내와 남편 모두의 관심을 끌 수 있는 내용으로 소구해야 한다. 이때 자녀도 고려해야 함은 당연하다.

2) 매체전략

광고매체의 선정은 누가 의사결정에 관계하는가의 여부에 따라 달라진다. 남편 또는 아내 중 어느 일방이 지배하는 의사결정에 있어서는 남성지향적 또는 여성지향적 매체(잡지, TV프로그램)를 선택하는 것이 효과적이다.

한편, 의사결정이 자율적으로 이루어지는 경우에는 남성적 매체와 여성적 매체에 대한 광고예산의 할당문제를 먼저 결정하여야 한다. 남성의류의 경우, 여성잡지나 남성잡지 중 하나 또는 이들 모두에 광고를 게재하는 방법이 있을 수 있다. 만일 두 가지 잡지 모두를 이용하고자 한다면 하나는 남성층을 겨냥하고 다른 하나는 여성층을 겨냥한 독립적 광고캠페인이 필요하게 된다. 그러나 이 방법은 매체예산이 분산되어 기대한 만큼의 광고효과를 거두지 못할 수 있다.

공동의사결정의 경우에는 성별에 따른 매체선택의 문제는 그다지 중요하지 않다. 그 이유는 어느 일방에 대해서만 소구하여도 소기의 목적을 달성할 수 있기 때문이다.

3) 제품개발전략

가족 중 특정인만을 위해 개발된 제품은 두 사람 이상을 대상으로 한 제품에 비해 전략적 접근이 용이하다. 전통적으로 생명보험은 남편의 관심을 끌 수 있도록 고안되고 있으며, 아동용 의류는 자녀나 아내의 관심을 유발할 수 있도록 개발되고 있다.

이렇게 가족 구매의사결정의 지식을 근거로 한 제품개발전략은 첫째, 제품을 가족 중 특정인에게 소구함으로써 시장을 세분화하는 방식과, 둘째 가족구성원 모두에게 소구될 수 있도록 하여 제품군을 확대하는 방식, 그리고 마지막으로 가족구성원 누구나 다양한 목적으로 사용할 수 있도록 다용도제품을 개발하는 방식 등이 있을 수 있다.

4) 가격전략

가격설정의 경우에 있어서도, 의사결정자에 따라 서로 다른 전략이 가능하다. 여성을 반드시 경품을 선호하거나 가격탄력적 소비자라고 할 수만은 없다. 조사에 의하면 치약의 경우, 남편이 아내보다 더 가격지향적인 것으로 나타났다. 자동차의 경우에는 남편이, 가구의 경우에 있어서는 아내가 지출한도를 결정한다는 사실에서 특정 제품의 가격결정 시 가족구성원 중 누구를 목표로 가격민감도를 고려해야 하는가가 결정된다.

자녀의 경우에도 가격설정에 영향을 미치는데, 조사에 의하면 자녀가 특정상표가 경제적이고 다른 점포에서 고가로 판매되고 있다는 사실을 제시하면 보통 어머니들은 적극적으로 이를 수용한다고 한다.

5) 유통전략

가족의사결정의 속성이 유통전략에 미치는 영향을 살펴보면, 공동의사결정영역에 속하는 제품을 취급하는 소매점은 아내와 남편 모두가 쇼핑에 편리하도록 영업시간을 연장하는 전략을 사용할 수 있다.

SECTION 6 가족역할의 변화와 소비자행동

오늘날 가족구조와 가족의 역할에 있어 많은 변화가 나타나고 있다. 특히 주목할 만한 변화는 남편과 아내의 역할이 재정의되고 있다는 사실이다. 이 밖에도 직장여성의 증가, 자녀수의 감소, 독신층의 증가 등은 마케팅에 중요한 의미를 제공하고 있다.

1. 여성역할의 변화

오늘날 성별의 구분은 기대역할을 구분하는 데 더 이상 중요한 변수가 되지 못하고 있다. 많은 여성들이 사회로 진출하여 경제활동에 참여하게 되었고 이에 따라 이들의 남편에 대한 경제적 의존도가 낮아지고 있다. 또 법률적·정치적 차원에서 여성의 권위가 신장되면서 여성의 자주권이 강화되고 있다. 이처럼 여성의 사회적·경제적 역할구조의 변화는 제품 및 서비스와 관련된 구매패턴의 변화를 수반하게 되었다. 이에 따라 마케터는 신제품을 개발하거나 기존제품을 리포지셔닝함으로써 이런 변화에 대처해야 한다. 예를 들어 직장여성의 수가 증가하고 이들이 가사에 종사할 수 있는 시간이 줄어들게 되면서 신속하고 간편하게 조리할 수 있는 식품이나 가사활동시간을 줄여줄 수 있는 상품이 시장에서 큰 인기를 끌고 있다.

이런 맥락에서 가정주부를 대상으로 하는 경우와 직장여성들을 대상으로 하는 소구전략은 다르게 수립되어야 한다. 특히 직장여성들은 쇼핑의 번잡함을 피하기 위해 쇼핑시간대를 출근 전이나 퇴근 후로 옮기고 있다. 따라서 소매점들은 영업시간을 늘이거나 24시간 연중무휴 영업 등으로 대응하고 있다.

2. 남성역할의 변화

가정에서 아내의 역할변화는 자연히 남편의 역할변화를 초래하였다. 오늘날 남편들은 쇼핑이나 자녀를 돌보는 일, 음식을 장만하거나 집안청소를 하는 등 전통적으로 아내의 영역으로 인식되어 왔던 일의 상당부분을 분담하거나 대신하고 있다. 이런 현상은 직장을 다니는 아내를 둔 가정에서 보다 뚜렷하게 나타나고 있다. 미국가정의 남편역할에 대한 한 조사에 따르면 기혼남성들을 5가지 유형으로 구분할 수 있는데 이들은 각각 서로 다른 역할을 수행하고 있다고 한다.

1) 신종 남편층(New Breed Husbands)

기혼남성의 32%를 차지하며, 요리·청소·세탁물운반 등 아내의 가사업무를 기꺼이 분담하려 한다. 보통 40세 이하로 사무직이 주종을 이루며 교육수준이 높다. 이들의 아내는 전문직 또는 사무직에 종사하는 것이 일반적이며 어린 자녀가 있다.

2) 전통적 남편층(Classic Husbands)

기혼남성의 25% 정도를 차지하며 경제적으로 필요한 경우가 아니라면 아내가 직업을 갖는 것에 반대한다. 가사활동을 분담할 용의는 있으나 최종적 의사결정은 자신이 내리려고 한다. 직업, 소득계층을 기준으로 할 때 고르게 분포하지만 특히 저소득층과 자녀수가 많은 경우에 이런 현상이 더욱 두드러지게 나타난다.

3) 소외형 남편층(Retired Husbands)

기혼남성의 16% 정도로 연령에 관계없이 인생의 많은 국면에서 소외되고 있다. 가족과 떨어져 사는 경우가 많고 자신이 강력한 가장이라고 생각하지 않는다. 저소득층의 나이 많고 사회적으로 신분이 낮은 계층의 남성이 대부분을 차지한다.

4) 독신형 남편층(Bachelor Husbands)

기혼남성의 15% 정도로 다른 유형에 비해 가족을 중요하게 생각하지 않는다. 가정문제에 대한 최종의사결정은 자신이 지니고자 한다. 아내의 경제활동에는 찬성하지만 아내에게 전통적 역할의 수행을 요구한다. 젊은 층으로서 비교적 교육수준이 높다.

5) 강압형 남편층(Struggling Husbands)

기혼남성의 12%를 차지하며, 자신을 배의 선장과 같은 존재로 생각한다. 아내에게 집안을 청결하게 할 것을 요구하며 자신이 결정적 발언권을 가지려고 한다. 아내에게 전통적 역할을 기대하며 대체로 경제사정이 넉넉하지 못하다. 생산직(blue collar)에 속하는 저소득, 중년의 남편들이 이런 경향을 높게 나타낸다.

〈표 9-3〉에서 알 수 있듯이 인구 전체의 동향을 실펴보면, 아내의 사회진출이 증가하면서 비록 부부가 똑같이 가사를 분담하지는 않더라도 남편들이 가사활동이나 쇼핑처럼 전통적으로 아내의 영역으로 간주되던 일에 대해 보다 적극적으로 참여하고 있다고 할 수 있다.

표 9-3	남편유형에 따른 가사활동의 역할분담						
역할구분	전체	전통형	신종형	소외형	독신형	강압형
식사준비행위의 전담	45	38	61	27	51	32
주 1~2회의 식사준비 담당	22	14	37	13	24	10
아내에 의한 대금지급	50	54	45	42	45	71
가사업무의 많은 부분 분담	26	22	36	22	24	13
아내와 빈번한 쇼핑활동	63	66	64	64	55	61
아내가 선호하는 상표 구매	24	24	23	34	11	23
가격변동에 혼자서 대처	25	22	25	43	14	24
충동구매의 실시	18	11	24	5	28	16

자료: D. I. Hawkins, R. J. Best and K. A. Coney, *Consumer Behavior Implicatons for Marketing Strategy*(revised ed.), Business Pub. INc., 1983, p. 123.

3. 남편·아내의 역할변화와 마케팅

아내와 남편의 역할에 대한 인식의 변화는 기업의 마케팅활동에 다음과 같은 의미를 지닌다.

1) 성(性)에 의한 제품구분 퇴색

아내와 남편의 역할구조가 변화됨에 따라 제품의 소구대상을 성별로 구분 짓는 일이 퇴색되고 있다. 전통적으로 남성용 제품이라고 여겨지던 것들이 이제는 남녀 모두에게 소구되고 있다. 알콜 음료·자동차·담배 등은 남성용품으로 간주되었으나 이제 매출의 상당부분을 여성소비자가 차지하고 있다. 동일한 맥락에서 청소기나 식기세척기 등의 주방용품들도 더 이상 여성에게만 소구하는 상품으로 여겨지지는 않고 있다.

2) 시간절약형 상품의 증가

경제활동에 종사하는 여성의 수가 증가하면서 가사에 전념할 수 있는 시간이 작아지게 되었다. 이에 따라 시간절약이라는 제품특성이 가격보다 더 중요한 선택기준으로 자리 잡고 있다. 이런 욕구변화에 따라 기업들은 주부의 노력이나 시간절약을 가능하게 하는 제품, 인스턴트 식품류, 점포위치의 이동, 영업시간 연장, 전화나 PC를 이용한 쇼핑, 즉시배달 서비스 등의 마케팅활동을 통해 소비자 욕구를 충족시키고자 노력하고 있다.

3) 의사결정의 독립성 증대

경제활동에 종사하는 여성들은 전업주부에 비해 구매의사결정에서 자신감과 권한을 크게 인식하고 있다. 따라서 이들을 대상으로 한 마케팅활동은 이런 내용을 반영할 수 있어야 한다. 광고에 있어서도 여성을 남성에 의존하는 존재로 묘사하는 것은 피해야 한다. 인적 판매나 신용판매에 있어서도 남편의 도움 없이 거래를 종결지을 수 있는 거래방법을 모색하는 것이 필요하다.

4) 쇼핑·가사활동에 있어 남편과 자녀의 참여 증가

남편은 아내와 다른 기대와 욕구를 기준으로 점포를 선택한다. 그러나 점차 식료품·아동의류 등의 쇼핑에 아내와 같이 참여하게 되면서 이런 제품류에 있어서도 남성고객의 욕구에 부합되는 점포진열·광고·제품분류 및 판매원 훈련이 필요하게 되었다. 한편 남편뿐만 아니라 자녀들도 역시 가계활동에 참여하는 정도가 증가하면서 가족구매의 상당수가 자녀에게 위임되고 있다는 사실을 주목하여야 한다.

5) 여가에 대한 중요성 증가

맞벌이부부의 경우, 돈보다는 시간을 더 중요하게 인식하고 있다. 이들은 일정 범위의 제품군에 대하여만 시간을 투자할 수 있기 때문에 여가에 대해 보다 큰 가치를 부여한다. 과거에는 남성의 영역으로 간주되던 스포츠경기에도 여성의 참여가 증기히고 있다. 이런 추세는 스포츠용품이나 스포츠잡지에 있어서 새로운 시장기회를 제공하고 있다고 할 수 있다.

6) 경제적 풍요의 확대

맞벌이부부는 가족 중 특정인만 경제활동에 종사하는 경우에 비해 소득수준이 높다. 특히 여성의 임금수준이 상승하면서 이런 소득격차는 더 확대되고 있다. 여성의 경제활동 참여로 인한 소득증가가 일반화되면서 기업의 마케팅영역이 증가하고 있으며 이는 새로운 마케팅기회가 되고 있다.

7) 사회계급특성의 변화

사회계급은 전통적으로 남성중심적으로 구성되어 왔다. 특히 사회계급의 형성에는 직업이 중요한 변수로 작용하였는데 아내가 직장을 가지게 되면서 가족의 사회적 신분을 명확하게 구분하는 일은 과거보다 어려워지고 있다.

8) 커뮤니케이션 욕구의 변화

성(性)에 따른 역할변화에 따라 남편과 아내는 서로 다른 커뮤니케이션 욕구를 지니게 되었다. 아내와 남편이 선호하는 매체나 메시지소구방식은 일치하지 않는 경우가 대부분이므로 변화하는 가족의 역할구조를 고려한 커뮤니케이션전략이 필요하게 되었다.

4. 독신자시장의 증가

최근 시장구조에서 주목할 만한 변화는 독신자(singles)층이 크게 증가하고 있다는 사실이다. 독신자시장에는 미혼자, 배우자를 잃은 사람, 별거 중인 부부 등이 포함되는데 전체 인구에서 차지하는 비중이 점차 증가하는 추세를 보이고 있다. 미국의 경우, 독신자시장의 약 60%는 여성들이며 이 중 절반 정도가 30세 이하의 연령층으로 나타나고 있다.

마케터는 이러한 시장구조의 변화에 부응하는 제품·서비스 등을 개발함으로써 시장기회를 포착할 수 있어야 한다. 가구시장을 예로 들면, 핵가족이 일반화됨에 따라 아파트와 소형공동주택에 대한 관심이 증가하게 되었고 이들은 신분이나 경제적 부의 과시보다는 실용성을 기준으로 제품을 선택하고 있다. 따라서 이동의 편리성이나 디자인·스타일을 중요한 선택기준으로 삼고 있다. 한편 식품의 경우는 일회용 제품·캔(can)·플라스틱(PET) 용기 등이 선호되고 경제성보다 생활의 편리성과 폐기의 용이성 등이 중요하게 인식되고 있다.

CHAPTER 10

사회적 영향력(Social Influence)

사회집단(Social Groups)

1. 사회집단의 의의와 특성

사회집단이란 사회구조 속에서 서로 융합되고 상호 작용하는 구성체를 말한다. 사회집단의 구성원들은 자신이 속한 집단이 취하고 있는 규범이나 행동양식을 바탕으로 정형화된 방법에 의해 서로 교류한다. 이들의 관계와 영향력은 주어진 역할과 지위체계에 따라 결정되며 동료의식이나 집단 관심사의 유사성을 기준으로 통합된 형태를 나타낸다. 사회집단의 특성을 살펴보면 다음과 같다.

① 사회집단은 구성원의 소속관계가 자격 유무를 근거로 명시되어 있다. 즉 집단의 기준을 충족하는 자에 한하여 집단의 구성원자격이 주어진다.
② 사회집단은 공통의 목표와 관심을 갖는다. 개인이 집단에 참여하기를 희망하는 직접적 이유는 바로 집단의 공통관심이라고 할 수 있다.
③ 사회집단은 구성원 간에 상호 접촉이나 상호 작용을 교환한다. 접촉은 3가지 방식으로 이루어지는데, 대면적 접촉(face-to-face contact)·견접적 접촉

(shoulder-to-shoulder contact) · 간접적 접촉(indirect contact)이 바로 그것이다. 가족이나 동료와 같은 소집단은 집단성원이 서로 얼굴을 마주 대하는 대면적 접촉을 한다. 그러나 집회나 군중과 같은 집단은 견접적 접촉을 주로 하며, 대기업체 · 정부기관 등의 대규모 집단은 커뮤니케이션경로를 통하여 만나는 간접적 접촉이 주를 이룬다.

④ 사회집단은 집단성원들에게 일정한 감정적 태도, 즉 '우리 의식'(we-feeling)을 제공한다. 이는 모교사랑이나 조국애 등에서 볼 수 있듯이 자기집단을 사랑하고 신뢰하며 가치 있는 것으로 간주하는 반면, 타집단 특히 대립하고 있는 집단에 대해서는 그들의 내용과 가치가 상이하다고 느끼는 일종의 거리감을 형성한다.

⑤ 사회집단의 성원은 조직 내에서 일정한 역할과 신분을 가진다. 신분은 개인이 사회나 집단 속에서 갖는 지위로서, 개인은 지위와 관련된 권리와 의무를 지닌다. 이는 성별 · 연령 · 동료집단 등에 따라 나눠지는데, 의류 · 자동차 · 가구 등은 흔히 이러한 사회적 신분을 상징하는 제품이라고 인식된다. 한편 역할은 신분의 동태적 측면으로 사회가 특정 신분을 가진 사람에게 할당하는 태도 · 가치 및 행위를 포함하는 개념이다.

⑥ 사회집단은 규범을 공유한다. 규범이란 집단의 구성원들이 준수할 것이라고 기대되는 행위규율과 기준을 말한다. 공식집단의 경우에는 규범이 문서화되어 있으나, 비공식집단에게 있어서 규범은 반드시 문서화되는 것은 아니다. 그러나 어떤 집단이든지 간에 그 구성원들은 규범의 내용을 잘 이해하고 있으며 이것을 기초로 행동한다. 이런 규범에서 벗어난 행위는 구성원들에게 심리적 갈등을 불러일으키게 하거나 타인의 비난이나 처벌을 초래한다.

⑦ 사회집단은 개인의 사회화과정을 주도한다. 사회화란 특정 집단에 새로 속하게 된 구성원이 소속집단의 가치, 규범 및 기대되는 행동양식을 습득하는 과정으로서 이들은 집단과의 상호 작용과정을 통해 개성 · 태도를 형성하고 그 집단의 문화 가치규범에 친숙해진다.

⑧ 사회집단은 구성원의 행위를 통제할 수 있는 힘을 지닌다.

2. 사회집단의 형태

사회집단은 여러 가지 형태가 있으나 소비자행동과 관련해서는 가족 · 동료집단·공식적 사회집단·쇼핑집단·소비자운동집단 및 작업집단 등으로 구분해 볼 수 있다.

1) 가족(Family)

가족은 소비자의 구매의사결정에 있어서 매우 중요한 영향력을 행사한다. 가족 중 어느 한 사람이 다른 사람들과 가지는 접촉빈도나 가치·태도·행동에 대해서 가족이라는 집단의 영향력의 정도는 매우 크다고 할 수 있다.

2) 동료집단(Friend Groups)

동료집단은 비공식집단으로 분류되고 있다. 이는 이들이 통상 비구조적이며 특정한 권한체계가 전제되고 있지 않기 때문이다. 그러나 영향력 측면에서는 가족 다음으로 커다란 영향을 미치는 것으로 나타나고 있다. 친구를 사귀고 친구관계를 유지하는 것은 모든 사람들의 기본적 욕구라고 할 수 있다. 동료의 의견과 조언은 제품이나 상표의 선택에 있어 큰 영향을 미치고 있다.

3) 공식적 사회집단(Formal Social Groups)

동료집단이 친숙성(familiar)을 강하게 나타내는 것에 비해 공식적 사회집단은 구성원들 상호 간의 친숙성이 희박하고 개인에 대한 역할에 있어서도 동료집단과는 다른 특성을 지닌다. 공식적 사회집단의 구성원들은 흔히 특정 제품을 함께 사용하기 때문에 마케터에게 있어서 중요하다. 집단의 소속 여부는 개인의 소비패턴에 많은 영향을 미친다. 이들은 제품·서비스·점포 등에 대하여 비공식적인 토론기회를 자주 가질 뿐만 아니라 구성원의 일부는 자신이 존경하는 다른 구성원의 행동을 모방하려고 하기 때문이다.

4) 쇼핑집단(Shopping Groups)

특정 제품을 구매할 목적이나 단순히 시간을 보내기 위해서 함께 쇼핑하는 둘 이상의 모임을 쇼핑집단이라고 한다. 이들은 대개 친족이나 동료집단으로부터 파생되는 것이 보통이다. 사람들은 같이 시간을 보낼 수 있는 친구나 제품 또는 서비스에 대한 경험과 지식이 풍부한 사람과 함께 쇼핑하기를 원한다.

구성원 중 제품에 대한 확실한 지식을 갖고 있는 사람이 없는 경우에도 쇼핑집단이 형성될 수 있는데 이는 소비자의 방어적 동기에서 나온 것이다. 이 경우, 참여자들은 집단의사결정에 의해 구매의 자신감을 확보할 수 있다. 쇼핑집단의 하나로 가내 쇼핑집단이 있는데, 이들은 전형적으로 한 가정에서 열리는 제품설명회에 참석하는 친구집단이나 이웃들로 구성된다.

5) 소비자운동집단(Consumer Action Groups)

최근 들어 소비자운동이 활발하게 전개되면서 새로운 형태의 집단이 생겨나고 있다. 이런 유형의 소비자집단은 1960년 이후 계속 증가하고 있는데 정부기관인 소비자보호원과 시민단체인 녹색소비자연대 · 소비자연맹 · 소비자시민모임 · 주부교실 · 주부클럽 · YMCA · 소비생활연구원 등 이들은 제조업자나 유통업자의 제품정책이나 촉진활동에 상당한 압력을 행사하고 있다.

6) 작업집단(Working Groups)

많은 사람들은 대부분의 시간을 직장에서 보낸다. 따라서 작업집단은 구성원의 행동에 많은 영향력을 행사하게 된다. 작업집단이 공식적 형태를 취하든 아니면 비공식적 형태를 취하든지 간에 이들은 모두 개인의 소비행동에 영향을 미친다. 공식적 작업집단은 동일한 기능을 수행하는 기업의 단위조직에서 함께 일하는 사람들로 구성된다. 이들은 직접적이고 지속적으로 접촉하고 있기 때문에 다른 사람의 태도나 행동에 영향을 미칠 수 있는 기회가 항상 존재한다. 비공식적 작업집단은 구체적인 특정 단위조직에 소속되어 있는지의 여부에 상관없이 동일조직에 공헌하고 있다는 사실 때문에 결성된다. 이들은 주로 휴식시간 · 점심시간 또는 퇴근 후의 만남 등을 통해 서로의 행동에 영향을 미치고 있다.

SECTION 2 사회집단의 영향력

사회집단이 개인에게 미치는 영향력을 설명하기 위한 많은 개념들은 소비자행동이론을 설명하는 데 매우 유용하게 적용된다.

1. 사회집단의 영향력 원천

프랜치(J. R. P. Frennch)와 레이븐(B. H. Raven)에 의하면 사회적 영향력의 원천은 5가지 유형으로 구분된다. 이들 유형들은 사회권력모델로부터 도출된 것으로서 각각의 영향력은 서로 독립적이지 않고 중복되거나 연결되어 작용한다는 특성을 지닌다.

1) 보상적 영향력(Reward Power)

다른 사람들이 자신들에게 그 사람이 얼마만큼의 보상을 제공할 수 있는가를 지각함으로써 나타난다. 보상적 영향력의 크기는 타인들에 의해 특정인이 제공할 수 있다고 기대되는 보상의 크기와 비례하여 증가한다. 보상은 금전이나 선물 같은 유형적인 것만이 아니라 인정·칭찬 또는 만족과 같은 무형적인 것도 포함한다. 마케터가 보상적 영향력을 이용해 소비자의 행동을 통제하는 직접적 방법의 한 가지는 우수한 품질의 제품이나 서비스를 제공하는 것이라고 할 수 있다. 이를 통해 소비자가 자사의 제품이나 서비스에 일단 만족하게 되면 재구매 의도가 형성된다. 이런 직접적 방법 이외에도 제품을 이용하면 특정 집단에 의해 수용될 수 있다는 사실을 보상으로 약속하는 간접적 방법도 가능하다. 예를 들어, 맥주와 주류제품의 광고는, 소비자로 하여금 자사상표를 구매하거나 마시는 행위만으로도 특정 집단과 동일한 계층으로 인식되어질 수 있다는 사실을 소구하고 있다.

2) 강제적 영향력(Coercive Power)

이는 처벌이나 보상을 유보함으로써 개인의 행동에 영향을 미치는 것이다. 처벌은 물리적인 형태뿐만 아니라 심리적 제재로 나타날 수도 있다. 특정 상황 하에서는 마케터가 이런 강제적 영향력을 효과적으로 이용할 수 있다. 생명보험 구강세척제·진통제·식품세제·방향제 등의 제품은 두려움을 유발시키는 방법으로 소비자에게 소구할 수 있다. 여기서 강제라는 의미는 해당 제품들을 구매 또는 사용하지 않음으로써 소비자가 경험해야 하는 부정적 결과를 제시하여 행동을 통제하는 것을 뜻한다.

3) 합법적 영향력(Legitimate Power)

이는 집단이 개인에게 영향력을 행사할 수 있는 합법적 권한을 지니고 있다는 사실을 모든 구성원들이 지각하고 있는 경우에 발생된다. 집단에는 개인이 수용해야 할 신조나 행동양식이 존재하며 집단은 이런 수단을 이용해 영향력을 행사할 수 있다. 마케터는 집단 구성원들이 내부화한 가치에 소구함으로써 합법적 영향력을 행사할 수 있다. 사회적으로 당연시되는 행동들이 바로 이런 원리를 이용한 것인데, 예를 들어 적십자사와 같은 공공 · 공익단체나 자선단체 등은 합법적 영향력에 기초한 메시지를 사용한다.

4) 전문적 영향력(Expert Power)

이는 전문적 지식이나 경험으로부터 나오는 영향력이라고 할 수 있다. 소비자는 자신보다 경험 · 지식 또는 기술이 우수하다고 생각되는 사람들로부터의 영향력을 당연하게 받아들인다. 어떤 사람이 특정 제품에 관해 자신보다 더 많이, 더 정확하게 이해하고 있다고 생각하면 해당 제품의 구매에 대한 그 사람의 추천이나 의견은 이 사람의 행동을 지배할 수 있다. 광고에서는 전문가들의 증언을 통해 소비자의 구매를 촉진시키는 전략이 자주 이용된다. 예를 들어, 세계적인 운동선수가 스포츠 용품을 추천하는 광고라든가, 영양학자가 특정 식품의 효과에 대하여 설명하는 광고는 전문적 지식에 의한 영향력을 반영한 것이라고 할 수 있다.

5) 준거적 영향력(Referent Power)

이는 특정인이 참여하기를 희망하는 집단에 대해 지니고 있는 동일시의 감정으로부터 나온다. 이러한 일체감 또는 동일시에 대한 소망의 결과, 개인은 특정 집단의 구성원이 되거나 집단과 친밀한 관계를 갖기를 원한다. 집단에 대한 개인의 동일시는 그가 집단과 동일한 방식으로 사고하거나 행동함으로써 형성된다. 집단에 대한 동일시가 강할수록 준거적 영향력도 커지게 된다.

광고주들은 소비자들로 하여금 자신들이 광고모델과 동일하다고 지각하게 함으로써 준거적 영향력을 이용할 수 있다. 신분 지향적 제품의 경우, 마케터는 소비자들에게 광고에서 모델이 제시하는 상품을 구매함으로써 추천자와 신분적으로 동일해질 수 있다는 느낌이 들도록 하기 위해 노력한다. 또 다른 경우로서, 동일한 문제와 직면했으나 특정 상표를 구매한 후 만족한 결과를 경험했던 사람들의 증언이나 '생활의 단면'(slice-of-life)을 이용한 광고도 같은 원리를 이용한 것이다. 이때 이와 동일한 상황에 처한 소비자들은 이런 광고에 쉽게 노출되며 해당 상표를 적극적으로 수용하게 될 것이다.

2. 캘만의 사회적 영향과정

집단과 개인이 상호 작용하는 과정은 사회적 영향력이 형성되는 과정이라고 할 수 있다. 캘만(H. C. Kelman)은 이 중에서 특히 추종(compliance)·동일시(identification)·내부화(internalization)의 세 과정이 중요한 역할을 하고 있다고 주장한다.

① 추종(Compliance): 개인이 특정한 규범이나 가치를 따를 때는 보상을 제공하며 따르지 않는 경우에는 처벌을 강제할 수 있는 힘을 지닌 집단의 기대에 순응하는 현상을 말한다.

② 동일시(Identification): 개인이 집단이나 다른 이들과의 관계를 기준으로 자신을 파악하며 나아가 타인이나 특정 집단의 특성·태도를 자신에게 부여하려는 성향을 뜻한다.

③ 내부화(Internalization): 개인이 특정 형태의 영향력이 자신의 가치를 극대화시킬 수 있다고 지각하여 결국 이를 수용하게 되는 현상이라고 할 수 있다. 따라서 이러한 영향력은 자신의 목표를 달성하는 도구라고 여기는 소비자의 지각으로부터 나오게 된다.

3. 동조(Conformity)

사회적 영향력은 흔히 동조라는 단어와 혼용되어 사용된다. 이때 동조라는 말은 여러 사람들과 어울리고 조화되려는 비교적 단순한 행위로 간주된다. 개인을 동조시키는 요인들에는 추종(compliance)·동일시(identification)·내부화(internalization) 및 정보압력(informational pressure) 등이 포함된다. 예들 들어 어떤 소비자는 자신이 최신 유행에 대해 잘 알고 있지 못하다고 스스로 인식하게 되면, 정보탐색을 위해 작업집단이나 동료집단을 참조하게 된다. 집단은 개인이 처벌을 피할 수 있도록, 집단 전체의 수용을 확보할 수 있도록, 상이함에서 오는 당혹감을 피할 수 있도록 집단에 동조하라는 압력을 개인에게 행사한다. 개인의 일탈(逸脫)행동은 집단에 의한 처벌을 초래하는데 이런 처벌은 정신적·사회적·법적인 형태를 취하고 있다. 집단영향력으로서의 동조에 대한 연구는 대개 구매상황을 중심으로 이루어지지는 않았지만, 실험적 조작을 통해 사회적 영향력이 구매상황에서 동조를 유발시키는 과정을 조사한 한 연구에 따르면 개인은 구매상황 하에서 집단압력에 매우 민감하게 반응한다고 한다. 일반적으로 소비자는 객관적 기준이 있을 때보다 이런 기준이 없는 경우에 집단규범에 더욱 동조하는 경향을 보인다. 즉 객관적으로 평가하기 어려운 제품의 품질·스타일 등에 대해서는 집단이 제시하는 정보를 보다 적극적으로 수용한다는 것이다.

4. 역할(Role)

역할(role)은 개인의 지위를 고려할 때 특정 상황에서 나타날 것이라고 기대되는 행위패턴이라고 할 수 있다. 역할은 개인이 타인과 상호 작용하는 경우에 예상되는 태도·가치·규범 및 행동을 포함한다. 사회구조는 적절한 역할행위를 판단하도록 함으로써 역할기대를 만들어 내는 기능을 수행한다. 즉 남편과 아내에 대한 기대역할은 사회계층과 문화에 따라 달라지게 된다. 사회계급이 낮을수록 주부의 역할은 가정문제나 가사활동에 전념하는 것으로 기대되지만 중류·상류층에 있어서 주부란 남편의 파트너로서의 역할을 수행하는 것으로 기대된다. 조직의 관리자들은 각자의 역할에 상응하는 복장이나 읽어야 할 책, 신분에 걸맞는 식당선택 등이 요구된다. 그러나 개인은 동시에 많은 역할을 수행하는 경우도 있으므로 이들 중 일부는 서로 갈등을 일으키기도 한다. 이러한 역할이론을 마케팅에 적용시키기에 가장 적당한 개념이 바로 역할관련 제품군(role-related product cluster)이라고 할 수 있다. 역할관련 제품군은 통상 주어진 역할을 가장 잘 수행하는 데 필요하다고 인식되는 일련의 제품집단이다. 제품은 기능적인 면에서 역할수행이 요구되기도 하며 상징적 측면에서 그 중요성이 부여되기도 한다. 역할관련 제품군은 소비자가 특정 제품을 주어진 역할을 수행하는 데 적절 또는 부적절하다고 판단하는 기준이 된다. 많은 제품들이 소비자의 특정한 역할수행의 필요에 맞춰 개발되고 있다. 따라서 마케터는 자사의 제품이 밖으로 드러난 역할뿐만 아니라 그 속에 숨어 있는 기대역할에 부합될 수 있도록 제품을 설계하여야 한다.

5. 사회화(Socialization)

사회화란 개인이 새로 소속하게 되는 사회조직집단의 가치·규범·욕구같은 행위패턴을 습득해 가는 과정이며, 사회의 구성원에게 요구되는 적절한 행위를 습득하는 과정이라고도 정의할 수 있다. 이런 관점에서 사회화는 개인이 사회의 유용한 성원이 되기 위해 필요한 태도·신념·행위를 개발해 가는 과정이다. 이는 일생 동안 계속적으로 이루어지는 과정이지만, 획득한 학습량을 기준으로 할 때, 사회화는 노년기보다는 생의 초기에 보다 강하게 이루어진다.

소비자 사회화는 한 인간이 소비자로서의 활동에 필요한 기술·지식·태도를 획득하는 과정이다. 특히 아동은 사회화 과정을 통해 문화 사회계급 및 자신들이 속하거나 속하기를 회구하는 집단에 부합되는 가치관과 행동을 배운다. 사회화과정에서 개인은 준거집단에 대해서 뿐만 아니라 사회규범·신분·역할 등을 경험하게 된다.

준거집단(Reference Group)  3 SECTION

1. 준거집단의 의의

인간은 자신이 속해 있는 집단을 통해 정체감을 얻을 수 있고 행동양식을 습득한다. 또 소속집단의 지배적 규범에 따라 판단하고 행동한다. 이런 집단을 준거집단(reference group)이라고 하는데 이는 행위기준이 되는 표준집단이면서 동시에 행동을 고착화시키는 정박집단(anchorage group)이라고 할 수 있다. 따라서 준거집단은 다음과 같은 3가지 속성을 지닌 집단이어야 한다.

① 개인에 대한 비교점으로 작용하는 집단
② 개인이 그 성원에 소속되기를 열망하는 집단
③ 그 집단의 입장이 개인에 의해 표출되어질 수 있는 집단

이러한 준거집단을 가치관이나 행동양식이 포함되는 정도를 기준으로 구분하면 규범적 준거집단과 비교 준거집단으로 나눌 수 있다. 전자는 일반적이고 광범위하게 정의된 가치관이나 행동양식에 영향을 미치는 집단으로 아동들에게 있어 가정은 바로 여기에 해당된다. 이에 비해 후자의 경우는 비교적 적게 정의되면서 동시에 특정한 가치나 행동양식에 대해서 영향을 미치는 집단으로 자신이 목표로 하는 생활양식을 지니고 있는 이웃이 그 예가 된다.

이러한 준거집단이 소비자행동에 대해 지니는 중요한 의미는 개인이 실제 그 집단과 접촉하지 않더라도 큰 영향력을 행사할 수 있다는 점이다. 즉 개인은 자신의 행

동이나 태도의 기준을 제공하는 집단에 실제 속하지 않더라도 소속되고자 하는 집단의 복장·관습·관례 등을 모방하려고 한다. 야구선수 박찬호를 좋아하는 어린이는 자신이 야구를 좋아하든 싫어하든 박찬호가 입는 유니폼과 같은 유니폼을 입고자 한다. 심지어 앞으로도 전혀 참여할 가능성이 없는 집단을 준거대상으로 삼는 경우도 있다.

2. 준거집단의 유형

개인의 행동양식에 미치는 집단의 준거력은 모두 동일하지는 않다. 집단과의 상호 작용이 직접적인가 간접적인가에 따라 직접적 준거집단과 간접적 준거집단으로 구분할 수 있다. 이때 준거력은 사회적 접촉빈도나 영향집단과의 거리에 따라 결정된다고 할 수 있다.

준거집단은 개인의 성원자격이나 집단에의 개입 정도에 따라 성원집단과 비성원집단으로 구분되며, 특정인의 가치·태도·행위에 대해 긍정적 영향을 미치는가 아니면 부정적 영향을 미치는가에 따라 긍정적 영향집단과 부정적 영향집단으로 구분할 수 있다. 〈그림 10-1〉은 이런 관계를 나타내고 있다.

1) 성원집단(Membership Group)

성원집단은 개인이 실제 소속되어 있는 집단을 말한다. 집단의 성원자격은 대개 나이·성별·교육수준·결혼 유무 등에 의해 자동적으로 결정된다. 소비자는 특정한 행동을 하기에 앞서 제품의 구매·사용이 집단구성원으로서 자신의 역할에 부합되는 것인가를 고려한다. 예를 들어, 중년의 여성은 젊은 여성용으로 디자인 된 발랄한 의상을 구입할 때 저항감을 느낀다. 그 이유는 이런 제품이 사회가 그녀에게 기

그림 10-1 준거집단의 유형구분

	성원집단	비성원집단
긍정적 영향집단	접촉집단 (Contactual Group)	희구집단 (Aspirational Group)
부정적 영향집단	부인집단 (Disclaimant Group)	회피집단 (Avoidance Group)

자료: Leon G. Schiffman and L. Lazar Kanuk, *Consumer Behavior*(6th ed.), Prentice-Hall, 1997, p. 326.

대하는 역할과 부합되지 않는다고 생각하기 때문이다. 준거집단이 성원에게 미치는 영향이 긍정적인가 아니면 부정적인가에 따라 성원집단을 접촉집단(contactual group)과 부인집단(disclamation group)으로 세분될 수 있다.

접촉집단이란 개인이 성원자격으로 적극적인 접촉을 하며, 집단의 가치 · 태도 · 기준을 수용하는 집단이다. 따라서 접촉집단은 개인의 태도나 행위에 긍정적 영향을 미친다. 부인집단은 개인이 성원자격을 가지고 대면접촉을 하고 있지만, 그 집단의 가치 · 태도 · 행위를 수용하지는 않는 집단이다. 따라서 개인은 집단의 규범과 대립되는 태도나 행위를 나타내게 된다.

2) 비성원집단(Nonmembership Group)

비성원(非成員)집단은 개인이 현재 소속되어 있지 않은 집단이다. 비성원집단 역시 영향의 방향에 따라 희구집단(aspirational group)과 회피집단(avoidance group)으로 세분된다. 희구집단은 개인이 해당 집단과 대면 접촉은 하지만 성원자격을 갖고 있지 못하나 앞으로 그 구성원으로서 소속되기를 희망하는 집단을 의미한다. 이는 다시 예상희구집단(anticipatory aspirational group)과 상징적 희구집단(symbolic aspirational group)으로 나눌 수 있는데, 전자는 개인이 참여하고자할 뿐만 아니라 앞으로 실제 참여할 가능성이 높은 집단으로서 조직위계상 개인의 현재 위치보다 상위에 위치한 집단이다. 반면에 후자는 개인이 집단의 신념과 태도를 수용하고는 있으나 앞으로도 소속될 가능성이 거의 없는 집단이다. 한편 현재 소속되어 있지도 않고 대면적 접촉도 없으며 앞으로도 속하기를 원하지 않는 집단은 회피집단으로 분류된다. 개인은 이런 집단의 태도나 행위에 대립되는 행동을 취한다.

3) 긍정적 영향집단(Positive Influence Group)

이는 개인을 유인하는 매력을 지니고 있어 개인의 가치 · 태도 · 행위에 긍정적인 영향을 미치는 집단이다.

4) 부정적 영향집단(Negative Influence Group)

이는 개인이 그 집단에 소속되어 있다는 사실이 알려지는 것을 원하지 않는 집단으로서 개인은 이러한 집단의 가치 · 태도 · 행위를 배척하고 회피하려고 한다.

이러한 준거집단은 접촉의 직접성을 기준으로 1차(primary)집단과 2차(secondary)

집단으로 나눌 수 있으며 또한 조직구조의 실체성과 위계의 명시성을 기준으로는 공식집단과 비공식집단으로 구분할 수도 있다. 만일 개인이 가족·친구·직장동료 등 다른 사람들과 정기적·직접적으로 접촉하는 경우, 이들은 1차집단으로 분류된다. 하지만 쇼핑집단, 정치집단, 운동서클처럼 비정기적이고 간접적으로 접촉하는 집단은 2차집단이 된다. 1차집단은 제품에 대한 소비자의 신념·관심·선호에 영향을 줄 뿐만 아니라 구매행위에도 직접적인 영향을 미친다. 공식집단은 특정 과업을 수행하기 위해 일정한 역할이 부여된 공식적 구조를 이루는 집단이며 이에 반하는 비공식집단은 조직의 구조와 역할이 부여되기는 하지만 대개 자연발생적으로 나타난다는 점에서 차이를 보인다.

3. 준거집단의 규범기능(기술적 규범 VS. 명령적 규범)

때로는 좋은 의도를 가진 의사소통이 잘못된 메시지를 전달할 때가 있다. 1971년 킵아메리카뷰티풀사(Keep America Beautiful Inc.)는 쓰레기를 버리는 행동을 막기 위해 미국인을 설득하는 공익 광고를 제작했다. 첫 광고는 지구의 날에 방송되었고, 해당 광고에서는 한 인디언 출신의 유명 배우가 복잡한 고속도로 근처의 강에서 조용히 카누를 타고 있는 장면이 등장했다. 곧이어 이 배우 앞으로 고속도로를 달리던 한 운전자가 투기한 쓰레기가 떨어진다. 이 광고는 이 배우의 침통한 표정과 뺨에 흐르는 눈물을 근접 촬영한 장면으로 끝난다. '환경을 오염시키는 것도 사람이지만 이를 막을 수 있는 것도 사람이다'라는 제목을 가진 이 광고는 명작이 되었으며, 미국에서 환경 운동을 활성화시키는 데 일부 중요한 역할을 했다고 인정받았다.

하지만 이 광고는 시청자에게 강렬한 인상을 남겼으나, 관련 연구에 의하면 이 공익 광고는, 이를 시청한 사람들에게 의도한 것과는 반대되는 행동을 장려하는 메시지가 담겨 있었다. 규범(norms)이라 함은 특정 문화에서 중요한 행동 지침서의 역할을 한다. 한 연구자에 따르면 '미국을 아름답게 지키자'라는 메시지는 의도치 않게 두 개의 서로 다른 사회적 규범(명령적 규범과 기술적 규범)을 전파하고 있을 수 있다는 것이다. 이 중 하나는 기술적 규범(descriptive norms)으로, 이는 '다른 사람들은 어떻게 행동하나?'와 같은 통상적이거나 흔히들 하는 행동에 대한 지각을 의미한다. 기존 연구에 따르면 기술적 규범은 사람들에게 많은 영향을 주는 것으로 나타났다. 예를 들어, 거리에 서서 하늘에 있는 떠 있는 특정 형상을 올려다보고 있는 사람이 많아질수록 가던 길을 멈추고 하늘을 올려다보는 보행자의 수 또한 증가한다. 이처럼 사람들은 대다수의 사람들이 무엇을 하는지 관측함으로써 공통의 행동을 모방할 수 있으며 그렇게 함으로써 보통 옳은 선택을 하게 되는 경우가 많다. 만약 전에 가보지 못한 장소에 가게 되면 어떻게 행동할지를 몰라 주위를 둘러보고 많은 사람들이 행동하는 방식으로 따라 하는 경향이 있으며, 이러한 행동이 기술적 규범의 영향을 설명해줄 수 있다. 기업 역시 기술적 규범의 중요성을 이해한다. '인기가 많아 많은 사람들이 방문하는 상점', '제일 잘 팔리는 브랜드'라고 주장하는 것 등을 통해 기업은 자사의 제품을 더욱 매력적으로 보이게 할 수 있다.

이와 반대로 명령적 규범(injunctive norms)은 사회에서 어떤 행동이 용납되고 어떤 행동이 용납될 수 없는지에 대한 지각을 의미한다. 기술적 규범은 그 행동 자체의 옳고 그름을 보여준다기보다는 많은 사람들이 행하는 바를 표현하는 것인 반면, 명령적 규범은 무엇을 해야 옳은지를 알려준다. 명령적 규범은 옳은 행동에 대한 사회적 보상과 부적절한 행동에 대한 사회적 처벌로 동기를 부여한다. 사람들은 보편적인 행동을 하려 하고 또 사회적으로 용인되는 행동을 하려 하기 때문에 기술적 규범과 명령적 규범 모두 사람들의 행동을 유발하는 데에 영향을 준다. 이러한 측면에서, 기술적 규범과 명령적 규범은 서로 다른 행동을 유도할 수 있다. 쓰레기를 버리지 말 것을 전파하는 광고는 이를 보는 시청자에게 명령적 규범과 기술적 규범이 혼재된 메시지를 전달할 수 있다. 즉 오염된 환경을 보여주는 것은 모든 사람들이 쓰레기를 버린다는 소비자의 신념을 강화하는 것이다. 이처럼 해당 광고가 소비자의 시선을 많은 사람들이 쓰레기를 무단 투기하는 것과 같은 다수의 부적절한 행동에 집중시키게 되면 이러한 옳지 않은 행동을 증가시킬 수 있다. 모든 사람들이 그렇게 한다면 그 행동은 지극히 정상적인 것이고, 이 경우 사람들이 실제로 하는 행동을 의미하는 기술적 규범이 명령적 규범을 압도할 수 있다. 심지어 광고의 '환경을 오염시키는 것은 사람이지만…'이라는 문구 또한 기술적 규범을 시사하고 있기 때문에 모든 사람이 환경을 오염시킨다고 행위의 보편성을 알게 되는 것이다.

설득 분야의 권위자인 치알디니 교수는 한 실험에서 이 가설을 검증했다. 자동차 안전 주간에 대한 안내 전단지를 주차된 자동차 앞 유리에 끼워 두는 실험에서 한쪽은 주위에 쓰레기가 널브러진 곳이었고, 다른 한 쪽은 주위에 쓰레기가 없이 깨끗한 곳이었다. 또한 사람들은 다른 누군가가 전단지를 땅에 버리는 모습을 보게 하거나 혹은 다른 한 사람이 그냥 걸어서 지나치는 모습을 보게 하였다. 이 결과, 깨끗한 환경보다 쓰레기가 버려진 환경에서 주차장 사용자들이 쓰레기를 더 많이 버리는 것으로 확인되었다. 특히, 더 중요한 것은 쓰레기로 가득 찬 환경에서 쓰레기를 버리

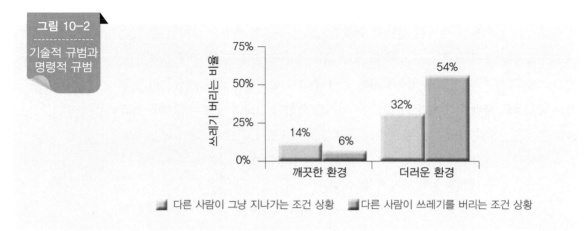

그림 10-2
기술적 규범과
명령적 규범

자료: Based on Cialdini, R. (1996). Activating and Aligning Two Kinds of Norms in Persuasive Communications. *Journal of Interpretation Research*, 1, 3-10.

는 장면을 목격한 사용자(54%)가 그렇지 않은 사용자(32%)보다 쓰레기를 땅바닥에 버리는 비율이 더욱 높았다. 반면, 깨끗한 환경에서는 쓰레기를 버리는 장면을 목격한 사용자(6%)는 쓰레기를 버리는 모습을 목격하지 못한 사용자(14%)에 비해 쓰레기를 버리는 경향이 더 낮았다. 〈그림 10-2〉는 이 연구 결과를 요약한다. 이러한 결과는 더러운 환경에서 쓰레기를 버리는 행위를 사람들이 합리화할 수 있음을 시사한다. 쓰레기를 더러운 주차장에 버리는 것은 다음과 같이 합리화할 수 있다. '쓰레기를 버리는 것은 추가로 어떤 피해를 입히지 않을 것이다. 주차장은 이미 더럽기 때문이다.' 또한 더러운 환경에서 다른 사람이 쓰레기를 버리는 것을 목격하는 것은 쓰레기를 버리는 행동을 유도하는 경향이 있다(54%). 여기서 이미 많은 쓰레기가 버려진 더러운 환경에서는 '모든 사람이 쓰레기를 버린다.'는 기술적 규범이 '쓰레기를 버리는 것은 옳지 않다.'라는 명령적 규범을 압도할 수 있다. 반대로 깨끗한 환경에서 다른 사람이 쓰레기를 버리는 것을 목격하는 것은 '그는 왜 쓰레기를 버렸을까? 이곳은 깨끗하잖아!'와 같은 반응을 유발하여 더욱 강력한 명령적 규범을 작동시킬 수 있다. 이 연구 결과는 의미 있는 시사점을 제공한다. 특정 행동이 사회적으로 바람직하지 않다는 의미를 전달하고자 할 때 그 행동이 이미 흔하다는 것을 의미해서는 절대로 안 된다. 옳지 않은 행동을 줄이려는 광고 캠페인은 명령적 규범을 적극적으로 보이게 하고 희망하는 결과에 보다 집중해야 한다. 그렇지 않으면 '특정 행동은 바람직하지 않다.'는 명령적 규범보다 '많은 사람들이 바람직하지 않은 행동을 한다.'는 기술적 규범을 강조하는 실수를 범할 수 있다.

준거집단 영향력의 변화 4 SECTION

우리는 준거집단이 소비자의 구매행위·소비행위에 막대한 영향력을 행사한다는 사실을 살펴보았다. 소비자는 특정 제품을 구입하기 전에 준거집단의 관점에서 자신의 구매행위를 평가해 보려고 한다. 그러나 이러한 막연한 설명은 준거집단의 영향력을 마케팅에 적용시키는 데 있어 구체적 가능성을 제시하지 못한다. 따라서 먼저 소비자가 어떤 제품류를 구매하고자 하며, 어떤 상황에서, 어떤 유형의 집단을 기준으로 삼아 행동할 것인가를 예측할 수 있어야 한다. 그 후에 이런 영향력이 소비자행동에 얼마나 반영될 수 있을 것인가를 측정해야 한다. 준거집단의 영향력이란 고정적인 것이 아니며 제품범주에 따라, 집단형태에 따라, 소비자의 개인적 특성에 따라 달라질 수 있다는 사실에 주목하여야 한다.

1. 제품범주에 의한 준거집단 영향력 차이

소비재 구매에 있어서 준거집단의 영향력을 조사한 한 연구에 따르면, 준거집단의 영향력의 크기를 결정하는 중요한 요인은 제품의 과시성이라고 한다. 이때 특정 제품의 과시성은 다음과 같은 두 가지 조건을 포함하고 있다. 첫째, 이들 제품이 특정 계층의 사람들만 소유할 수 있는 것이어야 한다는 점이다. 만일 모든 사람이 소유할 수 있다면, 실질적으로는 매우 가시적(visible)이라고는 할 수 있어도 과시적(conspicuous)이라고는 할 수 없다. 둘째, 해당 제품을 타인이 볼 수 있거나 확인할 수 있어야 한다. 따라서 제품이 소비 또는 사용되는 장소가 매우 중요한 의미를 지닌다.

이런 두 가지 특성을 지닌 제품 또는 상표의 구매나 사용상황에서 준거집단의 영향력은 비교적 크게 나타나게 된다. 〈그림 10-3〉은 특정 제품 또는 특정 상표를 구매·소비하는 데 준거집단이 미치는 영향력의 정도를 나타낸 것이다. 이때 구분기준은 제품선택에 대한 준거집단의 영향력과 상표(brand)선택에 대한 준거집단의 영향력이다. 이때 제품은 모든 일반인들이 소유할 수 있는 성질의 것인가에 따라 필수품(necessities)과 사치품(luxuries)으로 나눌 수 있다. 여기서 사치품이란 특정한 계층에 의해서만 구매·소비되어지는 제품군을 말한다. 한편 다른 하나의 차원은 구매·

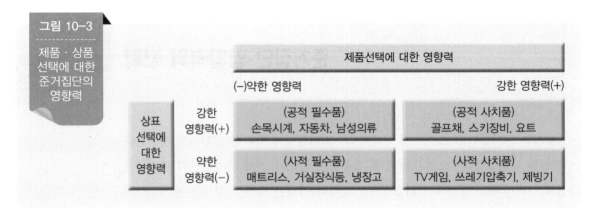

그림 10-3
제품 · 상품 선택에 대한 준거집단의 영향력

자료: W. O. Bearden and M. J. Etzel, "Reference Group Influences on Product and Brand Purchase Decision," *Journal of Consumer Research*, Vol. 9, September 1982, pp. 183-194.

소비상황이 타인에게 노출되는가의 여부로서 이에 따라 공적(publicity) 제품과 사적 (Privacy) 제품으로 구분할 수 있다. 전자는 제품의 보유 여부나 사용상황이 타인에게 쉽게 노출되기 때문에 그 내용을 타인이 쉽게 식별할 수 있는 것을 말한다. 반면, 후 자는 사용상황이나 보유 여부가 외부인에게는 노출되지 않기 때문에 타인은 이를 인 식할 수 없는 제품군이다.

1) 상표(+), 제품(+)의 경우

제품의 보유 여부나 사용 여부가 외부에 쉽게 노출되고 일부계층에 의해서만 구 매되어지는 제품으로서 골프채 · 레저장비 등이 여기에 해당된다. 제품이나 상표 모 두 사회적으로 사용자집단을 표상하는 힘이 강하기 때문에 준거집단의 영향력은 매 우 높다.

2) 상표(-), 제품(+)의 경우

사적 사치품에 해당되는 것으로 주로 가정에서 사용되지만 필수품은 아니다. 따 라서 제품류의 선택에 있어서는 준거집단의 영향력이 강하게 작용하나 상표가 소비 자의 이미지나 사회계급을 나타내 줄 수 있는 기회는 상대적으로 매우 적다. 이들 제 품은 제품수명주기상 성숙기 이전 단계에 속하며 일단 성숙기에 접어들면 이들 제품 군에 대한 준거집단의 영향력은 더 이상 존재하지 않게 된다.

3) 상표(+), 제품(-)의 경우

공적 필수품군에 속하는 손목시계, 자동차, 남성용 의류 등이 여기에 속한다. 손목시계의 경우, 누구에게나 필요한 필수품으로 인식되고 있으나 외부에 쉽게 노출되기 때문에 상표가 사회계급이나 사용자의 신분을 나타내는 힘이 강해 상표선택에 대한 준거집단의 영향력은 매우 높다. 따라서 제품의 선택에는 준거집단의 영향력이 낮지만 상표선택에는 준거집단의 영향력이 크게 나타난다.

4) 상표(-), 제품(-)의 경우

주로 가정생활에 필요한 제품군이 여기에 속한다. 침실의 메트리스나 거실의 장식등, 냉장고 등으로 사회적 신분이나 소비자의 이미지를 반영하는 힘이 약하다. 또 상표에 있어서도 이런 차별적 이미지를 표출시키기 곤란하기 때문에 준거집단의 영향력은 가장 낮다. 제품수명주기상 대개 성숙기 또는 쇠퇴기에 속하는 제품군들이 이에 해당된다.

위의 내용이 마케팅에 제공하는 전략적 의미는 다음과 같다. 만일 분명하고 강력한 준거집단이 존재하지 않는다면 광고는 자사 제품의 특성 및 장점을 경쟁제품과 비교해 강조하는 방법을 사용하는 것이 효과적이다. 그러나 강력한 준거집단이 존재하는 경우, 사용자의 기존 상동성향(stereotype)을 강화하는 전략이나 해당 제품을 구매·사용하는 집단에 초점을 맞추는 광고전략이 효과적이다. 이때 주의해야 할 점은 대량생산된 제품이나 소비자가 수용하기 어려운 제품에 대해서는 소비자들의 상동성향(stereotype)을 강화하지 않도록 해야 한다는 것이다.

2. 준거집단의 유형에 따른 영향력의 차이

준거집단의 영향력은 집단의 특성이나 유형에 따라 달라진다. 예를 들면 20가지 제품류를 대상으로 학생과 가정주부에 대한 준거집단의 영향력을 비교한 연구에 의하면, 상표선택에 대한 준거집단의 영향력은 집단유형에 따라 상당한 차이가 있다고 한다. 일반적으로 학생층이 준거집단에 더욱 민감하게 반응한다고 하는데, 그 이유는 다음과 같이 집단 간의 욕구와 구매동기상의 차이가 준거집단 영향력에 대한 상이한 반응을 초래하기 때문이라고 설명할 수 있을 것이다.

즉 학생층은 아직 어리기 때문에 제품에 덜 친숙하며 또 제품정보가 적어 가정주부들보다 구매위험을 크게 지각하기 때문이다. 또한 사회적 환경과 일상생활에 있어서도 이들 집단 간에는 차이가 존재하기 때문인데, 예를 들어 학생들은 가정주부보다 많은 사회적 접촉기회를 가지며 보다 많은 규범과 규율을 요구하는 조직에 속해 있어 집단압력에 순응하는 가시적 행동을 표출할 기회가 많기 때문이다. 또한 학생층은 가정주부들에 비해 쾌락주의에 기초한 구매나 소비가 많이 나타나며 따라서 구매상황에 더욱 몰입된다는 사실도 이들 집단 간의 차이를 촉발시키는 요인이라고 할 것이다.

이런 결과를 종합해 보면 서로 다른 집단은 서로 상이한 준거영향력을 지니고 있다고 할 수 있다. 개인이 집단의 압력에 순응하게 하는 영향요인은 다음과 같다.

첫째, 순응은 집단응집력(group cohesiveness)과 깊은 관계를 갖는다. 또 집단응집력은 상표유사성(brand similarity)과 정(正)의 상관관계를 가지고 있다. 순응은 집단의 크기와도 관계가 있는데 이에 관한 연구결과에 따르면 구성원의 수가 3명에 이를 때까지는 순응압력이 증가하지만 그 이상이 되면 영향력이 더 이상 증대되지 않는다고 한다.

둘째, 집단구성원 간의 근접성(proximity)이 순응에 영향을 미친다. 예를 들어 노년층 소비자의 사회적 상호 작용 유형을 조사한 연구결과를 보게 되면, 신제품에 대한 정보교환의 80% 이상은 가까운 이웃에 살고 있는 사람들과의 사이에서 발생되고 있다고 한다.

셋째, 집단에 대한 개인적 관계(individual relationship)도 순응에 대한 집단의 영향력을 결정하는 요인이 된다.

3. 개인적 속성 차이에 의한 준거집단 영향력 차이

준거집단 영향력의 강도는 제품계층이나 집단유형 간에 있어서 뿐만 아니라 소비자 간에도 차이가 발생한다. 어떤 소비자는 다른 소비자에 비해 준거집단의 영향력을 강하게 받는다. 준거집단이 소비자에 미치는 영향력을 결정하는 개인적 속성 변수에는 인구통계적(demographic) 변수와 심리적(Psychological) 변수가 포함된다. 특히 개성은 이 중에서도 중요한 역할을 하는데 순응 정도는 개성의 형태에 따라 변화되기 때문이다. 소비자의 개성을 결정짓는 요인들 중에서 낮은 지능수준, 외향성(extroversion), 민족중심주의(ethnocentrism), 약한 자아의식, 리더십의 결여, 권위주의, 관계욕구, 장남(장녀) 또는 독자(獨子), 열등감 또는 부적응성과 같은 것은 집단에의 순응동기를 높게 만드는 것이라고 알려져 있다.

소비자의 사회적 속성의 형태에 따라서도 준거집단의 영향력이 다르게 나타난다. 리이스만(Riesman)은 내부지향적 인간과 외부지향적 인간으로 개성을 구분하였는데, 내부지향적 사람은 자신의 행위를 그들 자신의 내부기준과 가치에 의존하는 사람을 말한다. 이에 비해 외부지향적 사람은 행위에 대한 조언이나 방향을 위해 주변의 사람들에게 의존하는 사람을 의미한다. 이들은 정확한 행동기준을 위해서는 라인을 참조하도록 학습되었기 때문에 자신이 존경하는 준거인이나 동료 등의 가치와 태도에 민감하게 반응한다. 이 밖에도 소비자의 인구통계적 속성, 즉 성별, 혼인 여부, 연령, 국적 등을 기준으로 한 소비자집단의 구분도 준거집단의 영향력과 관계가 있는 것으로 나타나고 있다.

사회계급(Social Class)과 소비자행동

5 SECTION

1. 사회계급의 의의

모든 사회는 정치적 · 경제적 · 연령 등을 기준으로 하는 다양한 신분제도(status system)를 내포하고 있다. 사회계급(social class)이란 이러한 신분제도들을 구체화한 것으로서 유사한 가치관 · 생활양식 · 관심사 및 행동양식을 공유하는 개인이나 집단들로 구성되는 비교적 영구적(permanent)이며 동질적(homogeneous)인 사회의 부분이라고 정의된다.

사회계급은 특정 사회나 사회조직의 구성원들이 높이 평가하고 있는 어떤 이상(理想)이나 최적상황을 표출하기 위해 형성하는 집단이라고 할 수 있다. 이때 이상은 절대적인 것이 아니라 상대적인 것이다. 따라서 사회 또는 그 속의 하부집단은 주로 그 구성원들의 가치체계와 신념을 기초로 계급을 형성시킨다. 이때 개인이나 집단이 그 이상을 수용하면 할수록 그들은 다른 사람들로부터 더 많은 존경과 추앙을 받게 되며, 또 사회수준의 위계(hierarchy) 하에서의 지위(status)가 높아지게 된다. 사회적 신분이나 계급이 높은 사람들은 낮은 계급의 사람들보다 더 많은 사회적 지위가 보장된다.

2. 사회계급의 특성

사회계급은 준거집단(reference group), 문화(culture) 또는 기타 환경적 요인과는 달리 다음과 같은 특성을 갖는다.

1) 사회계급(social class)은 신분(status)으로 구성된다

신분이라 함은 특정 사회계급 내에서 다른 구성원들이 중요성을 기준으로 지각하는 상대적 서열(ranking)을 의미한다. 따라서 한 개인의 신분은 자신이 속해 있는 사회계급뿐만 아니라 개인적 특성의 함수라고 할 수 있다. 신분을 구성하는 요소는 다음과 같다.

① 타인에 대한 권한(authority)
② 보유재산(property)의 크기
③ 소득(income)
④ 소비패턴(consumption pattern)과 생활양식(lifestyle)
⑤ 직업(occupation)
⑥ 교육수준(education)
⑦ 사회봉사(public service)의 참여도
⑧ 조상의 신분(ancestry)
⑨ 사회적 관계(social ties and connections)

2) 사회계급은 위계(hierarchy)를 갖는다

사회계급은 통상 낮은 신분에서 높은 신분으로 이어지는 위계에 의해 서열화된다. 따라서 특정 사회계급에 속한 사람은 다른 사회계급의 사람들보다 높은 신분, 또는 낮은 신분으로 구분된다. 개인은 자신이 속해 있는 사회계급의 규범과 행동양식을 수용하지 않을 수는 있으나, 사회·경제적 특성에 의해 그 계급의 구성원임을 부인할 수는 없다.

3) 사회계급은 동태적(dynamic)이다

특정 사회계급에 속한 개인의 신분은 영구적으로 고정되는 것은 아니다. 급속하게 진행되지는 않더라도 시간이 지나면서 사회적 신분상승이 이루어질 수 있고 이에 따라 계급 간 이동이 진행된다.

4) 사회계급은 개인의 규범(norm) 태도(attitude), 그리고 행위(behavior)에 대한 준거체계로서의 역할을 수행한다

특정 사회계급에 속한다는 것은 해당 계급에서 통용되는 규범·태도·행위기준을 수용할 것으로 기대되어짐을 의미한다. 사회계급이 낮은 개인은 전통적 가치를 중시하며 미래의 경제적 안정을 위한 계획이나 수입에는 관심을 두지 않는다. 이들은 다른 계층의 사람들에 비해 더욱 충동적으로 구매한다. 반면, 사회적으로 높은 계급의 사람들은 새로운 가치관을 추구하고 부부는 예산을 기준으로 공동의사결정을 하는 경향이 높다.

한편 생활유형에 있어서도 계급 간에는 커다란 차이를 보인다.

5) 사회계급은 다른 계급집단 성원들과 접촉할 수 있는 기회를 제한한다

사람들은 유사한 가치체계나 행위패턴을 가진 사람들과 사회적으로 계속 접촉하려는 속성을 지니고 있다. 따라서 같은 사회계급에 속한 사람 간의 관계를 긴밀히 하기 위해 노력하지만 다른 사회계급의 구성원들과는 접촉을 피하려는 성향을 나타낸다. 급격한 사회변화가 일어나는 경우에는 사회계급 간의 이동이 자주 발생되기 때문에 계급 간 의사전달이나 개인적 접촉에 있어 사회계급이라는 장벽이 심각한 문제로 인식되지 않는다.

6) 사회계급은 다차원적(multidimensional)이다

사회계급은 다양한 변수들에 의해 정의될 수 있다. 학자에 따라 사회계급의 결정변수나 상대적 중요도는 차이가 있으나 순수하게 단일 차원의 척도에 의해 사회계급을 측정할 수 있는 방법은 아직까지 개발되지 못하였다.

3. 사회적 이동(Social Shift)

모든 사회가 신분상의 계층구조로 이루어져 있다고 가정하더라도 정도의 차이는 있지만 사회적 이동이 이루어진다는 것이 일반적 견해이다.

사회적 이동은 특정 개인·집단 혹은 계층이 이전과는 다른 형태의 힘을 보유하게 되거나, 사회구조상의 역할체계가 재구성되어 근본적으로 다른 계급체계가 도입

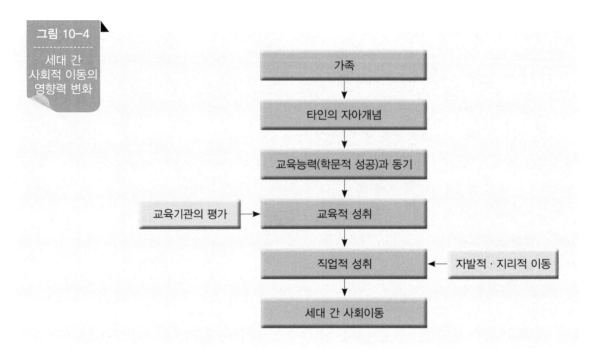

그림 10-4
세대 간
사회적 이동의
영향력 변화

자료: J. F. Engel and R. D. Blackwell, *Consumer Behavior*(4th ed.), Dryden Press, 1982, p. 127.

됨으로써 발생된다. 따라서 사회이동은 계급구조가 정태적 성격을 지닌 것이 아니라 시간차원과 결합하는 동태적 개념으로 이해되어져야 한다는 것을 의미한다. 현실적으로 사회를 형성시키는 힘은 역사적 성격을 띠고 시간의 흐름 속에서 구현된다. 따라서 사회이동의 원인을 이해하기 위해서는 사회구조의 변화패턴에 대한 지식이 필요하다.

소비자의 신분상 이동은 단순히 소득의 변화가 아니라 소득이 처분되는 방식까지 변화하는 것을 의미한다. 소득의 크기는 소비의 범위를 규정해 주지만, 소비자의 신분적 위치를 결정해 주는 요소는 소득 그 자체보다는 소비방식이라고 할 수 있다. 따라서 이는 소비자 라이프스타일의 변화를 의미한다.

사회이동의 결과는 사회적 맥락 속에서 파악된다. 사회이동은 방향, 거리, 차원 및 시간이라는 변수에 따라 달라지며 또한 관련된 개인의 특성과 그 수(數)에 따라서도 변할 수 있다. 그러나 이런 현상이 발생되게 되면 우선 심리적으로 만족감·문화적 변용(acculturation)·정체성 및 적응능력상의 변화가 나타난다. 〈그림 10-4〉는 사회적 이동에 따른 영향력의 변화를 나타낸 것이다.

사회생활 속에서 사회이동현상이 발생하는 것을 종종 목격하게 된다. 따라서 상위의 사회계급은 여기로 이동하고자 하는 하위의 사회계급 사람들에게 중요한 준거집단(reference group)이 된다. 사람들은 일반적으로 자신보다 상위계층의 사람들을 동경한다는 사실은 하위계층의 소비자들에 대한 효과적인 광고프로그램 제작에 도움이 될 수 있다. 즉 이들을 대상으로 한 광고에서 상류계층의 자격을 상징하는 물건이나 메시지를 제시하면 좋은 반응을 얻을 수 있다. 가령 일반 서민층 소비자들에게 골프채를 싣고 다니는 소형차를 광고한다거나 중간관리계층의 사람들에게 최고경영자들이 선호하는 골프채를 광고하는 경우라고 할 수 있다.

한편 인간의 희구수준에 대한 연구에 의하면 사람들은 현재 자신이 속해 있는 위치보다 바로 위의 계급에 대하여 희구하는 정도가 가장 크다고 한다. 이런 관점에서 계급구조상의 중간에 실제 존재하고 있는 몇 단계의 사회계급을 생략한 채 특정 소비자계층만을 대상으로 소구하는 전략은 그들에게 소구내용이 현실적으로 불가능한 상상에 불과하다는 인식을 심어 줄 수도 있다. 따라서 광고에서 마케터는 표적 소비자층의 일반적 사회신분과 너무 떨어진 계층을 상정하지 않도록 주의하여야 한다. 표적소비자층과 동일한 사회계급이나 바로 위의 계층을 암시하는 상징수단은 바람직하다고 할 수 있으나 중간단계를 생략한 채 몇 단계 높은 계층을 대표하는 상징물은 그 효과가 적게 나타나게 될 것이다.

4. 사회계급과 소비자행동

사회계급의 일반적 특성정보는 그 구성원의 가치관·태도·행위에 대한 이해를 가능하게 해 준다. 마케터는 이들 정보를 통해 특정 소비계층의 행위에 대한 전략적 기초자료를 확보할 수 있다. 기존의 연구들은 사회계급에 따라 소비자행동이 상당히 달라진다는 점에 대해 동의하고 있다. 따라서 소비자행동의 계급 간 차이를 파악하는 것은 효과적 마케팅전략의 수립에 매우 필요한 과정이다.

1) 구매과정(Purchasing Process)에 대한 영향력

제품의 선택과 사용방식은 사회계급에 따라서도 달라진다. 주식(株式)이나 해외여행 등은 주로 상류층들이 구매하는 품목이라고 할 수 있으며 복권(lottery)이나 보통 포도주 등은 서민계층의 사람들이 주로 소비하는 품목이다. 또한 동일계급 내에서도 과시적 소비자와 보수적 소비자가 존재하기 때문에 계급 간에서 뿐만 아니라 계급 내에서도 소비자행동의 차이가 발견된다. 그러나 대부분의 제품은 모든 계층의 소비자가 구매하는 품목에 해당되기 때문에 구매패턴을 기준으로 계급특성을 식별하는 것은 그다지 쉽지 않다. 예를 들어 음식·의복·주거용품 등은 모든 사람들이 구매하는 품목으로서 이들을 사회계급에 따라 구매특성의 차이를 구분하기란 쉽지 않은 일이다. 하지만 특정한 제품군이나 상표, 충성도 등은 사회계급 간의 차이를 보다 분명하게 나타내 준다. 이하에서는 이런 특정 부분에 한정하여 계급 간의 구매특성 차이를 살펴보기로 한다.

(1) 의류(Clothing), 패션용품(Fashion), 쇼핑패턴

사람들은 자기이미지와 일치하는 옷을 입으려고 한다. 이는 자신이 속해 있는 사회계급의 성원자격을 어떻게 지각하고 있는가에 의해 좌우된다. 의복은 특히 외적 가시성(visibility)이 크기 때문에 사회계급을 상징하는 힘이 강하다. 일반적으로 여성들은 사회계급적 특성보다 유행에 더욱 관심을 두지만 선호도에 있어서 상류층이나 중산층의 여성들은 서민계층의 여성에 비해 디자인과 스타일을 더 중시한다. 반면, 서민층 여성들은 편안함(comport)에 더욱 비중을 두고 있다. 이런 현상은 상류층 여성들에게 있어서 패션잡지의 구독률, 패션쇼의 참석횟수, 패션을 주제로 한 대화가 더 높게 나타난다는 점에서 입증된다.

일반적으로 소비자들은 특정 점포가 특정 계급을 상징한다는 사실을 받아들이고 있다. 따라서 계급적 차원에서 자신들에게 부적합하다고 생각하는 점포에서는 구매하려고 하지 않는다. 결국 동일제품·동일상표라도 계급적 지위가 다른 계층의 사람들에 의해 서로 다른 점포에서 구매된다. 이런 맥락에서 소매광고의 성패는 구매자가 점포의 계급적 특성을 식별할 수 있도록 설계할 수 있는가에 달려 있다고 할 수 있다. 그 동안의 연구결과, 특정 사회계층의 사람들이 선호하는 점포형태는 따로 존재하고 있다는 사실이 증명되었다.

한편 상류층 또는 중산층 이상의 사람들은 자신의 쇼핑능력에 자신감을 갖기 때문에 기꺼이 새로운 쇼핑장소를 탐색고자 하며 자신이 기대하는 품목을 발견하기 위해 여러 점포를 방문하고자 한다.

(2) 레저의 추구(Pursuit of Leisure)

여가활동은 여러 측면에서 사회계급의 영향을 받고 있다. 가족의 소득수준은 계급 간 큰 차이가 없을 수 있으나 레저용품이나 레저활동의 선택기준은 사회계급에 따라 상당한 차이를 나타낸다. 미국의 경우 상류계층의 사람들은 연극이나 음악회를 즐기며 브리지게임과 대학의 미식축구를 선호하는 반면, 서민층 사람들은 TV시청이나 낚시, 야구경기를 즐긴다. 레저활동의 선호유형에 있어서도 상류층이 박물

관이나 독서처럼 지적 활동에 주로 참여하는 반면, 서민층은 당구, 볼링, 술집 등 상업적 활동이나 기능적 활동(모형만들기, 그림그리기, 목각인형 등)을 즐기는 것으로 나타나고 있다.

(3) 저축·소비·신용(Saving, Spending and Credit)

저축·소비, 그리고 신용카드의 이용패턴은 사회계급의 지위와 관련되어 있다. 상류층 사람들은 보다 미래지향적이며 자신의 재무적 통찰력에 자신감을 보인다. 따라서 보험, 주식, 부동산에 높은 투자성향을 보인다. 반면 서민층 사람들은 보다 안전한 곳 예를 들면 채권 등에 투자하려고 한다. 신용카드의 사용패턴에 있어서도 상류층은 제품을 일시불로 구매하지만 계층이 낮아질수록 할부구매의 경향이 높게 나타난다. 즉 서민층 사람들은 카드를 자금부담이 큰 품목의 대금지급을 연장하는 수단으로 활용하려고 하는 반면 상류층 사람들은 신용카드를 현금의 대용물로 이용한다.

2) 커뮤니케이션상의 영향력

사회계급은 의사소통의 방법과 매체습관에 있어서도 차이를 보인다. 이런 차이는 사회계급을 시장세분화의 기준변수로 이용하려 할 때 매우 유용하게 활용될 수 있다. 즉 이런 특성들이 잠재고객의 마음 속에 분명히 인지될 수 있게 하는 촉진전략을 가능하게 해 준다.

(1) 커뮤니케이션 형태

사건을 묘사함에 있어 서민층 사람들은 보다 개인적·직설적이며 단정적인 용어를 사용해 묘사한다. 즉 중산층 이상의 소비자들은 넓고 보편적인 세계관을 갖는데 반해, 서민층 소비자들은 자신의 직접적인 경험을 통해 세상을 보려고 한다. 또 사물·사람·사건을 묘사하는 데 사용하는 단어를 선택함에 있어서도 사회계급 간에는 차이가 있다. 따라서 계급에 따라 사용하는 단어유형의 차이를 발견하게 되면 광고카피, 포장, 상표 등을 통해 표적시장에 효과적으로 소구할 수 있는 전략개발이 가능하게 된다.

레비(S. F. Levy)에 의하면 서민층 소비자들은 매우 외향적 특성을 지니고 있으며, 활동성과 활력을 강조하며 실생활의 문제에 대한 해결방안을 제시하는 광고를 선호한다고 한다. 반면, 상류층 소비자들은 개방적 성격을 지니며 미묘한 상징들을 이용해 신분이나 자기이미지를 표현하는 광고를 선호한다고 한다.

(2) 매체습관

중류층·상류층 소비자들은 서민층 소비자보다 잡지와 신문에 잘 노출된다. 이들은 TV를 적게 시청하며 자녀의 시청습관에도 큰 관심을 기울인다. 또 뉴스와 대담 등의 프로그램을 주로 시청한다. 이에 비해 서민층 소비자들은 쇼나 퀴즈프로그램, 코미디프로 등을 주로 시청하며 영화배우의 일생이나 TV연예인을 소재로 하는 인쇄물에 주목한다고 한다.

3) 가격에 관련된 행동패턴

낮은 계층의 소비자는 제품의 가격이나 상표대안에 대해 정보를 충분히 탐색하지 않고 구매하는 경향이 높다. 또 바겐세일이나 할인제품의 구매를 선호하고 '가격-품질의 관계'(price-quality relation)를 더욱 굳게 믿는다. 이들은 제품에 대한 정보가 부족하기 때문에 자신이 다양한 제품들을 비교할 수 있는 능력이 부족하다고 느낀다. 따라서 제품선택에 있어서 일반적 신념에 의존하려는 경향을 높게 나타낸다. 즉 가격을 품질에 대한 단서로 이용하려는 성향이 높다.

한편, 교육수준이 높은 소비자들은 가격-품질의 관계를 신뢰하면서도 상대적으로 저렴한 가격을 중요한 판단기준으로 여긴다. 구매의사결정 시 이들은 가격-품질의 상관관계에 대한 일반적 신념에 의존하지 않고 스스로 제품이 제공하는 혜택을 기준으로 최적안을 선택할 수 있는 능력을 지니고 있다고 믿는다.

4) 정보탐색

개인이 취하는 탐색의 크기나 유형도 사회계급에 따라 차이를 나타낸다. 서민층들은 일반적으로 정보의 원천이 보다 제한되어 있다. 또 오늘날처럼 복잡하고 다원화된 구조 속에서 나타나는 허위·기만적 정보를 취사·선택할 수 있는 능력도 부족하다. 따라서 이들은 이런 문제에 대해 주로 친지나 가까운 동료의 조언과 경험에 의존한다.

이에 비해 중산층 이상의 소비자들은 매체를 통해 획득한 정보를 더욱 신뢰하며 외적 탐색에도 적극적이다. 따라서 이들은 구매 이전에 정보를 폭넓게 탐색하는 성향을 나타낸다. 반면 낮은 계층의 소비자들은 점포 내의 전시(in-store display)나 판매원과 같은 점포 내 정보원천을 주로 이용하며 구매 전 정보탐색도 상대적으로 부족하다. 따라서 이들을 대상으로 하는 경우, 구매시점광고(POP ad.)나 전시(display)가 중요한 마케팅수단이 될 수 있다.

CHAPTER 11

문화(Culture)

문화의 본질 1 SECTION

1. 문화의 의의

문화란 넓은 의미에서 "특정 사회의 대부분 사람들이 공유하는 의미집합"이라고 할 수 있다. 따라서 문화는 특정 사회의 중요한 특징을 반영하는 것이다. 문화는 끊임없이 사회구성원에게 전파될 뿐만 아니라 이들로 하여금 해당 문화를 수용하도록 종용하는 강제력도 지닌다.

문화의 인식은 특정 문화에 뿌리하고 있는 어떤 개인이 다른 이질적인 문화와 접촉함으로써 보다 확실하게 이루어진다. 이때 비로소 문화의 의미와 문화가 인간 행동에 미치는 특유의 영향을 식별할 수 있게 된다.

2. 문화의 특성

문화는 한 사회의 가치, 지각, 선호, 그리고 행동양식을 결정하는 중요한 요인이다. 따라서 문화는 사회의 구성원들이 공유할 수 있는 신념이나 가치관의 기초가 된다. 문화의 본질을 이해하기 위해서는 문화의 다음과 같은 몇 가지 특성을 먼저 이해하여야 한다.

1) 문화는 인간이 만든 것이다

인간이 다른 동물과 다른 것이 바로 문화를 지니고 있다는 점이다. 인간은 다른 동물에 비해 신체적으로 자연환경에의 적응상 약점을 지니고 있다. 따라서 자연상태에서는 상대적으로 인간의 생존가능성은 희박하다. 이런 약점을 극복하기 위해서는 다른 수단이 필요한데 바로 이것이 문화를 창조함으로써 환경에 대응하는 능력을 증진시킬 수 있는 힘이다. 이때 능력이란 생각하고, 판단하고, 느끼고, 식별하는 등 이른바 상징화할 수 있는 힘을 말한다. 이런 능력은 기호나 상징물을 이용해 언어활동을 수행할 수 있다는 것을 시사한다. 인간은 이런 특성을 이용해 상대적 불리성을 극복하고 다른 동물에 비해 효과적으로 자연에 적응할 수 있었을 뿐만 아니라 자연을 통제·변화시킬 수 있는 수단까지도 개발할 수 있게 되었다. 이것이 바로 문화의 힘이라고 할 수 있다.

2) 문화는 사회생활을 통해서 창조되고 공유된다

특정 국가 또는 사회의 문화는 그 구성원들이 함께 살아감으로써 만들어진다. 사회생활을 통해 만들어진 문화는 그 사회의 모든 구성원들에 의해 공유된다. 이에 따라 인간은 구체적 행위를 수행함에 있어 개인 간의 차이에도 불구하고 특정 집단은 다른 집단과 구분될 수 있을 만한 공통적인 성향을 나타내게 된다. 이렇게 특정 사회의 구성원 사이에 있어서 매우 남다른 취향이나 습관을 제외한 집단 공통적 특성을 문화라고 할 수 있다. 이런 관점에서 개인이나 몇몇의 특정 인물에 한정되는 특성은 문화라고 부르지 않는다. 이때 공유가 가능한 것은 언어라는 상징수단이 존재하기 때문이다.

3) 문화는 학습(學習)·전승(傳承)된다

문화가 인간에게만 존재한다는 것은 동물들의 행동유형은 선천적 또는 생물학적으로 타고나는 유전적·본능적인 것임에 반해, 인간의 행동양식 믿음·가치관·언어 등은 인간이 사회 속에서 사람들과 상호 작용하는 과정에서 학습되어진다는 사실을 의미한다. 문화는 학습과정을 통해 한 세대로부터 다음 세대로 전승되는 사회적·역사적 축적물인 것이다.

4) 문화는 하나의 전체를 이루고 있다

한 사회집단의 문화는 지식·신앙·예술·도덕·법·관습 등 수많은 하위개념으로 구성되어 있다. 그러나 문화를 구성하는 이러한 개념들은 서로 독립적으로 존재하지 않고 상호 긴밀한 관계를 유지하면서 하나의 전체를 이루고 있다. 이에 따라 사회의 특정 부문에서의 변화는 연쇄적으로 다른 부문의 변화를 초래하게 된다.

5) 문화는 보편적이면서도 다양하다

같이 모여 생활하는 사람들이나 사회에는 반드시 문화가 존재한다. 사회마다 그 내용과 형식은 다를지라도 언어, 종교, 독특한 의식주(衣食住)의 해결양식이 존재한다는 점에서 문화는 모든 인간사회에 보편적으로 존재하는 개념이라고 할 수 있다. 반면, 개인의 주체성이나 창의성, 집단의 적응성과 독창성으로 인해 한 사회의 문화는 다른 사회의 문화와는 다른 여러 가지 특징을 지닌다.

6) 문화는 생활설계이다

인간이 원만한 개인생활·가정생활·집단생활을 이루기 위해서는 많은 지혜와 방책이 필요하다. 만일 인간이 문화가 제공하는 지혜와 방책을 거부하고 독자적으로 모든 것을 창조해야만 한다면, 항상 시행착오를 거치게 됨으로써 아직까지도 원시적 생활을 벗어날 수 없었을 것이다. 그러나 문화는 인간에게 도구를 사용하는 방법으로부터 기계를 조작하고 기술을 응용하는 방법까지, 또 인사하고 대화하는 방법으로부터 바람직한 사회생활을 하게 하는 지적(知的) 태도에 이르기까지 모든 부분에 대해 해결방법을 제시해 주고 있다. 인간은 문화가 제시하는 대로 생활하고 행동함으로써 자신의 욕구를 충족할 수 있다.

7) 문화는 항상 변한다

시간적인 차원에서 보면 문화는 결코 정체적인 것이 아니라 항상 변하고 있다. 즉 세대에서 세대로 이어지는 과정에서 똑같은 내용, 똑같은 형식으로 전승되지는 않으며 항상 인간의 개성이나 자연환경의 조건이 함께 작용함으로써 변화하게 된다. 세대를 이어져 내려오는 동안 기존문화에 새로운 내용이 첨가되고 낡은 것은 퇴색되면서 변화하게 된다.

8) 문화는 환경적응적이다

그 시대를 사는 구성원들이 그 문화를 적응대상으로 삼고 있다. 문화에 익숙한 사회일수록 적응력이 강하고, 유사한 상황이나 자극을 쉽게 판별할 수 있어 그 의미를 해석하여 상황에 적극적으로 대처할 수 있게 된다. 결국 문화란 자신 속에 자율적 통제장치를 구축함으로써 욕구불만을 처리하고 사회가 허용하는 방식에 따라 긴장을 해소시킬 수 있는 능력을 제공한다.

3. 문화의 구성요소

한 사회의 문화를 구성하는 구성요소는 〈표 11-1〉과 같이 이루어져 있으며 크게 신념·가치·규범의 개념으로 구분된다.

1) 문화적 신념

한 사회의 신념체계는 그 사회구성원들의 대부분에 의해 공유되는 모든 종류의 인지(cognition), 즉 사고(思考), 지식(知識), 특수인지, 미언(迷言), 신화(神話), 전설(傳說)

표 11-1	문화의 구성요소
구성요인	사례
가치 (Values)	• 열심히 근무하여 성공하는 것 • 소비재의 보유를 통하여 표현되는 물질주의(materialism) • 자신의 시간을 통제할 수 있는 자유의 부여
언어 (Language)	• 영어(English) • 일본어(Japanese)
신앙 (Myths)	• 산타클로스(Santa Claus)는 재화의 중요성을 강조하는 것으로 해석됨 • 벤자민 플랭크린(Benjamin Franklin)은 자본주의체제 하에서 성공한 대표적 인물이라고 믿는 것
관습 (Customs)	• 매일 머리를 감고 목욕하는 행위 • 아동의 학교 입학 시에 새 옷을 사 주는 것
의식 (Rituals)	• 결혼식 등의 관혼상제 • 추수감사모임
법률 (Laws)	• 사적 재산의 법률적 보호장치 • 평등한 교육기회의 제공
물질적 상징성 (Material Artifacts)	• 다이아몬드 결혼반지 • 의복습관

자료: William D. Wells and David Prensky, *Consumer Behavior*, Wiley, 1996, p. 102.

등을 포함한다. 이처럼 공유되는 신념들에는 객관적으로 증명되지 않고 그대로 받아들여지고 있는 일반적 생각도 포함된다. 특정 대상을 특히 선호하도록 하는 사회적 신념은 다양한 원천으로부터 나온다. 예를 들어 종교적 원천만을 살펴보더라도, 종교적 신념에 의해 유대인들은 돼지고기를 먹지 않으나 힌두교도들은 쇠고기를 먹지 않고 있다. 이런 신념차이는 지리적인 요인에 의해서도 발생된다.

예를 들어, 맛과 영양가가 동일하더라도 보스턴사람들은 노란 달걀을, 뉴욕사람들은 흰 달걀을 더 선호한다고 한다. 문화적 신념이 소비자행동에 미치는 영향은 구매시점, 구매방법, 구매장소 등에 대한 것이라고 할 수 있다.

2) 문화적 가치

문화적 가치는 사회구성원의 행동에 있어 현실을 올바로 이해하고 바람직한 방향으로 유도하는 데 필요한 개념과 관계가 있다. 사람의 행동에 목표, 과정 및 행동의 의미와 결과에 대한 해석을 가능하게 해주는 이념체계가 문화적 가치인 것이다. 가치와 소비자행동 간의 관계에 있어서 소비자행동에 대한 가치의 영향을 포함시킬 필요가 있음에도 불구하고 아직까지는 문화적 가치가 규범을 통해 행동에 영향을 미친다는 정도로만 인식되고 있다. 문화적 가치에 대한 초기의 연구들을 살펴보면, 일반적으로 수용되는 문화적 가치가 소비자의 선택행위에 어느 정도 영향을 미친다는 사실을 알 수 있다. 오무라(G. S. Omura)의 연구는 자국산 소형차와 외국산 대형차의

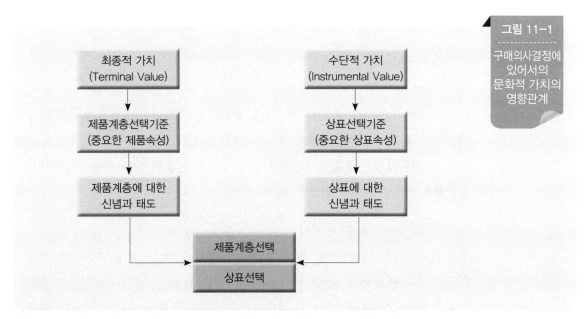

그림 11-1 구매의사결정에 있어서의 문화적 가치의 영향관계

자료: D. L. Loudon and A. J. Della Bitta, *Consumer Behavior*(2nd ed.), McGraw-Hill, 1984, p. 182.

구매동기를 구분할 때 자동차 소유주의 문화적 가치가 활용될 수 있음을 증명하였다. 문화적 가치가 소비자의 구매의사결정에 미치는 영향은 〈그림 11-1〉과 같다.

3) 문화적 규범

문화적 규범은 행위의 준칙이나 절차와 관련되어 있다. 우리는 우리가 원하는 행동을 마음대로 하지는 않으며 사회적으로 허용된 행동만을 한다. 또한 다른 사람들도 우리가 그렇게 행동하기를 기대한다.

이처럼 사회 또는 특정 집단의 상당수 구성원이 의식적 또는 무의식적으로 수용하고 기대하는 행동양식을 문화적 규범이라고 한다. 이에는 어떤 행동이 바람직하며 또 어떤 행동은 허용되지 않는다는 식의 긍정적 혹은 부정적 사회적 상벌이 수반된다.

이러한 규범들은 이미 생산된 제품이나 상표선택뿐만 아니라 탐색정보의 종류·구매장소와 구매방법, 제품의 사용법을 결정하는 데 영향을 미친다.

이런 문화적 규범은 민습(民習)·원규(原規)·법률·도덕·유행·도락(道樂) 등의 하위개념으로 정리해 볼 수 있다.

(1) 민습(Folkways)

민습은 사람들이 항상 반복하는 관습적 행동을 의미한다. 식사를 할 때 수저를 사용하는 것이 한 예로서 이는 습관적 동작으로 의식적·계획적 행동은 아니나, 유사한 생활조건 하의 사람들이 보편적으로 나타내는 생활양식이다.

(2) 원규(Mores)

원규(原規)는 민습보다 상위의 규범체계로서 보다 지속적이고 권위적이며 신성화되는 규범이라고 할 수 있다. 또 이에 영향을 받는 사람들의 감정적 반응의 정도가 뚜렷하게 나타난다는 특징을 지닌다. 예를 들어 부모에 대한 효도, 스승에 대한 존경, 노인에 대한 우대 등은 봉건사회의 뿌리 깊은 원규였다. 따라서 이에 위배되는 행동을 하면 심한 사회적 반발을 초래하게 된다.

(3) 법률(Law or Legal Codes)

규범은 법률로 구체화될 수 있다. 법률은 명백하게 공식화된 규범이다. 민습과 원규가 그 기원이 불확실하고 사회로부터 자연발생적으로 나타나는 일종의 집단의식임에 비해, 법률은 의식적으로 계획되어 성문화된 규범이라고 할 수 있다. 따라서 법률은 반드시 인간행동을 감독하는 전문적인 사법당국을 필요로 한다. 복잡한 인간관계가 얽혀 있는 현대사회에서 법률은 가장 중요한 문화규범의 위치를 차지하고 있다. 법률은 단순히 원규를 그대로 반영하도록 하지 않고 원규를 일정수준 내에서 유지하는 데 도움을 준다. 예를 들어 소비자보호의 개념은 각국의 법률과 관련 기관의 관리이념 속에서 구체화되어 있다. 원규가 변하면 법률도 변화하게 된다. 최근 미국에서는 소비자 오락으로서 도박이 허용되면서 복권법이 완화되고 일부지역에서는 카지노도박에 관한 규제가 삭제되었다. 이러한 변화는 여흥을 위한 도박에 관련된 제품과 서비스를 대상으로 하는 마케팅활동을 촉진시키게 된다.

(4) 도덕(Moral)

도덕은 민습·원규·법률을 사람들의 마음속에 확인시켜 주고, 그것을 실천하도록 하는 내면적 규범이다. 우리가 규범을 지키는 것은 규범이 각자에게 내면화되어 자기행동의 일부로 느껴지기 때문이라고 할 수 있다. 이렇게 되면 규범은 의무적인 것이 되는데 이렇게 특정 행동을 의무화시키고 규범체계를 합리화해 주는 규범을 도덕적 규범이라 하며 이것은 문화적 가치와의 밀접한 관계를 맺고 있다.

(5) 유행(Fashion)

유행은 흔히 지위에 수반되는 긍지 때문에 사람들이 추종하는 것이다. 이는 일시적이면서 널리 전파되는 힘을 지니고 있으며 의식적·자발적 동조가 이루어지는 민습의 일종이다. 특히 의복관행이나 언동에 있어서 민감하게 작용하는 행위규범이라고 할 수 있다.

(6) 도락(Fads)

도락(道樂)은 비교적 그 생명이 짧고 부침(浮沈)이 심한 유행의 일종이다. 특히 특수한 집단이나 계층의 사람들에게만 나타나며, 오락·취미 등과 관련된 규범이라고 할 수 있다.

문화변용

문화변용(Acculturation)은 특정 사회의 문화가 다른 사회의 문화와 접촉하여 그 구성요소를 취득함으로써 변화하는 과정을 말한다. 즉 상이한 문화를 가진 집단이 상호 접촉을 통해 어느 일방 또는 쌍방이 종래의 문화내용에 변화를 일으키는 경우에 나타나는 현상이다. 문화변용은 같은 요인에 의해 유발된다.

1. 문화적 접촉

문화변용은 우선 상이한 두 문화가 접촉함으로써 시작된다. 문화접촉은 양 집단이 교류하면서 시작되며 문화적 규범과 가치가 인간의 감정을 결속하고 다른 것과 구분짓게 해준다. 중심적 가치에 대한 일치성을 강하게 요구하는 문화는 변용에 대하여 강력하게 저항하는 특성을 지닌다. 어떠한 사회에도 현재(現在)적 ·잠재(潛在)적 갈등, 사회 각 집단 간의 이해대립, 사회적 요구에 대한 개인의 저항, 권력이나 지위를 향한 투쟁 등이 존재하며 이러한 것들이 접촉통로와 외래문화에 대한 수용 여부를 결정짓는다.

2. 문화의 전파

문화접촉에 있어서 저항력이 약한 경우, 문화변용은 특정 문화의 내용전달 내지는 전파에 의해서 진행된다. 문화전파는 어떤 이질적 문화요소가 도입되어 그것이 사회에 수용되는 과정을 말한다. 문화가 수용되기 위한 조건은 다음과 같다.

① 사회에 그 문화에 대한 요구가 있어야 한다.
② 그것이 기존의 문화체계에 적합한 것이어야 한다.
③ 그 문화에 대한 이해가 가능해야 한다.
④ 이념적인 반발이 없어야 한다.

3. 기능변용

새로 수용된 문화내용이 기존사회의 문화체계 속으로 융합되면 대체로 기존의 요소가 지니는 의미나 기능이 변화된다.

4. 문화해체

외부문화가 수용되어 종래의 문화체계에까지 변용이 일어나면 기존문화의 통합성이 붕괴한다. 특히 문화의 수용이 권력에 의한 것이면 문화해체는 신속하게 일어난다. 이 경우 수용(受容)사회는 정치적 자주성뿐만 아니라 문화의 선택이나 거부의 힘마저 상실한다.

5. 문화창조

문화변용은 문화를 수용하는 과정인 동시에 문화를 창조하는 과정이라고 할 수 있다. 문화변용이 강대국의 압력이나 비자주적인 권력집단에 의해 강요되는 경우를 제외하면, 대개 그것은 창조적인 과정에 의해 이루어진다. 이런 현상을 문화의 재구성(reorganization)이라고도 하는데 수용된 요소는 그대로 모방되지 않고 전통적 문화에 새로운 의미를 부여함으로써 전통적 요소나 유형을 변화시키는 창조적 과정을 수반한다. 문화의 융합현상은 창조적인 면이 보다 강하다는 특성을 지닌다.

비교문화 3 SECTION

자국중심의 기업이 해외시장까지 마케팅영역을 확대하고자 하는 경우, 흔히 문화충격(cultural shock), 즉 이질적 관습 · 가치체계 · 태도 · 작업의식 등으로 인한 심리적 · 정신적 갈등의 문제에 직면하게 된다. 국제마케팅활동에서 이러한 문화적 충격은 해외시장에서 실패하는 가장 큰 원인으로 지적되고 있다. 비교문화 분석의 근본적인 목표는 이런 문화적 근시안(cultural myopia)을 제거하려는 것이라고 할 수 있다. 상대국의 문화가 수용할 수 있는 제품과 시장전략을 개발하기 위해서는 국가 간의 문화비교가 반드시 필요하다.

1. 문화적 보편성과 다양성

1) 문화적 보편성

여러 사회의 문화는 상당한 차이를 보이지만 나름대로의 공통적 특성, 즉 문화적 보편성(cultural universals)을 지니고 있다. 이러한 문화적 보편성은 자연환경과의 관계, 이성(異性)관계, 재생산의 문제, 역할분화와 자원배분, 공통의 목표, 목표달성을 위한 수단, 폭력에 대한 통제 정도, 사회화수준, 감정표출과 긴장해소 등의 요인에 의해 결정된다. 문화적 보편성은 그 성격상 매우 일반적인 형태로 나타나고 있다. 보편성은 모든 문화에 존재하지만, 그 구체적 형태는 매우 다르다. 예를 들면, 힌두교도들은 쇠고기를 먹지 않는다는 것이나 회교도들이 돼지고기를 먹지 않는 것, 미국인들이 개고기와 말고기를 먹는 것에 대해 혐오감을 갖는 사회관습 등이라고 할 수 있다.

2) 문화적 다양성

사회적 환경 또는 맥락(context)은 문화 간 커뮤니케이션에 영향을 미칠 수 있다. 일부 문화는 저맥락(low-context) 문화로 명백한 메시지를 중요시하며, 이러한 메시지의 의미는 상황이나 관여된 사람들과는 독립적이며, 단어의 의미는 상대적으로 명확하다. 반면, 고맥락(high-context) 문화는 보다 암묵적인 의미를 전달하며, 단어의 의미는 이야기를 하는 사람이나 처해진 환경에 따라 달라진다. 고맥락 문화에서는 몸짓과 신체언어 같은 비언어적 메시지가 매우 중요하다. 〈그림 11-2〉는 메시지-맥락 연속선상의 다양한 문화를 보여준다. 매우 명백한 메시지는 확실한 컴퓨터 명령어와 같다. 이는 저맥락 문화에서 일반적이다. 이와 반대로 매우 암묵적인 메시지는 대개 고맥락 문화와 연관되며, 보다 모호하다. 스위스는 그래프의 좌측 하단에 위치하며, 언어적 의사소통이 매우 명백한 편이다. 이는 스위스의 속도 제한, 계약, 시간 약속이 문자 그대로 이루어진다는 것을 의미한다. 실제로 스위스에서 의사와의 약속 시간에 늦은 환자는 벌금을 부담한다. 독일, 스칸디나비아, 북아메리카 또한 저맥락/명백한 메시지 범주에 포함된다. 이와 대조적으로, 일본은 그래프의 우측 상단에 위치하며, 커뮤니케이션에 있어서 맥락이 결정적인 역할을 한다. 예를 들어, 서양 문화는 협상 시 '아니요'를 말할 때 보통 거부하는 메시지를 분명하게 전달하는 반면 일본의 경우는 맥락에 따라 '아니오'가 예로 될 수 있다.

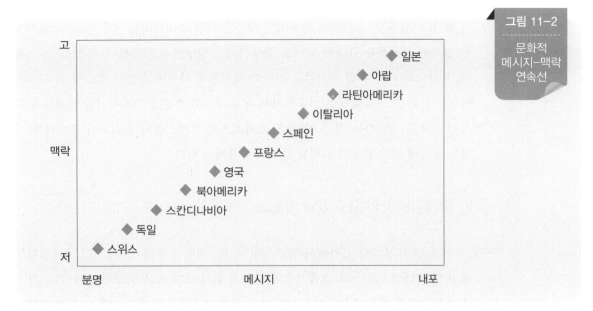

그림 11-2
문화적
메시지-맥락
연속선

자료: Usunier, J. (1993). *International Marketing: A Cultural Approach*. Englewood Cliffs, NJ: Prentice Hall International (UK) Limited.

　　동양과 서양 문화는 또한 놀라움에 반응함에 있어서도 차이가 존재한다. 일부 기업은 구매에 대한 감사의 표시로 소비자에게 작은 선물을 제공하는 경우가 있고, 이러한 경품 행사가 미리 공지되지 않은 채, 깜짝 이벤트의 형식으로 진행되기도 한다. 이때 동양인과 서양인은 이러한 깜짝 이벤트에 대해 항상 동일한 방법으로 반응하지는 않는다. 동양 문화는 사회적 조화를 매우 강조하고 예기치 않은 상황에서조차 균형과 조화를 유지하는 것이 미덕으로 간주된다. 또한, 동아시아 문화의 구성원은 사회적 자아가 사적 자아보다 더욱 중요하다는 교육을 받게 되는 반면, 서양 문화의 구성원은 자신을 특별하다고 생각하고, 개인적 성취를 강조하며, 집단에 대한 순응을 회피한다. 따라서 놀라운 상황에 직면할 때, 동양인은 사회적 조화를 유지하고자 노력하며 서양인보다 놀라움을 덜 표출하는 경향이 있다. 또한, 덜 놀랐다는 것은 그만큼 기쁨의 크기도 작음을 의미한다. 최근 연구에서 게임이나 콘테스트같이 개인의 노력이 예기치 않은 보상을 가져오는 경우, 서양인이 동양인보다 더욱 기뻐한다는 것이 확인되었다. 이와 대조적으로 동양인은 예기치 않은 보상이 행운 또는 우연으로 생긴 경우에 더욱 기뻐하는 경향을 나타냈다. 이들에게 행운 또는 우연은 좋은 인연이나 보편적인 조화를 상징하는 것이며, 다른 사람과의 균형을 깨뜨리지 않는다고 여겨진다.

　　아랍과 라틴 아메리카 문화 역시 고맥락이며, 암묵적인 메시지를 사용하는 경향이 있다. 아랍 국가 소비자의 일상적인 행동은 서양 소비자와는 매우 다르다. 소비자는 심지어 식료품을 구매할 때에도 협상하거나 할인받길 기대한다. 이탈리아, 스페인, 프랑스와 같은 유럽 국가들은 맥락과 메시지의 차원에서 중간 정도에 위치한다. 언어는 문화 간 커뮤니케이션에 있어서 매우 중요한 부분을 차지하지만 언제나 문화적인 오해를 야기하는 것은 아니다. 효과적으로 의사소통하기 위해서 소비자와 기업은 상징에 대한 공통의 이해를 반드시 공유해야 한다.

2. 마케팅전략의 표준화와 차별화

오늘날 대부분의 기업에서 일반화된 국제마케팅은 국내시장에서의 마케팅활동에 비해 전략의 타당성과 효율성을 판단하기 위해 보다 많은 노력이 필요하다. 광고나 유통전략과 같은 촉진전략을 다양한 문화에 표준화하여 적용시킬 수 있을 것인가 아니면 문화의 특성을 기준으로 각각 차별화하여야 할 것인가에 대하여는 통일된 결론이 제시되고 있지 못하다.

1) 표준화(Standardization)

소비자행동이 문화적 보편성을 지닌다는 점을 국제촉진전략의 표준화가 가능하다는 것을 의미한다. 표준화는, 사람이란 근본적으로 모두 동일하기 때문에 진정으로 범세계적 소구력을 지닌 국제적 촉진전략은 어떤 시장에서도 효과를 발휘할 수 있다는 믿음에서 출발한다.

비교문화에 의한 국가 간 문화적 차이를 고려한다면 기업은 국가마다 다른 마케팅전략을 추진하여야만 할 것이다. 그러나 제품특성상 범세계적 소추가 가능하다면 동일한 촉진전략이나 포지셔닝 전략을 사용하는 것이 가능하다. 국가라는 경계를 초월해 여러 국가에서 동시에 전개되는 마케팅전략이나 프로그램을 표준화전략 또는 범세계화전략이라고 한다. 표준화전략을 이용하게 되면, 효율성 증대, 원가절감, 계획·통제의 개선이 가능하게 된다.

한편, 마케팅전략의 표준화 정도는 제품특성, 시장성격 등에 따라 크게 달라질 수 있음에 주의하여야 한다.

2) 차별화(Differentiation)

지역적 관습이나 관행에 대한 이해 없이 무작정 범세계적 소구방식만을 고집하는 경우, 마케팅전략은 실패하거나 효과가 낮아지게 된다. 이런 관점에서 국가나 지역의 특정 상황에 맞춰 별도의 마케팅전략이나 프로그램을 실시하는 것을 차별화전략 또는 현지화(localization)전략이라고 한다. 예를 들면, GM(General Motors)사는 세계시장을 목표로 Nova라는 자동차모델을 개발하였다. 그러나 스페인어를 사용하는 문화권에서는 이를 그대로 적용할 수 없다는 사실을 발견하였는데, 그 이유는 스페인어로 Nova라는 말이 '움직이지 않는 것'(No Go)이라는 말과 같이 발음되기 때문이었다.

이런 문제에 대한 해답은 표준화된 종합적 마케팅전략을 기초로 하되 실제상황에 따라 해당 국가의 특성과 관습을 반영해 적절히 조정하는 방법이라고 할 수 있다. 네슬레(Nestle)는 마케팅전략의 개발 시에 현지 관리자에게 상당한 권한을 부여하고 있다. 이는 사람들의 식습관이 문화에 따라 매우 다르기 때문에 식품류의 마케팅전략은 해당 지역에 맞는 차별화된 전략이 필요하다는 판단에서 나온 것이다. P&G(Procter & Gamble)는 특정 지역의 상황에 부합되도록 광고전략을 변경할 뿐만 아니라 아예 제품의 제조방법까지 변경하는 방식을 택하고 있다. 즉 가루세제인 Ariel의 경우, 제품성분을 해당 지역의 세탁습관과 기후특성에 맞도록 변경해 생산하고 있다.

범세계적 표준화전략을 추구하는 회사의 경우에 있어서도 지역적 관습차이로 인한 문제에 대해서는 일정 범위 내에서 차별화 내지 현지화를 병행해 추진하는 것이 보통이다.

3. 비교문화에 기초한 국제마케팅전략

1) 제품전략

국가 간 소비패턴이 다르다는 사실은 국가마다 보다 쉽게 소비자에게 수용되고 따라서 구매될 수 있는 제품유형이 다르다는 것을 의미한다. 유럽 국가들의 예를 들어 보면, 이들은 서로 인접해 있을 뿐만 아니라 경제수준이 비슷하고 국가 간의 이동도 자유롭지만 조사결과 가정기기의 소유패턴은 국가마다 상당히 다르다는 사실이 밝혀졌다. 따라서 이런 구매패턴상의 차이는 경제적 요인이나 지리적 요인보다는 문화적 차이에 의해 설명될 수밖에 없다.

해외시장을 목표로 하는 제품은 해당 시장의 소비자 가치체계에 대한 적합성을 기준으로 평가되어야만 한다.

KFC는 1973년 브라질시장에 진출하여 상파울로에 처음으로 점포를 개설하고

계속해 점포를 100개까지 확대하려는 계획을 추진하였으나 결국 실패하였다. 지금
은 Sanders라는 상호로 초기와는 상이한 메뉴만을 취급하는 점포 몇 개 정도만을 운
영하고 있을 뿐이다. 실패의 이유는 KFC에서 판매하는 치킨이 브라질인들의 식성과
는 맞지 않는 음식이라는 사실을 무시했기 때문이다. KFC의 이런 실패 사례는 해당
국가의 식습관에 대한 무지에서 나온 것이라고 할 수 있다. 브라질에서는 길에서 판
매하는 숯으로 구운 훈제닭고기가 훨씬 인기인데 이는 KFC치킨에 비해 가격이 저렴
할 뿐만 아니라 그 사람들의 입맛에 잘 맞기 때문이다.

한편 색채(color)도 국제마케팅에서 중요한 영향요인이 된다. 동일한 색채라도
문화마다 그 의미는 매우 다르게 받아들여지고 있다. 이란에서는 청색이 조의를 표
하는 색으로 인식된다. 그러나 극동지역에서는 흰색이 동일한 상황에서 사용된다.
녹색은 이집트와 시리아의 국가 상징색이므로 제품이나 포장에서 이를 사용하는 것
은 국민의 부정적 감정을 유발시킬 수 있다. 색채에 대한 의미를 정확하게 이해하지
못함으로써 마케팅 성패가 달라진 사례는 자주 발견되고 있다. 예를 들어 아프리카
시장에 진출한 한 향수회사는 한동안 자사의 노란색 향수가 팔리지 않는 이유를 알
지 못하였다. 나중에서야 노란색이 소비자들에게 동물 오줌을 연상하는 색이라고
인식되고 있음을 발견하고는 향수의 색을 녹색으로 변경하였고 그 후 높은 매출신장
을 거둘 수 있었다.

2) 촉진전략

촉진전략 역시 문화적 차이에 따라 달라질 수 있다. 촉진전략의 실패는 대개 외
국문화에 대한 이해부족에서 발생된다고 조사되고 있다. 특히 촉진 프로그램의 실
시에 있어 상표명이나 광고 주제를 수정하지 않고 그대로 해외시장에 적용하거나 아
니면 단순히 현지국 언어로 그대로 번역만 함으로써 실패하는 경우가 많은 것으로
나타나고 있다.

따라서 서로 다른 시장의 소비자를 대상으로 촉진활동을 하는 경우에는 해당
국가의 언어관습에 부합하는 촉진메시지를 개발해 사용하는 것이 절대 필요하다.
또 해당 국가의 문화에서 특히 중요하게 여기는 제품속성을 발견해 이를 강조하는
것도 요구된다. 예를 들어 어느 타이어회사의 광고를 보면, 이 회사는 영국에서는 안
전성을 강조하고 미국에서는 내구성과 주행거리를 강조하였다. 또한 독일에서는 타
이어의 승차감을 강조하는 광고메시지를 개발함으로써 좋은 반응을 불러일으켰다.
국제마케터들은 특정 국가에서 성공한 광고에서 사용된 상징이나 주제가 다른 국

가에서는 수용되지 않을 수도 있다는 사실을 인정해야 한다. 울트라 브라이트(Ultra Brite)는 자사의 치약광고에서 '키스를 던지는 매력적인 여성의 모습'이란 주제가 벨기에의 소비자들로부터는 부정적 반응을 일으키자 '입으로 성적(性的) 매력을 전하세요.'(Give your mouth sex appeal)라는 카피를 삭제하였다.

3) 가격전략과 유통전략

국제마케터는 가격 및 유통전략의 수립에 있어서 해당 지역의 경제여건과 관습을 고려해 대응하는 것이 필요하다. 예를 들어 개발도상국은 국민의 평균소득이 낮기 때문에 소포장(小包裝)단위의 제품을, 미국의 경우에는 1회에 대량으로 구매하는 구매패턴을 보이며 대포장(大包裝)단위의 형태로 제품을 판매하는 것이 효과적이다. 한편 소득이 높은 국가들에 있어서도 소비자의 구매습관은 상당한 차이가 나기 때문에 이들에 대해 보다 세심한 주의가 필요하다. 예를 들어, 미국과 프랑스 주부 사이에 있어서 식료품 구매의 전형적 차이는 구매장소, 즉 점포형태에서 발견된다. 프랑스 주부들은 생활필수품들을 집근처의 슈퍼마켓이나 잡화점에서 주로 구매한다. 이에 비해 미국의 주부들은 대형 슈퍼마켓에서 주로 이들을 구매한다. 이런 차이는, 미국의 소매점들이 대형 쇼핑몰 속에 자리 잡고 있지만 프랑스에서는 이들이 주거지역의 중심에 소규모로 이루어져 있기 때문이다. 두 나라 여성들의 의류 구매패턴에도 차이를 발견할 수 있다. 선호하는 점포유형에 있어, 프랑스 여성들은 소규모의 전문점(boutique)을 선호하는 데 비해 미국 여성들은 백화점이나 할인점을 자주 이용하는 경향을 보인다.

하위문화(Subculture)  4 SECTION

1. 하위문화의 의의

특정한 사회집단 중에서 일정부분 또는 다른 부분과 구별될 정도로 특이한 생활양식을 나타내는 부분을 하위문화(subculture)라고 한다. 예를 들어 지리적·인구 통계적 특성을 기준으로 도시문화와 농촌문화로 구분한다든가, 연령을 기준으로 청소

표 11-2	하위문화의 범주
구분기준	구분 예
연령(Age)	청소년, 청년, 중년, 노년
혈통(Ethnic Origin)	아프리카계, 스페인계, 아시아계, 유럽계
성별(Gender)	여성, 남성
인종(Race)	흑인, 백인, 황색인
소득(Income Level)	상류층, 중산층, 빈민층
국적(Nationality)	프랑스, 말레이지아, 호주, 캐나다
종교(Religion)	유대교, 카톨릭, 몰몬교, 불교, 회교
가족형태(Family Type)	1인 부모(single parent), 이혼부모+무자녀, 양친+자녀 등
직업(Occupation)	기술자, 회계사, 목사, 교수, 사무원
지리적 차이(Geographic Region)	New England, Southwest, Midwest
지역성(Connuity)	농촌, 소도시, 근교, 도시

자료: J. Paul Peter and Jerry C. Olson, *Understanding Consumer Behavior*, Irwin, p. 361.

년문화와 노인문화, 특정 사회집단을 중심으로 한 대학문화, 지역적 특성을 중심으로 한 도서(島嶼)문화·산촌(山村)문화 등은 하위문화를 표현하는 것이다. 이들은 각각 고유 또는 지배적인 문화요소들을 포함하고 있기는 하지만, 보다 높은 차원에서 보면, 모두 국가문화라는 큰 범주 속에 포함된다. 사회를 다양하게 구분지음에 있어 동일한 하위문화집단에 속한 사람들은 자신들만의 독특한 라이프스타일·언어 가치체계를 개발하여 보존시키고자 하는 경향을 보인다. 이러한 하위문화를 구분하는 기준은 〈표 11-2〉와 같다.

하위문화를 분석하게 되면 마케터는 보다 용이하게 표적시장을 선택할 수 있어 해당 표적시장에 마케팅노력을 집중할 수 있게 된다. 각 하위시장은 상위의 전체 시장과는 욕구나 행위패턴이 다를 것으로 기대되기 때문에 이에 대응하는 적절한 마케팅활동이 요구된다.

2. 하위문화를 이용한 마케팅전략

하위문화의 어떤 분류기준을 적용해 시장을 구분할 것인가 하는 문제는 마케팅전략의 수립에 있어서 중요한 의미를 지닌다. 이는 이들 기준이 시장세분화의 기준이 되며 해당 시장은 각각의 서로 다른 소비자 특성을 반영하고 있기 때문에 대응되는 마케팅전략이 달라질 수 있기 때문이다.

1) 연령기준 하위문화(Age Subculture)

(1) 청소년문화(Youth Subculture)

10대(teenager)들은 흔히 공통의 가치관이나 행동양식을 지니고 있다. 이들은 다른 어떤 집단보다도 소비 지향적이며 즉각적 만족을 추구한다. 또 이들은 물질적 풍요 속에서 자신의 요구를 받아 주는 상황 하에서 성장한 집단이다. 성장과정에서 이들은 대중매체(mass media)에 끊임없이 노출되고 있기 때문에 제품이나 서비스의 선택에 관해 많은 정보와 지식을 보유하고 있다.

이런 10대 시장은 마케팅측면에서 수익의 원천일 뿐만 아니라 일생을 통해 지속되는 많은 소비습관과 기준이 바로 이 시기에 형성된다는 점에서 마케터에게는 매우 중요한 시장잠재력을 지닌 집단이라고 할 수 있다. 미국의 경우 청소년층은 청량음료시장의 55%, 포테이토칩 소비의 20%를 차지하는 것으로 나타나고 있다. 또 전체 여성의 12%를 차지하는 10대 소녀들은 전체 화장품시장의 23%, 여성용 액세서리시장의 22%를 점유하고 있다고 한다.

한편 대부분의 10대들은 라디오를 이용해 심야나 공부하는 도중에 방송을 청취하며 자신이 선호하는 프로그램에 대한 충성도가 강하고 이를 매일 습관적으로 듣는다고 한다. 따라서 라디오는 이들에게 도달하는 가장 신속하고 효과적인 매체라고 할 수 있다. 반면 TV의 경우 10대들은 성인들에 비해 시청시간이 적으며 선호하는 프로그램도 개인 특성에 따라 다르게 나타나고 있으나 전반적으로는 영화·스포츠·코미디·쇼 등을 선호하는 것으로 나타나고 있다. 이들을 상대로 하는 잡지·신문 등의 인쇄매체도 중요한 정보원천으로 이용되고 있으며 광고메시지는 유명 스포츠선수·유명연예인을 모델로 이용하는 방식이나 유머를 이용하는 방법이 효과적인 것으로 나타나고 있다.

(2) 노인문화(Elderly Subculture)

노령층 인구의 증가와 이들이 경제적으로 안정화됨에 따라 노년층시장은 많은 마케팅기회를 제공할 수 있게 되었다. 아직까지도 많은 노인들의 소득은 상대적으로 낮은 것이 사실이나 부양가족이 없다는 측면에서 보면 전체 소득 중에서 자유롭게 지출할 수 있는 자유재량소득의 비중은 오히려 크다고 할 수 있다.

노년층시장은 휴가·여행·오락·의료 및 의약품 등에 있어서 중요한 시장이다. 이들은 제조업체의 상표를 중요하게 여기며 일반 소비자들에 비해 보증을 요구하는 비율이 높다. 또 이들은 혁신적 신제품에 대해서는 높은 구매위험을 느끼기 때문에 적극적으로 구매하지 않는다. 신제품이나 새로운 서비스를 수용하는 경우라도 이것이 제품이나 서비스에 대한 신중하고 객관적 평가에서 나왔다기보다는 전문가나 가까운 친지의 추천에 의해 이루어지는 경우가 높다고 할 수 있다. 이런 시장특성은, 마케터로 하여금 이들을 대상으로 하는 촉진메시지를 개발하는 경우, 구전을 통한 소구방법(word-of-mouth communication)이 보다 효과적일 수 있다는 사실을 시사한다. 이들은 구매행동에 있어 젊은 층 소비자보다 더욱 신중하고, 자신의 선호에 더욱 집착하며, 여러 가지를 비교하려고 한다. 주로 대규모의 체인스토어를 선호하고 소규모의 전문점 등을 회피한다.

조사에 따르면 이들은, 쇼핑하는 동안의 개인적 관찰이나 신문 등 인쇄매체를 통해 중요한 제품정보를 얻는다고 한다. 쇼핑은 이들의 생활양식에서 중요한 한 부분을 차지하고 있으며 이를 귀찮게 여기기보다는 이를 오히려 즐기는 것으로 나타나고 있다.

또 노년층 소비자들은 가능한 가까운 장소에서 구매하고자 하는데 이는 이동의 제약으로 인해 나타나는 현상이라고 할 수 있다. 또한 구매행태에 있어서도 저렴한 제품을 취급하는 점포나, 점포 주인이 구매에 대해 많은 조언을 제공해 줄 수 있는 제품(예컨대 의약품)의 경우에는 특히 특정점포를 강하게 선호하는 것으로 나타나고 있다. 한편 이들은 오랜 시간동안 TV를 시청하며 라디오나 TV의 대담쇼(talk show)나 음악프로그램을 즐겨 보기 때문에 아름다운 음악이나 향수를 불러일으키는 소구방법이 효과적이다.

이들은 안목·기억력 경험 등에 있어 젊은 층의 소비자들과 차이를 보이기 때문에 정보를 처리하는 방식도 달라야 한다. 즉 광고나 포장은 너무 많은 시각적 정보를 제공하지 않도록 지나치게 세분시키지 않는 것이 바람직하며 광고에서의 움직임도 주의를 분산시키지 않도록 일정한 수준에서 통제되어야 한다. 또 말을 너무 빠르게 한다거나 불분명하게 발음하지 않도록 주의해야 한다. 그림은 가능한 밝고, 선명해야 하며 메시지는 이들이 수용할 수 있는 것 중에서 한 두 가지에만 집중하는 단순한 것이어야 한다. 새로운 정보를 제시하는 경우에는 이들이 이미 익숙하게 알고 있는 지식과 연결시키는 것이 바람직하다.

2) 인종기준 하위문화(Ethnic Subculture)

국적과 인종이 다른 사람들은 대개 상이한 하위문화를 지니고 있다. 이들은 나름대로의 가치관·관습·전통에 기초하여 고유한 생활양식을 표현한다. 이런 현상은 문화적 다양성에 나타나는 것으로 구매행위나 매체반응 등에 있어 다른 집단과 차이를 나타내게 된다. 인종을 기준으로 나타나는 하위문화에는 대표적으로 흑인문화(black subculture)를 들 수 있다. 미국의 경우, 일반적으로 흑인은 백인보다 교육수준과 직업적 성취가 낮은 것으로 알려져 있으며 주로 대도시 중심지역 중 복잡한 빈민가에 거주한다.

흑인여성, 특히 도심지역에 거주하는 흑인여성의 라이프스타일은 백인여성에 비해 스타일과 패션에 더 큰 관심을 가진다. 또 이들 중 대부분은 소득이 낮기 때문에 가치에 민감한 특성을 나타내고 미래소득에 대해서도 큰 기대를 갖는다. 이들은 또 광고에 대한 관심도 높다.

이들은 백인에 비해 저축률이 높으며 자동차 이외의 운송수단이나 의복에 대해서는 백인들보다 더 소비하지만 식료품, 주거비, 의료품 및 자동차 등에는 백인들보다 적게 소비하는 것으로 나타나고 있다. 이들은 유명상표를 선호하며, 신제품에 대한 수용은 사회적 가시성에 많은 영향을 받는다. 따라서 사회적으로 가시적 성격이 낮은 제품, 즉 가정용품이나 음식 등에 대해서는 백인들보다 덜 혁신적이나, 사회적 가시성이 큰 패션상품이나 의복 등에 대해서는 백인보다 더 혁신적 성향을 나타낸다. 이들은 백화점보다 할인점을 이용하는데, 이는 흑인이 운영하는 상점들이 가격에 소구하는 경향이 높다는 점과 대규모 백화점의 분위기에서 심리적 불안감을 느끼기 때문인 것으로 지적되고 있다. 흑인소비자에 대한 촉진수단으로는 옥외 광고가 효과적이라고 할 수 있다. 그 이유는 이들이 대개 지리적으로 집중된 특정 지역에서 생활하기 때문이다.

3) 종교기준 하위문화(Religious Subculture)

종교 또는 신앙에 따라서도 문화의 특성이 달라질 수 있다. 각 종교는 나름대로의 세계관이나 우주관을 가지며, 상징과 의미체계도 다르게 구성되어 있다. 천주교와 유대교의 경우 신자들은 엄격한 종교적 신앙으로 결속되어 신앙적 일체성에 영향을 받기 때문에 구매의사결정에 있어서 통일성이나 공통점을 나타낸다. 하지만 고도로 발달된 기계문명과 물질적 풍요로의 가치이동에 따라 종교적 신념에서 점차 떨어짐으로써 종교가 개인의 신념이나 가치관에 미치는 영향력은 계속 감소하고 있다.

그러나 종교행사나 종교와 상정적 관련성을 갖는 제품의 경우, 직접적으로 그 영향을 받고 있다. 예를 들어, 크리스마스시즌은 소비재를 취급하는 마케터에게 매우 중요한 시기이다. 특정 종교의 신자들을 대상으로 하는 촉진메시지는 종교적 간행물을 통해 도달할 수 있으나 현실적으로 마케터들은 이런 방법을 회피하고 있다. 이는 사람들이 종교와 사업을 연결시키는 것을 탐탁하게 여기지 않기 때문이다. 그러나 종교매체를 통한 광고는 특정한 소비자층을 대상으로 하는 마케팅활동에 효과적인 수단이 될 수 있다.

CHAPTER 12

상황적 영향력(Situational Influence)과 정보확산(Diffusion of Innovatios)

1. 소비자 상황의 본질

1) 상황적 영향력의 의의

소비자의 상황적 요인은 행동의 이면에 숨은 일관된 의사결정흐름에 상당한 영향력을 행사할 수 있다. 그 동안 소비자행동과 관련하여 이루어진 연구의 경우, 의사결정이 발생되는 특정 시점·특정 장소를 고려하지 못한 것이 일반적이었다. 그러나 현실적으로 소비자들은 동일한 제품이라도 구매상황이나 소비상황에 따라 전혀 다른 의사결정과정이나 형태를 취하고 있다. 예를 들어 가정에서 가족끼리 마시기 위해 준비하는 포도주의 선택기준은 중요한 손님을 초대하여 대접하는 경우의 선택기준과 상당한 차이를 보이기 때문에 상표선택이나 고려 가격대가 전혀 다르게 된다. 또한 소비자가 정보탐색의 필요성을 충분히 인식하고 또 정보탐색의 의사를 지니고 있더라도 의사결정에 할애할 수 있는 시간이 제약되어 있는 경우에는 충분한 정보탐색이나 상표충성도에 의존하지 않고 신속한 구매가 가능한 대안을 선택하려고 한다. 이처럼 상황요인은 소비자의 상표지각·상표선호 및 구매행위에 커다란 영향을 미치고 있다.

2) 소비자상황의 유형

마케터가 중요하게 고려해야 하는 소비자상황의 유형으로는 소비상황(usage situation)·구매상황(purchase situation)·의사소통상황(communication situation)의 3가지가 있다.

(1) 소비상황(Usage Situation)

소비상황은 소비자가 실제로 제품을 사용 또는 소비하는 시점에서의 소비자환경이라고 할 수 있다. 제품에 따라 특정 소비자의 소비상황은 다르게 인식되어질 수 있다. 예를 들어 맥주를 마시는 경우는 다음과 같은 다양한 상황으로 인식될 수 있다.

① 집에서 친한 친구들과 담소하면서 마시는 경우
② 주말에 근처 레스토랑이나 라운지에 들러 가볍게 마시는 경우
③ 스포츠중계나 TV프로그램을 시청하면서 마시는 경우
④ 운동 후나 취미활동 중에 마시는 경우
⑤ 주말에 여행을 하면서 마시는 경우
⑥ 집안일을 하면서 가볍게 마시는 경우
⑦ 일과 후 집에서 쉬면서 마시는 경우

이상의 소비상황에 따라 소비자의 상표선호나 음용량, 의사결정형태, 구매행위 등이 달라질 수 있다.

소비자상황은 적용되는 사용상황의 수에 따라 단일사용 소비상황과 복수사용 소비상황으로 다시 세분된다. 전자는 예상되는 단 한 번의 소비상황에 적용하기 위해 제품을 구매하는 경우를 말하며 후자는 기대되는 소비상황에 따라 다양한 소비자욕구를 만족시킬 수 있는 경우의 구매상황을 의미한다. 단일사용 소비상황에 적용될 수 있는 제품들에는 묶음상품(consumer packed goods) 등이 포함되는데 주로 청량음료·스넥류·주류·육류 등에 관한 연구를 보면 소비상황이 소비행위에 직접적으로 영향을 미치고 있다는 사실을 알 수 있다. 복수사용 소비상황에 적용될 수 있는 제품들은 대부분 내구재들로서, 예를 들면 여러 가지 상황에서 시청하기 위해 구입

하는 2대 이상의 TV세트라고 할 수 있다. 이들 제품군에 있어서도 상황적 영향력은 중요하게 작용할 수 있는데, 예를 들어 두 대의 자동차를 소유한 가정의 경우, 대개는 출퇴근용으로 한 대를 사용하고 나머지 한 대는 쇼핑이나 오락을 위해 사용하고 있다. 또 사진전문가들의 경우 상이한 상황유형에 사용할 목적으로 여러 종류의 카메라를 구매하기도 한다. 벨코에 의하면, 내구재의 경우 상황적 영향력이 상대적으로 적은 편이라고 할 수 있으나 결과적으로 소비상황 영향력에서 완전히 벗어날 수 있는 제품이나 서비스는 없다고 한다.

(2) 구매상황(Purchase Situation)

구매상황도 역시 중요한 마케팅변수가 될 수 있다. 제품구입 가능성, 가격변화, 경쟁적 할인 및 쇼핑의 편리성 등과 같은 상황적 요인은 소비자 선택과 깊은 관계를 지니며 이들은 기업의 유통 및 가격정책에 영향을 미치게 된다. 구매상황의 중요성은 소비자에게 있어서는 점포 내의 환경적 영향을 의미하는 것으로서 가격변경, 진열, 판매원의 영향력 효과 등을 조사한 많은 연구에서 증명되고 있다.

한편 선물을 구매하는 경우처럼 다른 사람을 위해 제품을 구매하는가 아니면 자신이 소비하기 위해 구매하는가의 여부에 따라 구매상황의 인식이 달라질 수 있다. 다른 사람을 위해 제품을 구입하는 경우에 있어서는 자신을 위해 구매하는 경우와는 상이한 평가기준을 이용하기 때문에 선택된 상표도 달라지게 된다.

(3) 의사소통상황(Communication Situations)

의사소통상황은 소비자의 광고에 대한 노출·주의·이해와 기억 등에 영향을 미친다. 즉 자동차를 운전하는 중에 라디오광고를 청취하는 경우와 자기 집의 거실에 앉아 듣는 경우는 소비자행동에의 영향력이 다를 수 있다. TV·신문·잡지에 소구되는 광고를 보고, 듣고, 읽을 때의 상황조건에 따라 동일한 광고라도 소비자의 반응은 달라지게 된다. 이것은 의사소통상황이 소비자의 광고에 대한 노출·주의·이해 및 기억의 정도에 영향을 미치기 때문이다.

2. 상황적 영향력의 구성요소

소비자행동에 영향을 미치는 상황적 영향력은 다음과 같은 5가지 요소로 구분할 수 있다.

1) 물리적 환경요인(Physical Surroundings)

이는 가장 용이하게 이해할 수 있는 상황적 특징으로서 지리적 위치, 장치, 음악, 풍치, 조명, 날씨, 상품의 가시적 형태 또는 자극물을 둘러싼 물리적 재료 등을 포함한다. 물리적 배경의 영향은 상당 정도 우리의 감각적 신경기제에 의해 결정된다.

마케터는 이러한 감각양태에 영향을 미치는 물리적 배경을 조정하여 구매상황에서 소비자가 느끼는 전반적 지각에 호의적 영향을 미치도록 할 수 있다. 예를 들어 레스토랑의 실내배경이나 분위기는 구매선택은 물론 반복적 구매행위에 크게 영향을 미치는 주요한 경쟁변수라고 할 수 있다.

한편 점포의 밀도(store density)도 소비자행동에 상당한 영향을 미치는데, 〈그림

표 12-1   소비자 지각을 고무하는 물리적 자극

감각기제	물리적 자극
시각	색채 · 조명 · 크기 · 형태
청각	소리의 고저 · 속도 · 횟수
후각	향취 · 신선함
촉각	연함 · 부드러움 · 온도

자료: P. Kotler, "Atmospherics as a Marketing Tool," *Journal of Retailing*, Winter 1973~74, p. 51.

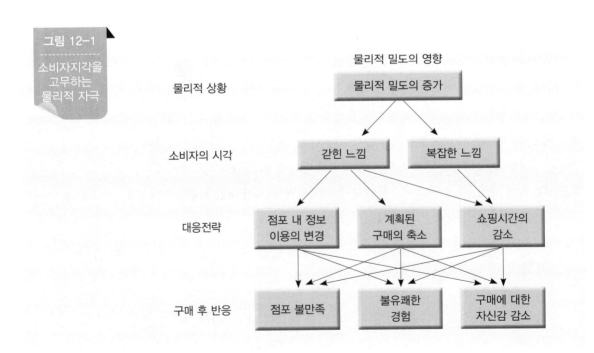

그림 12-1 소비자지각을 고무하는 물리적 자극

자료: D. I. Hawins, R. J. Best, and K. A. Coney, *Consumer Behavior*(revised ed.), 1983, p. 39.

12-1〉에는 소비자가 밀도에 따라 느끼는 변화를 설명하고 있다.

그림에서 보듯이 점포의 물리적 밀도의 증가는 감금의 느낌과 복잡함에 대한 지각을 초래한다. 이러한 지각은 구매자로 하여금 쇼핑시간을 줄이거나 구매품목을 생략한다거나 아니면 점포 내에서의 정보이용 형태를 변화시키려 한다는 점에서 소비자의 쇼핑전략에 변화를 유발한다.

따라서 복잡한 물리적 환경은 결과적으로 점포에 대한 불만족이나 즐겁지 못한 쇼핑경험, 완성된 쇼핑행위에 대한 자신감의 감소 등을 초래한다. 그러나 이러한 물리적 배경은 마케터의 통제를 넘어서는 경우가 대부분이다. 통신판매·방문판매 및 자동판매기에 의한 판매의 경우가 바로 이런 예에 해당한다.

2) 사회적 환경요인(Social Surroundings)

이는 상황을 보다 깊이 있게 설명하기 위하여 제공되는 것으로서 타인의 존재 여부, 타인의 특성, 타인의 역할, 타인과의 상호 작용 등이 해당된다. 우리들의 행동은 상당히 많은 경우에 있어 주위사람의 영향을 받고 있다. 소비행동에 있어 결과적으로 나타나는 행동은 상황과 소비자 및 제품(자극) 간의 복합적 영향력의 결과이다.

사회적 영향력은 우리 행위에 작용하는 주요한 영향요인이 되는데, 왜냐하면 개인은 자기가 속해 있는 집단기대에 순응하는 경향이 있기 때문이다. 특히 행위가 가시적일 때는 더욱 그러하다. 따라서 매우 가시적인 활동인 쇼핑과 공적(公的)으로 소비되는 상표의 경우에는 사회적 영향력을 크게 받게 된다. 전혀 모르는 타인의 행위까지도 개인의 지각에 영향을 미칠 수 있는데, 자신과 유사한 관심을 가진 타인과 대화하고 정보를 교환한다. 음악 애호가들은 레코드가게에 모이며, 낚시광들은 스포츠용품점에 모인다. 동료집단에 대한 관심과 매력은 이런 행위와 관련된 동기라고 할 수 있다. 어떤 사람들은 쇼핑 시 신분이나 권위를 중요하게 생각하는데, 이는 구매한 상품이 그들에게는 존경이나 긍지(prestige)를 표현하는 수단이 되기 때문이다. 이처럼 소비자들은 때때로 제품 자체보다는 사회적 상황의 영향에 더욱 민감하게 반응하는 경우가 있다.

3) 시간적 관점(Temporal Perspective)

이는 소비자행동에 대한 시간적 영향을 의미한다. 시간은 또한 미래 또는 과거의 특정 사건과 대비하여 측정될 수도 있는데, 이는 마지막 구매로부터의 경과시간, 식사나 급여일로부터의 경과시간 또는 대기시간, 과거 또는 현재의 약속에 의해 부가되는 시간제약 등과 같은 개념을 의미한다.

판매상황의 시간요소는 소비자 개인, 고려대상인 제품과는 별개로 구매행위에 어떤 제약조건으로 작용할 수 있다. 구매활동에 할당할 수 있는 시간의 크기는 소비자 의사결정과정에 상당한 영향을 미친다. 연구결과에 의하면 특정 상표의 구매시점 간의 간격이 길수록 소비자는 더욱 많은 정보탐색을 하게 되고, 상표 충성적 행동이 감소한다고 한다. 일반적으로 이용가능한 시간이 적을수록(즉 시간격이 감소할수록) 정보탐색이나 정보의 이용이 적어진다고 말할 수 있다.

제한된 구매시간은 또한 소비자가 구매의사결정을 행할 때 고려하는 제품대안의 수를 감소시킬 수도 있다. 직장을 가진 주부에 대한 시간압력의 증가는 상표충성도, 특히 전국적으로 알려진 유명상표의 제품에 대한 충성도를 증대시킨다. 즉 직장여성들은 전국적으로 잘 알려져 있거나 이미 잘 알고 있는 제품에 대해 안정감을 느끼며, 특히 그들이 포괄적인 비교쇼핑에 참여할 시간이 없을 때는 더욱 그런 현상을 강하게 나타낸다.

4) 과업의 성격(Task Definition)

과업 또는 과업지향적 구매행위는 구매에 참여하는 목적 또는 이유의 결과로 발생한다. 과업의 특성은 특정한 구매대안을 선택하거나 이에 관한 정보를 획득하려는 의도나 욕구를 포함하는 상황적 특징이다. 또한 과업은 개인에게 기대되는 구매자로서의 역할을 반영한다. 친구의 결혼선물로서 가전제품을 구매하려는 사람은 자신이 사용하기 위해 구매하는 경우와는 다른 상황에 처하게 된다. 과업영향적 상황의 잠재력과 개인적 특성의 상호 작용을 이해하기 위해서는 제이코비(J. Jacoby)가 제시한 독단주의(dogmatism)와 혁신·민감주의의 관계를 검토해 볼 필요가 있다.

독단주의는 폐쇄적 속성으로 인하여 보수적 구매가 나타나고, 혁신 민감주의는 새롭고 상이한 품목을 선택하는 경향으로 정의할 수 있다. 독단주의가 높은 사람은 제품선택에 있어 비혁실적일 것이라고 가정할 수 있다. 제이코비는 이러한 관계를 여대생을 대상으로 조사하여 증명하였다. 이후 남학생을 대상으로 한 조사에서도 같은 결과를 도출하였다. 그는 과업의 영향력을 알아보기 위해 피험자에게 선물 수여상황을 제시하였다.

한편, 코니(K. A. Coney)와 하몬(R. R. Harmon)은 선물 수여상황과 개인적 사용상황을 구분하여 제이코비의 연구를 검증하였는데, 〈그림 12-2〉에 나타난 바처럼 개인적 구매상황에서는 반비례관계(독단주의가 높을수록 혁신성이 낮아짐)가 발견되었고,

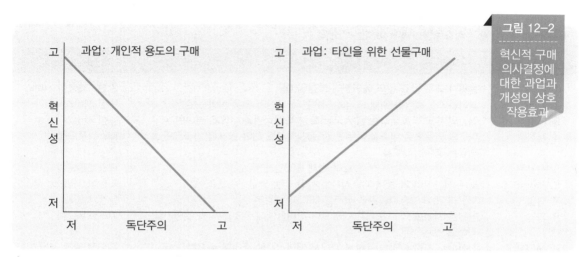

자료: K. A. Coney and R. R. Harmon, "Dogmatism and Innovation: A Situational Perspective", *Advances in Consumer Research*, Vol. VI, W. L. Wilkie, *Association for Consumer Research*, 1979, pp. 118-121.

선물 구매상황에서는 약한 정비례관계(독단주의가 높으면 혁신성이 높아짐)가 발견되었다.

이러한 현상의 발생이유에 대하여는 분명하게 제시하고 있지 않으나 아마도 타인을 위해 선물을 구매하는 경우에는 자신이 진보적이고 혁신적으로 지각되기를 바라기 때문일 것으로 추측된다. 그러나 보다 중요한 것은 구매의도나 과업의 정의가 독단주의와 혁신성 간에 일반적으로 예상되는 관계와 정반대의 관계를 지니고 있다는 점을 확인하였다는 점이다.

5) 선행상태(Antecedent States)

상황을 특징짓는 마지막 요인으로서 선행상태는 개인의 지속적 특성이라기보다는 걱정, 유쾌함, 적대감, 흥분 등 순간적인 기분이나 수중의 현금·피로 전환 등의 순간적인 여건 등을 의미한다. 이러한 여건들은 개인이 상황에 부여하는 상태와 상황에 기인하는 개인의 상태를 구분하기 위해 현재의 상황에 바로 선행하는 것으로 규정된다. 사람은 때때로 자신의 평소 개인적 기질과는 다른 침울하거나 흥분된 상태를 나타내는 경우가 있다. 이때 쇼핑이나 구매행위를 수행함으로써 나타나는 결과는 정상적 기분상태에서 구매하는 결과와 상이할 수 있다. 소위 충동구매(impulse buying)는 일시적 기분에 강하게 영향을 받는 경우로 기분이 아주 좋아서 특정 제품을 구매한다거나 아주 기분이 나빠서 무작정 지출한 뒤에 후회했던 경험은 누구나 지니고 있을 것이다.

표 12-2	상황이 레스토랑선택에 미치는 영향의 예	
상황적 영향력	상황의 내용	레스토랑 유형
1. 물리적	날씨가 매우 덥고 집의 에어컨이 고장일 때	완전·제한적 서비스
2. 물리적	크리스마스 쇼핑을 위해 도심에 나왔는데 도심이 매우 붐비는 경우	완전 서비스
3. 사회적	애인의 부모가 초대하는 경우, 레스토랑의 선택권을 나에게 부여한 경우	완전 서비스
4. 사회적	이웃의 방문으로 대화를 나누던 중 점심식사를 해야 할 시간이 되었음을 깨닫는 경우	패스트푸드점
5. 시간적	저녁 7:30에 약속이 되어 있으며 현재 6:30인 경우	패스트푸드점
6. 시간적	늦은 시간 가족과 함께 저녁식사를 해야 하는 경우	제한적 서비스
7. 과업	부모의 25회 결혼기념일날 식사를 대접하는 경우	완전 서비스
8. 과업	남편은 저녁을 먹고 오기로 하였으며 아이들에게 무엇을 먹일 것인가를 생각하고 있는 경우	패스트푸드점
9. 선행상태	직장에서 하루 종일 피곤하게 지내서 저녁식사를 준비할 수 없는 경우	제한적/완전 서비스
10. 선행상태	한 학기를 어렵게 마무리하고 해방된 기분을 맞이한 경우	완전 서비스

자료: D. I. Hawkins, R. J. Best and K. A. Coney, *Consumer Behavior*(revised ed.), 1983, p. 50.

기분은 또한 쇼핑과정에 대한 개인의 태도에도 영향을 미친다. 상이한 감정 상태와 기분은 특정 소비자가 언제, 왜 쇼핑을 하는가를 설명해 줄 수 있다. 어떤 사람은 외롭다고 느낄 때 사회적 접촉을 위해 점포에 들를 수 있다. 유사한 맥락에서 침울할 때 기분전환을 위해, 쇼핑행위 자체를 즐기기 위해 점포를 방문할 수도 있을 것이다. 이 경우 쇼핑은 소비로부터 기대되는 효용에 의해서가 아니라 구매행위나 과정 그 자체의 효용에 의해 동기가 부여된다고 할 수 있다.

순간적 상황여건은 소비자의 일시적 기분과는 차이가 있다. 기분이 마음의 상태를 반영하는 것임에 비해 순간적 상황여건은 피로하다거나 몸이 불편하다거나 아니면 당장 많은 돈을 지니고 있는 것과 같은 실제의 소비자상황을 의미한다. 선행상태의 정의에 입각해서 생각할 때 여건 역시 기분처럼 일시적인 것임에는 틀림없다. 이런 이유로 일시적으로 현금이 부족한 것을 느끼는 소비자는 항상 현금이 부족한 극빈층의 사람들과는 다른 구매행동을 나타내게 될 것이다.

〈표 12-2〉는 이상과 같은 5가지 상황의 구성요소에 따라 소비자의 레스토랑 선택이 어떻게 달라질 것인가를 예시한 것이다.

3. 상황적 영향력과 마케팅전략

1) 시장세분화

제품군별로 상황과 소비자행동과의 관계를 이해한 후에는 어떤 제품 또는 상표

표 12-3	상황변수에 의한 청량음료의 세분시장 특성		
	상황별 세분시장의 특성		
구분	세분시장 1	세분시장 2	세분시장 3
	소량 이용자/사회적 목적으로 구매	다량 이용자/복수의 목적으로 구매	다량 이용자/술에 타 먹기 위해 구매
선호하는 제품 속성	가볍고 약한 맛 콜라 이외의 맛(과일맛)	감미로움 깡통 대신 병의 형태	강하고 깊은 맛 다른 맛과 잘 조화됨
일반적 이미지	보수적	현대적	현대적
선호상표	7-UP Hires Root Beer	Coca Cola Pepsi Cola	Coca Cola Pepsi Cola
인구통계적 특성	노년층	여성층	젊은 남성층

자료: Henry Assael, *Consumer Behavior and Marketing Action*(2nd ed.), Kent Publishing Co., 1984, p. 480.

가 특정 상황이 발생될 때 구매가능성이 가장 높은가를 확인해야 한다. 즉 상황적 영향력을 고려하여 상표나 제품에 적합한 세분시장을 확인하고, 이를 중심으로 마케팅 전략을 수립하여야 한다.

샤프(L. K. sharpe)와 그란진(K. L. Granzin)은 청량음료의 소비실태를 조사하여 상황에 따른 소비형태의 유형을 기준으로 시장을 다음과 같이 3개로 세분하였다.

① 주로 사회적(사교적) 목적을 위해 청량음료를 구매하는 소량 소비자
② 일반적인 모든 부분에 적용할 수 있는 청량음료의 다량 소비자
③ 술에 섞어 먹기 위해 청량음료를 구매하는 다량 이용자

일단 이러한 3가지 세분시장이 상황적 맥락에서 정의되고 나면, 이들 각각의 세분시장별 욕구·상표선호 및 인구통계적 특성을 파악할 수 있다. 〈표 12-3〉에 이런 특성들이 잘 요약되어 있다.

시장을 이러한 기준으로 세분하게 되면 각 세분시장에 대응하는 보다 효과적인 마케팅전략을 수립할 수 있다. 세분시장을 공략하기 위해서는 소비자의 욕구, 라이프스타일, 인구통계적 특성뿐만 아니라 제품의 사용상황에 대한 이해도 필요하다.

표에서도 나타난 것처럼 사교적 용도의 소량이용자들은 가볍고 약한 음료수를 선호하고 있으며 콜라가 아닌 과일 맛을 좋아한다. 또한 이들은 청량음료를 전통적 가치관과 관계가 있는 것으로 인식하고 있다. 따라서 이들은 세븐업과 Hires Root Beer를 선호하고 있다. 인구통계적으로는 대개 나이가 든 노년층의 사람들로 구성

되어 있었다.

한편 특정 상황과는 무관하게 일상생활 속에서 소비하기 위해 구매하는 대량 이용자는 감미로운 맛과 용기의 형태는 깡통보다 병을 선호하는 것으로 나타나고 있다. 이들은 청량음료를 현대적인 개념을 반영하는 것으로 생각하고 있으며 Coke와 Pepsi를 마시는 여성층이 높은 비중을 차지하고 있었다. 마지막으로 술에 혼합하여 마시기 위해 청량음료를 구매하는 대량 이용자는 강하고 깊은 맛을 선호하며 현대적 개념으로 청량음료를 인식하고 있었다. 주로 Coke와 Pepsi를 마시며, 인구통계적으로는 젊은 남성층이 주로 속하고 있었다.

이 연구결과를 이용하면 포지셔닝이나 특정 집단에 대한 촉진전략의 기초를 확보할 수 있다. 즉 세분시장 1에 대하여는 맛을 가벼운 과일 맛으로 하는 것이 바람직하며 광고의 주제는 노인들을 대상으로 하는 집단에 전통적 가치를 강조하는 것이 효과적이라고 할 수 있다. 세분시장 2에 있어서는 보다 현대적인 라이프스타일을 표상할 수 있는 감미로운 맛의 콜라류가 효과적이라고 할 수 있다. 한편, 세분시장 3에는 강하고 깊은 맛을 지닌 제품으로 공략하는 것이 바람직할 것이다. 이러한 각 세분시장에서의 소비, 이용 상황을 효과적인 마케팅프로그램의 기초가 되는 소비자의 욕구, 라이프스타일 및 선호차이 변수 등과 함께 사용하는 경우에는 보다 높은 성과를 달성할 수 있을 것이다.

2) 제품 포지셔닝

구매와 소비행위에 대한 상황적 영향력의 중요성은 마케팅전략에 상황변수를 포함시키려는 노력을 증대시키고 있다. 어떤 식품류제조회사의 경우, 서로 다른 4가지 상황에 있어서 다양한 식품형태의 이용유형을 파악하기 위해 조사를 실시하였다. 이때 4가지 상황은 다음과 같다.

① 특별한 의미의 식사를 하는 경우
② 가족과의 식사
③ 정기적으로 이루어지는 일상적 식사
④ 스낵, 신속하게 이루어지는 식사

조사는 소비자들로 하여금 16가지 제품들에 대해 각각의 상황과 관련하여 응답하도록 하였으며 그 결과가 〈그림 12-3〉에 나타나 있다. 그림의 각 사분위면은 4가지 식사상황 중 하나를 표시하고 있다. 그림에서 알 수 있듯이 간단한 빵 등의 요리

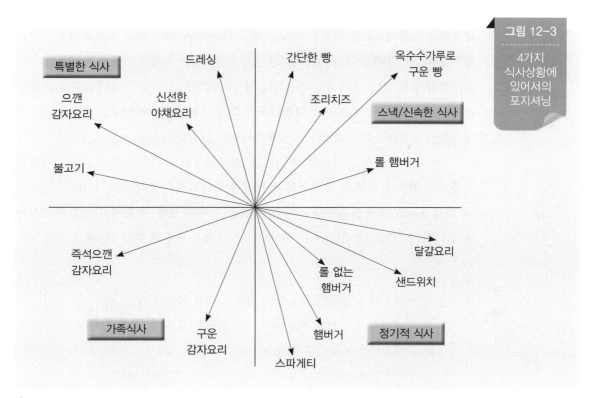

자료: Henry Asseal, *op. cit.*, p. 479.

나 조리치즈, 옥수수 가루로 구운 빵 등은 스낵 및 신속한 식사와 관련되는 것으로 나타났다. 또 햄버거나 샌드위치는 정기적 식사와 관련되고, 불고기와 신선한 야채요리는 특별한 식사와 관련되고 있다. 한편 즉석에서 으깨어 만드는 감자요리나 구운 감자요리는 가족들과의 식사와 연결되어 있다.

이런 연구결과의 마케팅적 의미는 다음과 같다.

첫째, 상황적 맥락에서 제품을 군집화시키는 합리적 기준이 될 수 있다.

둘째, 상황적 맥락에서 효과적인 광고의 지침을 제공해 준다. 예를 들어 햄버거는 일반적으로 신속한 식사의 경우와 관련되는 것으로 인식되고 있지만 연구결과에 따르면 오히려 정기적인 식사의 경우로서 소구하는 것이 보다 효과적임을 암시하고 있다.

사실 시장세분화와 제품 포지셔닝은 서로 밀접하게 연관되어 있는 개념으로서 이들을 효과적으로 적용하기 위해서는 사용상황이 욕구와 결합되어야 하며 또 그런 상황이 발생될 때 특정 제품이 이런 욕구를 충족시키는 데 적절한 것으로 지각되어야만 한다. 즉 효과적인 제품 포지셔닝은 표적소비자층의 욕구를 만족시킬 수 있는 상황을 내포하는 시장세분화를 전제로 하고 있다. 경우에 따라서는 제품 포지셔닝과 광고의 표적층을 결정함에 있어 소비자의 라이프스타일보다는 상황에 기초하는 세분화가 더 효과적일 수도 있다. 소비자가 추구하는 제품의 혜택은 사용 또는 소비상황에 따라 달라질 수 있는데 상황적 요구에 대한 소비자의 반응행동을 의미한다고 할 수 있다. 구매상황이나 사용상황은 소비자 개인에 따라서도 상당한 차이를 보일 수 있다.

소비자들이 제품을 사용할 때 처하게 되는 상황과 그러한 상황과 관련된 욕구를 기준으로 제품을 어떻게 포지셔닝할 것인가에 대하여는 소비자의 라이프스타일이나 개성 또는 가치관을 분석하는 것이 필요한 경우도 있다. 효과적인 제품 포지셔닝을 전개하기 위해 상황을 기초로 하는 시장세분화는 다음과 같은 4단계 절차를 거치게 된다.

① 사람들이 특정 제품을 이용하는 상황에 대한 목록의 개발
② 각 상황에서 요구되는 제품혜택이나 욕구의 유형과, 각 상황에서 적절한 것으로 지각되는 제품유형의 발견
③ 소비자에 의해 탐색되는 혜택을 기준으로 사용상황을 세분
④ 특정 제품이 사용상황과 그러한 상황이 발생되었을 때 소비자욕구의 맥락에서 포지셔닝될 수 있도록 모든 정보를 제품 포지셔닝전략에 통합

이러한 유형의 정보는 〈표 12-4〉와 같이 제품과 욕구라는 2가지 차원을 상황과 대비한 2가지 유형의 매트릭스를 구축하여 얻을 수 있다.

제품 매트릭스는 상황을 종축으로, 상표나 제품을 횡축으로 나열하여 응답자들로 하여금 특정 제품의 사용이 적절하다고 연상되는 상황을 매트릭스상의 공간에 표

표 12-4   사용상황과 제품 욕구 매트릭스

사용상황: 제품 매트릭스						사용상황: 욕구 매트릭스					
사용상황	제품					사용상황	제품				
	B_1	B_2	B_3	⋯	B_n		N_1	N_2	N_3	⋯	N_n
사용상황$_1$ 사용상황$_2$ 사용상황$_3$ ⋮ 사용상황$_n$						사용상황$_1$ 사용상황$_2$ 사용상황$_3$ ⋮ 사용상황$_n$					

자료: Develop Consumer-Relevant Positioning, "Ads with Occasion-based Segmentation Analysis," *Marketing News*, May 14, 1982, p. 8.

시하도록 하여 구할 수 있다.

　　한편, 욕구 매트릭스는 각각의 상황에서 소비자가 추구하는 여러 가지 욕구나 혜택과의 관계를 파악하기 위한 것이다. 사용상황을 종축으로, 욕구를 횡축으로 구성하여 응답자로 하여금 생활에서 각 상황이 얼마나 빈번하게 발생되는가, 구매빈도에 관하여 기술하도록 하여 얻게 된다.

　　이상의 과정을 통해 획득한 사용상황과 욕구에 관한 정보를 이용하면 특정사용상황이 발생했을 때 소비자의 욕구를 만족시키는 데 적당하다고 인식되는 제품들을 집단화할 수 있게 된다.

혁신정보의 확산(Diffusion of Innovation)

2 SECTION

1. 정보확산의 의의

　　정보의 확산과정이란 혁신정보(innovations)가 특정 시장 내에서 전파되고 수용되는 과정을 의미하는 것으로 여기서 확산(diffusion)이란 "혁신대상(신제품, 새로운 서비스, 새로운 아이디어, 새로운 공정 등)의 정보가 커뮤니케이션 채널(대중매체, 판매원, 비공식 접촉행위 등)을 통해 시간적 흐름에 따라 특정 사회의 표적소비자층에 수용되어 퍼지는 과정"(the process by which the acceptance of an innovation is spread by communication to members of a social system over a period of time)이라고 정의될 수 있다. 따라서 정보의 확산이론은 적어도 혁신제품, 커뮤니케이션 채널, 사회적 시스템 및 시간이라는 4가지 차원에서 설명되어져야 한다.

1) 혁신제품(Innovation)의 정의

　　혁신제품에 대한 통일된 정의가 이루어지고 있지 않기 때문에 이를 다음과 같은 4가지 측면에서 설명해 볼 수 있다.

(1) 기업중심적 정의(Firm-oriented Definition)

　　제품의 생산 또는 마케팅활동을 담당하는 기업의 입장에서 보는 신규성(newness)으로서 기업에게 있어서 해당 제품이 새로운 것이면 이를 신제품으로 간주하는 방식이다. 또한 시장에서 해당 제품이 신규성을 지니는가는 고려하지 않기 때문에 경쟁업체의 제품을 모방 또는 개량한 제품도 신제품의 범주에 속하게 된다. 이 방식의 정의는 기업의 마케팅활동에는 적절하게 활용될 수 있으나 소비자의 정보수용패턴을 조사하는 데는 부적절하다.

(2) 제품중심적 정의(Product-oriented Definition)

이는 제품 자체에 새로운 속성이 가해졌는가를 기준으로 이런 추가적 속성이 소비자의 사용행태에 영향을 미치는가를 평가하는 방식이다. 특히 기존 소비자의 행동양식에 어느 정도의 영향력을 미치는가에 따라 다음과 같이 3가지 형태의 혁신제품군으로 세분된다.

① 연속형 혁신제품(Continuous Innovation): 이는 기존의 소비패턴에 가장 적은 변화만을 초래할 정도의 영향력만을 행사하는 신제품으로서 신제품이라기보다는 기존제품의 개량품 또는 개선제품이라고 할 수 있다.
② 동태적 연속형 혁신제품(Dynamically Continuous Innovation): 연속형 혁신품에 비해서는 소비행태를 보다 근본적으로 변화시키는 힘을 갖지만 기존의 소비패턴 자체를 완전히 대체하지는 못하는 경우이다. 8-mm 캠코더(camcorder)라든가 CD플레이어, 1회용 기저귀(disposable diapers) 등이 좋은 예이다.
③ 불연속형 혁신제품(Discontinuous Innovation): 이는 소비자가 새로운 소비·사용 패턴을 형성하도록 만드는 제품유형으로서 팩스의 보급, 핸드폰, 가정용 PC, 비디오카세트, 자가진단의료기 그리고 인터넷 등이 여기에 속한다.

(3) 시장중심적 정의(Market-oriented Definition)

제품의 신규성을 시장의 측면에서 정의한다는 것은 소비자가 신제품에 얼마나 노출되었는가를 기준으로 하는 것으로 다음과 같이 2가지 경우로 구분할 수 있다.

그 하나는 잠재시장의 소비자 중 극히 일부분만이 해당 제품을 구매한 경우와 해당 제품이 시장에 출시된 기간이 비교적 짧은 경우에 이를 신제품으로 간주하는 경우이다. 그러나 이 방법은 조사자의 주관에 따라 달라질 수 있기 때문에 제품이 보급률이나 출시 후 경과기간에 대하여 사전에 비율을 정하는 것이 필요하다.

(4) 소비자중심적 정의(Consumer-oriented Definition)

소비자를 기준으로 신제품을 정의하게 되면 "신제품이란 잠재소비자가 신제품으로 지각하는 제품군"이라고 할 수 있다. 따라서 신제품이란 제품의 특성이나 형태에 의해 결정되는 것이 아니라 소비자의 지각에 의해 결정되는 개념이라고 볼 수 있다. 한편 신규성에 대한 소비자의 지각차원은 구매의 실행뿐만 아니라 사용의 혁신성도 포함되는데 이는 소비자가 기존의 제품을 새로운 사용방법이나 사용환경과 연결시키는 것을 의미한다.

2) 혁신제품(Innovation)의 특성

특정 제품이 신제품으로 간주된다고 하더라도 소비자가 이를 수용하는 정도와 기간에는 상당한 차이가 있을 수 있다. 특정 신제품에 대한 소비자의 수용도를 결정 짓는 요인에는 다음과 같은 5가지가 있다.

(1) 비교우위(Relative Advantage)

잠재소비자들이 신제품을 기존제품보다 우수하다고 느끼는 정도로서 신제품이 소비자에게 무리 없이 수용되기 위해서는 기존의 제품을 대체하여 사용하게 되면 무엇인가 더 유리한 점이 있다고 느껴져야 한다. 예를 들어 팩스의 경우, 문서를 시간과 공간의 제약을 받지 않고 언제나 아주 짧은 시간에 아주 저렴한 비용으로 전송할 수 있다는 점에서 소비자들은 특급우편이나 국제우편보다 월등한 소비자 혜택을 느꼈으며 이로 인해 아주 빠르게 확산될 수 있었다.

한편, 제품특성상의 비교우위뿐만 아니라 효과적인 판촉수단도 소비자의 수용도를 높이고 수용기간을 단축시키는 데 중요한 역할을 수행한다.

(2) 호환성(Compatibility)

이는 신제품이 기존의 욕구, 가치관, 사용법 등과 얼마만큼 일관성을 지니고 있는가를 나타내는 것으로 가능한 한 신제품이 기존의 소비자욕구나 사용환경과 일치할수록 소비자의 수용도는 높아진다고 할 수 있다.

(3) 복잡성(Complex)

이는 신제품이 소비자가 그 내용을 이해하거나 사용법을 익히는 데 있어서 느끼는 곤란함의 정도로서 복잡한 제품일수록 소비자의 수용도는 떨어진다고 할 수 있다. PC의 보급이 일반화되어 있는 요즘에도 많은 소비자들은 PC의 모든 기능을 활용하지 못하고 주로 몇 가지 기능만을 사용하고 있다. 이런 점에 착안하여 PC모델은 단축키 기능을 도입함으로써 컴퓨터에 익숙지 않은 소비자라도 PC에 쉽게 접근할 수 있도록 함으로써 소비자 수용도를 높이는 전략을 구사하고 있다.

(4) 시험구매가능성(Trialability)

이는 소비자로 하여금 제한된 범위 내에서 해당 신제품을 시험적으로 사용할 수 있는 기회를 제공하는 것을 말한다. 소비자가 시험적으로 해당 제품을 사용해 볼 수 있다면 제품을 이해하고 평가하는 것이 가능하게 되고 이는 결국 소비자의 수용도에 영향을 미치게 될 것이다. 생활필수품의 경우에는 시험구매에 이용하는 작은 크기나 적은 용량의 시제품을 만들기가 비교적 용이하기 때문에 시험구매의 가능성이 높다고 할 수 있다. 반면 컴퓨터 프로그램과 같은 상품의 경우, 이와 같은 시제품 제작이 불가능하기 때문에 주로 일정기간 시험적으로 사용할 수 있는 기회를 제공하여 제품의 수용도를 높이려고 노력한다.

(5) 관찰가능성(Observability)

관찰가능성은 제품의 속성이나 혜택을 소비자가 쉽게 관찰하거나 타인에게 설명할 수 있는 정도를 의미한다. 특히 패션상품처럼 사회적 가시성이 높은 제품은 주방용기와 같이 타인에게 잘 노출되지 않는 제품들에 비해 전파속도가 빠른 것이 보통이다. 같은 맥락에서 서비스와 같은 무형재는 유형재에 비해 촉진활동에 의한 전파속도가 상대적으로 느리게 된다.

이상의 제품특성들은 소비자의 지각수준에 따라 그 크기가 결정되는데 이런 지각수준이 높을수록 잠재소비자의 구매가능성도 높아지게 된다.

3) 혁신저항(Innovation Resistance)의 특성

실제 시장에서 어떤 제품은 즉각적인 소비자 반응이 나타나는데 비해 다른 제품은 소비자의 수용도를 높이기 위한 엄청난 노력에도 불구하고 소비자의 반응이 쉽게 나타나지 않는다. 이는 앞서 소개한 혁신제품의 특성요인들에 기인한 소비자의 저항이 존재하기 때문으로 혁신제품정보가 소비자에게 수용되고 확산되는 과정을 이해하기 위해 혁신의 저항모델이 개발되었다. 특히 혁신정보의 과부하 현상으로 인해 오히려 소비자의 선택행위에 부정적 영향이 미치는 경우가 자주 발생되기 때문에 소비자들은 오히려 혁신정보에 저항하려는 경향을 나타내기 쉽다. 결국 복잡한 신제품을 이해하고 평가하는데 요구되는 시간적인 문제와 심리적 스트레스가 혁신정보의 확산을 방해할 수 있다는 것이다. 〈그림 12-4〉는 문화적, 상황적, 사회적 관점에서 혁신정보의 저항요인을 모델화한 것이다.

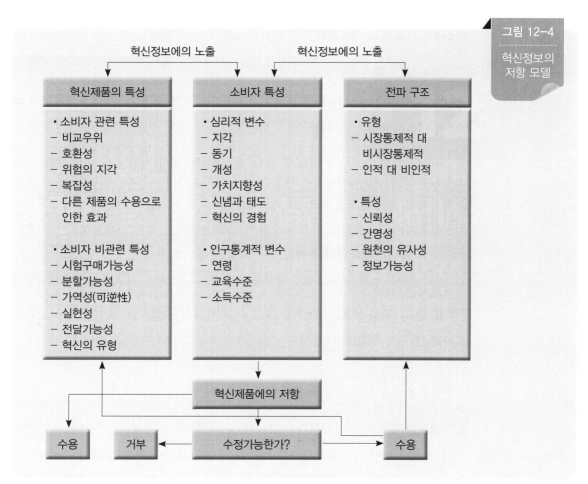

자료: S. Ram, "A Model of Innovartion Resistance," in M. Wallendorf and P. F. Anderson(eds.), *Advances in Consumer Research*, Vol. 14, 1987, p. 209.

4) 정보전파의 결정요인

(1) 커뮤니케이션 경로(Communication Channel)

혁신정보가 얼마나 빨리 전체 소비자층에 전파되는가는 마케터와 소비자 간의 커뮤니케이션에 의해 결정될 뿐만 아니라 구전행위와 같은 소비자와 소비자 간의 커뮤니케이션에 의해서도 영향을 받는다. 따라서 판매원이나 의견 선도자와 같은 인적 경로상의 참여자와 광고나 홍보같은 비인적 경로상의 참여자 간의 영향력 구조에 따라 특정 혁신제품의 정보는 빠르게 혹은 느리게 전파된다고 할 수 있다.

최근 정보통신 기술의 발달로 많은 기업들은 인터넷 매체나 모바일을 이용함으로써 혁신정보의 전파에 기여하고 있다. 새로운 커뮤니케이션 경로에 대한 흥미로운 사실은 미국에서 AIDS의 예방과 퇴치를 위해 가장 효과적인 커뮤니케이션 경로가 미용실이라는 조사결과다.

(2) 사회시스템(Social System)

혁신정보가 전달되는 환경을 사회시스템이라고 할 수 있는데 이는 마케팅의 관점에서 세분시장이나 표적시장의 사회환경을 의미한다. 사회시스템 속에는 물리적, 사회적 그리고 문화적 요인이 모두 포함되며 이는 특정한 혁신제품이 전파될 수 있는 범위를 확정지어 준다. 특히 특정 사회의 가치관이나 규범은 혁신정보에 대한 수용 여부에 지대한 영향을 미친다. 예를 들어 사회적 가치관이 현대적이고 변화지향적인 경우에는 혁신정보의 사회적 수용이 매우 용이하나 사회가 전통적 가치관에 집착하는 경우, 혁신정보의 수용에는 많은 저항이 따르게 된다.

(3) 시간(Time)

혁신정보의 전파에서 가장 중요한 요인은 바로 시간이라고 할 수 있다. 정보의 전파과정에서 시간의 역할은 다음과 같은 3가지 차원에서 고려될 수 있다.

(가) 구매시점(Purchase Time)

구매시점이란 시장에 출시된 혁신제품을 소비자가 처음으로 인식하여 수용 여부를 결정할 때까지의 경과시간을 말한다. 구매시점은 혁신제품이 시장에서 전파되는 전 과정에 대한 예고지표로서의 의미를 지니기 때문에 특히 중요한 개념이라고 할 수 있다. 예를 들어 소비자의 평균 구매시점이 비교적 짧은 경우에 마케터는 해당 신제품의 전반적인 시장전파속도가 빠를 것이라고 예상할 수 있으므로 이에 대응하는 적절한 전략의 수립이 가능하게 된다.

(나) 정보수용자의 범주(Adopter Categories)

정보수용자의 범주는 특정 소비자가 시장구조 속에서 상대적으로 어떤 시점에서 수용의 과정을 진행하는가를 나타내 준다. 정보수용자의 범주는 대개 혁신수용층(innovators), 조기수용층(early adopters), 조기다수층(early majority), 후기다수층(late majority), 그리고 지각수용층(laggards)의 5가지로 나눈다. 〈표 12-5〉는 각 범주에 해당되는 소비자층의 특성을 기술한 것이다.

혁신제품이 시장에 전파되는 과정은 제품수명주기(Product Life Cycle)에 의해서 설명될 수 있는데 이때 수명주기상의 각 단계에서 해당 제품을 구매하는 소비자층은 정보수용층의 범주와 일치하게 된다. 따라서 신제품의 시장전략을 수명주기에 따라 구분하여 개발하는 경우, 각 수용층의 특성을 이해하는 일은 마케터에게 매우 중요

표 12-5	정보수용자의 범주	
범주	특성	인구구성비율
혁신수용층	• 새로운 아이디어를 시험해 보려는 강한 모험심 • 위험추구형, 복잡한 사회적 관계를 형성하고 있음 • 다른 혁신수용층의 소비자들과 의사전달에 적극적	2.5%
조기수용층	• 특정 사회시스템에 통합되고자 하는 성향을 보임 • 새로운 아이디어를 수용하기 전에 검토과정을 거침 • 의견선도자(opinion leaders)를 구성하는 중심층으로 타인에 대하여 모델의 역할 수행	13.5%
조기다수층	• 새로운 아이디어의 수용에 있어 평균수준보다 빠르며 신중한 태도를 보임 • 의견선도자의 역할을 수행하는 경우는 드묾	34.0%
후기다수층	• 새로운 아이디어에 대하여는 타인의 수용 이후에 수용하는 태도를 보임 • 경제적인 이유와 동료집단의 압력에 의해 수용태도 보임 • 혁신제품의 구매는 매우 신중하게 결정함	34.0%
지각수용층	• 혁신정보의 수용에 있어 가장 늦게 받아들이는 층 • 지역성이 강하며 과거지향적 • 혁신이나 변화에 회의적 태도를 보임	16.0%
합계		100.0%

자료: Everett M. Rogers, *Diffusion of Innovation*(3rd ed.), Free Press, 1983.

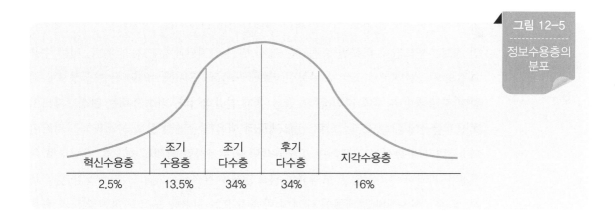

그림 12-5
정보수용층의
분포

한 과제가 아닐 수 없다. 이때 제품수명주기이론의 현실적 적용에서 가장 어려운 점은 해당 제품이 현재 어떤 단계에 있는가를 확인하는 일이라고 할 수 있다. 이에 대한 한 가지 해결방법이 바로 정보수용층의 범주에 따라 구분하는 것으로 정보수용층의 범주는 시장 전체에 보급되는 보급률을 중심으로 구분할 수 있다. 이때 혁신제품의 전파과정은 정규분포곡선으로 표시될 수 있는데 이에 따라 정보수용층의 분포를 구분하면 〈그림 12-5〉와 같이 나타낼 수 있다.

(다) 수용의 속도(Rate of Adoption)

수용의 속도란 사회 구성원들이 신제품을 수용하여 구매하는 데 소요되는 기간을 의미하는 것으로 시간의 경과에 따라 속도가 증가하거나 아니면 감소하는 쪽으로 나타나는 것이 일반적이다. 수용의 속도는 신제품개발자의 가격결정에 중요한 기초자료가 될 수 있는데, 예를 들어 수용속도가 점차 증가할 것으로 예상되는 제품에 있어서는 조기에 시장선도자의 입장을 확보하기위해 침투가격전략을 택하는 것이 바람직하지만 수용속도가 느릴 것으로 예상되는 제품의 경우에는 개발비를 조기에 회수하기 위한 초기 고가정책(skimming price policy)을 채택하는 것이 유리하다고 할 수 있다.

2. 혁신정보의 수용과정(Adoption Process)

1) 혁신정보의 수용모델

처음으로 시장에 나오는 혁신정보를 통하여 소비자가 신제품의 구매 또는 포기를 결정하기까지는 5단계의 수용과정을 거치게 된다. 이는 인지(awareness), 관심(interest), 평가(evaluation), 시용(trial) 및 수용(adoption)의 단계이다. 이런 과정은 소비자의 정보탐색이 확장된 정보탐색의 형태를 취한다는 것을 가정하고 있다. 전통적인 정보수용모델에 의하면 소비자는 제일 먼저 인지단계를 거치게 된다. 이는 수용과정의 시작단계로서 소비자는 혁신정보에 노출된다. 이때 소비자는 혁신정보에 대하여 중립적인 위치에 자리 잡고 있는 것이 일반적이다. 다음으로는 관심단계로서 혁신제품군에 대한 호기심으로 인해 제품의 혜택과 관련된 정보를 탐색하기 시작한다. 소비자의 관심이 고조되어 정보탐색이 이루어지면 탐색된 정보를 바탕으로 결론을 내리거나 추가적인 정보탐색이 필요한지를 결정하는 평가단계에 돌입한다. 특히 평가단계는 해당 신제품에 대하여 마음 속으로 시험해 보고자 하는 의도가 형성되기 때문에 평가결과가 만족할 만한 경우 해당 제품을 시험적으로 구매하고자 한다. 그러나 평가결과가 만족할 만한 것으로 인식되지 않게 되면 해당 제품의 구매의사를 기각하게 된다.

한편 긍정적인 평가결과에 따라 시험적 구매가 이루어지더라도 이는 제한적인 범위에서만 수행되며 해당 제품을 수용하여 재구매할 것인가 아니면 지속적인 재구매를 포기할 것인가는 시험구매로 인한 제품경험이 좌우한다.

전통적 제품수용모델은 소비자의 혁신정보에 대한 수용과정을 간명하게 설명

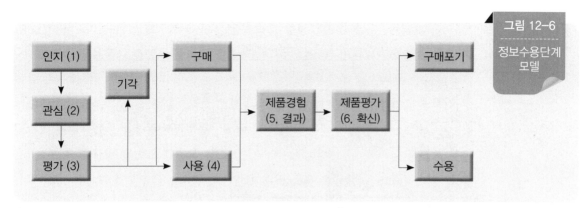

그림 12-6
정보수용단계
모델

자료: John Antil, "New Product of Service Adoption: When Does it Happen?," *Journal of Consumer Marketing*, Vol. 5, 1989, p. 9.

하고 있다는 점에서는 긍정적인 평가를 받고 있지만 소비자의 인지과정 이전에 문제
인식이나 욕구발생과정이 있다는 사실을 간과하고 있으며 소비자의 시험구매 이후
이루어지는 재구매 행동에 관해서는 어떤 설명도 하고 있지 못하다는 비판을 받고
있다. 최근의 연구에서는 소비자의 시험구매와 수용이라는 과정 사이에 직접적인
제품경험과 제품평가라는 확신과정을 추가하여 〈그림 12-6〉과 같은 수정된 모델을
제시하고 있다. 그러나 수정모델의 경우에 있어서도 혁신정보의 수용결과가 제품의
유형이나 특성에 따라 차이가 있을 수 있다는 점에 대해서는 명확한 해결방안을 제
시하고 있지 못하다.

2) 혁신정보의 수용의사결정모델

앞의 정보수용모델의 한계점을 해결하기 위해 의사결정과정을 기초로 새로운
혁신정보의 수용모델이 제시되었다. 이 모델에서는 소비자의 정보수용의 의사결정
단계를 〈그림 12-7〉에서처럼 5단계로 구분하고 있다.

그림에서 각 의사결정단계의 특징은 다음과 같다.

① 지식(Knowledge): 소비자가 혁신제품의 존재를 인지하고 기능적 특성에 대한
  다소의 지식을 확보하는 단계로 그 결과는 소비자의 개성, 사회경제적 특성
  및 커뮤니케이션 행동유형에 따라 달라진다.
② 설득(Persuasion): 혁신제품에 대한 호의적·비호의적 태도를 형성하는 단계로
  해당 제품이 지녀야 할 특성인 비교우위, 호환성, 복잡성, 시용성 그리고 외
  부로부터 관찰가능한 가시성 등이 충족되었는가가 중요하게 작용한다.
③ 결정(Decision): 혁신제품을 수용할 것인가 아니면 이를 기각할 것인가를 결정

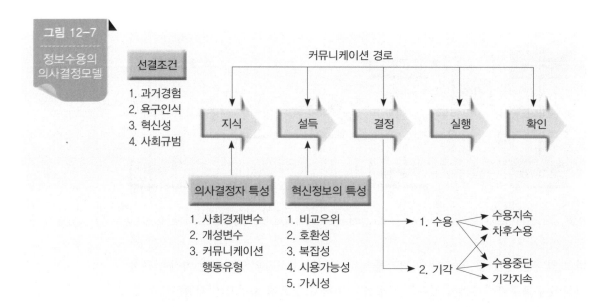

그림 12-7
정보수용의
의사결정모델

자료: Everett M. Rogers, *Diffusion of Innovation*(3rd ed.), 1983.

       하는 단계

④ 실행(Implementation): 해당 제품을 실제로 사용해 보는 단계

⑤ 확인(Confirmation): 혁신제품의 수용 여부에 대한 자신의 의사결정내용을 강
    화하거나 제품의 특성에 대한 부정적 정보에 노출되어 자신의 결정을 번복하
    는 단계

    한편 그림에서 보면 이런 소비자의 의사결정행동이 진행되기 위해서는 사전적
으로 몇 가지 조건이 선행되어야 하는데 먼저 소비자 개인적 욕구나 문제가 인식되
어야 하며 사회의 규범에 의해 영향을 받고 있어야 한다. 한편 소비자의 의사결정과
정에 대한 경험 여부나 정보의 혁신성도 다음의 지식과정이나 설득과정에 중요한 영
향을 미치게 되므로 의사결정 이전에 주어진 조건이라고 할 수 있다.

    소비자의 혁신정보에 대한 의사결정과정에 대한 이해를 통해 마케터는 효과적
인 커뮤니케이션 경로를 설계할 수 있으며 목표로 하는 소비자의 특정한 반응을 유
도할 수 있게 된다.

3. 인적 커뮤니케이션과 의견선도성

1) 인적 커뮤니케이션(Interpersonal Communication)의 의의

인적 커뮤니케이션이란 2명 이상의 개인 간에 비공식적으로 이루어지는 정보의 교환행위라고 할 수 있다. 사람이 특정한 욕구를 느끼고 최종적으로 제품의 소비를 통하여 이를 해소하는 과정에서 소비자는 사회구조 속에 존재하고 있는 인적 네트워크의 구성원들, 예를 들면 동료, 친지, 가족, 이웃 등과 다양한 정보를 서로 교환한다. 이들은 각자 특정한 제품군에 대하여 여러 가지 정보를 제공해 줌으로써 소비자의 선택에 영향을 미친다. 따라서 소비자의 행동을 설명하기 위해서는 지금까지 살펴본 마케팅 커뮤니케이션과정뿐만 아니라 비공식적으로 이루어지는 소비자 상호 간의 의사전달과정을 이해할 필요가 있다.

특히 소비자들 사이에서 이루어지는 이런 비공식적 정보교환행위 중 구전에 의한 의사전달(word-of-mouth communication)행위는 인적 커뮤니케이션 중에서도 특히 중요한 부분을 담당한다. 소비자의 구전행위는 여러 가지 요인에 의해 발생되지만 소비자행동이론에서는 다음과 같은 몇 가지로 요약된다.

① 먼저 교환되는 정보의 내용에 따라 구전의 효과가 달라진다. 이런 정보의 유형은 제품에 관한 새로운 사실, 조언, 그리고 개인적 경험 등이 있다. 제품에 관한 새로운 사실은 소비자가 독자적으로 정보탐색을 통하여 획득할 수도 있으나 가까운 친구나 가족, 이웃들로부터 얻는 경우도 있다. 이런 정보는 주로 제품의 특성이나 기능에 관한 것들이 보통이다.

　이에 비해 조언이나 개인적 경험정보는 상대방의 사용경험에 의존하게 되며 전혀 새로운 형태의 제품을 구매하거나 제품에 대한 사전지식이 거의 없는 경우에는 이런 정보에 보다 많이 의존하게 된다.

② 구전활동에 참여하는 정보수용자의 목표는 구매의사결정에 필요한 정보를 획득하는 것이다. 제품에 관한 정보나 타인의 경험, 조언에 의한 의사결정은 정보탐색이나 정보의 평가라는 소비자의 인지적 노력의 양을 줄여 줄 수 있으며 나아가 선택안에 대한 불확실성을 낮춰 준다는 장점을 지닌다. 특히 구매하고자 하는 제품이 고몰입(high involvement)의 제품군에 속하는 경우에는 전문가나 믿을 만한 준거집단에 의존하는 것이 보다 확실한 결과를 제공할 수 있다는 점에서 구전활동이 활발하게 이루어진다.

③ 소비자의 구전활동은 특정 정보를 획득하는 것뿐만 아니라 이를 타인에게 전
달하는 행위를 포함한다. 따라서 정보를 제공하는 사람의 목표에 따라 구전
의 형태나 양이 달라진다. 특정 제품범주에 대하여 고몰입되어 있는 소비자
들은 자신의 구매의사결정에 활용보다 오히려 정보전달행위 그 자체를 즐기
는 경우도 있다. 이런 사람들은 평소에도 해당 제품군에 대하여 높은 관심을
보이며 항상 정보를 탐색하려고 한다. 뿐만 아니라 획득한 정보를 타인에게
적극적으로 전달하고 자신의 의견을 주장하려는 경향을 보이기도 한다.

④ 정보원의 신뢰성은 정보제공자가 정확하고 어느 쪽으로 치우치지 않는 정보
를 제공한다는 믿음으로써 전문성과 객관성에 의해 결정된다. 전문성은 해당
제품군에 대한 지식, 훈련 및 경험을 통하여 확보되며 객관성은 정보수용자
의 혜택을 구체적으로 입증할 수 있는 방향으로 정보가 제공되는 경우에 높
게 인식된다.

⑤ 정보제공자의 평가가 긍정적이냐 아니며 부정적이냐에 따라 구전의 효과가
달라질 수 있다. 소비자의 제품에 대한 몰입수준이 높을수록, 또 직접적으로
불만을 제기한 후에도 제품에 대하여 만족하지 않는 경우에 부정적 구전의
정도가 높아지게 된다. 특히 부정적 구전의 효과는 긍정적 구전의 효과에 비
해 그 영향력이 더 크기 때문에 마케터들은 소비자의 불만을 해결하기 위해
자동 응답시스템이라든가 수신자부담 전화 서비스 등 여러 가지 장치를 개발
하여 활용하고 있다.

⑥ 커뮤니케이션 상대의 유형에 따라서도 구전의 효과나 방향이 달라질 수 있
다. 예를 들면 소비자의 긍정적 준거집단은 이들이 선택하여 사용하는 제품
을 통해서 특정 소비자에게 보다 강력한 구전적 영향을 미칠 수 있다. 왜냐하
면 준거집단의 구성원들과 동일한 제품을 구매 또는 사용하는 것은 이들이
준거집단에 소속되고자하는 욕구를 충족시켜 줄 수 있기 때문이다. 한편 자
신과는 전혀 무관한 집단으로부터 획득된 정보도 중요한 역할을 수행하는데
이런 정보는 주변으로부터 쉽게 얻을 수 없는 경우이거나 아니면 보다 객관
적이고 확실한 정보를 얻고자 하는 경우에 발생한다.

⑦ 제품의 유형(type of product)에 따라서도 구전행위의 특성이 달라질 수 있다.
〈표 12-6〉은 제품유형과 구전행위의 특성과의 관계를 요약해 놓은 것이다.

표 12-6	제품유형에 따른 구전행위의 특성비교			
제품유형	신제품	기술적으로 복잡한 제품	위험제품	가시성이 큰 제품
제품	정보수용자에게 새로운 모든 제품	컴퓨터 하이테크제품	개인용 화장품 금융상품 직장·직업과 관련된 제품	의류·패션상품 여흥상품
커뮤니케이션 유형	경험 새로운 사실	새로운 사실 조언	조언 경험	경험
정보수용자의 목표	인지적 노력의 절감	인지적 노력과 불확실성의 제거	불확실성의 제거	불확실성의 제거
상대의 유형	긍정적 소속집단의 핵심 구성원	전문가집단의 개인적·사회적 관계	긍정적 소속집단· 희구집단 구성원	긍정적 소속집단· 희구집단 구성원

자료: William D. Wells and David Prensky, *Comsumer Behavior*, Wiley, 1996, p. 463.

2) 인적 커뮤니케이션모델

신제품이 시장에 출시되어 전파되는 과정에서 매체는 정보의 전달수단으로서 매우 중요한 역할을 수행한다. 이때 매체는 TV나 신문 같은 대중매체인 비인적 매체와 구전과 같은 인적 매체로 구분된다. 한편 소비자는 저마다 다른 매체습관을 지니고 있기 때문에 혁신정보가 확산되는 과정에서 노출되는 매체의 종류와 역할이 상이하게 나타난다. 신제품에 관한 정보가 표적소비자층인 청중에게 전달되는 과정을 설명하는 이론은 다음과 같다.

(1) 침투이론(Trickle-Down Theory)

가장 전통적 이론으로서 사회계급상 낮은 계층의 사람들은 자신보다 높은 계층에 속한 사람들의 소비행태를 모방하는 경향을 지니기 때문에 새로운 정보는 사회계급상의 위계를 따라 위에서 아래로 전달된다고 본다. 상류계층의 사람들은 과시적 소비경향이 비교적 높기 때문에 이들의 소비행태나 행동양식은 타인에게 쉽게 노출된다. 한편 사회계급상 이들보다 낮은 계층의 사람들은 상류계층으로 사회적 이동을 하려는 심리적 욕구를 지니고 있기 때문에 이들의 소비행태나 생활방식을 모방하려고 한다. 따라서 상류계층이 사람들에 의해 먼저 수용된 새로운 아이디어나 신제품은 시간이 흐름에 따라 자연히 보다 낮은 계층의 사람들에게 전달되게 되는 것이다. 이런 형태의 인적 커뮤니케이션효과는 동료집단 사이에서 비교적 번번하게 발생하는데 특히 사회계층이나 연령층, 교육수준 등 인구통계학적 특성이 유사한 집단

내의 구성원 간에는 동료애적 영향력이 두드러지게 나타난다고 한다.

그러나 소득수준이 향상되고 정보통신기술이 발달된 오늘날, 사회계급의 구분이 불분명해지고 대중매체의 보급으로 정보가 모든 사람에게 동시에 전달되게 되면서 이 이론은 점차 생명력을 잃어가고 있다.

(2) 2단계 정보흐름이론(Two-Step Flow of Information Theory)

2단계 정보흐름이론의 핵심은 구전 커뮤니케이션활동이 불특정 다수 소비자에 대한 대중매체의 영향력을 조절한다는 점이다. 즉 대중매체를 통한 커뮤니케이션활동이 일단 대중들의 잘못된 여론을 형성시킬 수도 있다는 우려를 해결하였다는 점에서 커다란 기여를 하였다. 1948년 라자스펠트(Paul F. Lazasfeld)의 연구팀에 의해 처음으로 제기된 2단계이론은 새로운 아이디어나 혁신정보가 대중매체를 통하여 직접 대중에게 영향을 미치지 않고 〈그림 12-8〉에서와 같이 영향집단이라고 하는 소위 의견선도층의 구전활동을 통하여 확산되어진다고 주장한다.

2단계모델이론은 구전을 통한 정보 확산의 과정을 새로운 각도에서 접근하였다는 점에서 정보 확산과정이론의 발전에 많은 기여를 하였음에도 불구하고 근본적으로 몇 가지 문제점을 내포하고 있다. 그 중 하나는 의견선도자층에 의해 영향을 받는 집단이 정보탐색에 있어 수동적이며 또 대중매체의 노출이 이들에 대하여 차별적으로 이루어진다는 가정을 하고 있다는 점이다. 그러나 대중매체에의 노출이 의견선도층에만 주로 발생될 수는 없으며 더구나 오늘날 소비자는 제공되는 정보를 일방적으로 수용하거나 거절하는 수동적 정보수용자가 아니다.

따라서 혁신정보의 확산이 반드시 이들 영향집단인 의견선도자층에 의해 다수의 수동적 정보탐색자로 전파된다고만은 할 수 없다. 따라서 다음에 소개되는 다단계모델에서는 소비자의 능동적인 정보통제행위가 고려되고 있다.

(3) 다단계 정보흐름이론(Multistep Flow of Information Theory)

이는 앞의 2단계이론이 지니고 있는 한계점을 해결하여 보다 현실적으로 적용

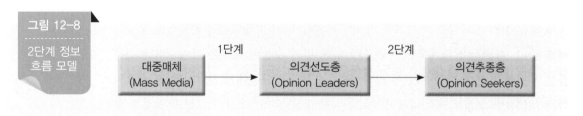

그림 12-8

2단계 정보
흐름 모델

자료: William D. Wells and David Prensky, op. cit., p. 464.

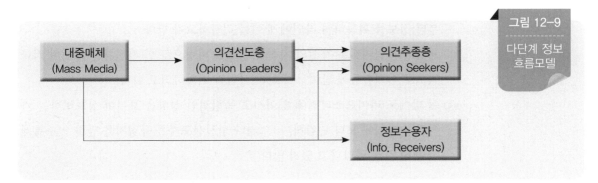

그림 12-9
다단계 정보
흐름모델

자료: William D. Wells and David Prensky, *op. cit.*, p. 466.

하기 위해 제시된 것으로 〈그림 12-9〉에 나타난 바와 같이 혁신정보는 의견선도자를 통해 의견추종자에게 전달되기도 하고 직접 다수 대중에게 수동적으로 전달되기도 한다.

따라서 소비자는 제시되는 정보의 중요성, 제품에 대한 관심과 몰입수준에 따라 적정하게 수용 여부를 통제할 수 있고 이러한 점이 2단계모델과의 차이라고 할 수 있다.

3) 의견선도성(Opinion Leadership)

(1) 의견선도자의 특성

의견선도자란 구전 커뮤니케이션상황에 있어서 제품에 관한 새로운 정보나 조언, 개인적 경험 등을 제공함으로써 타인에게 영향력을 행사하는 사람이라고 정의할 수 있다. 이들은 자신의 지식과 경험을 바탕으로 구전 커뮤니케이션상황에서 가장 핵심적인 역할을 수행한다. 의견선도성이 적용되는 제품군의 범위에 관해서는 그동안 복수제품범주론과 단일제품범주론의 양이론이 대립해 왔으나 최근에는 적어도 유사한 특성을 지닌 2~3개의 제품군에 대해서는 동일한 의견선도성이 나타난다고 하는 것이 지배적 견해이다.

한편, 의견선도자의 특성을 몇 가지 기준에 의해 살펴보면 대체로 다음과 같이 요약된다.

① 제품을 기준으로 하는 경우, 의견선도자는 특정 제품군에 관하여 관심이 높고 깊이 몰입되어 있으며 상당한 정도의 지식과 지속적 정보탐색활동을 수행한다.

② 매체습관에 있어서 이들은 대중매체에 보다 많이 노출되며 다양한 매체들로

부터 정보를 획득하여 타인에게 이를 전달하고자 한다.

③ 개성의 측면에서는 자신의 지식과 경험을 바탕으로 한 자신감을 보이며 적극
   적으로 사회활동에 참여하여 여러 사람과 대화하려고 한다.

④ 이 밖에도 라이프스타일에 있어서도 독립적인 성향을 보이며 상표보다는 가
   격과 스타일에 보다 민감하다. 그러나 의견선도자를 규정지을 만한 인구통계
   적 특성은 잘 나타나고 있지 않다.

〈표 12-7〉은 일반적으로 의견선도층을 구성하는 계층인 혁신수용층과 이와 대
비되는 집단인 혁신비수용층과의 특성을 여러 가지 차원에서 비교한 것이다.

표 12-7   혁신수용층과 혁신비수용층의 특성비교

특성구분	혁신수용층	혁신비수용층
제품에 대한 관심(Interest)	높음	낮음
의견선도성(Opinion Leadership)	높음	낮음
개성(Personality)		
• 독단주의(Dogmatism)	개방적 사고	폐쇄적 사고
• 사회성(Social Character)	내부지향적	외부지향적
• 최적 자극수준(Optimum Stimulation Level)	높음	낮음
• 모험성(Venturesomeness)	높음	낮음
• 지각위험(Perceived Risk)	낮음	높음
구매 및 소비특성		
• 상표충성도(Brand Loyalty)	낮음	높음
• 거래추구성(Deal Proneness)	높음	낮음
• 사용방식(Usage)	높음	낮음
매체습관(Media Habit)		
• 잡지에의 총노출 정도	높음	낮음
• 전문잡지에의 노출 정도	높음	낮음
• TV에의 노출 정도	낮음	높음
사회적 특성(Social Characteristics)		
• 사회적 통합성(Social Intergration)	높음	낮음
• 사회적 · 육체적 · 직업적 신분이동에 대한 추구 성향	높음	낮음
• 집단귀속석(Group Membership)	높음	낮음
인구통계적 특성(Demographic Characteristics)		
• 연령(Age)	젊은 층	노년층
• 소득수준(Income)	높음	낮음
• 교육수준(Education)	높음	낮음
• 직업상 위치(Occupational Status)	높음	낮음

자료: Leon G. Shiffman and Leslie Lazar Kanuk, *Consumer Behavior*(6th ed.), Prentice-Hall, 1997, p. 551.

(2) 의견선도자의 역할

사람들 간에 의견선도성의 역할이 구분되는 이유는 적어도 몇 가지 이유에 의해 설명될 수 있는데 이런 요인들에는 소비자의 몰입수준, 자긍심, 타인에 대한 배려, 그리고 인지부조화의 해소 등이 있다. 이상의 요인에 의해 인적 커뮤니케이션의 상황에서 어느 일방은 의견선도자가 되어 권위자로서 특정한 경향을 형성하고 구매의사결정의 준거집단으로서의 역할을 수행한다. 〈표 12-8〉은 권위, 경향형성자 그리고 국지적 의견선도자의 기준에 따라 의견선도자의 관계를 설명한 표이다.

여기서 권위자라는 측면은 의견선도자가 새로운 제품정보나 조언, 개인적 경험정보 등을 타인들에게 제공함으로써 그들의 욕구를 충족시킬 수 있도록 하는 사람이라는 것을 의미한다. 이들은 자신의 경험이나 훈련, 지식 등을 이용하여 다른 사람으로 하여금 추가적 노력이나 위험을 부담하지 않고 객관적 정보와 평가기준 및 선택규칙 등을 확보할 수 있도록 해 준다.

한편 경향형성자란 이들의 개인적 경험내용이 많은 다른 사람들에 의해 모방되고 있다는 것을 의미한다. 이들에 대한 신뢰성은 다른 사람들로 하여금 이들의 행동방식을 따르게 하는 요인이 된다. 특히 이들의 라이프스타일은 타인에게 매우 매력적으로 비춰지기 때문에 이들이 선호하는 유형의 제품은 모방의 대상이 된다.

이 밖에도 개인은 특정 집단에 소속하게 되거나 그 구성원들로부터 인정받고자

표 12-8 의견선도자의 역할과 구전 커뮤니케이션의 특징

구분	권위자의 역할	경향형성자	국지적 의견선도자
커뮤니케이션 유형	새로운 제품정보 조언, 경험	경험	조건, 경험
신뢰성의 원천	전문성, 객관성	전문성	전문성, 객관성
정보수용자의 목표	인지적 노력의 절감 불확실성의 제거	모방을 통해 불확실성 제거	인지적 노력의 절감 불확실성의 제거
정보제공자의 목표	즐거움, 직업적 몰입 개인적 이득의 비추구	권력(Power) 명성(Prestige) 자아충족(Ego gratification)	즐거움, 권력, 명성 개인적 몰입 개인적 이득(gain)
제품의 유형	기술적으로 복잡한 제품 신제품, 위험제품	가시적 소비상품 신제품	신제품 가시적 소비상품
상대의 유형	개인적 친분 고몰입/전문적 정보원과 약한 관련성	긍정적 준거집단이나 희구집단의 구성원	긍정적 준거집단이나 희구집단의 구성원

자료: William D. Wells and David Prensky, *Comsumer Behavior*, Wiley, 1996, p. 467.

하기 때문에 긍정적인 준거집단에 의해 많은 영향을 받게 된다. 특히 동일한 가치관을 지닌 집단의 경우에 있어 그 리더나 중심적 인물들은 다른 구성원들에게 자신의 경험을 이야기하고 소비활동에 대한 조언을 제공함으로써 다른 구성원들에게 영향력을 행사하게 된다.

4. 인적 커뮤니케이션과 마케팅전략

구전활동과 같은 인적 커뮤니케이션상황을 마케팅에 가장 잘 활용할 수 있는 방법은 이런 상황에서 자연스럽게 다룰 수 있는 제품정보를 제공하는 일이다. 또한 인적 커뮤니케이션상황을 주도할 수 있는 의견선도층을 발견하여 이들로 하여금 목표로 하는 제품정보를 일반 소비자들에게 효과적으로 전파할 수 있도록 하는 촉진전략을 개발하는 것도 필요하다. 이때 반드시 선행되어져야 할 일은 해당 제품군에 적합한 의견선도층의 특성을 확인하는 일이다. 또한 이런 사전 확인작업이 이루어진 후에는 유명인사나 전문가를 모델로 한 메시지의 전달이 뒤따라야 한다.

1) 구전과 의견선도자의 창출

마케터에게는 구전활동을 통해 자사의 제품을 전파할 수 있는 의견선도자를 발견하는 일이 무엇보다도 중요하다. 특히 방문판매 등을 통해 소비자와 직접 접촉하는 유형의 판매조직을 운영하는 기업에게 있어서는 이의 중요성이 더욱 강조된다. 그 이유는 대개 이런 판매방식의 경우, 홈파티 등을 이용해 많은 소비자들을 한 장소에 모은 뒤 의견선도자적 역할을 하는 소비자를 통하여 제품의 구매나 사용을 촉진시키는 방법을 사용하기 때문이다.

2) 구전활동의 자극

광고를 통해 마케터는 소비자의 구전활동을 자극하는 전략을 실행할 수 있다. 저명인사나 유명연예인을 광고모델로 이용하는 경우, 이러한 광고에 노출되는 소비자들은 이들의 라이프스타일이나 소비행태를 모방하려는 경향을 보이기 때문에 상당한 영향력을 행사할 수 있다. 또한 광고에서 제품사용상황을 예시하는 "생활의 단면"(slice of life)광고는 실생활에서 이들 제품에 대한 소비자들의 구전활동을 촉진시키는 역할을 수행할 수 있다. 이때 주의해야 할 점은 이런 종류의 광고에 대한 소비자들의 신뢰성을 강화시킬 수 있는 방법이 동시에 모색되어져야 한다는 것이다.

온라인 상호 작용

온라인(On-Line)의 형태는 PC로 접속하는 인터넷뿐만 아니라, 모바일에서 접속하는 어플리케이션까지, 그 영역은 매체가 늘어날수록 소비자들의 상호 작용은 더 다양한 형태로 발전한다. 온라인은 많게는 지구의 인구가 동시다발적으로 실시간 의사소통과 즉각적인 반응을 가능하게 하여 사람들 사이의 상호적 양방향 소통을 촉진시키고, 불특정 다수와 정보를 교환하고 소통한다는 점에서 크게 주목받고 있다.

온라인 마케팅은 소비자로 하여금 의사소통에 있어서 단순히 정보 수용자의 역할을 하는 것이 아니라 능동적으로 상호 작용을 통제할 수 있게 하기 때문에 특별한 소비자행동 환경을 창출한다. 또한 기업은 온라인을 활용하여 적은 비용으로 많은 잠재고객에게 자사의 상품을 알리고 소비자의 요구에 신속하게 대응할 수 있다. 상호 작용 이외에도 온라인 마케팅에 소비자를 참여하게 하는 것에는 또 다른 편익이 존재한다. 기업은 개인 맞춤형 정보로 소비자에게 일대일로 접근하고 참여를 유도할 수 있는데, 만약 기업이 고객정보를 알고 있다면, 빅데이터나 다른 도구들을 활용하여 해당 소비자의 관심사에 맞춰 시장을 세분화하고, 타겟을 결정하고, 적절한 포지셔닝 전략을 활용할 수 있다.

온라인 환경에서 가장 주목해야 할 점은 구전(Word of Mouth)이다. 현재 기업들은 소셜 네트워크 사이트(Social Network Site) 등을 통해 무료로 또는 최소한의 비용으로 소비자에게 접근할 수 있다. 기업은 소비자의 데이터를 쉽게 획득할 수 있고, 소비자들의 각각의 사회관계망을 활용할 수 있다는 점에서 온라인 구전은 큰 잠재력을 지니고 있다. 물론 기업은 소비자들이 자발적으로 구전활동을 할 만한 상품이나 서비스 개발을 하는 것이 가장 우선시 되어야 할 사항이다.

1. 온라인 서비스

온라인 서비스라는 용어는 PC나 모바일과 같이 플랫폼이 가지고 있는 성격에 제약 받지 않고, 유무선통신을 활용한 서비스라는 의미에서 크게 1. UGC(User Generated Contents), 2. 전자상거래, 3. SNS, 4. 소셜커머스, 5. 메신저, 6. 게임, 7. 뱅킹

표 12-9	온라인 서비스	
	항목	온라인 서비스
1	UGC	YouTube, 판도라TV 등
2	전자상거래	Amazon.com, iTunes, Gmarket 등
3	SNS	Facebook, Twitter 등
4	소셜커머스	티켓몬스터, Groupon 등
5	메신저	카카오톡, Wechat 등
6	게임	RPG, 캐쥬얼 등
7	뱅킹	인터넷뱅킹, 모바일뱅킹 등

으로 분류된다.

① 먼저 UGC의 경우, 소비자가 디지털캠코더나 스마트폰을 활용하여 직접 촬영하고 편집한 동영상을 의미하는데, 스마트폰의 확대와 더불어 손쉬운 동영상 편집 툴까지 많은 어플리케이션에서 제공하고 있어, 사용자는 손쉽게 동영상을 촬영, 편집할 수 있게 되었고, 편집이 완료되는 데로 카카오톡같은 메신저나, Facebook 또는 Instagram같은 SNS에 바로 업로드하여 친구들과 공유할 수 있게 되었다. UGC 사이트로 가장 알려진 기업은 Google의 YouTube이며 한국에는 판도라TV가 있다.

② 전자상거래의 경우, 아마도 일반인들이 가장 친숙하게 생각하는 온라인 서비스일 것이라고 생각한다. 미국에서는 널리 알려진 Amazon.com이 전자상거래 업체 중 1위를 달리고 있고, 최근에는 Alibaba.com이 중국 IT기업으로써 최초로 미국 증권시장에 등록되면서, 전자상거래는 우리에게 가장 친숙한 온라인 서비스로 자리매김하였다. 한국무역협회(kita.net)에서 발표한 자료에 따르면 2014년 11월 기준으로 미국 3분기 전자상거래 판매(PC와 스마트폰에서 구입 모드 포함)는 미국의 해당 분기의 총 소매판매의 6.6%를 차지하였고, 그 비율은 해마다 15% 이상씩 증가하는 추세라고 전했다.

③ SNS(Social Network Site)는 과거 커뮤니티라는 키워드로 연구가 진행해 오다가, Facebook을 시작으로 SNS라는 명칭으로 활발한 행보를 보이고 있다. 1984년생의 젊은 창업자 Mark Zuckerberg는 자신의 기업을 Forbes가 선정한 세계 최고 매출 기업 2,000위 중 188위로 당당히 일구어냈다(Forbes, 2016). 미국의

페이스북, 트위터, 인스타그램 등이 대표적인 SNS이다.

④ 소셜커머스(Social Commerce)는 과거 특정 커뮤니티에 속한 소비자들끼리 공동구매를 하는 것에서 시작하여 후에, 이 중간역할을 전문적으로 하는 기업들이 등장하였다. 미국에서는 Groupon이, 한국에서는 티켓몬스터가 소셜커머스의 시대를 열었는데, 이들은 집단으로 뭉친 소비자들의 구매파워를 이용하여 제품이나 서비스를 판매자로부터 할인된 가격으로 제공받고 중간에 수수료를 취하는 사업구조를 갖고 있다.

⑤ 메신저(messenger)는 지인들과 개인정보를 공유한다는 의미에서 SNS라는 큰 범위에 속할 수 있지만, 메신저의 태생이 핸드폰 문자 메시지를 대신하는 대체서비스로 시작하였고, SNS의 불특정 다수 노출 성격과 달리, 사생활이 강하게 작용하는 성격이 있고 사업구조 또한 SNS는 광고수입에 의존하지만 메신저는 부가가치를 따로 창출한다는 점에서 SNS와는 구별된다. 한국에서 가장 많이 사용되는 카카오톡 서비스는 실시간 채팅 어플리케이션의 성격이 짙고 이를 바탕으로 카카오스토리로 이어지는 SNS 기능 및, 카카오택시, 선물하기, 게임 등 사업팽창의 속도가 가장 빠른 서비스 중 하나로 꼽는다.

⑥ 현재 게임은 엔터테인먼트를 견인하는 가장 큰 시장이다. 미국 엔터테인먼트 소프트웨어협회(Entertainment Software Association: ESA)가 발표한 보고서 '2016 Essential Facts About the Computer and Video Game Industry'에 따르면, 조사 대상 미국 가구(4,000가구)의 63%가 가정 내 적어도 한 명의 구성원이 게임을 정기적으로 플레이한다고 응답하였고, 또한 이들은 적어도 일주일에 3시간 이상 게임 플레이를 하는 것으로 나타났다.

⑦ 인터넷·모바일 뱅킹은 국민은행의 자료에 따르면 2013년을 기준으로, 스마트폰의 보급률 대비 이용자는 80%에 육박한다고 전했다. 스마트폰 이용자 10명 중 8명이 모바일뱅킹 어플리케이션을 설치했다는 의미이다. 한때 보안상의 이유로 온라인 뱅킹의 이미지가 좋지 않았었지만, 이제 체계가 잡혀가면서 편리한 금융도구로 자리 잡아 나아가고 있다.

2. 온라인 환경

온라인 환경은 크게 매체에 영향을 많이 받는다. 같은 웹사이트를 PC로 접속하는 사람과 모바일로 접속하는 사람들 간의 이용행태는 다르게 나타난다. 우선 시각

	표 12-10	온라인 환경	

	온라인 환경	연구 대상
1	광고	배너광고, 클릭광고, 검색광고 등
2	구전	SNS 댓글, 추천, 상품평 등
3	정책	정보통신보호법, 저작권보호법 등
4	플랫폼	PC, 스마트폰, 스마트워치, 안경 등

적으로 크기의 제약이 있기 때문에, PC에서 노출되는 정보보다 모바일이 제한적이다. 온라인 환경은 플랫폼의 성격과 더불어, 이들 플랫폼에서 발생할 수 있는 환경을 크게 1. 광고, 2. 구전, 3. 정책, 4. 플랫폼으로 분류한다.

① 세계 최대 IT기업 Google의 수익 중 90%는 검색광고에서 기인한다. 전자상거래를 활용하여 수수료를 취하는 기업들을 제외한 기타 IT기업들은 광고가 가장 큰 매출의 근원이다. 배너광고부터 소비자가 링크를 누를 때마다 계산되는 CPC(Click per Cost)광고, 그리고 UGC 사이트에서 동영상을 보기 위해 강제적으로 시청해야 되는 5초광고 등, 온라인 광고는 '온라인 서비스'의 성격을 망라하고 거의 모든 곳에 배치되어 있으며, 온라인에서 가장 빠르게 진화하고 있는 부분이기도 하다.

② 구전은 모든 온라인 서비스 안에 녹아있는 거시적 환경으로 자리잡고 있다. 전자상거래부터 SNS, 그리고 뱅킹까지, 모든 서비스에 절대적 영향을 미치는 중요한 변수이다. SNS 댓글부터 상품리뷰까지 현재 온라인에서 일어나는 활동뿐만이 아니라 오프라인에서 일어나는 활동까지 구전은 빼놓을 수 없는 온라인 환경의 핵심이라고 감히 말할 수 있다. 하이퍼링크, xml 피드, 공유기능, 그리고 좋아요 버튼 등, 우리는 IT를 활용하여 그 어느 때보다 개인의 영향력이 막강해진 시대에 살고 있다.

③ 정책은 온라인 서비스가 확대되면서 발생하는 새로운 문제들을 다루고 있다. 지금도 여전히 디지털콘텐츠의 무단 공유는 기업들 입장에서 큰 골칫거리이며, 특히 정부 입장에서 과거에는 비교적 단속이 가능했던 무분별한 광고나 음란물의 유포는 현재 큰 고민거리 중 하나이다.

④ 현재 PC(Personal Computer)와 스마트폰이 대표적인 온라인 플랫폼으로 자리매김하였다. PC 내에서도 휴대성을 강조한 태블릿 PC가 최근들어 큰 인기

를 끌고 있다. 온라인 서비스를 출시하려는 기업들은 각각의 플랫폼에 맞추는 사용자 환경 UI(User Interface) 개발에 플랫폼이 변화할수록, 많은 개발비용을 지출하게 된다. 같은 콘텐츠를 제공하더라도, 화면의 크기에서부터, 조작법까지 다 다르기 때문에, 이에 적합한 환경을 소비자에게 제공하는 노력과 비용이 필요하다. 스마트폰과 스마트워치를 잇는 차세대 플랫폼으로써, 현재 구글(Google)에서는 스마트안경 프로토타입을 개발 완료한 상태이다. 미래에는, 변화되는 플랫폼에서 현명하게 대처하는 기업만이 살아남을 수 있을 것이다. 기회일까 위기일까?

3. 온라인 상호작용 모델(정보기술수용모형)

정보기술수용모형(Davis et al., 1989)은 사회심리학분야의 합리적 행위이론(Theory of Reasoned Action)을 기초로 정보기술이용자의 행위를 설명하고 예측하려는 모델이다. 이 모델은 합리적 행위이론에서의 행위에 대한 태도와 행위의도 간 관계를 정보기술이용자의 정보기술채택 연구로 확장한 모델이다. Davis는 정보기술 수용의 주요 관련 변수로 지각된 유용성(perceived usefulness)과 지각된 이용 용이성(perceived ease of use) 변수를 사용하여 이에 의해 형성된 태도가 행동의도를 매개변수로 실제 행동에 영향을 주는 것으로 설명하고 있다.

정보기술이용자는 정보기술과의 상호작용이 쉬울수록 정보기술에 대한 자신감과 정보기술에 대한 통제수준이 높아지고, 이것은 정보기술이용에 대한 태도에 긍정적인 영향을 미칠 것이다. Lederer는 웹에 대한 지각된 이용 용이성이 웹에 대한 태도에 정의 영향을 미치는 것을 실증적으로 보여주었으며, Taylor와 Todd도 지각된 이용 용이성과 이용에 대한 태도 간 유의적인 관계를 증명하였다. 정보기술에 대한 지각된 이용 용이성을 향상시킨다는 것은 수단적인 부분을 향상시킨다는 것을 의미하고, 이러한 이용 용이성이 향상되면 성과도 향상될 수 있다. 즉 정보시스템 이용자가 정보시스템을 쉽게 이용할 수 있도록 이용의 용이성을 향상시키면, 노력을 절감할 수 있고, 동일한 노력에서 더 높은 성과를 낼 수 있다. 지각된 이용 용이성이 향상되면 성과를 크게 향상 시킬 수 있다. 인터넷 쇼핑의 경우, 지각된 유용성과 지각된 이용 용이성이 인터넷 쇼핑에 대한 태도에 영향을 미치고, 태도는 인터넷 쇼핑 이용의도에 영향을 미친다고 확인되었다.

4. 온라인 마케팅 전략

　전통적인 매스 마케팅은 TV, 라디오, 신문, 우편, 전광판, 잡지와 같은 매체를 활용하여 제품의 편익을 소비자에게 일방적으로 전달했다. 온라인 마케팅, 웹 마케팅, 전자 마케팅이라고도 알려져 있는 인터넷 마케팅(internet marketing)은 인터넷이나 이메일로 이루어지는 모든 마케팅 활동을 일컫는다. 인터넷 마케팅은 제품 디자인, 마케팅조사, 광고, 홍보 활동, 버즈 마케팅, 판매, 고객 서비스 등과 같은 전통적인 마케팅과 소비자 참여의 모든 유형을 포함한다.

　이러한 유형의 마케팅의 중심에는 상호 작용이 있다. 인터넷 마케팅은 실시간 의사소통과 즉각적인 반응을 가능하게 하여 기업과 소비자 사이의 상호적 양방향 소통을 촉진한다. 이는 한쪽의 반응이 다른 한쪽의 반응에 의해 결정된다는 것을 의미하며, 두 쪽 모두 자신들이 원하는 정보를 필요할 때 획득할 수 있게 한다. 인터넷 마케팅은 소비자로 하여금 의사소통에 있어서 단순히 정보 수용자의 역할을 하는 것이 아니라 능동적으로 상호 작용을 통제할 수 있게 하기 때문에 특별한 소비자행동 환경을 창출한다. 또한 기업은 소비자의 요구에 신속하게 대응할 수 있다.

　상호 작용 이외에도 인터넷 마케팅에 소비자를 참여하게 하는 것에는 또 다른 편익이 존재한다. 기업은 개인 맞춤형 정보로 소비자에게 일대일로 접근하고 참여를 유도할 수 있는데, 이는 기업이 개인의 특정한 관심사에 맞춰 관심을 유도하고, 세분화하며, 표적을 결정하고, 적절한 포지셔닝을 할 수 있게 한다. 더 나아가서 인터넷 마케팅은 검색엔진에서 키워드로 검색을 하거나 기업 웹사이트에서 정보를 검색하는 것 등 소비자가 관심을 나타낼 때 비로소 소비자에게 접근하기 때문에 기존의 매스 마케팅 캠페인에 비해 비용을 절감할 수 있다. 따라서 기업은 적은 예산으로 수많은 인터넷 소비자에게 도달할 수 있다. 또한 유기적 구전, 온라인에서의 언급, 소셜 네트워킹 등을 통해 기업은 어떠한 비용 없이 소비자에게 접근할 수도 있다.

　마지막으로 인터넷 마케팅은 쉽고 빠른 피드백 분석이 가능하다는 장점을 가지고 있다. 대부분의 인터넷 마케팅은 현존하는 기술로 인해 전통적인 마케팅 캠페인에 비해 쉽게 측정되고 추적될 수 있다. 예를 들어, 기업은 인터넷 광고 클릭 횟수를 손쉽게 추적할 수 있고, 웹사이트 방문자 수를 측정할 수도 있다.

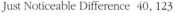

| 공저자 약력 |

김형재(金炯載) Kim Hyungjae

경희대학교 경영학 박사
경희대학교 경영대학원 교수
경희대학교 산업관계연구소장

⟨저서 및 논문⟩
소비자행동론(박영사)
경영학이해(무역경영사)
SPSS를 활용한 연구조사방법론(경희대학교 출판국)
엑셀을 활용한 연구조사방법론(경희대학교 출판국)
"RFID부착제품 내 정보유형에 따른 중국소비자들의 태도와 구매의도에 관한 연구", 고객만족경영연구, 제9권 제1호.
"점포유형에 따른 중국소비자들의 태도와 구매의도에 관한 연구", 고객만족경영연구, 제11권 제2호.
"상품 유형에 따른 중국 가상점포 내 소비자들의 태도와 구매의도에 관한 연구", 고객만족경영연구, 제13권 제2호.
"SPA(Speciality store retailer of Private label Apparel) 브랜드 구매경험이 브랜드 충성도에 미치는 영향에 관한 연구", 고객만족경영연구, 제14권 제1호.
"대학생 참여 CSR유형에 따른 기업이미지, 기업평판 및 구매의도의 영향력 분석", 국제지역연구, 제19권 제1호.
"프랜차이즈 슈퍼바이저의 역할갈등이 직무만족과 이직의도에 미치는 영향 -커피프랜차이즈를 중심으로 실증적 분석-", 기업경영연구, 제21권 제6호.
"고객 유형에 따른 항공사 스마트폰 어플리케이션 특성이 고객만족 및 구매의도에 미치는 영향에 관한 연구", 유라시아연구 제8권 제3호 등 다수 논문

이준관(李俊官) Lee Junkwan

경희대학교 일반대학원 경영학 박사 수료
경희대학교 경영학부 강사
前 Catholic NGO Africa Dispatch
前 Billboard Korea Co-founder

⟨저서 및 논문⟩
"Prologue to Brand Shift from Offline to Online (Billboard Korea Inc. Storytelling),"산연논총, 제39집.
"Exploring IT Trend in Studes from U.S. and Korea," 경영사학, 제31집 제3호.
"Cloud Computing Adoption and Job Performance based on Diffusion of Innovation Theory," 국제지역연구, 제21집 제1호.

제2판
소비자 행동론

초판발행	2012년 9월 10일
제2판발행	2017년 7월 31일
공저자	김형재 · 이준관
펴낸이	안종만
편 집	김효선
기획/마케팅	손준호
표지디자인	김연서
제 작	우인도 · 고철민
펴낸곳	(주) **박영사**
	서울특별시 종로구 새문안로3길 36, 1601
	등록 1959. 3. 11. 제300−1959−1호(倫)
전 화	02)733-6771
f a x	02)736-4818
e-mail	pys@pybook.co.kr
homepage	www.pybook.co.kr
ISBN	979-11-303-0427-4 93320

copyright©김형재 · 이준관, 2017, Printed in Korea

* 잘못된 책은 바꿔드립니다. 본서의 무단복제행위를 금합니다.
* 저자와의 협의하여 인지첩부를 생략합니다.

* 책값은 뒤표지에 있습니다.